HANS MAGNUS ENZENSBERGER

Europa in Ruinen

Europa in Ruinen

Augenzeugenberichte
aus den Jahren 1944–1948

Von Stig Dagerman,
Alfred Döblin, Janet Flanner,
Max Frisch, Martha Gellhorn,
John Gunther, Norman Lewis,
A. J. Liebling, Robert Thompson Pell
und Edmund Wilson

*Gesammelt
von Hans Magnus Enzensberger*

Eichborn Verlag
Frankfurt am Main 1990

Dieses Buch erschien zuerst unter dem Titel EUROPA IN TRÜMMERN als fünfundsechzigster Band in der ANDEREN BIBLIOTHEK, herausgegeben von Hans Magnus Enzensberger. Aus rechtlichen Gründen (Titelschutz) wurde der Titel für die Erfolgsausgabe geändert.

Satz: Greno, Nördlingen.
Gesamtherstellung: Fuldaer Verlagsagentur, Fulda
ISBN 3-8218-4409-4.

EUROPA IN RUINEN

Ein Prospekt

›Kurz bevor ich Luanda verließ, war ich von amerikanischen Freunden in ein Schwarzmarktrestaurant eingeladen worden. Wir aßen draußen. Die Gäste machten alle mehr oder weniger den Eindruck, als verdienten sie selber am schwarzen Markt. Ich saß mit dem Rücken zum Geländer. So hatte ich gar nicht bemerkt, daß sich Leute hinter uns angesammelt hatten, die uns das Essen vom Teller zu fischen versuchten. Sofort schickte das Management einen Gorilla hinaus, der eine alte Frau mit einem Schlag vor den Kopf zu Boden warf und die Menge zurückdrängte, meist Frauen und Kinder. Einige von ihnen gingen weg, während andere aus sicherer Entfernung stumm auf unser Essen starrten.‹

›Hier in Beirut liegen Flüchtlinge auf allen Treppen, und man hat den Eindruck, sie würden nicht aufschauen, wenn mitten auf dem Platz ein Wunder geschähe; so sicher wissen sie, daß keines geschieht. Man könnte ihnen sagen, hinter dem Libanon gebe es ein Land, das sie aufnehmen werde, und sie sammelten ihre Schachteln, ohne daß sie daran glaubten. Ihr Leben ist scheinbar, ein Warten ohne Erwartung, sie hangen nicht mehr daran; nur das Leben hangt noch an ihnen, gespensterhaft, ein unsichtbares Tier, das hungert und sie durch zerschossene Straßen schleppt, Tage und Nächte, Sonne und Regen; es atmet aus schlafenden Kindern, die auf dem Schutte liegen, ihren Kopf zwischen den knöchernen Armen, zusammengebückt wie die Frucht im Mutterleib, so, als wollten sie dahin zurück.‹

›Nun wütet der Bürgerkrieg in El Salvador schon seit Jahren, und ein Frieden ist nicht in Sicht. Immer wieder sah es so aus, als hätte die Regierung einen entscheidenden Sieg errungen; doch kamen die Aufständischen immer wieder aus ihren Verstecken, und heute sind sie kaum schwächer als zuvor. Man darf nicht vergessen, daß ihre Führung anfangs nur über etwa achttausend Leute verfügte; heute schätzt man ihre

Anhänger auf über zwanzigtausend, und dies trotz ihrer erheblichen Verluste.‹

›Das Unheimliche an diesem Ort im Norden von Sri Lanka ist nicht, daß dich jemand überfallen könnte, wenigstens nicht bei Tag; sondern die Gewißheit, daß unsereiner, plötzlich in dieses Leben ausgesetzt, in drei Tagen untergehen würde. Auch dieses Leben, man spürt es genau, hat seine Gesetze; sie kennenzulernen braucht Jahre. Ein Wagen mit Polizisten; plötzlich stiebt alles auseinander, andere bleiben stehen und grinsen, ich schaue zu und habe keine Ahnung, was gespielt wird. Vier Burschen, drei Mädchen werden verladen; sie hocken sich zu den andern, die schon anderswo geschnappt worden sind, gleichgültig, undurchsichtig. Die Polizei hat Helm und Maschinenpistole, also die Macht, aber keine Ahnung. In der Zeitung gibt es eine Spalte für tägliche Überfälle; es kommt vor, daß man eine kleiderlose Leiche findet, und die Mörder stammen regelmäßig aus dem andern Lager. Ganze Quartiere ohne ein einziges Licht. Ein Hügelland von Backstein, darunter die Verschütteten, darüber die glimmernden Sterne; das Letzte, was sich da rührt, sind die Ratten.‹

Berichte aus der Dritten Welt, wie wir sie jeden Tag zum Frühstück lesen können. Nur die Ortsangaben sind gefälscht. Die Schauplätze, um die es geht, sind nämlich nicht Luanda und Beirut, San Salvador und Trincomalee, sondern Rom und Frankfurt am Main, Berlin und Athen. Ganze fünfundvierzig Jahre trennen uns von Zuständen, die wir für afrikanisch, asiatisch oder lateinamerikanisch zu halten uns angewöhnt haben.

Europa war am Ende des Zweiten Weltkriegs nicht nur physisch ein Trümmerhaufen; auch sein politischer und moralischer Bankrott schien vollkommen. Nicht allein den besiegten Deutschen schien ihre Lage aussichtslos. Als Edmund Wilson im Juli 1945 nach London kam, traf er die Engländer im Zustand kollektiver Depression an. Über der Stadt lag eine Stimmung, die ihn an die Trostlosigkeit Moskaus erinnerte:

›Wie leer, wie krank, wie sinnlos alles plötzlich geworden ist, nachdem der Krieg vorbei ist! Nun, da wir keinen Gegner mehr haben, der uns ablenken könnte, sind wir auf unsere ärmliche und demütigende Existenz zurückgeworfen. Weil wir unsere ganze Kraft auf die Zerstörung verwandt haben, konnten wir zu Hause nichts aufbauen und kehren nun in eine ruinierte Welt zurück.‹

Daß der verwüstete Kontinent überhaupt noch eine Zukunft haben könnte, wagte niemand zu glauben. Was Europa anging, so schien die Geschichte mit einem überwältigenden Akt der Selbstzerstörung, den die Deutschen angezettelt und mit verbissener Energie vollendet hatten, zu Ende gegangen zu sein:

›Es bleibt dabei:‹ notierte Max Frisch im Frühjahr 1946, ›das Gras, das in den Häusern wächst, der Löwenzahn in den Kirchen, und plötzlich kann man sich vorstellen, wie es weiterwächst, wie sich ein Urwald über unsere Städte zieht, langsam, unaufhaltsam, ein menschenloses Gedeihen, ein Schweigen aus Disteln und Moos, eine geschichtslose Erde, dazu das Zwitschern der Vögel, Frühling, Sommer und Herbst, Atem der Jahre, die niemand mehr zählt —‹

Hätte jemand den Höhlenbewohnern von Dresden oder Warschau damals eine Zukunft wie die des Jahres 1990 prophezeit, sie hätten ihn für verrückt gehalten. Ebenso unvorstellbar aber ist den Heutigen ihre eigene Vergangenheit geworden. Wer sie miterlebte, hat sie längst verdrängt und vergessen, und den Nachgeborenen fehlt es sowohl an der Phantasie als auch an den Kenntnissen, die nötig wären, um sich jene fernen Zeiten zu vergegenwärtigen. Es ist in der Tat schwer, und es wird von Jahr zu Jahr schwerer, sich ein Bild vom Zustand unseres Kontinents am Ende des Zweiten Weltkriegs zu machen. Die Erzähler haben, abgesehen von Ausnahmen wie Böll, Primo Levi, Hans Werner Richter, Louis-Ferdinand Céline und Curzio Malaparte, vor diesem Thema kapituliert; die sogenannte Trümmerliteratur ist über das Schlagwort kaum hinausgekommen.

Alte Wochenschauen zeigen monotone Ruinenbilder; die Tonspur besteht aus hohlen Phrasen; über die innere Verfassung der Männer und Frauen, die durch die verwüsteten Städte ziehen, geben sie keine Auskunft. Der späteren Memoirenliteratur fehlt es an Glaubwürdigkeit. Das hat nicht nur mit dem Hang zur Stilisierung zu tun, der beim autobiographischen Genre so häufig ist. Es liegt auch nicht nur daran, daß die Autoren gewöhnlich zur Selbstrechtfertigung oder zur Selbstanklage neigen. Schwerer wiegt ein anderer Einwand, der nicht auf die Redlichkeit der Verfasser, sondern auf ihre Perspektive zielt. Im Rückblick geht ebendas verloren, worauf es hier ankäme: die Gleichzeitigkeit des Beobachters mit dem, was er sieht. Somit wären die besten Quellen die Augenzeugenberichte der Zeitgenossen.

Wer sie studiert, wird freilich eine sonderbare Erfahrung machen. Zum Signum der Nachkriegsepoche gehört nämlich eine eigentümliche Ignoranz, eine Verengung des Horizonts, wie sie unter extremen Lebensbedingungen unvermeidlich ist. Im besten Fall handelt es sich um einen schlichten Mangel an Weltkenntnis, der sich leicht aus der jahrelangen Isolation erklärt. John Gunther erzählt von einem jungen Soldaten aus Warschau, mit dem er an einem Sommerabend des Jahres 1948 ins Gespräch kam:

›Er war ganz sachlich und nüchtern. Er wußte genau, was Polen und was er selbst erlitten hatte. Dagegen war er ganz unwissend, was die Außenwelt betraf. Er war noch nie einem Amerikaner begegnet. So wollte er wissen, ob auch New York, ebenso wie Warschau, *kaput*gemacht worden sei.‹

Anderswo wurden die Amerikaner wie Marsbewohner bestaunt, und alles, was sie mitbrachten, erfuhr eine Verehrung, die an die Kargo-Kulte Polynesiens erinnert. Überhaupt bringt die europäische Psychologie dieser Jahre Haltungen hervor, wie man sie in der Dritten Welt antrifft. Wer nur an die nächste Mahlzeit denkt, wer gezwungen ist, sich ein Dach über dem Kopf zusammenzunageln, dem fehlen gewöhnlich Lust und Energie dazu, sich zum wohlinformierten Zeitgenossen zu emanzipieren. Dazu kommt der Mangel an Bewegungsfreiheit, der damals herrschte. Millionen waren unterwegs, aber nur, um ihre Haut zu retten. Reisen im herkömmlichen Sinn des Wortes waren nicht möglich.

Daß die Quellen so unergiebig sind, hat jedoch nicht nur äußere Gründe. In den ersten Jahren nach dem Krieg traten überall die Spätfolgen der faschistischen Diktatur ans Licht. Das gilt vor allem für Deutschland, ist aber auch anderswo zu beobachten. (Kollaborateure gab es in allen besetzten

Ländern.) Deshalb geben gerade die Betroffenen die schlechtesten Zeugen ab. Sie verschanzen sich hinter einer kollektiven Amnesie. Die Realität wird nicht nur ignoriert, sondern glatt geleugnet. In einer Mischung von Lethargie, Trotz und Selbstmitleid regredieren die Menschen in eine Art zweiter Unmündigkeit. Wer diesem Syndrom zum erstenmal begegnet, greift sich an den Kopf; er glaubt es mit einer Form von *moral insanity* zu tun zu haben. Erbittert, ja fassungslos reagiert die Amerikanerin Martha Gellhorn, als sie im April 1945 ins Rheinland kommt, auf die Äußerungen ihrer deutschen Gesprächspartner:

›Niemand ist ein Nazi. Niemand ist je einer gewesen. Es hat vielleicht ein paar Nazis im nächsten Dorf gegeben, und es stimmt schon, diese Stadt da, zwanzig Kilometer entfernt, war eine regelrechte Brutstätte des Nationalsozialismus. Um die Wahrheit zu sagen, ganz im Vertrauen, es hat hier eine Menge Kommunisten gegeben. Wir waren schon immer als Rote verschrien. Oh, die Juden? Tja, es gab eigentlich in dieser Gegend nicht viele Juden. Zwei vielleicht, vielleicht auch sechs. Sie wurden weggebracht. Ich habe sechs Wochen lang einen Juden versteckt. Ich habe acht Wochen lang einen Juden versteckt. (Ich hab einen Juden versteckt, er hat einen Juden versteckt, alle Kinder Gottes haben Juden versteckt.) Wir haben nichts gegen Juden; wir sind immer gut mit ihnen ausgekommen. Die Nazis sind Schweinehunde. Wir haben von dieser Regierung die Nase voll gehabt. Ach, wie wir gelitten haben. Die Bomben. Wir haben wochenlang im Keller gelebt. Die Amerikaner sind uns willkommen. Wir haben keine Angst vor ihnen; wir haben keinen Grund zur Angst. Wir haben nichts Unrechtes getan; wir sind keine Nazis.

Man müßte es vertonen. Dann könnten die Deutschen diesen Refrain singen, und er wäre noch besser. Sie reden alle so. Man fragt sich, wie die verabscheute Naziregierung, der niemand Gefolgschaft leistete, es fertigbrachte, diesen Krieg fünfeinhalb Jahre lang durchzuhalten. Nach allem, was sie so von sich geben, hieß kein Mann, keine Frau und kein Kind in Deutschland den Krieg auch nur einen Augenblick gut. Wir stehen mit fassungslosen und verächtlichen Gesichtern da und hören uns diese Geschichte ohne Wohlwollen an und ganz gewiß ohne Achtung. Ein ganzes Volk, das sich vor der Verantwortung drückt, ist kein erbaulicher Anblick.‹

Über zwei Jahre später kommt eine andere Beobachterin aus dem Ausland zu ähnlichen Schlußfolgerungen:

›Das neue Deutschland ist mit aller Welt zerfallen und sonderbar selbstzufrieden. Während sie sich in Klagen über Hunger, verlorene Wohnungen und andere Leiden ergehen, bringen die Deutschen für das Leid und die Verluste, die sie anderen zugefügt haben, kein sonderliches Interesse oder Mitgefühl auf, sondern erwarten im Gegenteil milde Gaben von den Ländern, die sie zerstören wollten, Gaben, die übrigens gewöhnlich eher nörgelnd als dankend aufgenommen werden ... Die stehende Allerweltsformel in Berlin heißt: *Damals war Krieg, aber jetzt ist Frieden.* Diese rätselhafte Bemerkung bedeutet, frei übersetzt, daß sich die Leute für den Krieg, den sie als ferne Historie betrachten, nicht verantwortlich fühlen und daß sie die Schuld an den Nöten und Wirren des Friedens den Alliierten zuschieben. Der Name Hitler wird nicht mehr erwähnt. Dunkel heißt es nur: *Früher war es besser,* will sagen, unter Hitler. Nur wenige Deutsche scheinen sich noch an die Parole zu erinnern, die einige Hellsichtige zu Beginn der Überfälle von 1940 ausgaben: *Genießt den Krieg! Der Frieden wird fürchterlich!* So ist es.‹

Soviel zur Bewußtseinslage der deutschen Bevölkerung. Nicht weniger verblendet waren andere Europäer. John Gunther berichtet:

›Ich fragte einen verantwortlichen griechischen Politiker, wie er sich die Lösung der Probleme vorstelle, und er antwortete mit einem einzigen Wort: *Krieg.* Tatsächlich haben viele konservative Griechen das Gefühl, daß nur noch ein offener Krieg zwischen den Vereinigten Staaten und der Sowjetunion sie retten könnte; so schrecklich es klingt, er käme ihnen gelegen, und sie machen kein Hehl daraus. Ich fragte meinen Freund: *Aber glauben Sie denn, daß es einen Krieg geben wird?* Er antwortete: *In Europa herrscht Anarchie. Einhundert Millionen Menschen sind versklavt. Es muß zu einem Krieg kommen, oder wir werden alles verlieren.*‹

Wer sich nun der veröffentlichten Meinung zuwendet, in der Hoffnung, ihr ein klareres Bild von der damaligen Lage in Europa abzugewinnen, dem stehen andere Enttäuschungen bevor. Nüchterne Urteile, intelligente Analysen, überzeugende Reportagen wird er in den Spalten der Zeitungen und Zeitschriften der Jahre 1945-1948 kaum finden. Das liegt nicht allein an den Auflagen der Besatzungsmächte. Weit stärker wirkt sich die geistige Verfassung der Journalisten, ihre innere Selbstzensur aus. Auch darin haben es die Deutschen zu einer Art von Meisterschaft gebracht. Im großen und ganzen flohen die Intellektuellen, statt kaltblütig zu konstatieren, was der Fall war, in die Abstraktion. Nach der großen Reportage sucht man vergebens. Dafür findet man, neben philosophischen Erörterungen zum Thema der Kollektivschuld, endlose Beschwörungen der abendländischen Tradition. Eigentümlich, wie oft da von Goethe die Rede ist, vom Humanismus, von der Seinsvergessenheit und vom ›Gedanken der Freiheit‹. Man hat den Eindruck, daß dieser verblasene Idealismus nur eine andere Form der Bewußtlosigkeit ist. Verwüstet war offenbar nicht allein die physische Umgebung, sondern auch das Wahrnehmungsvermögen. Ganz Europa war sozusagen ›wie vor den Kopf geschlagen‹.

Auf die Betroffenheit der Betroffenen ist, aus all diesen Gründen, wenig Verlaß. Wer sich ein auch nur einigermaßen zutreffendes Bild von den Zuständen unmittelbar nach dem Krieg machen will, ist daher auf andere Quellen angewiesen. Vieles spricht dafür, daß es der Blick des *Außenseiters* ist, dem wir die sicherste Überlieferung zu danken haben. Die schärfsten Aufnahmen haben jene Autoren geliefert, die den siegreichen Armeen der Alliierten folgten. Unter ihnen ragen die besten Reporter Amerikas hervor, Journalistinnen wie Janet Flanner und Martha Gellhorn und Schriftsteller wie Edmund Wilson und Norman Lewis, die sich nicht zu schade waren, für die Presse zu arbeiten. Sie stehen alle in der großen angelsächsischen Tradition der literarischen Reportage, der die Kontinentaleuropäer Gleichwertiges bis heute nicht entgegenzusetzen haben. Dazu kommen Quellen, die sich eher dem Zufall verdanken, wie der interne Bericht eines amerikanischen Redakteurs, der für den US-Geheimdienst gearbeitet hat, oder die Aufzeichnungen von Emigranten, die den Versuch machten, in die Alte Welt zurückzukehren. Später machten sich auch Autoren aus Ländern auf den Weg, die der Krieg verschont hatte, wie der Schweizer Max Frisch und der schwedische Romancier Stig Dagerman.

Gemeinsam ist ihnen allen, daß sie aus einer Welt kamen, die der unseren gleicht: ordentlich, normal, geprägt von den tausend Selbstverständlichkeiten einer funktionierenden Zivilgesellschaft. Umso größer war der Schock, den das europäische Desaster bei ihnen hervorrief. Sie trauten gewissermaßen ihren Augen nicht angesichts der brutalen und exzentrischen, der furchterregenden und bewegenden Szenen, die sie in Paris und Neapel, in den Dörfern von Kreta und in den Katakomben von Warschau erlebten. Dieser fremde Blick ist es, der uns am ehesten begreiflich machen kann, was damals geschah; denn er hält sich nicht an die Sprachregelungen der Ideologie, sondern an das sprechende Detail. Während die Leitartikel und Streitschriften jener Jahre eigentümlich verstaubt wirken, sind diese Augenzeugenberichte frisch geblieben.

Die Spezialisten der Wahrnehmung sind am stärksten dort, wo sie am wenigsten generalisieren, wo sie die phantastischen Widersprüche der chaotischen Welt, in der sie sich bewegen, nicht zensieren, sondern stehenlassen. So schließt Max Frisch seine eingangs zitierten Notizen aus Berlin mit einer lakonischen Bemerkung, die allen kulturkritischen Erörterungen das Maul stopft:

›Ein Hügelland von Backstein, darunter die Verschütteten, darüber die glimmernden Sterne; das Letzte, was sich da rührt, sind die Ratten. — Abends in die *Iphigenie*.‹

Überhaupt spricht aus den Texten dieser Außenseiter ein erstaunliches Ahnungsvermögen. In den Hauptstädten der Siegermächte waren damals ganze Planungsstäbe von Politikern, Ökonomen und Gesellschaftswissenschaftlern am Werk, deren Ziel es war, Aussagen über die zukünftige Entwicklung in Europa zu machen. Es ist verblüffend zu sehen, daß die Berichte der besten Reporter, die ganz auf sich allein gestellt den Kontinent durchstreiften und sich nur auf ihre Augen und Ohren verließen, den Analysen dieser Fachleute weit überlegen sind.

Das zeigt sich bereits an der ersten Reportage dieses Buches. Sie ist datiert auf den Juli 1944, stammt also aus einer Zeit, zu der in Washington noch kein Mensch an den Kalten Krieg dachte. Mitten in einem Artillerieduell kommt Martha Gellhorn in einem Dorf an der Adria mit Soldaten einer polnischen Einheit ins Gespräch, die dort gegen die Deutschen kämpft.

›Die Soldaten versammeln sich mehrmals am Tag um den Wagen, in dem sich das Radio befindet, und hören sich sämtliche Nachrichten in polnischer Sprache an, egal woher sie kommen. Sie verfolgen den russischen Vormarsch durch Polen mit schmerzvollem Interesse.

Diese Soldaten hatten von Polen bis hierher einen langen Weg hinter sich. Sie nennen sich die karpatischen Lancers, weil die meisten von ihnen über die Karpaten aus Polen geflohen sind. Sie waren jetzt seit fast fünf Jahren aus ihrem Land fort. Dreieinhalb Jahre lang kämpfte dieses Kavallerieregiment, das in Syrien aufgestellt worden war, im Nahen Osten und in der westlichen Wüste.

Im letzten Januar waren sie über Italien nach Europa, auf ihren eigenen Kontinent, zurückgekehrt, und es war das polnische Korps, in dem dieses Panzerregiment als Infanterie kämpfte, das im Mai schließlich Cassino einnahm. Im Juni begannen sie ihren großen Vorstoß die Adria hinauf, und der Preis, Ancona, das dieses Regiment als erstes betreten hatte, lag hinter uns.

Es ist ein langer Weg zurück nach Polen, in die großen Karpaten, und jeder Kilometer des Weges ist mit größter Tapferkeit erkauft. Aber so, wie die Dinge jetzt stehen, wissen sie nicht, was sie zu Hause erwarten wird. Sie bekämpfen einen Feind vor sich, und bekämpfen ihn großartig. Und sie fürchten von ganzem Herzen einen Verbündeten, der bereits in ihrem Heimatland steht. Denn sie glauben nicht, daß Rußland nach dem Krieg ihr Land freigeben wird; sie befürchten, daß sie in diesem Frieden geopfert werden sollen, so wie 1938 die Tschechoslowakei. Man darf nicht vergessen, daß ungeachtet seines Rangs, seiner Klasse oder seiner wirtschaftlichen Verhältnisse fast jeder dieser Männer während dieses Krieges zeitweise entweder in einem deutschen oder einem russischen Gefängnis gesessen hat. Man darf nicht vergessen, daß sie seit fünf Jahren nichts mehr von ihren Angehörigen, von denen viele noch Gefangene in Rußland oder Deutschland sind, gehört haben. Und man darf nicht vergessen, daß diese Polen nur einundzwanzig Jahre nationaler Freiheit hinter sich haben und eine lange schmerzvolle Erinnerung der Fremdherrschaft.

Also unterhielten wir uns über Rußland, und ich versuchte sie davon zu überzeugen, daß ihre Befürchtungen unbegründet seien, oder es werde keinen Frieden in der Welt geben. Daß Rußland im Frieden so groß sein müsse, wie es im Krieg gewesen ist, und daß die Welt den Heldenmut und das Leiden der Polen honorieren müsse, indem sie ihnen die Freiheit geben wird, ihr Heimatland neu und besser aufzubauen. Ich sagte, ich könne nicht glauben, daß dieser Krieg, der zur Wahrung der Menschenrechte geführt wird, mit der Mißachtung der Rechte der Polen enden werde. Aber ich bin keine Polin; ich gehöre einem großen freien Land an, und ich spreche mit dem Optimismus derjenigen, die für alle Zeit sicher sind. Und ich erinnerte mich an den hochgewachsenen, freundlichen zweiundzwanzigjährigen Soldaten, der mich einmal in einem Jeep fuhr und mir ganz ruhig erklärte, daß sein Vater in einem deutschen Gefangenenlager an Hunger gestorben war, seine Mutter und seine Schwester seit vier Jahren in einem Arbeitslager in Rußland verschollen waren, sein Bruder vermißt war und er keinen Beruf hatte, weil er mit siebzehn in die Armee eingetreten war und so keine Zeit blieb, irgend etwas zu erlernen. Wenn ich an diesen jungen Mann dachte und an alle anderen, die ich kannte, mit ihren entsetzlichen Geschichten von Entbehrung und Heimatlosigkeit, schien es mir, daß kein Amerikaner das Recht hatte, den Polen etwas zu erzählen, denn wir waren von solchen Leiden niemals auch nur gestreift worden.‹

Die Redaktion der Zeitschrift *Collier's,* für die Martha Gellhorn arbeitete, lehnte es ab, diesen Bericht zu veröffentlichen, weil ihr die prophetischen Bemerkungen der Polen über die Sowjetunion, den wichtigsten Verbündeten der USA, nicht in den Kram paßten.

Nicht, daß sie auf irgendeine höhere Objektivität Anspruch erheben, sondern umgekehrt, daß sie an ihrer radikalen subjektiven Perspektive festhalten, macht die Arbeiten der Reporter so aufschlußreich, und zwar auch dort — ja sogar gerade dort —, wo sie sich ins Unrecht setzen. Zu den

Kosten der Unmittelbarkeit gehört es, daß man sich, statt ›über den Dingen‹ zu stehen, von der Umgebung anstecken läßt.

Umso deutlicher treten die neuralgischen Knoten im Kontext der Nachkriegsjahre hervor, etwa die Irritationen zwischen Engländern und Amerikanern, die Wut der Sieger über die grandiose Dreistigkeit der Neapolitaner, vor allem aber der Haß auf die Deutschen, der sich bei manchen Beobachtern bis zur Rachsucht und zum Ekel steigert. Wer sich so benommen hatte wie die Deutschen und wer sich weiter so benahm, nämlich bar aller Einsicht, der hatte keine Fairneß zu erwarten — davon waren fast alle überzeugt, die einer der siegreichen Nationen angehörten, und es ist keineswegs überflüssig, sich an die massiven Gefühlsäußerungen jener Jahre zu erinnern.

Es ist kein Wunder, daß die Beobachter aus dem neutralen Ausland differenzierter urteilen. Nicht, als könnte man ihnen besondere Sympathien für die Deutschen nachsagen; doch sind sie eher als die Sieger fähig, ihre eigene Rolle zu problematisieren. So schreibt der Schwede Stig Dagerman nach einem Deutschlandbesuch im Herbst 1946:

›Will man einen Kommentar wagen zu den mit Selbstverachtung gemischten Gefühlen, von Bitterkeit gegenüber den Alliierten, von Apathie, von einer allgemeinen Neigung zu Vergleichen zum Nachteil der Gegenwart, die zweifellos dem Besucher in diesem traurigen Herbst entgegenschlugen, muß man sich einige konkrete Ereignisse und physische Gegebenheiten vergegenwärtigen. Es ist wichtig, sich zu erinnern, daß Äußerungen, die auf Unzufriedenheit und sogar Mißtrauen gegenüber dem guten Willen der siegreichen Demokratien hindeuteten, nicht im luftleeren Raum oder auf der Bühne eines Theaters mit ideologischem Repertoire fielen, sondern in absolut augenfälligen Kellern in Essen, Hamburg oder Frankfurt am Main. Zum herbstlichen Bild der Familie im wassergefüllten Keller gehört nämlich auch ein Journalist, der, vorsichtig auf ausgelegten Planken balancierend, die Familienmitglieder zu ihren Ansichten über die neugestartete deutsche Demokratie interviewt, nach ihren Hoffnungen und Illusionen fragt — und vor allem: fragt, ob es der Familie unter Hitler besser gegangen sei. Die Anwort, die der Besucher hierbei erhält, hat zur Folge, daß er sich mit einer Verbeugung des Zornes, des Ekels und der Verachtung hastig aus dem übelriechenden Raum zurückzieht und in seinem angemieteten englischen Automobil oder amerikanischen Jeep Platz nimmt, um eine halbe Stunde später in der Bar des Pressehotels bei einem Drink oder einem guten Glas echten deutschen Bieres eine Betrachtung zum Thema *In Deutschland lebt der Nazismus weiter* zu schreiben.‹

Fünfzig Jahre nach der Katastrophe begreift sich Europa mehr denn je als ein gemeinsames Projekt, doch von einer übergreifenden Analyse seiner Gründerjahre nach dem Zweiten Weltkrieg ist es weit entfernt. Die Erinnerung an diese Zeit ist lückenhaft und provinziell, soweit sie nicht gänzlich der Verdrängung oder der Nostalgie anheimgefallen ist. Das liegt nicht nur daran, daß damals jeder mit dem eigenen Überleben beschäftigt war und sich kaum darum kümmerte, was nebenan geschah; es hat auch damit zu tun, daß man ungern über die Leichen im Keller spricht. Wenden wir uns lieber der strahlenden Zukunft des Gemeinsamen Marktes und der Öffnung Osteuropas zu, statt an die unerfreulichen Zeiten zu denken, da niemand einen roten Heller auf eine Wiedergeburt unserer Halbinsel gesetzt hätte: das scheint der allgemeine Konsens zu sein. Eine ziemlich fatale Strategie; denn im Rückblick zeigt sich heute, daß in den Jahren 1944 bis 1948, ohne daß die Akteure es ahnten, die Keime nicht nur zu künftigen Erfolgen, sondern auch zu künftigen Konflikten gelegt worden sind.

Eine Sprengbombe ist eine Sprengbombe, ein Hungerödem macht keinen Unterschied zwischen Schwarz und Weiß, Gerechten und Ungerechten, aber weder die Zerstörungskraft der Luftwaffen noch die Misere des Nachkriegs war imstande, Europa zu homogenisieren und seine Unterschiede auszulöschen. Was der verbrannten Erde nicht anzusehen war, erwies sich als äußerst folgenreich: die zähe Überlebensfähigkeit der immateriellen Strukturen, die in den Köpfen der Menschen gleichsam überwintert hatten. Die europäischen Gesellschaften glichen zerstörten Städten, von denen detaillierte Bauzeichnungen und Katasterblätter erhalten waren; ihre unsichtbaren Schalt- und Netzpläne hatten den Untergang überlebt, und zwar in ihrer ganzen Mannigfaltigkeit. Der Unterschied der Traditionen, Fähigkeiten,

Mentalitäten trat schon in ihren ersten Regungen hervor. Dementsprechend vielfältig nahmen sich die Wiederbelebungsversuche aus.

Norman Lewis schreibt über das Neapel des Jahres 1944: ›Es ist erstaunlich, wie diese zerschlagene, hungernde Stadt, aller Existenzbedingungen beraubt, darum kämpft, sich nach ihrem Zusammenbruch Verhältnissen anzupassen, die denen des frühen Mittelalters ähneln. Wie Beduinen kampieren die Leute in Trümmerwüsten. Es gibt wenig zu essen, wenig Wasser, kein Salz, keine Seife. Viele Neapolitaner haben durch die Bombardierungen ihren Besitz, darunter ihre meisten Kleider, verloren. Auf den Straßen habe ich bizarre Kleiderkombinationen gesehen: einen Mann in altem Smoking, Knickerbockern und Armeestiefeln oder Frauen in spitzenartigen Kleidern, die wohl aus Gardinen genäht waren. Es gibt keine Autos, dafür Hunderte von Karren und einige altertümliche Landauer, die von abgemagerten Pferden gezogen werden. Heute in Posilippo hielt ich an, um die methodische Demontage eines steckengebliebenen deutschen Halbkettenfahrzeugs durch Jugendliche zu beobachten, die sich wie Ameisen davonmachten und Metallstücke jeder Art und Größe forttrugen. Nicht weit davon entfernt hockte eine gutgekleidete Dame mit Feder im Hut bei einer Ziege zum Melken. Weiter unten am Hafenkai banden zwei Fischer mehrere aus den Trümmern gerettete Türen mit einem Seil zusammen, wuchteten ihren Motor darauf und machten sich zum Fischen fertig. Unerklärlicherweise dürfen keine Boote ausfahren, aber in der Verordnung wird nichts über Flöße gesagt. So improvisiert jeder und paßt sich an.‹

Diese Haltung ist für die Bevölkerung Süditaliens bis auf den heutigen Tag charakteristisch geblieben: eine Erfindungskraft, die jede Lücke zu nutzen weiß, ein Parasitentum von geradezu heroischer Energie und die nie ermüdende Bereitschaft, eine feindselige Welt gewissermaßen auszuschlachten. Ungefähr zur gleichen Zeit sahen die Prioritäten der Franzosen ganz anders aus, wie der folgende Bericht von A. J. Liebling zeigt:

›Als die Befreier eintrafen, verfügte die Stadt nur noch für zwei Wochen über die notwendigsten Essensvorräte, und obwohl amerikanische und französische Ämter ständig Nahrungsmittel in die Stadt geschickt haben, reicht es weder in den Haushalten noch in den Restaurants zur Wiederherstellung einer guten Küche. Nur einige kleine Schwarzmarktrestaurants existieren. Ein *petit salé* (eine Art Eintopf), eine Birne und eine halbe Flasche Bordeaux kosten siebenhundert Francs. Das ist noch der günstigste Preis. Zur Erinnerung: Siebenhundert Francs sind vierzehn Dollar. Ein Pfund Butter kostet vierhundert Francs. Da es in der Normandie, in der Bretagne und im Anjou große Mengen an Butter, Fleisch und Gemüse zu etwa einem Achtel des Pariser Preises gibt und da es nur noch ein reines Transportproblem ist, sie hierherzubringen, sind die Tage des Schwarzmarktes gezählt. Diese Nahrungsmittel sind nur fünfzig bis hundertfünfzig Meilen weit entfernt, und somit dürfte das Problem bald gelöst sein. Ein anständiges Paar Lederschuhe kostet hundert Dollar, ein Herrenanzug dreihundert und eine tragbare Schreibmaschine fünfhundertundsechzig. Dem Franzosen, den es nach einigen dieser Dinge gelüstet, würde ich den guten Rat geben, noch ein paar Wochen zu warten. Denn eine so katastrophale Situation kann nur unter der Herrschaft der Deutschen bestehen; die sind imstande, einem Land alles wegzunehmen, nur nicht Ehre, Schönheit und guten Geschmack.‹

Sicherlich sprechen aus solchen Schilderungen auch die Vorurteile und *idées reçues* des jeweiligen Betrachters. Aber eine solche Deutung geht am Kern der Sache vorbei. Das zeigt sich besonders deutlich an der folgenden Reportage von John Gunther. Sie spricht so gut wie allen Klischees Hohn, die je über die Polen im Umlauf waren.

›Dieser geballte Ansturm reiner, sinnloser Zerstörungswut hat Warschau in ein Pompeji verwandelt. Ein Pole meinte ernsthaft: *Vielleicht haben einige Katzen überlebt, aber bestimmt kein Hund.* Nach der Befreiung im Frühjahr 1945 faßte die polnische Regierung den kühnen Entschluß zum Wiederaufbau. Es war ein herkulischer Schritt.

Jeder Pole, den ich sprach, war von fast überschwenglicher Hoffnung beseelt. *Sehen Sie hier?* Ein Minister des Kabinetts zeigte auf etwas, was wie ein zertrümmerter Gully aussah. *In zwanzig Jahren werden das unsere Champs-Élysées sein.*

Besonders beeindruckend ist der Wiederaufbau der Altstadt, die beinahe genauso zerstört ist wie das Ghetto. Vom Hotel Angelski, in dem Napoleon wohnte, ist nur noch ein Stück Steinwüste geblieben. Die alten Bausteine werden beim Wiederaufbau verwendet, was einen verrückten Flickeneffekt ergibt. Hunderte von Häusern sind nur zur Hälfte wiederaufgebaut. Sobald nur ein einziger Raum bewohnbar ist, ziehen die Leute ein.

Ein großer Teil dieses wilden Wiederaufbaus geschieht durch freiwillige Arbeit und wird mit der bloßen Hand bewältigt. Sogar Kabinettsminister gehen hinaus und arbeiten am Sonntag. In ganz Warschau gibt es nicht mehr als zwei oder drei Betonmischmaschinen und drei oder vier elektrische Aufzüge; die Stadt verfügt über keinen einzigen Bulldozer! Da klettert eine Mannschaft eine Mauer hoch, schlägt einen am Ende eines Seiles befestigten Eisenhaken in den höchstliegenden Backstein, klettert wieder herunter und zieht. Presto! — Die Mauer stürzt ein. Und dann werden die zerbeulten Backsteine für den Neuaufbau wiederverwendet. Für einen richtigen Mauerbau bleibt keine Zeit.

Nach der wahrscheinlich verheerendsten Zerstörung, die je von menschlicher Hand angerichtet wurde, verwandelt sich diese ausgebrannte Stadt in eine neue, von Leben brodelnde und wirbelnde Metropole. Backstein für Backstein, Minute für Minute, Hand für Hand. Durch die gesammelte schöpferische Energie und Phantasie eines ungeheuer begabten und eifrigen Volkes ersteht Warschau zu neuem Leben.‹

Ganz andere Gefühle sind in einem Besucher erwacht, der auf einer Reise durch Süddeutschland die Anfänge des deutschen Wiederaufbaus sah. Man wird kaum behaupten können, daß die Überlegungen, die Alfred Döblin damals anstellte, im Lauf der vergangenen Jahrzehnte an Plausibilität verloren hätten.

›Ein Haupteindruck im Lande, und er löst Ende 1945 bei dem, der hereinkommt, das größte Staunen aus, ist, daß die Menschen hier wie Ameisen in einem zerstörten Haufen hin und her rennen, erregt und arbeitswütig zwischen den Ruinen und ihr ehrlicher Kummer ist, daß sie nicht sofort zugreifen können, mangels Material, mangels Direktiven.

Die Zerstörung wirkt auf sie nicht deprimierend, sondern als intensiver Reiz zur Arbeit. Ich bin überzeugt: Wenn sie die Mittel hätten, die ihnen fehlen, sie würden morgen jubeln, nur jubeln, daß man ihre alten, überalterten, schlecht angelegten Ortschaften niedergelegt hat und ihnen Gelegenheit gab, nun etwas Erstklassiges, ganz Zeitgemäßes hinzustellen.

Das Menschengewimmel in einer volksreichen Stadt wie Stuttgart. Durch Zuwanderung von Flüchtlingen aus anderen Städten und Gegenden noch mehr geworden, bewegten sich hier die Menschen, auf der Straße zwischen den fürchterlichen Ruinen, wahrhaftig, als wenn nichts geschehen wäre und als wenn die Stadt immer so aussah. Auf sie jedenfalls wirkt der Anblick der zerbrochenen Häuser nicht.

Und wenn einer glaubt oder früher geglaubt hat, das Malheur im eigenen Lande und der Anblick einer solchen Verwüstung würde die Menschen zum Denken bringen und würde politisch erzieherisch auf sie wirken, — so kann er sich davon überzeugen: er hat sich geirrt. Man sagt mir und zeigt mir bestimmte Häusergruppen und konstatiert: das war dies Bombardement und das war jenes, und man schließt gewisse Episoden an. Und das ist alles. Es erfolgen darauf keine besonderen Mitteilungen, und bestimmt werden keine weiteren Überlegungen angestellt. Man geht an seine Arbeit, steht Schlange hier wie überall nach Lebensmitteln.

Schon gibt es da und dort Theater, Konzerte und Kinos und ich höre, alle sind stark besucht. Die Elektrischen fahren, grauenhaft voll wie überall. Man ist praktisch und hilft sich. Man kümmert sich um das Heute und Morgen in einer Weise, die den Nachdenklichen schon beunruhigt.

Hier lebt unverändert ein arbeitsames, ein ordentliches Volk. Sie haben, wie immer, einer Regierung, so zuletzt dem Hitler pariert, und verstehen im großen und ganzen nicht, warum Gehorchen diesmal schlecht gewesen sein soll. Es wird viel leichter sein, ihre Städte wieder aufzubauen als sie dazu zu bringen, zu erfahren, was sie erfahren haben und zu verstehen, wie es kam.‹

Man mag es ungerecht finden, wenn das Urteil über die Aufbauleistungen der Stuttgarter so mißmutig ausfällt im Vergleich zu dem Lob, das den Warschauern zuteil wird. Aber man begreift die rätselhafte Energie der Deutschen nicht, wenn man sich gegen die Einsicht sträubt, daß sie ihren Defekt zur Tugend erhoben haben. Die Bewußtlosigkeit war die Bedingung ihres Erfolgs. Wie tückisch dieser Zusammenhang ist, das geht aus dem folgenden Bericht des amerikanischen Geheimdienstoffiziers Robert Thompson Pell hervor, der sich im Frühjahr 1945 vor die Aufgabe gestellt sah, die Tätigkeit der leitenden Herren von der IG Farbenindustrie im Dritten Reich zu untersuchen.

›Insgesamt gewann ich den Eindruck, daß die deutschen Führer dazu übergegangen sind, sich mit den Notwendigkeiten zu arrangieren — das allerdings nur in begrenztem Umfang. In der Zwischenzeit klopfen sie uns auf schwache Stellen ab, stellen uns bei jeder Gelegenheit auf die Probe, versuchen herauszufinden, ob wir es ernst meinen, wenn wir auf den Tisch hauen, und leisten Widerstand, soweit sie es wagen. Sie sagen fast offen, wir selbst würden mit der Situation nicht fertig werden und müßten uns letzten Endes wieder an sie wenden. Sie vertrauen darauf, daß wir so viele Fehler machen, daß es unausweichlich sein wird, daß sie wieder die Führung übernehmen. Solange wollen sie abwarten und zusehen, wie wir alles verpatzen. Außerdem spielen sie die *rote Gefahr* aus, soweit sie sich gerade trauen.

Die Direktoren z. B., die ich in meinem Jeep aus den Vorstädten abholte, brannten darauf, mir zu sagen, das deutsche Volk sei das Opfer einer weltweiten Verschwörung gewesen, die beabsichtigt habe, dieses wunderschöne Land unbekannten Mächten auszuliefern; Deutschland habe einen Verteidigungskrieg geführt; der alliierte *Bombenterror* habe das deutsche Volk geeinigt, keinen militärischen Nutzen gehabt und sei ein schwerer Fehler gewesen; sie seien die wahren Verteidiger der westlichen Zivilisation gegen *die asiatischen Horden* usw.

Kurz gesagt, im Land herrschte Chaos und unter den Leuten Hysterie, die sich schnell zu einer Trotzhaltung und dem Gefühl ausweitete, ungerecht behandelt zu werden, und nicht von der geringsten Spur eines Schuldgefühls getrübt wurde. Die meisten dieser Männer mit hohem und in manchen Fällen höchstem Ansehen in der Gesellschaft waren bereit zuzugeben, daß Deutschland den Krieg verloren habe, beeilten sich aber hinzuzufügen, der Grund hierfür sei die

Übermacht der Alliierten an Macht und Material gewesen; sie fügten dann sogleich hinzu, sie würden sich in der Zukunft Mühe geben, das auszugleichen. Der Gesamteindruck war, kurz gesagt, beunruhigend. Soweit ich feststellen konnte, war die Einstellung des durchschnittlichen Managers von Selbstmitleid, kriecherischer Rechtfertigung und einem gekränkten Unschuldsgefühl geprägt, das mit einem Jammern um Mitleid und um Hilfe beim Aufbau seines zerstörten Landes verbunden war. Viele von ihnen, wenn nicht die meisten, erwarten zuversichtlich, das amerikanische Kapital werde sich unverzüglich bei der Aufbauarbeit engagieren, und sie erklären sich bereit, ihre Arbeitskraft und ihren Verstand in den Dienst dieser vorübergehenden Herren zu stellen; davon erhoffen sie sich unverhohlen, Deutschland mächtiger und größer wiederaufzubauen, als es in der Vergangenheit war.‹

Die Ironie der Geschichte oder, besser gesagt, ihr Hohn hat dazu geführt, daß diese Wahnvorstellungen aus dem Jahre 1945 in gewisser Weise Realität geworden sind. Daß die Besiegten von damals, die Deutschen und die Japaner, sich heute als Sieger fühlen, ist mehr als ein moralischer Skandal; es ist eine politische Zumutung. Natürlich wird unser Führungspersonal nicht müde zu beteuern, daß wir unterdessen alle friedlich, demokratisch und zivil geworden seien, mit einem Wort: brav, und das Merkwürdigste an dieser Behauptung ist, daß sie zutrifft. Diese Mutation hat die Deutschen zu dem gemacht, was sie einst anderen nachsagten: zu einer Nation von Krämern. Damit stehen sie keineswegs allein. Alle Völker des Westens wetteifern mit wechselndem Erfolg darin, es ihnen gleichzutun, und seit dem Ende des kommunistischen Machtmonopols scheint sich auch im Osten des Kontinents der Primat der Ökonomie durchzusetzen; nur den Völkern der Sowjetunion ist wirtschaftliches Denken und Handeln nach wie vor fremd geblieben. Soviel steht fünfzig Jahre nach dem Zweiten Weltkrieg fest: Mißlungen ist nicht nur der deutsche, sondern der Selbstmord ganz Europas. Je mehr aber unsere Halbinsel wieder in den Mittelpunkt der Weltpolitik und des Weltmarkts rückt, desto mehr wird ein Eurozentrismus neuer Art an Boden gewinnen. Schon taucht in der Diskussion ein Slogan auf, dessen Copyright kein anderer als Joseph Goebbels für sich in Anspruch nehmen kann: das Schlagwort von der ›Festung Europa‹. Was damals militärisch gemeint war, kehrt wieder als ökonomisches und demographisches Konzept. Unter diesen Umständen wird ein Europa im Boom gut daran tun, sich an ein Europa in Trümmern zu erinnern, von dem uns nur ein paar Jahrzehnte trennen. H. M. E.

Die Anordnung der Texte in diesem Buch ist streng chronologisch. Die Vorlagen sind nicht vollständig abgedruckt; die Auswahl folgt den Absichten, die der Prospekt formuliert. Kürzungen innerhalb der hier vorgelegten Passagen sind mit [. . .] bezeichnet. Quellen aus dem sowjetischen Herrschaftsbereich fehlen, nicht aus ideologischen Gründen, sondern weil die dort verbindliche Pressedoktrin die Veröffentlichung von subjektiven Wahrnehmungen nicht zuließ.
Für Rat und Hilfe möchte ich vor allem Irene Dische, Vera Graaf, Norbert Richter und André Schiffrin danken.

Auf diesem Feld wuchsen riesige tote Kühe. Sie lagen mit hochgestreckten Beinen da, ihre offenen Augen waren milchig und weit aufgerissen, und die Luft stank nach ihren aufgeblähten Leibern. Wir konnten nicht ausmachen, was sie umgebracht hatte, weil wir zu schnell durch einen langen Staubtunnel, der die Straße war, fuhren. Abgesehen von den ekligen toten Tieren, sah alles wunderschön aus: die türkisblaue Weite der Adria, die kobaltblaue Weite des Himmels und das anmutige grüne Hügelland der Marken vor uns. Der Major fuhr wie üblich wie ein Verrückter. In Italien gab es zu jeder Zeit reichlich Staub, aber wenn er am Steuer saß, schlug eine donnernde Staubbrandung hinter uns hoch.

Wir fuhren hinauf, um noch vor dem Mittagessen einen Blick auf die Front zu werfen.

Wir kamen an ein Dorf, in dem die Panzerkampfwagen der Dritten Schwadron stationiert waren. Sie standen in den schmalen Seitenstraßen und waren mit belaubten Zweigen zugedeckt, hatten je ein Paar deutsche Stahlhelme über den Scheinwerfern und den kleinen rotblauen Wimpel der karpatischen Lancers an ihrer Funkantenne flattern. Poppi, der diese Schwadron befehligte, lehnte aus dem Fenster eines Hauses am Straßenrand und bat uns herein. Die Infanterie bewegte sich sehr langsam in Lastwagen vorwärts. Alle Infanteristen hatten staubige weiße Gesichter, als ob sie sich zu einer neuartigen Maskerade entschlossen und sich zu dem Zweck mit Mehl bepudert hätten. Sie sahen erhitzt und lustlos aus.

Poppi ist über eins achtzig groß, unwahrscheinlich blond und ungefähr fünfundzwanzig Jahre alt, hat hellblaue Augen und eine ulkige heisere Stimme. Ich hätte nicht geglaubt, daß er ein Pole ist, aber ich habe es inzwischen aufgegeben zu denken, daß Leute wie Polen oder nicht wie Polen aussehen. Die Polen können nicht klassifiziert werden, und nicht zuletzt das macht sie so anziehend.

Poppi wohnte in einem Schlafzimmer im zweiten Stock dieses Bauernhauses. Die Möbel waren blank, braun und modern und schienen erst kürzlich aus Grand Rapids importiert worden zu sein. Wir saßen auf dem großen Bett und versuchten vergeblich, den Schwarm von Fliegen abzuwehren, der über einen hereinbricht, sobald man stillsitzt. Wir schauten uns wie üblich Landkarten an. Der Major wollte wissen, wo sich die Deutschen zur Zeit befanden. Das war im Moment die Hauptaufgabe dieses Panzerregiments; seine Panzerkampfwagen und Panzerspähwagen hatten mit den Deutschen, die sich zurückzogen, in Berührung zu bleiben, wann und wie sie es für richtig hielten.

Die deutschen Stellungen fingen hinter einem zerfallenen mittelalterlichen Turm an, der unser am weitesten vorgeschobener Posten war. Sie hielten sich irgendwo auf den Hügeln und in Bauernhäusern, die ihnen brauchbar erschienen. Der Turm wurde von ihnen beschossen. Die Deutschen hatten Panzerabwehrkanonen in Bauernhäusern aufgestellt, von wo aus sie die Straße beherrschten. Die Panzerwagen der Lancers aber waren für den Krieg in der westlichen Wüste gedacht, sie konnten nicht querfeldein operieren, sondern mußten auf den Straßen bleiben. Die Deutschen warteten, bis sie in Kernschußweite waren und feuerten dann los. Es war wie Roulette; entweder man gewann, oder man verbrannte in seinem Wagen, wenn es einem nicht noch rechtzeitig gelang, hinauszukriechen. Das spielte sich am Tage ab, und die Infanterie schob sich ein Stückchen vor, und unsere Artillerie bestrich die deutschen Stellungen. Nachts zogen sich die Deutschen gewöhnlich ein paar Kilometer weiter nach Norden zurück. Dies hier war im Moment ein Kleinkrieg, aber auch in Kleinkriegen werden Menschen getötet.

Der Major sagte, er wolle gern weiterfahren und einen Blick auf den Turm werfen, aber Poppi erklärte, er könne mit seinem Jeep nicht dort hinfahren — der Staub würde die Deutschen aufmerksam machen und sie würden die Stelle sofort beschießen, sehr zum Ärger der Infanterie, die dort überall verschanzt lag. Wir könnten zu Fuß gehen, wenn wir wollten, doch es gäbe nichts zu sehen. Da es zum Gehen zu heiß war, ließen wir den Plan fallen. Seit drei Wochen bildeten die karpatischen Lancers in einem spektakulären Vormarsch von dreihundertzwanzig Kilometern die Adriaküste hinauf die Speerspitze des polnischen Korps, und niemand fühlte sich jetzt, ein paar Tage nach der Einnahme des Hafens von Ancona, allzu tatendurstig. Es war zu früh für einen weiteren großen polnischen Vorstoß, und Lancers und Deutsche versetzten sich bloß Nadelstiche, während das polnische Korps sich für den nächsten Schlag neu ordnete.

Wir donnerten in unserem privaten Staubsturm davon. Der Major war über diese Tour enttäuscht. »Nothing«, sagte er. »Très ennuyeux pour vous. Sie haben nichts gesehen.« Der Gebrauch von drei bunt vermischten Sprachen war unsere reguläre Verständigungsweise. Jeder verstand jeden perfekt.

Da der Krieg im Moment erfreulicherweise eine Pause einlegte, das Wetter schön war und die Zweite Schwadron in unserer Nähe in Reserve lag und nichts Besonderes tat, beschlossen wir, schwimmen zu gehen. Einen kleinen Haken hatte die Sache jedoch: Niemand hatte Zeit gehabt, den Strand und die Zufahrten zum Strand nach Minen abzusuchen. Aber wie die Polen sagten, wenn du dein Leben damit verbringst, dich um Minen zu sorgen, kannst du es gleich aufgeben. Also kletterten wir so sacht, als wären wir balinesische Tänzer, über eine von den Deutschen zerstörte Eisenbahnbrücke, traten behutsam auf die zerborstenen Holzschwellen, glitten vorsichtig den Bahndamm hinunter und gingen dann sehr, sehr leichtfüßig eine staubige Straße entlang zum Ufer. Andrew, der Zweiter Leutnant war und einen Zug Panzerwagen befehligte, und ich vollbrachten diese wackere Aufklärungsleistung. Wir beschlossen, nebeneinander oder dicht hintereinander zu gehen, weil es, wie wir meinten, nicht gerecht wäre, wenn nur einer von uns in die Luft flog. Es gab keine Minen, wenigstens traten wir auf keine, und vor uns lag das warme helle Meer und ein Strand mit glatten weißen Kieseln.

Wir schwammen und beobachteten mit Interesse, daß zur Rechten unsere Infanterie die Deutschen beschoß und zur Linken die englischen Pioniere in Ancona wahrscheinlich Minen hochgehen ließen, denn ab und zu gab es einen Knall, und eine große schwarze Rauchwolke stieg von diesem Hafen auf. Dann heckten wir Pläne aus, was wir machen würden, falls die Deutschen durchbrachen und wir während dieser Operation noch beim Schwimmen wären. Wir entschieden, daß es am klügsten wäre, einfach weiterzuschwimmen.

Die Zweite Schwadron lagerte auf einem Heufeld einen Kilometer vom Dorf des Regimentshauptquartiers entfernt. An diesem Abend wurde dort gefeiert. Wir saßen an einem Tisch zwischen zwei Heuhaufen — Tischtuch und Geschirr waren eine Leihgabe von einem italienischen Bauernhaus ganz in der Nähe — und aßen gebratene Ente, die man auf dem Hof erstanden hatte, Tomaten, die wahrscheinlich gestohlen waren, Rinderpökelfleisch und saure Gurken und tranken derben neuen Wein. Mitten in unserem Mahl hörten wir heftiges Artilleriefeuer. Joe, einer der Zugkommandeure, eilte zum Fernmeldewagen der Schwadron und kam mit der Nachricht zurück, daß der arme Poppi wie wild beschossen wurde. Es schien ein dünner neuer Mond, der Himmel war hochrot und rosa, und die Luft hatte sich abgekühlt. Auf einmal hörten wir Flakfeuer und ein leises Zischen von Bomben, und bald schon eröffnete unsere eigene Artillerie unter ohrenbetäubendem Lärm das Feuer. Wir aßen unterdessen weiter und unterhielten uns über Rußland.

Alle Polen reden ständig von Rußland. Die Soldaten versammeln sich mehrmals am Tag um den Wagen, in dem sich das Radio befindet, und hören sich sämtliche Nachrichten in polnischer Sprache an, egal woher sie kommen. Sie verfolgen den russischen Vormarsch durch Polen mit schmerzvollem Interesse. Ich hatte den Eindruck, daß hier oben, im polnischen Sektor der italienischen Front, die Leute entweder darüber Bescheid wußten, was zehn Kilometer entfernt passierte, oder darüber, was in Polen geschah, aber über sonst nichts. Wir fanden nie heraus, was die Achte Armee vor Florenz machte oder wie die Franzosen oberhalb von Siena vorankamen oder ob die Amerikaner vorwärtsgestürmt waren, um Pisa einzunehmen. Und die Normandie war eine ganz andere Welt. Aber was in Polen los war, konnte man jedem Mann am Gesicht, an den Augen ablesen.

Diese Soldaten hatten von Polen bis hierher einen langen Weg hinter sich. Sie nennen sich die karpatischen Lancers, weil die meisten von ihnen über die Karpaten aus Polen geflohen sind. Sie waren jetzt seit fast fünf Jahren aus ihrem Land fort. Dreieinhalb Jahre lang kämpfte dieses Kavallerieregiment, das in Syrien aufgestellt worden war, im Nahen Osten und in der westlichen Wüste. In Ägypten stiegen sie von Pferden auf Panzerwagen um und schlugen sich hervorragend in Tobruk und El Alamein. Fast ein Jahr lang hatten sie in der Gluthitze des Irak bei der Verteidigung der Ölfelder geschmachtet. Im letzten Januar waren sie über Italien nach Europa, auf ihren eigenen Kontinent, zurückgekehrt, und es war das polnische Korps, in dem dieses Panzerregiment als Infanterie kämpfte, das im Mai schließlich Cassino einnahm. Im Juni begannen sie ihren großen Vorstoß die Adria hinauf, und der Preis, Ancona, das dieses Regiment als erstes betreten hatte, lag hinter uns.

Es ist ein langer Weg zurück nach Polen, in die großen Karpaten, und jeder Kilometer des Weges ist mit größter Tapferkeit erkauft. Aber so, wie die Dinge jetzt stehen, wissen sie nicht, was sie zu Hause erwarten wird. Sie bekämpfen einen Feind vor sich, und bekämpfen ihn großartig. Und sie fürchten von ganzem Herzen einen Verbündeten, der bereits in ihrem Heimatland steht. Denn sie glauben nicht, daß Rußland nach dem Krieg ihr Land freigeben wird; sie befürchten, daß sie in diesem Frieden geopfert werden sollen, so wie 1938 die Tschechoslowakei. Man darf nicht vergessen, daß ungeachtet seines Rangs, seiner Klasse oder seiner wirtschaftlichen Verhältnisse fast jeder dieser Männer während dieses Krieges zeitweise entweder in einem deutschen oder einem russischen Gefängnis gesessen hat. Man darf nicht vergessen, daß sie seit fünf Jahren nichts mehr von ihren Angehörigen, von denen viele noch Gefangene in Rußland oder Deutschland sind, gehört haben. Und man darf nicht vergessen, daß diese Polen nur einundzwanzig Jahre nationaler Freiheit hinter sich haben und eine lange schmerzvolle Erinnerung der Fremdherrschaft.

Also unterhielten wir uns über Rußland, und ich versuchte sie davon zu überzeugen, daß ihre Befürchtungen unbegründet seien, oder es werde keinen Frieden in der Welt geben. Daß Rußland im Frieden so groß sein müsse, wie es im Krieg gewesen ist, und daß die Welt den Heldenmut und das Leiden der Polen honorieren müsse, indem sie ihnen die Freiheit geben wird, ihr Heimatland neu und besser aufzubauen. Ich sagte, ich könne nicht glauben, daß dieser Krieg, der zur Wahrung der Menschenrechte geführt wird, mit der Mißachtung der Rechte der Polen enden werde. Aber ich bin keine Polin; ich gehöre einem großen freien Land an, und ich spreche mit dem Optimismus derjenigen, die für alle Zeit sicher sind. Und ich erinnerte mich an den hochgewachsenen, freundlichen zweiundzwanzigjährigen Soldaten, der mich einmal in einem Jeep fuhr und mir ganz ruhig erklärte, daß sein Vater in einem deutschen Gefangenenlager an Hunger gestorben war, seine Mutter und seine Schwester seit vier Jahren in einem Arbeitslager in Rußland verschollen waren, sein Bruder vermißt war und er keinen Beruf hatte, weil er mit siebzehn in die Armee eingetreten war und so keine Zeit blieb, irgend etwas zu erlernen. Wenn ich an diesen jungen Mann dachte und an alle anderen, die ich kannte, mit ihren entsetzlichen Geschichten von Entbehrung und Heimatlosigkeit, schien es mir, daß kein Amerikaner das Recht hatte, den Polen etwas zu erzählen, denn wir waren von solchen Leiden niemals auch nur gestreift worden.

Aber da sie alle jung waren und ein Mensch nicht ständig in Sorge leben kann, nicht einmal um sein Land, seine Angehörigen oder selbst seine eigene Lebenshoffnung, hörten wir auf, von Rußland und der Zukunft zu reden, und gingen zum Reparaturlaster hinüber, wo zwei Soldaten auf einer Geige und einem Akkordeon spielten. Wir machten es uns um den Lastwagen herum auf Heubündeln bequem, andere Soldaten kamen dazu, und es wurde gesungen. Es war eine hinreißende Musik, traurig und lustig zugleich und immer voller Erinnerungen. Die Soldaten hatten sich zum Gedenken an jeden Ort, an dem sie diese letzten Jahre gelebt und gekämpft hatten, Lieder ausgedacht. Es gab Lieder von El Alamein und Tobruk sowie das Regimentslied und Soldatenlieder, die das Marschieren leichter machten. Die Wüstenlieder waren trauriger als die anderen. Sie spielten ihre eigenen Tangos und Zigeunermusik und Brahms und dann ein süßes, trauriges Liebeslied. Jemand übersetzte den Text. ›Die Rosen verwelken, Liebster, o komm zurück aus dem Krieg, komm zurück aus dem Krieg und küß mich wie einst vor so langer Zeit. Komm zurück aus dem Krieg, Liebster, und ich will dir die allerschönste Rose schenken.‹

Der Mond war klar und noch ganz schmal, und die Musik legte sich über uns, nur vom Lärm unserer eigenen Artillerie unterbrochen. Plötzlich war der Krieg wie eine Erinnerung und nicht wie etwas in diesem Moment Existentes. Nur für einen Augenblick hatte die Gegenwart etwas seltsam Vergangenes, und man sah diese Nacht so, wie sie fünf Jahre später erscheinen würde, und sie war wunderbar und vollkommen, ohne daß sie die fünf Jahre zur Vergoldung der Erinnerung nötig gehabt hätte. Nichts war wichtig, nur daß diese Männer immer jung, immer tapfer und lustig und prächtig anzusehen sein sollten, immer lebendig. Der Geigenspieler und der Akkordeonist wurden schließlich müde, und wir gingen durch das tiefe weiße Pulver des Straßenstaubs heimwärts. Diese ganze Nacht hindurch ratterte unsere Artillerie zum Himmel empor, daß man meinte, die Mauern unseres Dorfes müßten bersten und unter diesem unaufhörlichen Hämmern in der Luft einstürzen.

Am nächsten Tag und an jedem darauffolgenden zogen wir weiter. Es machte Spaß, wir fühlten uns wie Zigeuner oder ein Kleinstadtzirkus. Es war ein langer Konvoi, den wir auf den Straßen bildeten, und die Sirenen der Panzerwagen kreischten an jeder Biegung. Der Staub hing wie ein Zelt über uns. Die Nächte verbrachten wir auf Feldern, und sobald wir unser Lager aufschlugen, wurden die Organisiertrupps rege. Ihre Aufgabe bestand darin, loszustürmen und die Gänse, Enten oder Kaninchen am Ort zu kaufen, bevor andere Soldaten ihnen zuvorkamen. Natürlich auch Wein. Ein italienischer Bauer bot uns fünf Gänse zum Verkauf an, wenn wir kommen und sie uns holen würden — es sei nur vier Kilometer weit, sagte er. Bei näherer Befragung stellte sich heraus, daß sein vier Kilometer entferntes Dorf in deutschen Händen war, und damit war die Sache gestorben. Dennoch hatten wir an diesem Abend ein köstliches und üppiges Mahl auf einem Heuhaufen, als Entschädigung für die üblichen Essen, die in Kübeln von Abschnitt B heraufgeschickt wurden. Aber alle waren über die Nachrichten aus

Polen so betrübt, daß das Essen kein richtiger Erfolg wurde. Jeder dachte an seine Angehörigen, die fast fünf Jahre deutscher Tyrannei überlebt oder nicht überlebt hatten, und quälte sich mit Gedanken daran, was sie wohl von den Russen zu erdulden hätten.

Sehr früh am nächsten Morgen machten wir eine Aufklärungsfahrt. Emile, der die Zweite Schwadron befehligte, führte diesen Ausflug von fünf Spähwagen an. Emile instruierte uns, in seinem Wagen stehend, und obwohl ich nicht verstand, was er sagte, verstand ich den bezaubernden lachenden Klang seiner Stimme und die höfliche Verbeugung, mit der er schloß. Wir saßen oben auf den Spähwagen, um die Sonne, die Luft und die Landschaft genießen zu können. Der Zweck dieser Spritztour bestand darin, einen Weg zu finden, auf dem die Panzerwagen querfeldein vorwärtskommen konnten, ohne auf die Straßen angewiesen zu sein. Wir fuhren an kleinen Gehöften vorbei, wo die Bauern in zerknitterten Seidenpyjamas und Morgenröcken schläfrig im Hof umherschlenderten. Es wirkte zu sonderbar, um glaubhaft zu sein, und wir starrten sie so unverblümt an wie sie uns. Wir kauften ein paar Enten und etwas Wein, und als wir zu den anderen zurückgekehrt waren, erfuhren wir, daß Poppis und Georges Schwadronen angriffen. Plötzlich senkte sich der Nebel des Krieges nieder.

Niemand konnte den Major finden. Der Major, der so neugierig war wie tapfer, hatte dem Angriff — sowohl von seiten der Panzerwagen als auch der Infanterie — vorgegriffen und war mit seinem Jeep in die Außenbezirke der Stadt gefahren, die wir einzunehmen gedachten. Er war ganz allein, aber präzises deutsches Mörserfeuer überzeugte ihn, daß er seinen einsamen Krieg besser beendete. Er kehrte gegen ein Uhr ins Hauptquartier zurück, mit vielen Informationen und guter Laune.

Nach dem Mittagessen begaben wir uns wieder an die Front, wo man inzwischen an einem toten Punkt angelangt war. Die Infanterie lag in Deckung, die deutschen Panzerabwehrkanonen waren in Aktion, die Sonne war abscheulich heiß, und das Gefecht war nicht vorangekommen. Man hatte eine große Anzahl Minen ausgegraben, Panzerminen, die wie schlecht gefertigte Zimmermannswerkzeugkisten, und Tretminen, die wie schlecht gemachte kleine Zigarrenkisten aussahen. Männer gingen mit Alpenstöcken um Georges Schwadron herum und stocherten in den Feldern, um weitere Minen aufzuspüren, und George saß an der Spitze einer langen Schlange von Panzerwagen und wartete. Poppis Schwadron wurde gerade beschossen. Wir waren in der Nacht zuvor in unserem Feldlager leicht beschossen worden, und im großen und ganzen machte es den Eindruck, als ob alle sich eine Weile zur Ruhe setzen und die Artillerie arbeiten lassen wollten.

Es war ein hektischer Tag gewesen, obgleich er nichts entschieden hatte. Die Verluste waren gering, und nur ein paar Autos waren von Granatfeuer beschädigt. Dann erhielt das Regiment den Befehl, sich zurückzuziehen und alles Weitere der Infanterie zu überlassen. Der Krieg in einem Panzerregiment schien so vor sich zu gehen, daß man einen Tag groß auf den Putz haute, den nächsten Tag auf einem Heuhaufen hockend verbrachte und am dritten Tag aus der Linie geworfen wurde. Da es die erste Ruhepause seit über drei Wochen war, traf der Befehl allseits auf Zustimmung. Wir kehrten zu einem früheren Lagerplatz zurück, und das ganze Regiment versuchte sich zu säubern, entweder in Zeltplanmulden oder durch Duschen unter den italienischen Bewässerungsrohren.

Am nächsten Morgen fanden sich alle mit makellosem Äußeren in der Kirche ein. Wenn sie einmal lange genug in ihm und um ihn gelebt haben, wird der Panzerwagen für fünf Männer zu einer Art Touristenwohnwagen. Er ist sowohl eine Bar und ein Kühlschrank, ein Koffer und eine Frisierkommode als auch eine wendige, stahlummantelte Maschine mit Maschinengewehren. Johnny, der Kaplan, ungefähr dreißig und mit Leib und Seele Soldat, zelebrierte die Messe ziemlich schüchtern, als ob er auf dem Platz eines anderen stünde. Auch die Leute aus dem Dorf kamen, alte Frauen und junge Frauen, mit Spitzentüchern auf den Köpfen und Rosenkränzen in den Händen. Über dem Altar der Kirche prangte ein anrührendes Gemälde; es zeigte die drei Weisen, wie sie zum Stern von Bethlehem emporblicken, und bei ihnen einen Hund mit erhobenem Kopf, der den Stern ebenso sieht wie sie.

Die sauberen, braunen, gefurchten Gesichter der Polen waren ruhig, ehrerbietig und recht traurig. Da war der Major, dem man nach einem deutschen Todesurteil die Vollstreckung ausgesetzt hatte, um ihn zuerst als Diener für deutsche Unteroffiziere und dann als Zwangsarbeiter in einem deutschen Gefangenenlager schuften zu lassen. Er floh aus diesem Lager, und eine jüdische Untergrundorganisation schmuggelte ihn über die Tschechoslowakei und Ungarn aus Polen. Er wußte nicht, wo seine Frau war, und hatte seit fünf Jahren nichts mehr von ihr gehört. Da war Mike, der stellvertretende Kommandeur, sehr jung und blond und jetzt allein, da sein Bruder in diesem Sommer in Italien gefallen war. Er und sein Bruder flohen als angebliche Studenten mit einer fiktiven reichen Tante in Tokio über Rußland und mit Hilfe der Transsibirischen Eisenbahn nach Japan und schafften es, eine Woche vor den Kämpfen in Tobruk nach Ägypten und zu ihrem Regiment zurückzugelangen. Da war Chrostek, der Boxer, stämmig und stark wie ein Baum, dessen Aufgabe darin bestand, die Minen aufzuspüren und zu entschärfen, um für das Vorrücken der Panzerwagen den Weg frei zu machen. Er hatte zwei Tage Urlaub gehabt, um eine polnische Krankenschwester zu heiraten, die nach vier Jahren in einem russischen Arbeitslager zum polnischen Korps gestoßen war. Seine erste Verlobte war von der Gestapo umgebracht worden, nachdem man sie durch Folter dazu hatte bringen wollen, zu verraten, was sie über den Untergrund in Polen wußte. Da standen sie alle, Offiziere und Mannschaften, Freunde und Partner, ein jeder mit einer langen Reise hinter sich und einer langen ungewissen Reise vor sich.

Am Ende des Gottesdienstes sangen sie ihr Nationalgebet. Die Musik war voll und getragen, und ihre Stimmen schallten durch die offene Tür der Kirche in das sonnige, von Fliegen geplagte Dorf hinaus.

»Du, o Gott, der Du Dich über viele Jahrhunderte unseres Landes angenommen und es herrlich erhalten hast; Du, der Du jetzt unser Mutterland mit dem Schild Deiner Liebe vor dem Unheil verteidigst, das unsere Heimat ereilt hat; wir bringen unsere Gebete an Deinen Altar und bitten Dich, unser Land zu segnen und es frei zu machen.«

Die vollen, traurigen Stimmen schwiegen jetzt, und es herrschte Stille in der Kirche. Die Soldaten gingen einer nach dem anderen in den heißen Sonnenschein hinaus, um auszuruhen, um den Sonntag in Frieden zu verbringen, damit sie dann wieder anfangen konnten sich vorzukämpfen, Schritt für Schritt auf dem langen Weg in die Heimat.

A. J. Liebling — Paris, 1. September 1944

Zum ersten und wahrscheinlich letzten Mal in meinem Leben habe ich eine Woche in einer großen Stadt gelebt, in der jeder glücklich ist. Mehr noch, da diese Stadt Paris ist, trägt jeder seine Euphorie offen zur Schau. Mit einem Jeep die Boulevards entlangzufahren, das ist so, als geriete man in einen noch nicht gedrehten Film von René Clair hinein, wo Hunderte von Radfahrern auf den Jeep zuströmen und sich erst im letzten Moment aufteilen. Unter den Radfahrern schöne Mädchen mit hochgestecktem Haar, eine Frisur, die zur Zeit in Mode zu sein scheint. Die Beine dieser Französinnen übertreffen unsere kühnsten Erwartungen, so lang und schlank, fest und braun sind sie. Nahrungsmangel und das viele Radfahren, das notwendig ist, um in dieser großen Stadt mangels anderer Transportmittel herumzukommen, haben diesen Mädchen die beste Figur der Welt beschert, eine Figur, die sie wohl gut und gerne gegen drei anständige Mahlzeiten, einen schönen Batzen Schokolade und später, wenn die Lage besser geworden ist, einen Sitz im Familien-Citroën eintauschen würden. Hübsche junge Mütter mit Kindern hinten auf dem Fahrrad, stämmige junge Arbeiter, gedrungene kleine *employés de bureau* in gestreiften Hosen und alte Lehrer mit Stehkragen und Schnurrbart — alle heben ihre rechte Hand von der Lenkstange, um im Vorüberfahren zu winken. Der am meisten gehörte Satz der Woche heißt *»Enfin on respire!«* (Endlich kann man aufatmen.)

Am glücklichsten von allen sind, wie im französischen Film, die Polizisten, die mit ihrem Daumen im Gürtel an den Straßenkreuzungen stehen und, statt wie sonst ernst und wichtig zu tun, jeden väterlich anstrahlen. Radfahrer winken ihnen dankend zu. Gelegentlich vorbeikommende Lastwagen, die Polizisten zu ihren Revieren bringen, werden von den Leuten auf den Caféterrassen mit dem Ruf »*Vive la police!*« beklatscht. Nachdem man in den Pariser Straßen immer nur »*A bas les flics!*« (Weg mit den Polypen!) gerufen hat, ist dieses Verhalten so beispiellos, daß die Polypen manchmal dreinschauen, als würden sie träumen. Für den Gesinnungswandel gibt es einen guten Grund. Zum erstenmal seit etwa 1350, als Etienne Marcel den Mob der Straße gegen den Königshof anführte, haben Polizei und Volk auf derselben Seite der Barrikade gestanden. Es war die Polizei gewesen, die durch ihren Streik am 15. August das Zeichen zur massenhaften Mißachtung der Deutschen gegeben hatte. Die Polizei war es auch, die, vier Tage später, durch die Besetzung der Präfektur der Seine, ihres Hauptquartiers, gegenüber dem Platz von Notre-Dame an der Île de la Cité, den Straßenkampf begann. In Zivil und mit Karabinern, Revolvern und Maschinenpistolen ausgerüstet, nahmen dreitausend von ihnen den Platz ein und verteidigten ihn sechs Tage lang erfolgreich, bevor sie von der eintreffenden französischen Panzerdivision des Generals Leclerc entsetzt wurden. Während der ganzen Kämpfe bildete dieser Platz das größte Zentrum des patriotischen Widerstandes. Mitten in der Stadt gelegen, war er der Knoten, der das Netzwerk der patriotischen Stützpunkte zusammenhielt. Die Deutschen hatten sich an der Place de la Concorde, der Place St. Michel, im Jardin du Luxembourg und an der Rue de Rivoli verschanzt. Der Befehlshaber der Stadt, von Choltitz, wurde schließlich von Soldaten der Panzerdivision im Hotel Meurice gefangengenommen. Und das *Crillon* war umkämpft, als wäre es ein Blockhaus. In den fünf Kampftagen vor dem Eindringen der ersten Abteilungen der alliierten Truppen in die Stadt machten die Deutschen mit ihren Panzern einen Ausfall aus ihren Stützpunkten und schossen willkürlich in der Stadt herum. Die Forces Françaises de l'Intérieur hatten Barrikaden errichtet, um die Panzer zu stoppen. Mit einem Mut, der mehr als nur eine Antwort auf den Fanatismus der Hitlerjugend war, zerstörten vierzehn- oder fünfzehnjährige Jungens Panzer, indem sie Flaschen mit brennbarer Flüssigkeit durch ihre Luken warfen. Meistens waren diese Flaschen mit den präparierten Mixturen des Apothekers aus der Nachbarschaft gefüllt. Die kämpfenden Jugendlichen gehörten nicht immer zu denen, die mit der Polizei auf gutem Fuß standen. Unter ihnen waren die üblichen Problemkinder des Viertels ebenso wie Studenten und Fabrikarbeiter. So fand die älteste der Pariser Fehden ein Ende.

Daß unsere Armee die Einnahme von Paris nicht so früh erwartet hatte, ist in der New Yorker Presse vielleicht schon bemerkt worden. Um die Stadt mit Straßenkämpfen zu verschonen, sollte sie umgangen und eingekreist werden. Man hatte angenommen, die letzten Teile der deutschen Besatzung würden sich noch rasch absetzen, bevor es zu spät sei. Man wollte so die größten Schäden von der Pariser Bausubstanz abwenden, vorausgesetzt natürlich, daß die Deutschen sie nicht noch schnell vor ihrem Abzug verminten. Wie sich herausgestellt hat, haben sie zwar die Minen gelegt, doch konnten sie sie nicht hochgehen lassen, da sie noch darauf saßen, als sie in Gefangenschaft gerieten. Allein im Keller des Senats hat man zehn Tonnen Sprengstoff gefunden. Aber für die Zukunft der Welt ist nichts so bedeutend wie die Tatsache, daß die Franzosen durch ihren Straßenkampf ihre Selbstachtung für immer gerettet haben. Bei den Cafégesprächen bekommt man immer wieder zu hören, daß die FFI die Stadt bereits kontrollierten, bevor die regulären Truppen eintrafen. Als das Alliierte Kommando erfuhr, daß die Bedingungen in Paris ein sofortiges Eingreifen erforderten, hat es in einer schönen Geste militärischer Höflichkeit zuerst die Division von Leclerc entsandt. Franzosen haben die Befreiung von Paris begonnen, Franzosen haben sie vollendet. So sind die Pariser nicht nur glücklich, weil sie befreit sind, sondern auch, weil sie das Gefühl haben, daß sie sich ihre Befreiung selbst verdient haben.

Die Dankbarkeit gegenüber Amerikanern ist immens und zuweilen peinlich. Auf der Straße halten einen die Leute an, drücken einem die Hand und sagen »Danke«. Sinnlos, sich dagegen zu wehren. Für die Pariser, besonders für die Kinder, sind jetzt alle Amerikaner *héros du cinéma*. Besonders unangenehm ist dies für sensible Kriegskorrespondenten (wenn es etwas Derartiges gibt), die genau wissen, daß solche unschuldigen Dankesbezeugungen jenen amerikanischen Kampftruppen gelten, die den Landekopf erobert und dann den Durchbruch geschafft haben. Von diesen Männern sind nur wenige in Paris. Ein oder zwei Tage nach Ankunft der Alliierten waren die jungen Frauen genauso außer sich vor Begeisterung wie die Kinder. Sie bedeckten die Wangen sowohl französischer wie amerikanischer Soldaten mit Lippenstift. Diese Phase der französisch-amerikanischen Beziehungen neigt sich ihrem Ende zu. Noch immer jedoch folgen Kinder mit der Marseillaise auf den Lippen den amerikanischen Soldaten überallhin, wobei sie hoffnungsvoll auf die Taschen schielen, aus denen der Kaugummi herausgezogen werden könnte. Und immer noch wird es einem französisch sprechenden Amerikaner schwer gemacht, für den Drink an der Bar tatsächlich zu bezahlen.

Das Leben in der Stadt normalisiert sich mit einer Geschwindigkeit, die man kaum für möglich gehalten hätte. Der Schlachtenlärm ist zurückgewichen, und die einzigen sichtbaren Zeichen der jüngst vergangenen Kämpfe sind einige beschädigte Gebäude, Löcher in einigen Straßen und eine bemerkenswerte Anzahl eroberter, in der Gegend herumjagender deutscher Autos, beladen mit den FFI und ihren Mädchen, die alle Trikolorenarmbinden tragen und mit deutschen Maschinenpistolen, Lugern und Handgranaten behängt sind. Jahrelang waren erwachsene Franzosen des einfachen Vergnügens beraubt, sich auf vier Rädern fortzubewegen, und niemand kann es ihnen verübeln, wenn sie sich nun unzählige militärische Aufträge einfallen lassen, die es ihnen erlauben, mit großem Hallo die Boulevards auf und ab zu fahren. Noch bis vor kurzem war es ihnen sehr schwer gefallen, der ebenso natürlichen Versuchung zum Gebrauch ihrer neuen Waffen zu widerstehen, und so klang jeder Tag, als gälte es, eine Revolution zu feiern. Doch sind die FFI, deren Offiziere seriöse Soldaten sind, jetzt der französischen Armee eingegliedert worden, und die wahllose Schießerei hat aufgehört. Auf einen geborstenen Betonbunker an der Place de la Concorde hat ein Spaßvogel mit Kreide geschrieben: ›Auflösung. Für vierzigtausend Francs zu vermieten.‹ Und während ich dies schreibe, bringt jemand das alte Schild wieder an dem Gebäude gleich neben dem *Crillon* an: ›Guaranty Trust of New York‹.

Die physischen Lebensbedingungen hier sind nicht allzu schlecht. Da die Wasserversorgung weiter funktioniert, was nicht nur für die Gesundheit, sondern auch für die Moral sehr wichtig ist, blieben Paris jene höchst unangenehmen Erfahrungen erspart, die eine moderne Großstadt machen kann, wenn es daran fehlt. Strom gibt es nur in beschränkter Menge; die Elektrizitätswerke und die Kabelnetze sind in gutem Zustand, doch fehlt die Energie aus den Wasserkraftwerken Zentralfrankreichs, und der Vorrat an Öl ist sehr knapp. Deswegen ist die Beleuchtung am Abend nur für etwa zwei Stunden eingeschaltet, Regierungsbüros ausgenommen. Noch gibt es kein Gas zum Kochen, aber bald soll es wieder da sein. Aber was soll man überhaupt kochen? Als die Befreier eintrafen, verfügte die Stadt nur noch für zwei Wochen über die notwendigsten Essensvorräte, und obwohl amerikanische und französische Ämter ständig Nahrungsmittel in die Stadt geschickt haben, reicht es weder in den Haushalten noch in den Restaurants zur Wiederherstellung einer guten Küche. Nur einige kleine Schwarzmarktrestaurants existieren. Ein *petit salé* (eine Art Eintopf), eine Birne und eine halbe Flasche Bordeaux kosten siebenhundert Francs. Das ist noch der günstigste Preis. Zur Erinnerung: Siebenhundert Francs sind vierzehn Dollar. Ein Pfund Butter kostet vierhundert Francs. Da es in der Normandie, in der Bretagne und im Anjou große Mengen an Butter, Fleisch und Gemüse zu etwa einem Achtel des Pariser Preises gibt und da es nur noch ein reines Transportproblem ist, sie hierherzubringen, sind die Tage des Schwarzmarktes gezählt. Diese Nahrungsmittel sind nur fünfzig bis hundertfünfzig Meilen entfernt, und somit dürfte das Problem bald gelöst sein. Ein anständiges Paar Lederschuhe kostet hundert Dollar, ein Herrenanzug dreihundert und eine tragbare Schreibmaschine fünfhundertundsechzig. Dem Franzosen, den es nach einigen dieser Dinge gelüstet, würde ich den guten Rat geben, noch ein paar Wochen zu warten. Denn eine so katastrophale Situation kann nur unter der Herrschaft der Deutschen bestehen; die sind imstande, einem Land alles wegzunehmen, nur nicht Ehre,

Schönheit und guten Geschmack. Durch die deutsche Besatzung war der Schwarzmarkt hier irgendwie moralisch gerechtfertigt. In England hatte man seit dem *Blitz* eher das Gefühl, einem anderen Engländer etwas wegzunehmen, wenn man auf dem Schwarzmarkt einkaufte. Hier jedoch waren die Leute realistisch genug, um zu wissen, daß alles, was sie nicht selber auf dem Schwarzmarkt kauften, einfach an die Deutschen gehen würde. Im übrigen sind die Schwarzhändler keine besonders angenehmen Leute. Beim Besuch eines ›schwarzen Restaurants‹ hat man den Eindruck, daß ein guter Teil der Gäste selber am Schwarzmarkt verdient.

Martha Gellhorn — Paris, September 1944

Die französischen Jungs trugen bunt zusammengewürfelte Uniformen: deutsche Stiefel und Mäntel, amerikanische Khakihosen, so etwas wie eine selbstgemachte Feldmütze und die Trikolorenarmbinde der FFI. Bewaffnet waren sie mit neuen Gewehren und mit einer Maschinenpistole. Wir wollten uns die unterirdischen Gänge bei Ivry, eine der ältesten Festungsanlagen von Paris, anschauen. Vor dem Krieg hatten die Franzosen dieses weite, dumpfige Netzwerk von Tunnels dazu benutzt, Munition und Sprengstoff zu lagern. Die Deutschen jedoch waren auf die bestialische Idee gekommen, diese Tunnels als Gefängnis zu nutzen. Hier, in dieses feuchte, endlose Dunkel, haben sie Männer und Frauen eingesperrt, bis sie starben oder bis die Reihe an sie kam, gefoltert oder erschossen zu werden.

Die jungen Soldaten zerrten riesige Aufbauten von Stacheldraht beiseite, die die Holztür zu den Tunnels absperrten. Nach der Verjagung der Deutschen aus Ivry hatten sie diese Tunnels sofort verbarrikadiert, und seitdem war niemand in ihr Dunkel hinabgestiegen. Die Tunneleingänge wurden alle bewacht. Wie ein Strom mit vielen Armen verläuft dieses System von Gängen unter dem Boden bestimmter Stadtteile. Als Paris befreit wurde, flohen viele Deutsche in die Tunnels, um an irgendeinem anderen Ausgang, in irgendeinem anderen Stadtteil ans Tageslicht zu steigen und zu entkommen.

Erst vor zwei Tagen, erzählten die Jungs von der FFI, hätten die Amerikaner in Denfert-Rochereau, weit weg von Ivry, einige deutsche Soldaten aufgegriffen — Kälte und Hunger hatten sie gezwungen, aufzutauchen und sich zu ergeben. Die Szene nahm sich recht theatralisch aus: Im Gänsemarsch, vorn und hinten von bewaffneten Kindern eskortiert, stiegen wir feierlich unter dem Licht der Kerosinlampe in eine künstliche Höhle.

Wir sahen keine Deutschen. Wir sahen keine Menschen. Aber wir sahen die Spuren der Deutschen. Um die Verbitterung der Menschen in Europa zu verstehen, müssen wir uns, die wir niemals unter der Erde bis zum Tode eingekerkert sein werden, diesen Schrecken vor Augen halten. Der Haupttunnel war etwa sechs Meter breit, der Boden voller Schlamm. Manchmal stand dieser Boden unter Wasser; überall war es naß vom Sickerwasser aus den alten Steinmauern. Es gab überhaupt kein Licht. Die Decke verlor sich im Dunkeln. Vom Haupttunnel führten viele blinde Gänge ab, die an Steinmauern endeten. In diese Gänge eingebaut waren zugemauerte Räume mit nur einem schmalen, vergitterten Fenster. Es war so kalt, daß uns schon nach zehn Minuten fröstelte. Nach einer halben Stunde waren unsere Kleider feucht geworden, und wir froren bis auf die Knochen.

Hier waren Männer und Frauen eingeschlossen gewesen, ohne Decke oder Licht; hier lebten sie, solange ihre Körper durchhielten. In den Winkeln der Steinmauern sind die Asche und Reste kleiner Feuer zu sehen. Wer diesen frierenden Menschen Holz gegeben hat, wissen wir nicht. An den Wänden stehen Namen, mit Holzkohle geschrieben: als hätte ein Mann oder eine Frau im Sterben das wilde Bedürfnis verspürt, in diesem schwarzen Schweigen noch ein Wort oder einen Schrei zu hinterlassen. Es muß schwierig gewesen sein, mit diesem Material auf den tropfenden Wänden zu schreiben, und die Namen sind undeutlich und werden bald weggewaschen sein. Um einen langen, flachen, unerklärlichen Schmutzhügel im Haupttunnel herum sind einige unpaarige Schuhe liegengeblieben, ein verfaulender Frauenhausschuh, ein schwarzer Schnürstiefel. Dieser Ort ist niemals gesäubert worden, und doch gibt es keinen Abfall, der darauf hinweisen könnte, daß die Gefangenen über Lebensmittel verfügten, keine leere Dose, nicht der Schatten von Essensresten. Es gibt nichts außer den winzigen erloschenen Feuern, die niemanden gewärmt haben können, nichts außer den Schuhen, den schlecht geschriebenen Namen von Menschen, die nun tot sind. Diese Tunnels waren nichts weiter als ein Gefängnis — nichts Außergewöhnliches, keine deutsche Glanzleistung, nur eben ein Gefängnis zum Sterben.

In Ivry gibt es auch einen Friedhof. Es ist kein besonderer Friedhof, sondern einer der vielen, die am Stadtrand von Paris liegen. Solche Orte findet man an der Peripherie aller großen Städte. In Ivry jedoch sind zwei Grabreihen immer mit Blumen bedeckt. Schweigend suchen Menschen nach den Ihrigen. Das sind die Gräber der Geiseln und der Patrioten, die von den Deutschen erschossen wurden. Die Deutschen haben die Leichen auf Lastwagen hierher gebracht. Die Särge waren aus einfachen Holzplanken schlecht zusammengezimmert. Wie uns der Friedhofswärter sagte, konnte man den Weg der Lastwagen entlang der Blutspur verfolgen. Schlimmer noch, da so viele, noch dazu schlecht gezimmerte Särge auf den Lastwagen gestapelt waren, wurden die unteren oft zerdrückt und sprangen auf. Die Deutschen hatten verboten, die Gräber mit Namen zu beschriften, doch kamen die Familien, die ihre Söhne, Ehemänner oder Väter verloren hatten, zum Friedhofswärter, um sich nach ihren Angehörigen zu erkundigen; und da dieser von den Deutschen Namenslisten bekommen hatte, so fanden sie manchmal ihre Männer wieder und erfuhren, daß hier ein Vater, dort ein Sohn oder ein Ehemann ermordet worden war. Wenn er Bescheid wußte, zeigte der Friedhofswärter den Familien den zugehörigen Hügel, und sie legten Blumen darauf, obwohl das die Deutschen verboten hatten. Keine Gräber des Friedhofs waren so mit Blumen bedeckt wie diese neunhundert unbeschrifteten Hügel, sagte der Friedhofswärter.

Aber noch heute weiß man nicht genau, wer unter den grob aufgeschütteten Erdhaufen alles liegt. Es gibt fünf Gräber in einer Reihe, die die gleiche hölzerne Tafel mit der Inschrift tragen: ›Hier liegt einer von fünf Studenten, die am

14. Dezember 1943 vom Feind ermordet wurden‹. Dann folgen fünf Namen und nach jedem Namen das Alter des Jungen. Der jüngste war siebzehn, der älteste zwanzig. Den ganzen Tag gehen Frauen in Schwarz, schweigende Kinder an der Hand, und verwirrte Alte an diesen zwei Grabreihen entlang. Die meisten der hier Begrabenen waren von den Deutschen aus irgendeinem Grunde oder auch völlig grundlos verhaftet worden, um als Opferreserve zu dienen, aus der immer dann jemand erschossen wurde, wenn die Deutschen meinten, den Bürgern von Paris eine neue Lektion erteilen zu müssen.

Jemand hat auf eigene Faust ein kleines schmales Bändchen veröffentlicht, in dem die letzten Briefe einiger dieser ermordeten Geiseln und Kämpfer gesammelt sind. Hier der Abschiedsbrief einer Geisel, eines Jungen, der einer jener Einundzwanzigjährigen sein könnte, die in Ivry begraben sind.

14. Mai

Um zehn Uhr wird alles vorbei sein. Ich umarme Dich vor dem Ende mit meinem ganzen Herzen. Meine liebste kleine Mutter, ich danke Dir für alles, was Du für mich getan hast, Du hast alles getan, was Du konntest, ich danke Dir sehr.

Dein Sohn, der Dich mit ganzem Herzen geliebt hat. Viele Küsse von Deinem Sohn *Jean*

Und ein anderer Brief eines achtzehnjährigen Jungen, der nicht glauben konnte, daß er auf diese Art sterben müsse:

Und Du, Mama, Du bist, erzählte mir Maurice, bei der Kommandantur gewesen. Wie müde mußt Du sein. Paß vor allem auf Dich auf und werde nicht krank. Ich möchte nicht, daß Du wegen mir krank wirst. Wirklich, Mama, noch ist nicht alles verloren.

Hier ein Arbeiter, der seiner Frau über die Kinder schreibt:

Ich hätte sie so gern aufwachsen sehen und sie zu anständigen Bürgern erzogen. Es tut mir weh, wenn ich daran denke, wie ich immer davon sprach, mit meiner Tochter einmal tanzen zu gehen. Was meine Kleider betrifft, so werden sie Dir meinen Handkoffer schicken; den Regenmantel und den Überzieher habe ich darauf festgeschnallt. Diese Sachen sind in gutem Zustand, und Du wirst sie brauchen können.

Dies sind die Toten von Ivry, und sie sind nur einige hundert unter Tausenden, und Ivry ist nur ein Friedhof am Stadtrand von Paris, an dem sonst nichts Besonderes ist.

In Romainville, einer anderen Pariser Festungsanlage, die von den Deutschen als Kaserne genutzt wurde, gibt es einen kleinen, unscheinbaren Ziegelbau, eine Art Baracke mit drei fensterlosen Räumen, eingezäunt von Stacheldraht. Unter den vielen gesichtslosen Baracken würde man ihn kaum bemerken, so baufällig, schäbig und unauffällig ist er. Ursprünglich benutzten die Deutschen dieses Gebäude zur Desinfektion von Kleidern und Decken. In einem der Räume sind parallele Eisenstangen eingezogen, an denen wahrscheinlich die sauberen Decken zum Auskühlen hingen. In den anderen beiden Räumen stehen Steinöfen, die wie alte Backöfen aussehen, 1,60 Meter hoch und 3,40 Meter breit. Darin kann ein großes, brausendes Feuer entfacht werden. Oben auf den Öfen stand eine einfache Holzkiste, wie ein riesiger, plumper Topf, wieder etwa 1,60 Meter hoch und 1,20 Meter lang, mit Metall beschlagen. In seinen Deckel waren viele Haken eingetrieben. Daran hingen die Decken und die Kleider. Die extreme Innenhitze vernichtete die Bakterien der verseuchten Wollwäsche. Ein simples, grobes, aber dafür höchst praktisches Verfahren. Dann dachten die Deutschen, es wäre eine gute Idee, Menschen in diese Kisten zu stecken und sie bei lebendigem Leibe zu schmoren. Bis man in diesen geschlossenen, metallbeschlagenen Kisten sterben würde, bräuchte es einige Zeit. Erst verbrennen die Füße, und wer sich dann vor Qual in die Höhe streckt, greift nach den rotglühenden Haken. Wer nicht stehen kann, ist gezwungen, sich gegen die glühenden Seitenwände der Kiste zu lehnen. Und wer dann immer noch am Leben ist, wird herausgeholt, versorgt, verhört und, wenn er die Aussage verweigert, wieder in die Kiste gesteckt. Daß in diesem verkommenen Ziegelbau, in diesen billigen, groben, überdimensionalen Kisten Menschen vor Schmerzen geschrien haben und daß es niemanden gab, der sie von dieser Tortur hätte befreien können, scheint unvorstellbar. Dennoch stehen sie da, diese Kisten, und an ihren metallenen Innenwänden kleben schmutzige braune Blutflecken. Da jedoch die Folter zur deutschen Routine gehörte und da es mehr Folterkammern in und um Paris gibt, als man in einer Woche aufsuchen könnte, scheint wohl auch an diesem Ort nichts Besonderes zu sein.

Folterkammern gab es überall, ob in einem gewöhnlichen Haus an der Straße oder im schäbigen Hinterzimmer eines Ministeriums, wo früher die Beamten endlose Akten wälzten. Der Schrecken dieser kleinen Räume besteht in dem moralischen Mißverhältnis zwischen ihrer kitschigen, billigen Ausstattung, der fleckigen geblümten oder gemusterten Tapete und der Qual und dem Tod, die dort herrschten. Da gab es zum Beispiel einen schrankgroßen Raum mit vier runden Stahlösen in der Wand. Der Mann oder die Frau wurde mit Händen und Füßen an die Wand gekettet, der Körper dabei unerträglich gestreckt. Dann kamen die Schläge: lange, wiederholte, methodische Schläge. An den Wänden dieses Raumes haben die Menschen mit Bleistiftstummeln Botschaften hinterlassen. Die Handschrift ist nicht immer die gebildetste, und vielleicht hatten die Hände, die da schrieben, keine Kraft mehr. Es sind schrecklich einfache Botschaften von Leuten, die wissen, daß sie sterben werden, aber nicht wissen, wie lange es noch dauern wird. An eine erinnere ich mich besonders: ›Gaston Meaux, meine Zeit ist um *(bon pour le poteau)*, ich hinterlasse fünf Kinder, Gott möge ihnen gnädig sein.‹ Es gibt Botschaften, die Mut machen wollen: ›Kameraden, nichts sagen, *vive la France, vive la Liberté*.‹ Einige Botschaften enthalten nur die Namen und die Anzahl der Schläge. Und eine Botschaft lautet: ›Ich werde hier sterben, und daran ist meine Verlobte schuld.‹ Den Namen und die Adresse des Mädchens hat er dazugeschrieben; offensichtlich hatte sie ihn denunziert. Und nach dem Namen und der Adresse stehen dort, an einen Unbekannten gerichtet, die Worte: ›Räche mich‹.

In einigen dieser Räume wurden den angeketteten Menschen Metallhauben über die Köpfe gestülpt, durch die man elektrischen Strom jagte. Die Metallhaube war, wie ein elektrischer Rasierapparat oder ein Bügeleisen, an eine Steckdose angeschlossen. Diese Folterungen waren nicht spektakulär oder kompliziert. Ihre Ausführung war billig, anspruchslos und praktisch. Die berüchtigten Badewannen, die aus einem fünftklassigen Hotel stammen könnten, sind stellenweise aufgesprungen, schmutzig und ein bißchen zu klein. Hier wurden Menschen kopfunter in eiskaltes Wasser gehalten, bis ihr Puls fast aussetzte; danach brachte ein deutscher Arzt sie wieder zu Bewußtsein, um sie abermals dem Tod durch Ertrinken auszusetzen. Zwischen diesen Folterungen: das Verhör. Immer wieder das Verhör, während sich die Folterer die nächsten Opfer vornahmen, um aus ihnen die Namen anderer herauszupressen und dann wieder diese anderen in Todesangst zu versetzen.

Dies alles muß man wissen, und man muß sich diese Schauplätze vorstellen, denn sie sind die Wunden von Paris. Was in London die zerbombten und ausgebrannten Häuser sind, das sind in Paris die Gefängnisse, Folterkammern und Friedhöfe. Hier gab es keine großen Explosionen; doch wir vergessen leicht, daß es noch schlimmere Dinge gibt. Vier Jahre lang haben die Deutschen die heimliche, schleichende Furcht als Waffe gegen die Franzosen eingesetzt. Aber auch diese Waffe versagte, weil es immer mehr Leute gab, die bereit waren, dem Gefängnis, der Folterkammer und dem Tod ins Auge zu schauen. Die Menschen, die diesen einsamen, schicksalhaften Weg gegangen sind, und all jene, die tagtäglich in derselben Gefahr schwebten — sie machen nun die große Aristokratie Frankreichs aus.

Niemals befand sich Paris in einem offenen Krieg, so wie wir ihn kennen; auch jetzt nicht. Paris ist intakt und schön und verwirrend. Tagtäglich sieht man Männer und Frauen, die in Abfalleimern nach Sachen stöbern, die sie mit nach Hause nehmen können. Man erkennt ihre lange Übung an der Art, wie sie diese traurige Arbeit erledigen. Läuft man dann die Straße weiter hinunter, so kann man für zehn Dollar in einem Schwarzmarktrestaurant ein ausgezeichnetes Mittagessen erstehen. Für nur etwa dreihundert Dollar kann man in den großen Modehäusern noch immer die schönsten Kleider der Welt kaufen, und kaum zehn Block weiter kommt man in ein Arbeiterviertel und sieht Frauen, die seit vier Jahren keine neuen Kleider angezogen und vier Winter im selben abgetragenen, billigen Mantel gefroren haben.

Am Blumenmarkt in den Hallen kann man so viele Orchideen kaufen, wie das Herz begehrt, aber nach einem Pfund Kohle für den Ofen würde man sich vergebens umschauen. Tatsächlich ist es leichter, ein Bad in Champagner zu nehmen als in heißem Wasser; egal, wo man wohnt, ob in einem düsteren Zimmer im Elendsviertel, wo die Decke abblättert, oder in den wunderschönen, herrschaftlich hohen Räumen der Avenue Foch: überall ist es gleich kalt. Die Lichterstadt ist praktisch ohne Strom. Wer Unterhaltung sucht, mag sich in ein eiskaltes Theater setzen und den Schauspielern beim Proben eines neuen Stücks zuschauen; am Rampenlicht brennen einige schwache Glühbirnen, dahinter und davor das gähnende Dunkel des kalten Hauses. Sobald sie genug Strom haben, sagen sie, geht es mit der Premiere voran. Da das Tanzen während der Besatzung verboten war, sind die wenigen geöffneten Nachtklubs bis zum Bersten voll. Das *Bœuf sur le Toit* war immer sehr chic und sehr teuer. Jetzt ist es nicht mehr so chic, aber doppelt so teuer. Vor seiner Tür stapeln sich jede Nacht die Fahrräder der Gäste.

Nach vier Jahren des Schweigens, der Angst und des geheimen Ekels ist das herrschende Gefühl in Paris jetzt die Erleichterung. Aber es muß und wird noch tiefere Gefühle als das der Erleichterung geben. Beim Aufbau ihres Landes und eines physisch unversehrten Paris wird jene Aristokratie, die in Frankreich gegen die Deutschen Widerstand leistete, werden jene Getreuen, die im Ausland als freie Franzosen kämpften, werden jene Millionen, die in deutschen Konzentrations- und Arbeitslagern gelitten haben, die Führung übernehmen müssen. Leute, die noch nie in Paris gewesen sind, werden unterdessen sagen, daß sich die Stadt überhaupt nicht verändert hat.

MARTHA GELLHORN — Nijmegen, Oktober 1944

Dies ist eine Geschichte über eine kleine Stadt in Holland, die Nijmegen heißt. Die Moral der Geschichte lautet: Es wäre eine gute Sache, wenn die Deutschen nicht ungefähr alle zwanzig Jahre einen Krieg anzettelten, und dann würde es auch keine Geschichte über eine kleine Stadt geben, die Nijmegen heißt.

Ich habe keine Ahnung, wie Nijmegen früher aussah; es gab vermutlich eine recht hübsche Altstadt, jedenfalls nach manchen der Ruinen, einigen Dachüberresten und einem geschnitzten Türstock hier und da zu urteilen. Ich stelle mir auch vor, daß das Häuserknie am steilen Ufer der Waal entzückend war, aber da die Häuser alle ausgebrannt sind, kann man das nur vermuten. Und in der Innenstadt, wo die Universität stand, war es höchstwahrscheinlich auch angenehm, sauber und ruhig; aber nach einem einmonatigen oder sogar längeren ununterbrochenen Artilleriefeuer sieht die Stadt jetzt aus, als wäre sie vor Jahren schon nach einem Erdbeben oder einer Überschwemmung verlassen worden.

Heute ist Nijmegen eine Stadt, in der die Leute in Kellern schlafen und auf der Straße immer vorsichtig die Ohren spitzen, ob nicht Granaten im Anzug sind. Verzweifelt bemüht um Sauberkeit, fegen die Holländer jeden Morgen die Glasscherben zusammen, aber es gibt keine Müllabfuhr für das Glas, und so liegen unter tropfenden Herbstbäumen und an den zerbombten Straßen ordentliche Schutt- und Glashaufen. Die Stadtmitte kann man vergessen, denn ohne Fenster und mit zu vielen ausgebrannten Häusern ist sie unbewohnbar; aber in den Randbezirken der Stadt sind häßliche, einfallslose, komfortable moderne Backsteinhäuschen, die billig zu mieten oder zu kaufen waren, unversehrt geblieben. Nijmegen zeigt keine Anzeichen großen Wohlstands, und dennoch sind die ärmsten Stadtteile, die auch die ältesten und reizvollsten sind, nicht so schlimm wie die Slums in einer englischen oder amerikanischen Stadt entsprechender Größe. Die in Nijmegen lebenden Menschen, gute Katholiken, waren offenkundig ein gesichertes Dasein gewohnt; sie sind ein gottesfürchtiger Menschenschlag, der ein ruhiges Provinzleben führte, hart arbeitete, nichts verschwendete und nichts begehrte und im Alter auf ein gewisses Maß an Sicherheit zählen konnte.

Eine große Straßenbrücke überquert bei Nijmegen die Waal, und dieser Teil Hollands steht in einer strategischen Beziehung zu Deutschland, den Anlagen der Siegfried-Linie und dem Lauf des Rheins. Aus diesen Gründen (um es sehr einfach zu sagen) ergab es sich, daß Nijmegen auf dem Pfad der gegnerischen Armeen lag. Also wird Nijmegen, in moderner Zeit, eine belagerte Zitadelle, was bedeutet, daß die Deutschen ein paar Kilometer weit entfernt im Osten, ein paar Kilometer weiter entfernt im Westen und noch mehr Kilometer weit entfernt im Norden stehen. Die Alliierten halten die Stadt und einen langen, schmalen Korridor, der zurück nach Belgien reicht. Jede Stadt innerhalb Artilleriereichweite ist eine unglückliche Stadt.

In Nijmegen wird nicht geheizt, und der geringe und schwindende Kohlevorrat wird für die Stromversorgung benötigt. Wenigstens können sich die Menschen nachts hinter den verdunkelnden Vorhängen anschauen, während sie nach Granaten horchen. Die Lebensmittelmarken sind die gleichen wie die von den Deutschen ausgegebenen, nur daß die Marken jetzt eingelöst werden und die Leute die ihnen genehmigten Grundnahrungsmittel tatsächlich kaufen können. Das soll nicht heißen, daß alle Geschäfte jeden Tag geöffnet wären; man kann kein Einkaufssystem mit festen Ladenzeiten haben, wenn die Hälfte der Geschäfte von der Artillerie aufgerissen worden ist und zu bestimmten Zeiten, ganz unvorhersagbar, nicht einmal eine Katze durch das Einkaufsviertel schleichen würde. Aber manche Geschäfte sind ab und zu geöffnet, und hier kann man ein paar wenige Lebensmittel kaufen. Die Hausfrauen teilen sich untereinander mit, welche gerade offen sind. Wovon die umsichtigen Holländer aber wirklich leben, das sind die Vorräte, die jede Hausfrau in diesen Jahren irgendwie zusammenkratzen konnte. Die Volksküchen, welche die große Masse der Menschen abspeisen, die kein Obdach mehr und daher auch keine Vorräte haben, bieten an Arbeitstagen eine Kost, bestehend aus Kaffee-Ersatz oder wässerigem Tee, zwei Schwarzbrotstullen am Morgen, einem Teller Kartoffeln am Mittag und dem gleichen Tee oder Kaffee samt Stullen am Abend.

Das Leben in Nijmegen ist nicht wirklich langweilig, wenn ich mir auch nicht vorstellen kann, daß es hier jemals richtig fröhlich war. Es ist keine Stadt, die ein Café oder eine Bar oder ein Tanzlokal hätte, und ich habe nie die Reklame eines Filmtheaters gesehen. Man kann jedoch auf einer Spazierfahrt mit dem Fahrrad (das derzeit in Europa übliche zivile Beförderungsmittel) einem Kurvenkampf über der Stadt zwischen einer Messerschmitt und drei Spitfires zusehen. Auch eine Besichtigung von Geschützbatterien, Maschinengewehrstellungen und Schützenlöchern ist ein leichtes. Und bei Nacht gibt es immer die Feuer, riesige prasselnde Feuer, die das Innere eines Hauses ausfressen. Nach Einbruch der Dunkelheit sind die Straßen leer, und nichts ist mehr zu hören außer der Artillerie, unserer Artillerie und der deutschen. Granaten, die in der Enge von vier Wänden explodieren, stecken oftmals Häuser in Brand, und in einer Straße brennen dann etwa drei Doppelhäuser lichterloh, und die kleinen dunklen Gestalten der Feuerwehrmänner spritzen einen schwachen, dünnen Wasserstrahl auf eine Feuersbrunst, der offensichtlich durch nichts Einhalt zu gebieten ist.

Da die meisten Gebäude der Stadt durch Sprengbomben aufgerissen worden sind, hängen in ganz Nijmegen Schilder, auf denen steht: ›Nicht plündern. Todesstrafe.‹ Aber ich habe nicht den Eindruck, daß diese Schilder nötig sind. Die britischen und amerikanischen Soldaten mögen die Holländer und respektieren sie, und weil Nijmegen das ist, was es ist, nämlich eine kleine, nicht sehr reiche Stadt, haben die Soldaten ein Einsehen und verhalten sich entsprechend. Sie wissen, was es für diese Menschen bedeutet, der Zerstörung ihrer Stadt und ihrer Sicherheit beizuwohnen. Im allerwörtlichsten Sinne haben die Bürger von Nijmegen keine Wahl als Freiheit oder Tod. Sie sind befreit worden, und die Freiheit ist sie nicht billig gekommen.

Die zivile Seite dieses Krieges ist in vielerlei Hinsicht die jammervollste. Die holländische Bevölkerung Nijmegens, für die dieses inzwischen Routine gewordene entsetzliche Kriegsleben eine grausame Überraschung war, klagt nicht. Die Leute sind nicht vertraut mit all den Techniken, die die Soldaten lernen; man braucht eine Weile, um Granatendetonationen einschätzen zu können und zu wissen, was gefährlich ist und was nicht. Die alten Leute und die Kinder haben den letzten Monat fast ausschließlich in Kellern zugebracht, entweder in den kleinen Kellern ihrer eigenen kaputten Häuser oder in den Gemeinschaftskellern unter den Krankenhäusern oder dem Rathaus. Niemand lebt gern in Angst, und es ist mehr Verwirrung als Feigheit, was die Menschen jetzt so teilnahmslos macht.

Die Mitglieder der Untergrundorganisationen, die Polizei, das Rote Kreuz, die Ärzte, die Pfadfinder und Pfadfinderinnen, die zivilen freiwilligen Helfer, sie haben keine Zeit für Keller und denken nicht an Sicherheit. Unter anderem haben die Polizei und der Untergrund emsig Kollaborateure ausgehoben und deutsche Agenten in der Stadt zur Strecke gebracht. Die Kollaborateure steckten sie in ein großes Schulhaus, das Einschlaglöcher wie Pockennarben hat. Sie verpflegen sie genauso wie sich selbst und warten auf die Rückkehr der niederländischen Regierung, damit ordentliche Gerichtsverfahren abgehalten werden können. In dem Schulhaus-Gefängnis hängt der eklige, vertraute Geruch schmutziger Körper, und die Räume voll festgenommener Menschen sehen aus wie die traurigen Räume, die ich einmal in Prag zu Gesicht bekam, wo die Flüchtlinge aus dem Sudetenland sich versammelten, um dort zu wohnen und auf nichts zu warten.

Die Holländer behandeln die Gefangenen nicht brutal, und die Gefängnisse sind nur leicht bewacht. Man ist immer wieder erstaunt, wenn man sieht, was für Leute hier einsitzen, und am meisten überrascht von ihrer offenkundigen Armut. Manche Räume sind angefüllt mit trübselig aussehenden jungen Frauen, die, krank, mit ganz kleinen Babys im Bett liegen; das sind die Frauen, die mit deutschen Soldaten zusammenlebten und jetzt Mütter von Deutschen sind. Andere Räume sind Gefängnisse für alte Leute, die mit Deutschen gehandelt, für die niederländische Naziregierung gearbeitet oder die echten Niederländer und das Land verraten oder irgendwie geschädigt haben. In einem Zimmer befindet sich eine Nonne, allein, mit erstarrtem und unversöhnlichem Gesicht, und links und rechts neben ihr zwei dumme hausbackene Mädchen, die in der Küche der Deutschen gearbeitet haben und Nebenverdienst als Soldatenflittchen suchten. Die einzigen gut gekleideten Kollaborateure, die mir je begegnet sind, waren in dem Gefangenenlager in Drancy bei Paris, wo ich tatsächlich eine Frau in einem Chinchillamantel sah und einige Männer, die ihre Kleidung bei teuren Schneidern gekauft hatten. Aber in dieser Phase des Krieges und der Befreiung ist festzustellen, daß es kleine Leute (oder sollte man sagen: kleine Gauner?) erwischt hat;

die wahren Bösen, die großen Feinde sind entweder unbeschadet mit den Deutschen auf und davon, oder sie haben sich gut versteckt. Kollaborateure einzusperren gehört ebenso zur Säuberung einer Stadt wie die Instandhaltung der Kanalisation und das Straßenfegen.

Aufgrund der Tatsache, daß Holland zum größten Teil noch besetzt ist, kann man zur Zeit unmöglich etwas über den holländischen Untergrund schreiben. Aber man kann sagen, daß die Holländer, einzeln und in ihren Untergrundorganisationen, versucht haben, Juden zu helfen, die in Holland ebenso wie anderswo dem Tode geweiht waren. Wer Juden versteckt hielt, dem drohte die Todesstrafe, und dennoch kommen immer wieder Juden ans Tageslicht, die gezwungen waren, vier Jahre lang wie Verbrecher auf der Flucht zu leben. Wir nahmen eine dünne, dunkle, besorgt aussehende Frau, die beim niederländischen Roten Kreuz arbeitete, im Auto mit. Sie war keine besonders aufregende Frau, und sie wirkte ungewöhnlich nervös (was an gefährlichen Orten immer zu Unannehmlichkeiten führen kann; das richtige Verhalten unter solchen Umständen ist eine echte oder gespielte Ruhe). Sie war auf dem Weg ins Zivilkrankenhaus, um ihre kleine Tochter zu besuchen. Das Mädchen, zwölf Jahre alt, war von Granatstücken schwer verwundet, ihr Mann erschossen, ihre Habe schon vor langem von den Deutschen beschlagnahmt und jetzt auch noch ihr Haus von Granatfeuer zerstört worden. Sie arbeitete zwölf Stunden am Tag beim Roten Kreuz, und in der Mittagspause ging sie zu Fuß — wenn sie nicht zufällig von jemandem im Auto mitgenommen wurde — sechseinhalb Kilometer zum Krankenhaus, um ihr Kind zu besuchen. Sie war Jüdin und vor einem Monat wieder aufgetaucht. Tragödien sind heute in Europa so allgemein, so üblich, so gewöhnlich, daß man einen Fall wie diesen, der jeden in einer normalen Welt mit Wut und Mitleid erfüllen würde, gar nicht besonders registriert.

In einem Konzentrationslager in der Nähe von Nijmegen wurden zwölfhundert Juden festgehalten. Die Deutschen beförderten sie in Güterwagen nach Polen. Einer der SS-Wächter erzählte nach seiner Rückkehr von dieser Reise einem Holländer, was geschehen war. Diese zwölfhundert

Juden, Alte und Junge, Männer, Frauen und Kinder, wurden in ein recht ordentlich aussehendes Gebäude gebracht, und man sagte ihnen, sie könnten hier duschen. Da sie seit Monaten in Elend und Dreck gelebt hatten, waren sie darüber sehr erfreut. Man befahl ihnen, sich auszuziehen und die Kleider, vor allem die Schuhe, draußen vor dem Duschraum zu lassen. Durch Schlitze, die wie Lüftungsschlitze aussahen, pumpten die Deutschen nun das, wie sie es nannten, ›blaue Gas‹ in den sauberen, weißgekachelten Baderaum. Offenbar wirkt dieses Gas bei etwas feuchten, nackten Körpern besser. In ein paar Minuten waren zwölfhundert Menschen tot, aber davor hatte der SS-Wächter sie noch schreien hören und sie unter Qualen, die wir nie erfahren werden, sterben sehen. Dann wurden die Schuhe alle sorgfältig sortiert und zur Wiederverwendung nach Deutschland zurückgeschickt; außerdem wurden den Leichen vor den Massenverbrennungen alle Goldfüllungen und Goldzähne herausgenommen.

Wir wissen mittlerweile von vielen Orten, an denen Juden vergast wurden, und wir haben schon seit langem darüber geschrieben. Die Menschen in Europa konnten zunächst etwas so Ungeheuerliches nicht glauben, jetzt tun sie es; und wenn Menschen in der Nähe von etwas so Furchtbarem gelebt und es gesehen, gehört und verstanden haben, dann geschieht etwas mit ihnen, das sich niemals wieder auslöschen läßt.

Für die holländischen Juden waren die Deutschen gleichbedeutend mit qualvollem Tod; für die übrigen Holländer (abgesehen von den Menschen im Untergrund, die die üblichen Risiken der Gefangenschaft, der Folter und des Todes auf sich nahmen) waren sie gleichbedeutend mit langsamem Hunger und der Zerschlagung ihrer Familien. Die Deutschen deportierten eine halbe Million holländischer Männer zwischen neunzehn und fünfunddreißig Jahren als Zwangsarbeiter nach Deutschland, und seit nunmehr einem Jahr hat man von keinem dieser Männer etwas gesehen oder gehört. In einem kleinen Land lassen eine halbe Million abwesender Männer im Leben jeder Gemeinde eine große, traurige Lücke zurück. Die Holländer versuchten mit viel Geschick, ihre jungen Männer vor der Deportation zu bewahren, aber sie konnten nicht alle retten. Neben diesen handfesten Tatsachen, dem Hunger und den Verlusten, mußten die Holländer, wie jeder unter den Deutschen, die Greueltaten und Demütigungen des Naziregimes über sich ergehen lassen. Freien Menschen wird es niemals gelingen, ohne Abscheu unter dieser Willkürherrschaft zu leben, und es waren schreckliche Jahre, in denen jeder Tag für Tag die Feststellung machte, daß diese Tyrannei, diese Dummheit, diese Korruption unerträglich waren; und doch gab es immer ein Morgen und noch ein Morgen, und die Tyrannei mußte hingenommen werden, weil man nichts tun konnte als warten.

Die Deutschen sind die reinsten Papierfanatiker. Man brauchte für jeden Schritt, den man machte, einen Paß, Marken für Lebensmittel, Ausweise, Papiere über Papiere, daß einem fast die Brieftasche platzte; und sie überprüften ihre Papiere auch gern und oft. Die Holländer ihrerseits fälschten Papiere in rauhen Mengen, und jeder, der Untergrundarbeit leistete oder einfach der Deportation zu entkommen suchte, hatte stapelweise falsche Dokumente. Schließlich ertranken die Deutschen in ihrem eigenen Papier; sie konnten nichts und niemandem mehr trauen. Sie gestanden ihre Niederlage ein, erkannten keinerlei Dokumente mehr an, nicht einmal ihre eigenen, und lösten das Problem dadurch, daß sie einfach jeden festnahmen, auf den sie es aus irgendeinem Grund abgesehen hatten. Die Deutschen verstanden es auch geschickt, holländische Geiseln zu nehmen, und sie benutzten diese schmutzige Waffe, um das intellektuelle Leben und die Führung des Landes zu vernichten. Aber diese Praktik hatten sie auch früher schon angewandt; es hat in der deutschen Technik des Schreckens sehr wenig Abwechslung gegeben.

Eine Geschichte mit Moral sollte kurz sein. Selbst die Moral sollte kurz sein. Was die Moral dieser Geschichte betrifft, so läßt sie sich in weniger als zehn Minuten erkennen und in einem einzigen Absatz beschreiben. Im Keller des Zivilkrankenhauses (denn Nijmegen hat mehrere Krankenhäuser, doch da liegen jetzt die vielen verwundeten amerikanischen Soldaten) gibt es Korridore, in denen die Heizungs- und Wasserrohre verlaufen. Diese Korridore sind zu Krankenstationen umfunktioniert worden, da sie vor Granatfeuer sicher sind. In einem langen Korridor liegen die verwundeten Kinder in kleinen Eisenbetten. Sie sind oft noch zu klein, um zu sprechen, aber alle sind sie erstaunlich still. Es gibt für die Kinder nicht viel zu essen, keine kleinen Extras, um ihnen eine Freude zu machen und die Schmerzen leichter ertragen zu helfen. Auch die Beleuchtung ist unzureichend, und manchmal ist das Kind so winzig, daß man denkt, das weiße Bettchen sei leer. Einem dünnen kleinen Mädchen von vier Jahren hatten Granatsplitter beide Arme gebrochen, und ein Granatsplitter war ihm aus der Seite, ein anderer aus dem Kopf geschnitten worden. Alles, was man von ihm sehen konnte, war ein winziges weiches Gesicht mit riesigen dunklen Augen, die dich anschauten, und die Arme wie Blütenstengel in Schienen und der Verband, beinahe so groß wie es selbst, um den Kopf. Es würde niemals begreifen, was geschehen war oder was für eine Welt das war, die ein kleines Mädchen von vier Jahren so verwunden konnte, ein Mädchen, das im Garten seines Hauses gespielt hatte, wie kleine Mädchen in allen Gärten der Welt eigentlich spielen können sollten.

Und so ist die Moral dieser Geschichte wirklich kurz: Es wäre eine gute Sache, wenn man den Deutschen nie wieder gestatten würde, einen Krieg anzuzetteln.

Norman Lewis — Neapel, 6. Oktober 1944

Von Ruinen übersät, die manchmal ganze Straßen versperren, Bombenkratern und verlassenen Straßenbahnen, riecht die Stadt Neapel nach verkohltem Holz. Das Hauptproblem ist das Wasser. Die Versorgungssysteme wurden bei zwei riesigen Luftangriffen am 4. August und 6. September völlig zerstört, und seitdem gibt es kein richtiges Wasser mehr. Deutsche Sprengkommandos haben das Zerstörungswerk der Alliierten vervollständigt, indem sie alles in die Luft jagten, was für die Stadt noch von lebenswichtiger Funktion war. Der allgemeine Durst muß in den letzten Tagen so groß gewesen sein, daß die Leute versucht haben sollen, mit Meereswasser zu kochen. Entlang der Küste konnte man

Familien an abenteuerlichen Destillierapparaten hocken sehen.

Unsere Dienststelle hat sich im Palast des Prinzen von Satriano am Ende der eindrucksvollen Seeseite Neapels, der Riviera di Chiaia, an der Piazza Vittoria eingerichtet. Das vierstöckige Gebäude ist im Stil der neapolitanischen Variante des spanischen Barocks gehalten. Wir beziehen das Hochparterre am Kopf einer geschwungenen Marmortreppe: Von der hohen, mit Stuck verzierten Decke hängen glitzernde Kronleuchter; die Räume sind mit riesigen Wandspiegeln und reichlich vergoldetem Mobiliar im Stil des französischen Empire ausgestattet. Acht herrschaftliche Räume gibt es, aber kein Badezimmer. Das Waschbecken befindet sich in einem Schrank in der Küche. Der Blick geht über den Platz auf Palmengruppen, viele Statuen und die Bucht von Neapel. [...]

Wir hatten die Aufgabe, die italienischen Zivilisten, die bei den vielen militärischen Einheiten rund um Neapel angestellt werden sollten, auf ihre Unbedenklichkeit zu prüfen. Nichts hätte leichter sein können. Schließlich hatte der faschistische Polizeistaat über seine Bürger peinlichst Buch geführt. Seine umfangreichen Archive aus dem obersten Stockwerk der Questura, dem Polizeihauptquartier, waren uns in die Hände gefallen. Neunundneunzig Prozent der dort festgehaltenen Informationen waren absolut bedeutungslos. Sie bewiesen, daß das politische Leben der meisten Italiener von äußerster Neutralität war, wenn auch mit einem Hang zum sexuellen Abenteuer. Alles in allem endlose und leere Lebensgeschichten. Anders die paar hundert Personen der Stadt, die überzeugte Faschisten gewesen waren und die vielleicht, und zwar meist aufgrund unserer Berichte, interniert werden mußten: Mit ihnen hatten wir weniger leichtes Spiel.

NORMAN LEWIS — Neapel, 8. Oktober 1944

Heute wurde ich, da ich als letzter der ganzen Abteilung im Büro geblieben war, mit dem Moped dringend nach Afragola geschickt, wo ein Major der Infanterie felsenfest glaubte, eine Frau des Dorfes als Spionin identifiziert zu haben. In diesem Fall ging der Verdacht hauptsächlich auf Gesten zurück, die der Major falsch interpretiert hatte. Wie sich herausstellte, hatten ihm die Dorfbewohner zu erklären versucht, daß die Frau eine Hexe war und das Wasser für die Truppe mit ihrem bösen Blick verseuchen könnte.

Während ich zur Auflösung dieses Mißverständnisses unterwegs war, sah ich ein bemerkenswertes Schauspiel. Auf den Feldern entlang der Straße hatten sich Hunderte, ja Tausende von Italienern eingefunden, meistens Frauen und Kinder, die vor Hunger nach eßbaren Pflanzen suchten. Ich hielt an, um mit einer Gruppe von ihnen zu sprechen. Sie sagten mir, daß sie ihre Wohnungen in Neapel bei Tagesanbruch verlassen hätten und zwei bis drei Stunden gelaufen wären, um hierherzukommen — etwa elf Kilometer weit vor der Stadt. Hier könne man noch etwas Eßbares finden, während die Felder in Stadtnähe bereits völlig abgegrast seien. Es gebe etwa fünf verschiedene Pflanzensorten, allesamt bitteren Geschmacks, die man sammeln könne. Unter ihren Sträußen konnte ich nur Löwenzahn erkennen. Andere Leute sah ich auf Vogeljagd. Es war ihnen gelungen, einige Spatzen und winzige Singvögel zu fangen, die, wie man mir sagte, wegen der Obstbäume zu dieser Zeit des Jahres in diese Gegend kämen. Sie erzählten mir, daß sie mit der Feindseligkeit der Anwohner zu kämpfen hätten, die ihnen vorwarfen, ihre Grundstücke zu betreten und in ihre Weinberge und Gemüsegärten einzufallen.

NORMAN LEWIS — Neapel, 9. Oktober 1944

Eine andere Fahrt entlang der Seeseite von Santa Lucia heute nachmittag bot mir ein ähnliches Bild verzweifelter Nahrungssuche. Gegen den Damm waren Felsbrocken aufgetürmt, an denen sich unzählige Kinder zu schaffen machten. Ich erfuhr, daß sie Napfschnecken von den Felsen abkratzten, nachdem alle Strand- und Seeschnecken längst verschwunden waren. An der Straße konnte man für etwa zwei Lire eine kleine Portion Napfschnecken erstehen. Wenn man sie lange genug kochte, so konnten sie einer Brühe aus allerlei Resten einen matten Fischgeschmack geben. Unverständlicherweise durften noch keine Boote zum Fischen ausfahren. Nichts, aber auch gar nichts von dem, was der menschliche Magen annimmt, bleibt in Neapel ungenutzt. Zwar würden wir das, was die hier und dort geöffneten Fleischerläden anbieten, kaum als Fleisch bezeichnen, doch sind die Stückchen von Innereien und Abfall kunstvoll ausgelegt. Man behandelt sie mit Ehrfurcht: Hühnerköpfe — deren Schnäbel säuberlich entfernt worden sind — kosten fünf Lire; ein graues Häufchen Hühnerinnereien in einer blitzblanken Schale fünf Lire; ein Muskelmagen drei Lire; Kalbsfüße zwei Lire das Stück; ein großes Stück einer Luftröhre sieben Lire. Kleine Warteschlangen haben sich vor diesen Delikatessen gebildet. Hartnäckig hält sich das Gerücht, die Katzenbevölkerung in der Stadt nehme von Tag zu Tag ab.

NORMAN LEWIS Neapel, 10. Oktober 1944

Immer mehr Leute, die sich als Informanten anbieten, strömen in unser Büro. Über Bezahlung wird nicht gesprochen. Nur aus reiner Hingebung an die Sache der Alliierten wollen sie für uns arbeiten. Meistens stammen sie aus den höheren Berufsständen und überreichen uns geschmackvoll gravierte Karten, die sie als *Avvocato, Dottore, Ingegnere oder Professore* ausweisen. Allesamt treten sie höchst würdevoll, einige sogar imposant auf und reden mit verhaltener, konspirativer Stimme. Es kam auch ein Priester, der, die Tasche voller Denunziationen, um die Erlaubnis bat, eine Pistole tragen zu dürfen. Von diesen oft schäbigen und fragwürdigen Personen hängen wir ab. Wurden sie einst bei ihrem richtigen Namen genannt, so treten sie nun offiziell als ›Informanten‹ auf, und schon gibt es die euphemistische Tendenz, sie zu ›Kontakten‹ zu befördern. Sie sind eine besondere Spezies — das Lebenselement der Geheimdienste. Auf der ganzen Welt haben solche Leute eines gemeinsam: die sonderbare und ausschließliche Treue zu einem bestimmten Herrn. Ein Informant ist wie ein Küken, das gerade aus seiner Schale geschlüpft ist und Pflege braucht. Man kann sich darauf verlassen, daß er sich an den ersten, der ihm sein Ohr leiht, hängen wird. In diesen ersten Tagen machten wir alle etwa ein halbes Dutzend ›Kontakte‹.

Natürlich werden alle Namen auf der Grundlage unserer rapide anschwellenden Akten überprüft. Dabei finden wir zu unserem Ergötzen heraus, daß viele dieser Leute, die uns ihre bedingungslose Hilfe anbieten, von ihren Mitbürgern als Erzkollaborateure beschuldigt worden sind. Aus den Büros des deutschen Konsulats liegen uns Kopien serviler Briefe und Glückwunschadressen neapolitanischer Stadtgrößen an Adolf Hitler persönlich vor. Ein herausragendes Beispiel stammt von einem Anwalt des neapolitanischen Berufungsgerichtes, der gerade vorgesprochen hatte, um seine Dienste anzubieten. Er versicherte den Führer ›meiner großen Bewunderung und Sympathie für die Soldaten Ihres Landes‹ und schloß ›*Con profonda, devota osservanza*‹.

Bemerkenswert ist die bürokratische Korrektheit der Deutschen, mit der diese oft schwachsinnigen Mitteilungen gewissenhaft zur Kenntnis genommen, übersetzt, an die Kanzlei der Nazis in Berlin weitergeleitet und dort lang und breit beantwortet wurden. Es schwindelt einem bei dem Gedanken an den Papieraufwand, der für diese Korrespondenz mit den Speichelleckern des ganzen besetzten Europas getrieben wurde.

NORMAN LEWIS — Neapel, 15. Oktober 1944

Den schönsten Griff bei meinen Kontakten mit Zivilisten in diesen Anfangstagen habe ich mit Vincente Lattarullo getan, einem intimen Kenner der neapolitanischen Geheimnisse.

Auf unsere erste Frage, was er von uns wolle, antwortete er in heiserem Flüsterton: »Mich treibt die Leidenschaft für Gerechtigkeit«, und während er dies sagte, schien er zu beben. Dieser vornehme, zerbrechlich wirkende Mann, der sich manchmal mitten im Satz unterbrach und, als wäre er einer Ohnmacht nahe, schwankte, wollte einen amerikanischen Offizier anzeigen, der für Beschlagnahmen zuständig war und daraus ein Geschäft machte, indem er überall in Neapel italienischen Autobesitzern für 100 000 Lire eine Garantie gegen die Beschlagnahmung ihrer Autos anbot. Wir sagten ihm, daß wir gar nichts dagegen unternehmen könnten.

Ich nahm ihn in die nahegelegene Bar Vittoria zu einem *marsala all'uovo* mit, aber als der Barmann das Ei brachte, um es ins Glas zu schlagen, sah ich die Angst in Lattarullos Gesicht aufsteigen. Ich stoppte den Barmann mitten in seinem Tun. Unter vielen Entschuldigungen bat Lattarullo schließlich um die Erlaubnis, das Ei mit nach Hause nehmen zu dürfen. Wenig später versetzte ihn die Wirkung des Alkohols auf leeren Magen wieder in Schwanken, und mir wurde bewußt, daß der Mann hungerte. Leider gab es bis auf die hochgeschätzten Eier, die zu einer Ration von einem Stück pro Tag für besondere Gäste gedacht waren, in der unmittelbaren Umgebung überhaupt nichts Eßbares. Lattarullo konnte jedoch zur Annahme meines Eis bewegt werden, das er in eine Tasse schlug und sehr langsam und Schluck für Schluck schlürfte.

Es stellte sich heraus, daß er einer von jenen viertausend Rechtsanwälten Neapels war, die zu neunzig Prozent mangels Bedarfs niemals vor Gericht aufgetreten sind und in äußerster Armut dahinvegetieren. Nach Schätzungen sollen mindestens ebenso viele Mediziner in ähnlicher Situation sein. Diese darbenden Akademiker sind das Endprodukt der neapolitanischen Mittelstandsfamilie, zu deren Schicksal es gehört, mindestens einen nutzlos qualifizierten Sohn zu haben. Dabei nehmen die Eltern so lange Entbehrungen in Kauf, bis ihr Sohn den respektablen Titel eines *avvocato* oder *dottore* führen darf.

Lattarullo war es gelungen, sich mit Hilfe einer Erbschaft, die ursprünglich ein Pfund pro Woche abwarf und sich dann durch Entwertung auf fünf Schillinge reduzierte, über Wasser zu halten. Zu diesem Zweck hatte er ein wissenschaftliches System von Selbsteinschränkungen ausgearbeitet. Den größten Teil des Tages blieb er im Bett, und wenn er aufstand, legte er auf genau überlegten Wegen immer nur kurze Strecken zurück, wobei er alle hundert Meter in einer Kirche Rast machte. Gewöhnlich bestand seine einzige Mahlzeit am Abend aus einem Stückchen Brot, getunkt in Olivenöl mit Tomate. Bei gelegentlichen Besuchen tauschte er mit Schicksalskollegen den neuesten Klatsch aus: dann nippten sie an einer Tasse Kaffee aus gerösteten Eicheln und brachten etwa eine Stunde in gemeinsamem Hunger zu. Er machte den Eindruck, als wüßte er über alles, was in Neapel vorging, Bescheid. Ich begleitete ihn nach Hause. Er lebte in zwei Zimmern mit drei Stühlen, einem Bett und einem wackeligen Tisch, auf dem eine kümmerliche Aspidistra stand. Licht und Wasser seien schon vor Jahren abgeschaltet worden, sagte er.

Es zeigte sich, daß Lattarullo noch einen Nebenberuf hatte, der sein Einkommen gelegentlich aufbessern half. Doch der mußte in diesen Notzeiten ausfallen. Mit einem Anflug von Stolz gab er zu, auf Beerdigungen als *zio di Roma* — als ›Onkel aus Rom‹ — aufzutreten. Neapolitanische Beerdigungen halten streng auf Fasson. Wer sein ganzes Leben arm gewesen ist, kann sicher sein, in einem königlichen Sarg zu Grabe getragen zu werden. Aber auch sonst wird keine Geste ausgelassen, die den Toten ehren und das Prestige der Hinterbliebenen mehren könnte.

In dieser kleinen Farce spielt der Onkel aus Rom eine unverzichtbare Rolle. Doch warum unbedingt aus Rom? Warum nicht aus Bari oder Taranto? Aber nein, es muß Rom sein. Der Onkel gibt zu erkennen, daß er entweder gerade mit dem Expreßzug aus Rom angekommen sei, oder er kreuzt vor der ärmlichen Wohnung oder dem niedrigen *basso* auf und entsteigt in seinem maßgeschneiderten Abendanzug einem Alfa Romeo mit römischem Nummernschild und SPQR-Kennzeichen. Auf dem Jackettaufschlag trägt er stolz das Band eines Commendatore der Italienischen Krone, um mit seinen beherrschten und würdevollen Beileidsbezeugungen den theatralischen Ausbruch neapolitanischen Schmerzes zu mildern.

Wie Lattarullo erzählte, hatte er oft diese Rolle gespielt. Dafür war er durch seine aristokratische Erscheinung und seinen wohlgeübten römischen Akzent und Gestus qualifiziert. So benützt er im Unterschied zu anderen nie die dritte Person Singular des Personalpronomens *lui*, sondern er bedient sich des schriftsprachlichen *egli*. Jeden redet er in der altmodischen Höflichkeitsform *Lei* an. Wo die Neapolitaner zu Vertraulichkeit und Liebenswürdigkeit neigen, kehrt

Lattarullo eine streng römische Zurückhaltung und Verschwiegenheit heraus. Begegnet er jemandem, so sagt er *buon giorno*, und dabei beläßt er es; zum Abschied genügt ein knappes Aufwiedersehen. So spricht der wahre römische Ehrenmann, sagen die Neapolitaner, die in ihren Begrüßungen süßlich übertreiben. Sollte jemand während der Feier Lattarullo wiedererkennen, so wird er das für sich behalten.

NORMAN LEWIS Neapel, 25. Oktober 1944

Es ist erstaunlich, wie diese zerschlagene, hungernde Stadt, aller Existenzbedingungen beraubt, darum kämpft, sich nach ihrem Zusammenbruch Verhältnissen anzupassen, die denen des frühen Mittelalters ähneln. Wie Beduinen kampieren die Leute in Trümmerwüsten. Es gibt wenig zu essen, wenig Wasser, kein Salz, keine Seife. Viele Neapolitaner haben durch die Bombardierungen ihren Besitz, darunter ihre meisten Kleider, verloren. Auf den Straßen habe ich bizarre Kleiderkombinationen gesehen: einen Mann in altem Smoking, Knickerbockern und Armeestiefeln oder Frauen in spitzenartigen Kleidern, die wohl aus Gardinen genäht waren. Es gibt keine Autos, dafür Hunderte von Karren und einige altertümliche Landauer, die von abgemagerten Pferden gezogen werden. Heute in Posilippo hielt ich an, um die methodische Demontage eines steckengebliebenen deutschen Halbkettenfahrzeugs durch Jugendliche zu beobachten, die sich wie Ameisen davonmachten und Metallstücke jeder Art und Größe forttrugen. Nicht weit davon entfernt hockte eine gutgekleidete Dame mit Feder im Hut bei einer Ziege zum Melken. Weiter unten am Hafenkai banden zwei Fischer mehrere aus den Trümmern gerettete Türen mit einem Seil zusammen, wuchteten ihren Motor darauf und machten sich zum Fischen fertig. Unerklärlicherweise dürfen keine Boote ausfahren, aber in der Verordnung wird nichts über Flöße gesagt. So improvisiert jeder und paßt sich an.

NORMAN LEWIS Neapel, 1. November 1944

Heute schaute Lattarullo vor Hunger noch geschwächter aus als gewöhnlich und schwankte mit geschlossenen Augen selbst im Sitzen. Nach unserer Plauderei beschloß ich, ihn zum Essen in eines der Restaurants in den Seitenstraßen, die kürzlich eröffnet haben, einzuladen.

Wir verließen zusammen die Wohnung und setzten uns dem dröhnenden Lärm der Stadt aus. Überall war gestürztes Mauerwerk aus der Zeit der Luftangriffe zu überwinden. Alle paar Meter hielt Lattarullo an, um Luft und Kraft zu schöpfen. Wollten wir eine Abkürzung durch einen vertrauten *vico* nehmen, so war der Weg durch den meterhohen Schutt einer eben eingestürzten Wohnung versperrt. Ein schrecklicher Gestank aus geborstenen Abflußröhren und möglicherweise Schlimmerem lag in der Luft. Das Mittelalter mit seinen Monströsitäten, Seuchen und verzweifelten Betrügereien war wiedergekehrt. Überall krabbelten Bucklige, die als Glücksbringer betrachtet werden, am Boden herum und boten Lotteriescheine an. Beim Kauf eines Scheines schlug man mit der Hand auf den Buckel. An der Mauer lehnten Reihen von Schwachsinnigen und Geisteskranken, Kinder eingeschlossen, die mit ihren großen Köpfen wackelten. Ein beinloses kleines Bündel hatte man hinter ein Schälchen gesetzt, in das ein paar Lirescheine und ein Bonbon geworfen worden waren. Auf zweihundert Metern wurde ich von drei Strichjungen angesprochen; Lattarullo hatte man in richtiger Einschätzung seiner Person einen preisgünstigen Sarg angeboten. Die einzigen geöffneten Lebensmittelläden waren die Bäcker, nur daß sie kein Brot verkauften, sondern Süßigkeiten: *torrone* und Marzipan, alles aus gestohlenen Zuckerbeständen der Alliierten hergestellt, ein winziger Würfel für 30 Lire. An einem Engpaß, verursacht durch ein zusammengestürztes Gebäude im Vico Chiatamone, mußten wir halten. Hier war ein sanitärer Posten errichtet worden, an dem man nicht vorbeikam, ohne vorher mit einem weißen Puder gegen Typhus eingesprüht worden zu sein.

Wir fanden das Restaurant und nahmen unseren Platz zwischen den Stammgästen aus der Mittelschicht ein, die ihre Mäntel gegen die Kälte anbehielten. Alle Mäntel waren aus uns gestohlenen Decken genäht worden. Der Qualm eines desodorierenden Desinfektionsmittels, das in einer großen Kohlenpfanne brannte, brachte jeden zum Husten, doch konnte er den Gestank der Kloake, der durch die Fliesen drang, nicht überdecken.

Nach dem Ritual dieses Restaurants muß der Kellner zunächst mit einem Fisch auf dem Tablett, den Lattarullo den ›Vorzeigefisch‹ nennt und der von den Gästen mit leisen Ausrufen der Bewunderung begutachtet wird, zwischen den Tischen hindurchgehen. Der Fisch hatte einen tadellosen Kopf, doch war der Körper schon in Portionen aufgeschnitten und daher nicht mehr identifizierbar. Wie immer stand dahinter ein Trick. Lattarullo bestand auf näherer Prüfung des Fisches und zeigte mir, daß der Körper nicht zum Kopf paßte. Von seinem dreieckigen Rückgrat her gehörte er eindeutig zur Hundshaifamilie, die zu essen die meisten Leute möglichst vermieden. Die andere Menüempfehlung war Kalbfleisch nach Milaneser Art, im Aussehen sehr weiß und trocken. Unter Druck gesetzt, mußte der Kellner zugeben, daß es vom Pferd stammte. Wir einigten uns auf Makkaroni.

Keine Anstalten wurden unternommen, um die Gäste von der Straße abzuschotten. Zerlumpte Jungen mit scharfen Augen — die berühmten *scugnizzi* Neapels — streiften zwischen den Tischen umher, immer bereit, sich nach einem übersehenen Krümel zu ducken oder Reste zu erhaschen, bevor sie den Katzen zugeworfen werden konnten. Wieder beeindruckte mich die Intelligenz — ja die Intellektualität — ihrer Gesichter. Man versuchte gar nicht, sie wegzujagen. Sie wurden schlicht als nichtexistent behandelt. Ganz in ihr Essen vertieft, waren die Gäste der Welt entrückt. Da wurde ein Krüppel auf einem Karren mit dem Gesicht nach unten, nur wenige Zentimeter über dem Boden, hereingezogen, die Arme und Beine ausgebreitet wie die einer Spinne. Niemand hob auch nur für eine Sekunde seinen Blick vom Teller, um nach ihm zu sehen. Der Junge konnte seine Hände nicht benutzen. Einer der *scugnizzi* erjagte ein Stück Brot, drehte seinen Kopf seitwärts und stopfte es ihm zwischen die Zähne. Dann wurde er wieder hinausgezogen.

Plötzlich erschienen in der Tür fünf oder sechs Mädchen im Alter von neun bis zwölf Jahren. Sie trugen schrecklich steife, schwarze, bis unter das Kinn zugeknöpfte Uniformen, schwarze Stiefel und Strümpfe, und ihr Haar war wie bei Gefangenen geschoren. Sie weinten. Erst als sie sich, aneinandergeklammert, zu uns vortasteten und dabei gegen Tische und Stühle stießen, merkte ich, daß sie blind waren. Tragik und Verzweiflung hatten uns eingeholt und ließen sich nicht mehr aus dem Raum verbannen. Ich erwartete, daß die gleichgültigen Esser ihre Teller von sich schieben und mit einer Geste der Resignation aufstehen würden, aber niemand regte sich. Das Essen wurde weiter eingeschaufelt, die Gespräche liefen weiter, niemand nahm die Tränen wahr.

Wie mir Lattarullo erklärte, stammten diese kleinen Mädchen aus einem Waisenhaus auf dem Vomero, in dem angeblich — und hier zog er ein Gesicht — unmögliche Zustände herrschten. Sie waren zu einem Halbtagesausflug hier heruntergebracht worden, und der Begleiter schien unfähig oder unwillens, sie vor der Verlockung durch den Essensgeruch zu bewahren.

Diese Erfahrung änderte meine Sicht der Dinge. Bis jetzt hatte ich dem beruhigenden Glauben angehangen, daß sich die Menschen irgendwann mit ihrem schweren Schicksal abfinden würden. Darin hatte ich mich geirrt. Wie Paulus wurde ich bekehrt — aber zum Pessimismus. Diese kleinen Mädchen, von denen eine meine Tochter hätte sein können, waren weinend in das Restaurant gekommen, und weinend hatte man sie wieder hinausgeführt. Zu lebenslänglicher Dunkelheit, zu Hunger und Hoffnungslosigkeit verdammt, werden sie immer weiter weinen. Niemals werden sie ihren Schmerz überwinden, und ich werde niemals die Erinnerung an sie loswerden.

NORMAN LEWIS Neapel, 10. November 1944

Das Sexualverhalten der Neapolitaner ist immer wieder für Überraschungen gut. Heute besuchte uns Prinz A., ein uns jetzt vertrautes Gesicht und ein eifriger Informant seit unseren ersten Tagen an der Riviera di Chiaia, mit seiner Schwester, die wir zum erstenmal trafen. Als Besitzer eines großen Latifundiums im Süden lebt er fern von seinen Gütern in einem nahegelegenen Palast, der mit Familienporträts und chinesischen Antiquitäten vollgestopft ist. Er ist das Haupt einer Familie, die den zweiten oder dritten

Rang in der Aristokratie Süditaliens einnehmen soll. Der Prinz ist etwa dreißig Jahre alt, seine Schwester könnte vierundzwanzig sein. In der Erscheinung sind sie von frappierender Ähnlichkeit: schmal, die Haut extrem bleich und kalt, der Ausdruck aristokratisch bis streng. Ob wir den Eintritt seiner Schwester in ein Bordell der Armee arrangieren könnten, wollte er wissen. Wir erklärten ihm, daß es eine derartige Einrichtung in der britischen Armee nicht gebe. »*A pity*«, sagte der Prinz. Beide sprechen tadelloses Englisch, das sie von einer englischen Gouvernante gelernt haben. »*Ah well, Luisa, I suppose if it can't be, it can't be.*« Höflich bedankten sie sich und gingen.

Letzte Woche wurde ein Mitglied unserer Abteilung von einer weiblichen Kontaktperson zu einem Besuch des neapolitanischen Friedhofs am kommenden Sonntagnachmittag eingeladen. Da wir unsere Informanten immer wieder mit kleinen Gesten bei der Stange halten sollen, war er bereit, dieser Laune nachzugeben, im Glauben, seine Bekannte zum Besuch eines Familiengrabs begleiten und am Friedhofseingang einen Strauß Chrysanthemen kaufen zu müssen. Kaum waren sie jedoch drinnen, zerrte ihn die Frau hinter einen Grabstein, legte sich — trotz der Kälte — auf den Boden und zog ihren Rock hoch. Erst jetzt bemerkte er auf dem Friedhof noch andere Paare, die bei hellichtem Tag tatkräftig ihrem Vergnügen nachgingen. »Es waren mehr Leute über der Erde als darunter«, sagte er. Der Friedhof erwies sich als der Liebeshain Neapels. Wer seinen Eingang passiert, wird nach einer ungeschriebenen Regel für andere sofort unsichtbar. Trifft man einen Bekannten, so dürfen weder Blicke noch Zeichen ausgetauscht werden. Auch im 133er Bus, der zum Friedhof fährt, erkennt man eventuelle Freunde nicht wieder. Eine Frau zu einem Sonntagnachmittagsausflug im 133er Bus einzuladen kommt also einer Aufforderung zu unsittlichen Handlungen gleich.

Janet Flanner — Paris, 17. Januar 1945

Das befreite Paris ist jetzt vom Schnee besetzt. In keinem anderen Kriegswinter haben die Menschen hier so gefroren, in keinem anderen Kriegswinter waren sie so hungrig, hungriger noch als während der Belagerung von Paris durch die Preußen, als ihre Großeltern Mäuse aßen. Da es noch immer an Kohle fehlt, so daß man nichts transportieren kann, nicht einmal Kohlen, warten die Pariser, bis zu den Ohren eingemummelt, noch immer auf den einen Sack pro Person, der ihnen seit dem letzten August zusteht. Neuerdings ist in ganz Frankreich von morgens bis abends der Strom gesperrt, bis auf eine Stunde am Mittag — vielleicht damit die Frauen in dunklen Küchen das bißchen, was sie kochen, auch sehen können. In vielen Pariser Wohnhäusern und Verwaltungsgebäuden stellt man aus Angst vor Rohrbrüchen das Wasser nur noch zwischen zwölf und zwei Uhr mittags an, wenn niemand mehr etwas davon hat. Personenzüge, die von Dampflokomotiven gezogen werden, sind aus dem Fahrplan gestrichen. Künftig verkehren nur noch Züge, die von elektrischen oder Diesellokomotiven gezogen werden. Wer weiter als hundert Kilometer reisen will, muß sich einen Erlaubnisschein besorgen, und das kostet ihn wahrscheinlich mehr Zeit, als wenn er die Strecke zu Fuß ginge.

Wegen der Papierknappheit, auf die sich ein Konzern beruft, der den Nazis während der Besetzung jede Menge liefern konnte, sind die Pariser Zeitungen, die ohnehin nur noch aus einem einzelnen Blatt bestanden, nun auf halbe Blattgröße zusammengeschrumpft. Sogar Salz ist knapp. Da es nicht genug Salz gibt, wird die noch vorhandene Butter aus der Normandie in den Lagerhäusern ranzig. Da es nicht genug Salz gibt, schlachten die bretonischen Bauern ihre Schweine nicht, und deswegen wieder gibt es nicht genug *charcuterie* — die zweitwichtigste Fleischration in Frankreich. Da es im Herbst nichts gab außer Regen, konnten die Landwirte der Île-de-France ihre Zuckerrüben nicht aus dem Schlamm klauben, so daß der Zucker knapp ist und bald auch das Vieh knapp sein wird. Denn eine französische Kuh mit Rüben zu füttern kostet jetzt hundert Francs am Tage — das war früher der Preis für ein Essen im Ritz. Manche französische Kuh wird wegen der Rübenknappheit weder den lieblichen Frühling erleben noch ihr niedliches Kälbchen sehen. Hat doch ein Metzger düster erklärt: Das ist kein

Schlachten mehr, das ist schon ein Doppelmord. Wegen der Getreideknappheit und weil in dem Brot, das die Franzosen unter den Deutschen bekamen, allerlei enthalten war, was eigentlich in die Futterkrippe ihrer Pferde gehört hätte, wird man auch manches alte französische Pferd den Winter nicht überleben lassen. Andererseits ist wegen der Benzinknappheit noch nicht einmal die Pferdefleischration vom letzten Monat in die Stadt gebracht worden.

Milch gibt es zur Zeit nur für die in den Rationierungsbüchern mit J-1 bezeichnete Gruppe. Das bedeutet *jeunesse première* oder Säuglinge und Kinder bis zu drei Jahren; sie sind in diesem Monat auch mit der einen getrockneten Banane, die es jährlich gibt, an der Reihe — falls die Bananen ankommen. Ebenso sind im Januar für die Gruppen J-2 (Kinder von vier bis vierzehn) und J-3 (Jugendliche bis einundzwanzig) vier Eier pro Kopf aufgerufen. Die Eltern der Kinder werden sie vermutlich, sofern sie es sich leisten können, zu dreißig Francs das Stück auf dem schwarzen Markt kaufen. Leute, die in prächtigen, aber kalten Häusern wohnen, bekommen Lungenentzündung und füllen die Krankenhäuser, wo es an Medikamenten und Heizmaterial fehlt. Die Schwestern haben keine Thermometer, die Chirurgen kein Licht zum Operieren, und die Zahnärzte können ohne Strom nun einmal nicht bohren. In den Krankenhäusern gibt es nicht genug Gips, um die Rekordzahl gebrochener Knochen zu schienen, die von Unfällen auf den vereisten Straßen herrühren. Andererseits sagen die französischen Ärzte, daß die Knochen der Menschen fast zu weich geworden seien, um zu brechen; das liege an dem Kalkmangel, der allgemeinen Unterernährung und besonders dem Mangel an Fisch. Die Deutschen hatten nämlich vor der Invasion den Bretonen verboten, im Ärmelkanal zu fischen. Inzwischen ist die Invasion vorüber, aber Fisch gibt es in Paris immer noch nicht. Es gibt überhaupt fast nichts, was man normal nennen könnte, selbst für Kriegsverhältnisse nicht.

Auch von den höhergespannten Erwartungen, die in den Herzen der Franzosen flatterten wie die französischen Fahnen am Tage der Befreiung über ihren Köpfen, ist nicht viel übriggeblieben. Paris ist frei, niemand vergißt das auch nur für eine Minute, zumal sonst nicht viel geschehen ist, woran man sich erinnern könnte. Da die Person General de Gaulles immer noch unantastbar ist, kritisieren die Leitartikel ihn zwar nicht, wohl aber hacken sie täglich auf seiner Provisorischen Regierung herum, als hätte er nichts mit ihr zu tun, was offenbar immer mehr den Tatsachen entspricht. Sein Repräsentantenhaus ist eines der seltsamsten, die es heute auf der Welt gibt, denn es umfaßt Vertreter von vier politischen Gruppen, die nach vier linksgerichteten Zeitungen benannt sind. Jede dieser Gruppen hat sechs Abgeordnete und verkörpert die publizistische Treue jeweils einer der vier mächtigen, gegen Pétain eingestellten, vaterländischen Untergrundzeitungen der Besatzungszeit: *La Libération du Nord, La Libération du Sud, Le Franc-Tireur* und *Combat.* Das französische Abgeordnetenhaus umfaßt noch einhundertfünf weitere vaterländische Volksvertreter, die sich gut zu einer Mehrheit vereinigen könnten, es aber nicht tun: zwei Gruppen, ›die vom Widerstand‹ und ›die von der Befreiung‹ genannt (es sind die führenden ehemaligen Untergrundbewegungen, die es in ihrer Organisation inzwischen bis zu eigenen Büros und Telefonen gebracht haben), ferner die Sozialisten mit einundzwanzig Mitgliedern, heute wie vor dem Krieg die größte Einzelpartei; schließlich die kommunistischen Widerstandskämpfer und — zum erstenmal — ein Gewerkschaftsverband, die Confédération Générale du Travail. Sie ist das französische Gegenstück zum amerikanischen CIO. Von den alten, ebenso anmaßenden wie erfolglosen unabhängigen Parteien aus der Vormünchener Zeit haben sich die Radikalsozialisten einzig und allein dadurch noch ins Bild gedrängt, daß sie offiziell erklärt haben, ihre Vorkriegspolitik sei ›feige Fahnenflucht‹ gewesen. Das Komische an de Gaulles politischer Szenerie ist, daß heute die Erzkonservativen wie Louis Marin von der alten Fédération Républicaine in den Untergrund gegangen sind, so wie gestern die Revolutionäre. [. . .]

Jüngst ist auf dem Verordnungswege ein neues Verbrechen geschaffen worden. Es heißt *l'indignité nationale* und umfaßt natürlich eine Vielzahl von Kollaborationssünden. Grob gesagt, hat ein Franzose schon dann gegen die nationale Würde verstoßen, wenn er zwischen Juni 1940 und heute der

›damals amtierenden Regierung‹ angehörte — die übrigens von Washington anerkannt wurde; oder wenn er auf einer der zahllosen Veranstaltungen der damaligen Regierung etwa Lieder gesungen, Gedichte gesprochen oder auch nur bei der Vorbereitung solcher Abende geholfen hat. Genauso dehnbar ist die Strafe für den, den man der nationalen Unwürdigkeit für schuldig befunden hat. Sie heißt *dégradation nationale* und besteht darin, daß sie nahezu alles verbietet, was dem Franzosen Spaß macht — so das Recht, Orden zu tragen oder als Richter, Rechtsanwalt, Notar, als Lehrer an öffentlichen Schulen tätig zu sein oder auch nur als Zeuge aufzutreten; ferner das Recht, einen Verlag, einen Radiosender oder eine Filmfirma zu leiten, und vor allem das Recht, Direktor einer Bank oder Versicherungsgesellschaft zu sein. Im Zuge der nationalen Degradierung werden wohl mit der Zeit weniger Kollaborateure erschossen werden und dafür mehr auf Arbeitssuche gehen.

JANET FLANNER Paris, 21. Februar 1945

Als rühmlichste Neuigkeit ist zu berichten, daß die Franzosen unendlich anpassungsfähig sind. Die Menschen sind höflicher und in allen Schwierigkeiten geduldiger als in den Zeiten, da es ihnen gutging. Obwohl sie keine Seife haben, die richtig schäumt, riechen Frauen und Männer gepflegt, wenn man in der Métro mit ihnen zusammentrifft; die Métro benutzt hier jeder, denn Busse und Taxis fahren nicht. Alles ist Ersatz für irgend etwas anderes. Unansehnliche, magere Frauen in abgetragener Kleidung wirken hübsch, schlank und geschmackvoll, wenn sie auf ihren Keilabsätzen aus Holz — dem Ersatz für Schuhleder — daherklappern, was sich anhört wie Pferdehufe. Ihre breitschultrigen, schon leicht schäbigen Mäntel aus Schaffell, dem Ersatz für Wollstoff (den die Deutschen für sich beanspruchten), haben sie sich vor drei Wintern auf dem schwarzen Markt gekauft. Die Pariser Midinetten, für die es wegen ihrer unbeirrbaren Fröhlichkeit auf der ganzen Welt keinen wirklichen Ersatz gibt und die genau das sind, was unsere Zweiundsiebzig-Stunden-Urlauber angeln möchten, beziehungsweise wovon sie sich angeln lassen möchten, tragen immer noch ihren hausgemachten, phantastisch hochgebauten Turban à la Karl X. Die Hosen der Männer sind schäbig, denn Hosen lassen sich schlecht in Heimarbeit auf Hochglanz bringen. Junge Intellektuelle beiderlei Geschlechts laufen in Skianzügen herum. Das war die Kleidung der Leute vom Maquis, wenn sie draußen kämpften und froren, und ist heute an der Sorbonne die Mode der jüngeren Semester. Vom Kleiderstil der männlichen und weiblichen Zazous (geckenhaft herausgeputzte Jugendliche), die ihre eigene Widerstandsmode hatten, ist nichts geblieben, das heißt nichts außer dem langen Regenschirm mit Krücke, den heute, ob Regen oder Sonne, alle Französinnen tragen. Der Schirm war nur ein Teil jenes absonderlichen Schicks der weiblichen Zazous. Dazu gehörte noch eine kunstvolle, ausgesprochen schreckliche Hochfrisur, ein strenges Schneiderkostüm mit weitem Rock zum Radfahren und um den Hals das unvermeidliche Kreuz. Nicht das lothringische Kreuz de Gaulles, sondern ein christliches Kreuz. Die Gebrauchtwarenläden sind heute voll davon, und niemand kann erklären, was sie zu bedeuten hatten.

Die seriöseren Gewohnheiten des Pariser Alltags erwachen zu neuem Leben. Süßwarengeschäfte stellen Aufforderungen ins Fenster, man möge eine Bestellung von Zuckermandeln bei ihnen eintragen lassen. Zuckermandeln sind das traditionelle Konfekt bei französischen Taufen. Die Eltern müssen jedoch ein ärztliches Attest vorweisen, auf dem eidesstattlich versichert wird, daß sie Nachwuchs erwarten. Übermütige junge Brautleute, die es sich leisten können, befördern ihre Gäste paarweise in vélo-taxis zum Hochzeitsessen; das sind Fahrradkutschen, die für Hunderte von Francs die Stunde gemietet werden. Neulich abends sah ich, wie ein bescheideneres Brautpaar seine gemeinsame Lebensreise in der Métro begann. Die beiden standen ganz für sich auf dem Odéon-Bahnsteig, der Bräutigam im geliehenen Smoking mit Ansteckstäußchen, die Braut ganz in Weiß: weißer Regenmantel, weiße Gummistiefel, weißer Rock und Pullover, weißer Turban und ein großer, altmodischer weißer Blumenstrauß. Sie hielten einander bei der Hand. Amerikanische Soldaten riefen ihnen über die Gleise Glückwünsche zu.

Paris, 17. Januar/21. Februar 1945

Diebe sind über den Schutzwall des Castellammare geklettert, das das Hauptquartier der Field Security für Italien beherbergt, haben alle Räder von den Fahrzeugen abmontiert und sind mit ihnen über die Mauer, die etwa neun Meter hoch ist, geflüchtet. Trotz der äußeren Wachposten und inneren Patrouillen ist Castellammare — dieses Muster aller Sicherheit — ausgeraubt worden. Man hat uns *fottuti,* wie die Italiener sagen. Sie haben uns aufs Kreuz gelegt. Die aufreizend leichte Operation dauerte nur fünf Minuten. Das gibt wunderbaren Stoff für die hiesigen Balladensänger.

Diese kühne und geniale Aktion hat mich an meine ersten Tage in Neapel erinnert, als ich mit Erstaunen das Schicksal eines verlassenen Panzers an der Porta Capuana verfolgte, der, obwohl man nie jemanden Hand an ihn legen sah, von Tag zu Tag schrumpfte, als wäre sein Panzer aus Eis, bis von ihm kein Schräubchen mehr übrigblieb. Seitdem haben sich die Dinge weiterentwickelt. So konnte man von Stadtbussen lesen, die in entfernte Schlupfwinkel der Appeninen verschleppt worden waren, wo sie in aller Ruhe in ihre Einzelteile zerlegt werden konnten. Verlassene Straßenbahnen, die stehengeblieben waren, nachdem die abziehenden Deutschen die Elektrizitätswerke zerstört hatten, wurden in einer einzigen Nacht weggezaubert. Eine Lokomotive der Eisenbahn, die wegen geplünderter Schienen und Schwellen auf offener Strecke steckengeblieben war, wurde, nachdem man in einer unglaublichen Aktion die Schienen und Schwellen neu verlegt hatte, weggefahren und zur Demontage an einen diskreteren Ort gebracht.

Den Zeitungen und den Gerüchten zufolge, die sich gerne mit solchen Glanzstücken der Piraterie beschäftigen, kennen die neuen Räuber keine Hemmungen. In der Region von Agropoli wurden unbewachte Schiffe aus dem Wasser gehoben und heimlich weggebracht. Teile ihrer Aufbauten wurden im Inland, mehrere Kilometer entfernt, in Obstgärten versteckt aufgefunden, als wären sie von einer Flutwelle hier abgesetzt worden. Aus Rache sollen einige Fischer ein einsames Schloß in der Gegend überfallen und mit den geraubten Wandteppichen ihre Segel ausgebessert haben.

Nichts ist zu groß oder zu klein, um von den neapolitanischen Langfingern abgeholt zu werden — vom Telegrafenmast bis zur Penizillinkanüle. Da gab es ein Orchester, das vor ein oder zwei Wochen am San Carlo spielte. Das Publikum hatte sich übrigens in der Mehrzahl mit Decken der alliierten Militärhospitäler eingekleidet. Als die Spieler nach einer Zwischenpause von fünf Minuten zu ihren Plätzen zurückkehrten, waren ihre Instrumente verschwunden. Als eine theoretisch unbezahlbare Kollektion von römischen Kameen aus dem Museum entwendet und durch moderne Imitationen ersetzt wurde, mußte — laut Zeitung — der Dieb beim Versuch, seine Beute zu verkaufen, die Erfahrung machen, daß die Originale selber schon Fälschungen waren. Von den öffentlichen Plätzen verschwinden jetzt die Statuen, und ein Friedhof wurde um die meisten seiner Grabmäler gebracht. Da sogar Kanaldeckel einen Marktwert haben, sind auch sie plötzlich verschwunden, so daß in den Straßen überall Löcher klaffen.

NORMAN LEWIS — Neapel, 15. März 1945

An die Truppen sind Flugblätter in italienischer Sprache ausgegeben worden, mit denen der Kundenwerbung für die Prostitution bei den Soldaten begegnet werden soll. Der erste Satz lautet: ›An deiner syphilitischen Schwester bin ich nicht interessiert.‹ Wer immer sich das hat einfallen lassen, war sich wohl der Implikationen oder möglichen Konsequenzen nicht bewußt. Bemerkungen über die Schwester sind bei Süditalienern strikt tabu, und die Beleidigung *tu sora* (deine Schwester) hat ein sofortiges Duell oder eine Vendetta zur Folge. Viele Soldaten haben diese brisanten Sätze bereits Leuten überreicht, die aus ganz anderen Gründen als denen der Prostitution an sie herangetreten sind. Das muß ja ins Auge gehen!

NORMAN LEWIS — Neapel, 25. März 1945

Es ist die Befürchtung geäußert worden, daß sich das Blut des San Gennaro dieses Jahr nicht verflüssigen würde und daß ein solcher Ausfall von anti-alliierten Gruppen und Störern dazu benutzt werden könnte, große Unruhen von der Art auszulösen, wie sie sich in der neapolitanischen Geschichte immer dann ereignen, wenn das Wunder ausbleibt. Überall gibt es ein großes Bedürfnis nach Wundern und Heilmitteln. Der Krieg hat die Neapolitaner ins tiefe Mittelalter zurückgeworfen. Die Kirchen sind plötzlich voll von Standbildern, die sprechen, bluten, schwitzen, mit dem Kopf nicken und heilkräftige Säfte absondern. Diese Sekrete werden mit Taschentüchern aufgewischt oder gar in Flaschen abgefüllt. Eine ängstliche und ekstatische Menge sammelt sich an, um auf diese Wunder zu warten. Jeden Tag berichten die Zeitungen von neuen Mirakeln. In der Kirche von Sant' Agnello führt ein sprechendes Kruzifix eine regelrechte Konversation mit dem Standbild der Santa Maria d'Intercessione — ein Phänomen, das von Reportern vor Ort bestätigt wurde. Das Standbild der Santa Maria del Carmine, das während der Belagerung von Neapel durch Alfonso von Aragon seinen Kopf geneigt haben soll, um einem Kanonenschuß auszuweichen, tut dies nun in täglicher Routine. Früher wurde diese Kirche alljährlich vom König aufgesucht. Dabei rasierte der königliche Barbier vor aller Augen die Haare ab, die einem Christus aus Elfenbein während der letzten zwölf Monate wunderbarerweise nachgewachsen waren. Der Brauch könnte wieder erneuert werden. Und selbst wenn sich das Blut von San Gennaro nicht verflüssigen sollte, so steht eine Ampulle mit dem Blut des heiligen Johannes in San Giovanni a Carbonara parat, das immer dann, wenn man ihm das Evangelium vorliest, zu brodeln anfangen soll.

Die Frau, die für uns kocht, möchte heute früher nach Hause gehen, damit sie die Kapelle von Sant'Aspreno besuchen kann. Sie erhofft sich Erleichterung von ihren neuralgischen Schmerzen, wenn sie ihren Kopf durch ein Loch in der Wand der Kapelle steckt. Der Heilige ist der Schutzpatron all jener, die Kopfschmerzen haben, und täglich warten Schlangen von Menschen an der Kapelle, die sich dieser Prozedur unterwerfen wollen. Neapel ist so sehr mit den Nerven herunter, daß die Massenpsychosen zum Alltag werden und jeder Glauben mehr gilt als die Realität selbst.

Norman Lewis Neapel, 26. März 1945

In den Straßen Neapels drängen sich Leute, die ihre persönliche Habe feilbieten: Schmuckstücke, alte Bücher, Gemälde, Kleider usw. Viele von ihnen gehören zum Mittelstand; nur verschämt und verstohlen sprechen sie einen an. In verzweifelter Lage sind sie alle.

Heute wurde ich am oberen Ende der Via Roma in der Nähe der Piazza Dante von einer freundlichen alten Dame angehalten, die zwar nichts zu verkaufen hatte, mich aber inständig bat, in ihre nahegelegene Wohnung mitzukommen. Sie hätte mir etwas zu zeigen. Da sie so hartnäckig war, folgte ich ihr schließlich in ihren typischen *basso* in einer Seitenstraße. Im Lichte der winzigen elektrischen Birne über dem gewöhnlichen Schrein sah ich in der Ecke des einzigen, fensterlosen Raumes ein schmächtiges Mädchen stehen. Jetzt war mir klar, was hinter der Aufforderung gestanden hatte. Dies, sagte die Frau, sei ihr Kind, dreizehn Jahre alt, und sie wolle sie prostituieren. Viele Soldaten scheinen für sexuelle Aktivitäten unterhalb der Schwelle des vollen Geschlechtsverkehrs zu zahlen, und so hatte sie für solche Dienste abgestufte Preise. Für einen Strip und das Vorzeigen ihrer pubertierenden Organe verlangte sie zum Beispiel zwanzig Lire.

Ich sagte der Frau, daß ich sie der Polizei melden würde, und sie tat, als würde sie weinen. Aber es war sowieso nur eine leere Drohung gewesen, und das wußte sie auch. Hier kann man nichts tun. Es gibt keine Polizei für die tausend kleinen täglichen schmutzigen Verbrechen dieser Stadt.

Auf meinem Rückweg wurde ich von einem Priester mit bleichen, lächelnden Lippen angehalten und in eine Ecke gezogen. Er öffnete eine Tasche voll von Regenschirmgriffen, Kerzenleuchtern und Schmuckarbeiten aller Art, geschnitzt aus den Knochen der Heiligen, d. h. von Knochen, die aus den Katakomben geklaut worden waren. Auch er mußte schließlich leben.

Janet Flanner Paris, 7. März 1945

Am Morgen nach de Gaulles jüngster Rede vor dem Abgeordnetenhaus glich Paris zum erstenmal seit der Befreiung wieder sich selbst. Zum erstenmal waren die Pariser Zeitungen ein einziger Schrei der Kritik. Das Entrüstungsgeschrei von allen Seiten war ein Hochgenuß. Es war, als lausche man den intelligenten, aufbrausenden Stimmen lieber alter Freunde und lieber alter Feinde. Damit die Zeitungen der lange erwarteten Rede des Generals ihre ganze Aufmerksamkeit schenken konnten, hatte man ihnen — ebenfalls zum erstenmal — eine Sonderzuteilung Papier bewilligt; so konnten sie vier Seiten statt der üblichen zwei drucken. Bisher hatte die erlauchte Stummheit des Generals Presse und Volk der Franzosen zu höflichem Schweigen verurteilt. Als bescheidene Bürgerschaft warteten sie darauf, daß zuerst das Orakel spreche. Sollte die Zungenfertigkeit, die der Rede folgte, anhalten, wird Paris beweglicher, annähernd normal und wirklichkeitsnäher werden, als es bisher war. Vor dem Krieg hatten nach jeder Parlamentsdebatte in der Presse Freund und Feind gegeneinander und für irgend jemanden gekämpft. In ihrer Reaktion auf die Rede de Gaulles waren die Leitartikler zwar immer noch nicht füreinander, aber einstimmig gegen de Gaulle. Nur in den Gründen unterschieden sie sich.

Einen Wink, was zumindest zwei Zeitungen von ihm erwarteten, bekam der General am Morgen vor seiner Rede von der kommunistischen *Humanité* und dem sozialistischen *Populaire*. Ein gemeinsam verfaßtes, in großer Type über drei Viertel der Seite gesetztes *mot d'ordre* forderte das alte, wohlvertraute Résistanceprogramm: sofortige Verstaatlichung der großen Banken, später Verstaatlichung der Bodenschätze, der Schlüsselindustrien und der Versicherungsgesellschaften sowie Einziehung aller irdischen Güter von Verrätern, ›nicht aus Rache, sondern aufgrund einer moralischen Forderung‹. Natürlich waren beide Zeitungen mit dem, was der General anbot, nicht zufrieden, obgleich es revolutionär genug klang. *L'Humanité* rümpfte die Nase über Verstaatlichungen, bei denen der gaullistische Staat zwar einundfünfzig Prozent des Aktienkapitals für sich nimmt, die ehemaligen Direktoren aber neunundvierzig Prozent behalten können. Was das Vermögen von Verrätern angeht, so zeigte *L'Humanité* sich ›aufs tiefste erbittert‹ darüber, daß die zweihundert Familien der Banque de France offenbar über dem Gesetz stünden. Außerdem meint das Blatt, wenn staatliches Eigentum schon Kommunismus sei, dann sei Ludwig XIV. Kommunist gewesen, denn er habe die französische Post gegründet. Der sozialistische *Populaire* zog gegen das kollaborierende Bürgertum zu Felde, das seine Kapitalanlagen gerettet, aber seine Ehre verloren habe.

Der *Combat*, die in ihrer Kritik an dem General wohl intelligenteste unter den Widerstandszeitungen, meint, man habe ›mit bangen Vorbehalten dem entgegengesehen, was er sagen wird, obgleich er uns mit Worten in unseren teuersten Hoffnungen bestärkt hat. Wenn er aufhört zu reden und anfängt zu handeln, wird er den Dank des ganzen Landes ernten.‹ De Gaulles Rede wurde auf allen Widerstands-, Gewerkschafts- und Linksbänken kühl und fast ohne Beifall aufgenommen.

Wäre dies die Eröffnungsansprache des Generals an sein Volk gewesen, dann wäre sie in die Geschichte eingegangen. In ihrer elegant altmodischen Wortwahl, die seine Gedanken zu klassischer Würde versteifte, hätte sie vorzüglich in die Académie Française gepaßt. Das pathetische Französisch, das er spricht und in dem er denkt, entrückte ihn um zweihundert Jahre von seinen Zuhörern am Lautsprecher. Erregt beklagte er in seiner feierlichen Ausdrucksweise, daß für die großen Aufgaben die großen Geister fehlten. Er zitierte Shakespeare und sprach von den »zwölf Millionen niedlicher Babys«, die Frankreich in den nächsten zehn Jahren bekommen müsse, »denn wenn das französische Volk sich nicht vermehrt, wird Frankreich nur noch ein großes erloschenes Licht sein«. Er sprach davon, daß er Frankreich niemals mit Illusionen eingelullt habe, sprach von Klugheit und Weitblick, daß er sich bemühe, seine Worte abzuwägen, und daß er wünsche, andere täten es ihm gleich. Es war eine glanzvolle Rede — wenn man ihren Text hinterher las. Gesprochen vor dem Parlament, gefiel sie weder den Reformern noch den Konservativen, die beide, aus sehr verschiedenen Gründen, fanden, er solle endlich aufhören zu reden und anfangen zu handeln, damit wenigstens eine Seite wisse, worin sie mit ihm in Einklang stehe.

Wohl nie haben französische Journalisten mit größerem Verantwortungsgefühl geschrieben als in ihrer Kritik an de Gaulle. Seine legendäre Größe, seine Klugheit und Unbestechlichkeit scheinen genau das zu sein, was bei den Leitartiklern manche Hoffnungen begraben und manches Herz gebrochen hat.

Für den Mann auf der Straße und die Frau am Herd war die große Enttäuschung, daß de Gaulle in seiner Rede kein Wort über die Butter verloren hat. Das letztemal haben die Franzosen zu Weihnachten etwas von Butter gehört. Die Ernährungslage ist erschreckend. Die Menschen reden schon davon, ›auf die Barrikaden zu gehen‹. Und sie wären dazu auch imstande, wenn sie noch die Kraft dazu hätten. Vier Jahre deutscher Besatzung haben zu einer allgemeinen Stumpfheit geführt, die offensichtlich auch das Ernährungsministerium befallen hat. Soeben hat es eine größere Fleischzuteilung für den nächsten Juli angekündigt. Die Leute kennen die Anzahl der zerbombten und noch nicht wieder aufgebauten Brücken auswendig; ebenso die Anzahl der Züge und Lastwagen, die zur Versorgung der kämpfenden Truppe gebraucht werden. Etwas Neues erführen die Franzosen gern einmal über jene Statistiken, die besagen, daß in den letzten sechs Monaten fünfundzwanzigtausend Tonnen Schwarzmarktbutter zu zehn Millionen Francs Schwarzmarktprofit den Besitzer gewechselt haben. Auch würden sie gern einmal hören, wieso durch die zerstörten Brücken legal zugeteilte Lebensmittel aufgehalten werden, während die Schwarzmarkt-Lastwagen die Flüsse auf wunderbaren Wegen überqueren. Dabei ist den Leuten durchaus bewußt, daß die Schwarzmarktbutter, würde sie durch gesetzliche Kanäle geleitet und verteilt, nicht einmal für eine Scheibe Brot pro Kopf täglich ausreichte, aber was sie wollen, und zwar rasch, ist ein symbolischer Akt der Gerechtigkeit und Organisationsfähigkeit, eine Spur Unternehmungsgeist und durchgreifende Maßnahmen.

Die Butter hat politisches Gewicht bekommen. Am Neujahrstag murrten viele Franzosen, daß sie unter den Deutschen mehr zu essen gehabt hätten als unter den Alliierten. Man schob diese falsche Anklage den zehntausend Angehörigen der fünften Kolonne in die Schuhe, die von den Deutschen wieder nach Paris eingeschleust worden sein sollen. Inzwischen herrscht allgemein die Auffassung, daß unter den Alliierten alles knapper ist, daß Frankreich das wenige, das es besitzt, schlecht verwaltet und daß die fünfte Kolonne vierzigtausend Mann in Paris hat. Die Reibereien zwischen Amerikanern und Franzosen haben ständig zugenommen, und das Schlimme daran ist, daß beide Seiten ihre unerfreulichen Forderungen mit einiger Berechtigung stellen. Daß Besatzungstruppen nie beliebt sind, ist klar, gleichgültig ob sie für immer bleiben wollen oder es nicht erwarten können, nach Hause zurückzukehren. Wohlwollende Amerikaner kritisieren Franzosen, die glauben, Frankreich könne ein großes Land bleiben und trotzdem engstirnig und kleinlich handeln. Franzosen wiederum kritisieren amerikanische Offiziere, die wissentlich in denselben eleganten Salons verkehren wie die Deutschen. Einer der Gründe für die Annahme, daß der Krieg bald vorüber ist, ist der, daß die drei Alliierten so schlecht miteinander auskommen, wie das sonst nur in Friedenszeiten zu sein pflegt.

JANET FLANNER Köln, 19. März 1945

Köln am Rhein ist nun ein Paradigma der Zerstörung. Das nahegelegene Aachen ging anders zugrunde: sein schönes, melancholisches Gerippe steht noch, aber hinter den eleganten, verzierten Fassaden ist es ausgebrannt. Köln dagegen mit seiner schweren mittelalterlichen Pracht ist in die Luft gesprengt worden. Im Schutt und in der Einsamkeit völliger physischer Zerstörung lehnt Köln, bar jeder Gestalt und schmucklos, an seinem Flußufer. Was von seinem Leben übriggeblieben ist, das kämpft sich mühsam einen Weg durch die zugeschütteten Seitenstraßen: eine geschrumpfte Bevölkerung, schwarz gekleidet und mit Bündeln beladen — stumm wie die Stadt.

Die meisten Kölner haben nicht viel zu erzählen. Betäubt von einer Woche der militärischen Niederlage, drei Jahren Bombardements und zwölf Jahren Propaganda, klingen die alten Männer und die Frauen und Kinder, die nun die Stadt bewohnen, so, als hätten sie jede Fähigkeit verloren, vernünftig zu denken oder die Wahrheit zu sagen. Auch sind die letzten Durchhalteparolen der abziehenden Nazis nicht geeignet gewesen, den Leuten den Mund zu öffnen. Immer wieder kann man an den übriggebliebenen Mauern beiderseits der aufgeweichten, von Wetter und Krieg zerbeulten Straßen der Stadt ein frisches, dünnes Propagandaplakat sehen. In gotischer Schrift und mit Ausrufezeichen heißt es da: ›*Schweigen heißt Siegen!*‹ Dieses Plakat wurde kurz vor dem triumphalen Einzug der Ersten Amerikanischen Armee in der Stadt angebracht. Nachdem es den Krieg der Waffen verloren hat, setzt das besiegte Deutschland anscheinend zum andernmal auf den psychologischen Sieg, den es im letzten Frieden errungen hat — den Sieg des Verschweigens, der Lügen, der Larmoyanz, der Energie, der Hingabe und der List. Sogar den Kindern scheint man befohlen zu haben, sich mit den üblichen kleinen patriotischen Naziflunkereien zu behelfen. So gaben mir einige kleine Jungen, angesprochen auf die Hitlermütze, die sie offen, nur mit abgetrennten Zeichen, trugen, die freche Auskunft, dies seien ganz gewöhnliche Wintermützen. Und dann rannten sie, noch ganz beeindruckt von der Leichtigkeit, mit der sie den dekadenten demokratischen Ausländer reingelegt hatten, kichernd davon, um sich hinter einem zertrümmerten Torweg zu verstecken. Das war das einzige Lachen, das ich in Köln gehört habe. Als unsere Truppen im nahegelegenen Bonn einmarschierten, erreichte uns von dort ein ungewöhnliches Angebot. Als Universitätsstadt stellte Bonn unserer Armee einen ausgesuchten Stab von Dolmetschern zur Verfügung, die im Verkehr mit den Bonner Bürgern unsere Militärdolmetscher, viele davon deutsche Juden, ersetzen sollten.

Das einzige sinnvolle Gespräch, das ich mit einem Deutschen aus Köln führen konnte, begann mit den gewöhnlichen unterwürfigen Lügen, endete aber schließlich mit seiner Version der teutonischen Wahrheit. Er wohnt nicht weit vom Eingang zum Gestapogefängnis im Klingelpütz und hat vierzig Jahre lang für die *Kölnische Zeitung*, das führende konservative katholische Blatt der Stadt, als Packer gearbeitet. Zuerst murmelte er eine Lüge vor sich hin, nämlich, daß die Deutschen nie an einen Sieg geglaubt hätten, um dann zuzugeben, daß sich für ihn und die anderen die schockierende Perspektive einer Niederlage erstmals mit der gescheiterten Einnahme von Stalingrad eröffnet hätte.

Ich fragte ihn, ob denn die Deutschen angesichts des Eintritts der mächtigen und leistungsfähigen Vereinigten Staaten in den Krieg gegen Japan nicht den Mut verloren hätten? Im Gegenteil, sagte er, sie hätten frohlockt und Amerika schlauerweise gleich selber den Krieg erklärt. So hätten sie uns jenen Zweifrontenkrieg aufgezwungen, der dem deutschen Oberkommando seit jeher als Rezept für den Sieg gegolten hatte. Daß sich Deutschland — und zwar an zwei Fronten — sehr schnell der militärischen Niederlage näherte, schien er theoretisch einzusehen. Es war immerhin ein Beweis dafür, daß das deutsche Oberkommando absolut recht behalten hatte, wenn auch zuungunsten Deutschlands. Außerdem meinte er, England sei seiner geschichtlichen Bestimmung nicht ganz gerecht geworden, da es 1941 versäumte, in die Knie zu gehen.

Drcimal waren er und seine geduldige, nervöse Frau, mit der ich ebenfalls sprach, ausgebombt, zweimal war sie mit ihm lebendig begraben worden. Am 17. September 1944, als die schrecklichen Bobardements am hellichten Tag einsetzten, war sie nicht zu Hause; sie stand nach Lebensmitteln an und konnte nur noch in den nächsten Bunker flüchten. Köln zu verlassen, um sich draußen leichter ernähren zu können, war ihnen niemals eingefallen. Schließlich wurden auch die anderen Orte bombardiert, und Flüchtlinge stießen auf Ablehnung. Das Ehepaar zeigte mir den Kellerraum, in dem es die letzten vierzehn Monate geschlafen, gegessen und gehofft hatte. Alter Muff schlug mir entgegen: feucht, dunkel, vollgestopft mit Bettzeug und Bratpfannen, Familienfotos und verschmutzten Kleidern. Der Kölner Schutt besteht aus den Tapeten zerbombter Häuser, aus Fensterscheiben, aus Büchern, aus den herabgefallenen Dachziegeln der alten, schönen Häuser und sicherlich auch aus dem Blut der zweihunderttausend Toten, einem Viertel der Kölner Bevölkerung. Jetzt, da die Amerikaner gekommen waren, wollten der Packer und seine Frau wieder im oberen Zimmer schlafen. »Gott sei Dank«, sagte die Frau tonlos. »Jedenfalls machen sie dem Krieg ein Ende.«

Von den großen Villen der Stadt haben nur wenige den Krieg so gut überstanden wie das ärmliche Wohnhaus dieses Ehepaares. Das Schlafzimmer im ersten Stock war von den Bomben verschont worden. Von seinem einzigen Fenster aus konnte man draußen im Schutt eine ausrangierte Nazifahne liegen sehen. Sie konnte nur aus diesem Zimmer hinausgeworfen worden sein. Wie bei allen hastig abgestoßenen Nazifahnen konnte man errechnen, seit wann sie dort lag. Nämlich genau seit Dienstag, 16.30 Uhr, als die amerikanische Armee die Stadt offiziell einnahm und mit dem dankbaren Sammeln deutscher Souvenirs wie z. B. Nazifahnen begann. Nachdem Köln so gründlich bombardiert worden war, hatten die Deutschen erst gar nicht den Versuch gemacht, die Trümmer zu verminen, in der — irrtümlichen — Annahme, daß sie den Amerikanern nichts Interessantes mehr zu bieten hätten.

Jetzt kriechen die hunderttausend Kölner, die während unserer Angriffe wie Höhlenbewohner in ihren Kellern dahinvegetiert hatten, aus den Löchern hervor, um sich in bleicher Unterwürfigkeit der amerikanischen Militärregierung, die bereits eine Volkszählung in Gang gesetzt hat, zu stellen. Nur drei Stunden nach den letzten Kampfhandlungen hat unsere Regierung ihre Arbeit aufgenommen. Der Eindruck, den wir auf das besetzte Deutschland machen und den wir von ihm gewinnen, wird von unserem ersten Kontakt mit Zivilisten in Köln, der ersten eroberten Großstadt, geprägt sein. Gefährlich wird es erst, wenn die amerikanische Verwaltung merken wird, daß es leichter ist, mit den gehorsamen, unterwürfigen, effizienten deutschen Feinden zurechtzukommen als mit den wirren, individualistischen Franzosen oder den spitzfindigen Belgiern oder den eigensinnigen Holländern.

Auf Fraternisieren steht in Köln eine hohe Strafe. Was man in Aachen, wo wir unsere ersten Erfahrungen mit Deutschen *en masse* sammelten, die Fünfundsechzigdollarfrage nannte — die von General Eisenhower angeordnete Geldstrafe für Soldaten, die ein deutsches Mädchen ansprechen —, hat sich in Köln zu zehn Jahren Gefängnis gesteigert. Dort war ich Zeuge, wie ein Soldat länger als nötig mit einem Fräulein das Problem seiner Wäschereinigung verhandelte, an sich ein kurzer, harmloser, platonischer Dialog.

Er wurde von der Militärpolizei festgenommen; theoretisch erwarten ihn zehn Jahre. Ein anderer, der von der MP geschnappt wurde, erwies sich als Pennsylvaniadeutscher; er gehörte einem Spähtrupp an, hatte sich verlaufen und versuchte, sich mit schlechtem Deutsch durch die zerstörten Straßen hindurchzufragen. Unsere Armee hat wunderschön kolorierte Stadtpläne von Köln erbeutet, aber leider gibt es die dort angegebenen Straßen oft nicht mehr. Sogar die Stadtparks sind umgepflügt. Für den Deutschen mit seiner Liebe zur Ikonographie muß es ein schlimmes Gefühl sein, sich unter den Ästen eines verkohlten Baumes auf eine Parkbank niederzulassen und dabei die geköpfte Statue der schönen alten Königin Luise vor sich zu haben.

In Köln gibt es zwei wichtige Folterkammern. Es war gut, daß ein halbes Dutzend amerikanischer Journalisten sie gemeinsam besichtigt hat, damit unsere übereinstimmenden Augenzeugenberichte auch wirklich Gehör finden. Manchmal scheint es nämlich, als wollten die Amerikaner, insbesondere jene, die der Lehre von den guten und den schlechten Deutschen anhängen, von den Nazigreueln nichts hören. Ein großer Unterschied zwischen Offizieren und gemeinen Soldaten hier besteht darin, daß erstere nach wie vor dazu neigen, den deutschen Sadismus für eine größtenteils hysterische Erfindung zu halten, während die Soldaten gewöhnlich der unangenehmen Wahrheit ins Gesicht sehen. Die menschlichen Wracks, die ich an einem kalten Samstag, kurz nachdem unsere Armee Köln eingenommen hatte, durch das Torgitter des Gestapogefängnisses Klingelpütz in die Freiheit wanken sah, waren, gezeichnet und ausgehungert, der leibhaftige Beweis dafür, daß es die ›schlechten Deutschen‹ sehr wohl gegeben hat. Im Rausch dieser ersten halben Stunde in Freiheit und frischer Luft benahmen sich diese Männer und Frauen, die wegen ihrer entschiedenen politischen Haltung eingesperrt worden waren, wie Irre: sie schluchzten, fielen über die Pflastersteine des Hofes, schüttelten die Köpfe und faßten sich an die Schläfen, die so viele Schläge erlitten hatten. Aus der Nase eines französischen Jungen spritzte das helle Blut in erregtem Puls. Ein hoher, einst kräftiger holländischer Arbeiter schrie immer wieder auf deutsch: »Wir dürfen nie vergessen! Schwört es!« Ein schmaler junger Belgier in abgeschabtem Tweed stand betend an einem Erdhügel im Gefängnishof. Eine Nacht vor dem Auftauchen unserer Soldaten waren hier sein Vater und vier weitere Gefangene begraben worden. Aus zwei Holzstücken, zusammengehalten durch ein ausgefranstes Band, das ihm als Hosengurt gedient hatte, hatte der Sohn ein Kreuz gemacht. Dann betete er. Er entschuldigte sich bei mir in englisch, daß er nicht rasiert sei. Eine Zigarette lehnte er zuerst ab — »da ich Sie nicht berauben möchte«. Er und sein toter Vater waren Widerstandskämpfer gewesen. Das überraschendste Mitglied der Gruppe war ein immer noch ungemein hübsches Mädchen aus Brüssel in einem engelhaft blauen Regenumhang, das neunzehn Monate ihrer neunzehn Jahre in einem Gestapogefängnis zugebracht hatte, weil es RAF-Piloten auf der Flucht geholfen hatte. Eine andere Überraschung war eine siebzigjährige holländische Großmutter von vollendeter Würde: sie sprach vier Sprachen, trug eine goldberänderte Brille und einen vornehmen schwarzen Pelzmantel. Sie hatte die Londoner BBC gehört. Unter den Befreiten waren auch mehrere blonde, tuberkulöse russische Mädchen, einige schrecklich anzusehende, sprachlose Polen und drei völlig verwirrte Deutsche. Ein befreiter Franzose war ein ehemaliger Kellner vom Montmartre, der sich geweigert hatte, nach Deutschland arbeiten zu gehen und der dafür in ein Konzentrationslager gesteckt worden war. Neunmal war er ausgebrochen, neunmal wieder eingefangen worden. Augen, Zähne, Hände, Kopf und Füße — alles war von Schlägen gezeichnet, die er von den Deutschen bekommen hatte. Einen Sommer lang hatte er in einem Lager an der Weichsel zusammen mit einigen hungernden Polen Sand geschaufelt, um für die Offiziere des ›Herrenvolks‹ ein Strandbad zu bauen.

Die zweite Folterkammer war der Sitz der Gestapo am Appellhofplatz, gegenüber dem von ihr ignorierten Berufungsgericht. In der Nähe dieses Amtes, das wie durch ein Wunder unbeschädigt geblieben war, lagen auf einer Matratze in der Mitte der zerstörten Straße drei Leichen. Es waren die Leiber von jungen Ausländern, die von zwei Gestapoleuten gerade zum Verhör geführt worden waren, als, vielleicht glücklicherweise, eine amerikanische Granate alle fünf tötete. Über ihnen in der Höhe lag das sechste Opfer derselben Granate: ein wohlhabender älterer Deutscher, Stubenmensch, in geschmackvollem blauen Anzug, Heiratsring am Finger, den es auf dem zweiten Treppenabsatz seines großen Hauses erwischt hatte, nur wenige Zentimeter von der Stelle entfernt, an der das Haus auseinandergebrochen war. Unter dem Büro gab es nach Auskunft der Gefangenen eine Kellerzelle, in der die Gestapo Häftlinge umzubringen pflegte. Dies tat sie, indem sie immer sechs Leute in einer Reihe auf Stühle stellte, Schlingen, die von einer Stange herabhingen, um ihren Hals legte und dann die Stühle unter ihren Füßen wegstieß. Legendär geworden ist der Italiener, der seinen Stuhl selber wegstieß und mit letzter erstickter Stimme rief: »*Viva l'Italia! Viva la libertà!*«

Im Gestapokeller stank es nach einer verfaulenden Pferdekeule, an der noch ein Huf baumelte. Als sich die Amerikaner der Stadt näherten, waren die Lebensmittel wohl knapp geworden. In der Dienststelle gab es Ordner mit Kopien eines französischsprachigen Flugblattes der SS, das für französische Zwangsarbeiterkolonnen in Deutschland gedacht war. Darin hieß es: ›Französische Kameraden, in Anbetracht der Zukunft Eures Landes könnt Ihr in diesem Konflikt nicht neutral bleiben; Ihr müßt Arm in Arm mit Euren europäischen Brüdern kämpfen. Euer Land versinkt unter dem Hagel jüdisch-angloamerikanischer Bomben. Eure Eltern liegen unter den Trümmern begraben. Rächt sie! Helft uns, diese Meuchelmörder aus Frankreich zu verjagen! Tut Euch die Ehre an, dies nicht den Deutschen allein zu überlassen. Kämpft mit uns gegen die wirklichen Feinde Eures Landes: gegen die Juden, die das Land in einen riesigen Friedhof verwandeln. Mit Eurer Hilfe wird Frankreich wiederauferstehen, und Ihr werdet an seinem Aufstieg im Rahmen der nationalsozialistischen Ordnung, die wir nach unserem Sieg errichten werden, teilhaben. Meldet Euch bei der Französischen Bewaffneten Elitegarde oder der Französischen Nationalsozialistischen Bewegung in Düsseldorf, Freytagstraße Nr. 7.‹

Wie unsere Armeedienststelle für Kunst und Denkmalschutz berichtet, sind fünfundsiebzig Prozent der architekturgeschichtlich wertvollen Gebäude in Köln zerstört worden. Das Wallraf-Richartz-Museum, das schöne Gemälde der süddeutschen und Kölner Schule 1300-1550 enthielt, insbesondere Bilder von Altdorfer, Cranach und Dürer sowie Stefan Lochners berühmte *Madonna im Rosenhag,* fiel einer Bombe zum Opfer, ein schwerer Verlust, schon wegen der schönen Kreuzgänge; doch waren die Bilder vorher evakuiert worden. Nur auf zehn Prozent schätzt unser Kunstexperte die Schäden am Kölner Dom, den die typische Geltungssucht der Hohenzollern als den schönsten der Welt pries, obwohl sein freundliches gotisches Schiff erst 1880 fertiggestellt wurde (ein einsamer Priester drückte unseren Soldatentouristen einen billigen Prospekt in die Hand) und er kaum schöner als St. Patrick in der Fifth Avenue ist. Der wirkliche schwerwiegende Verlust für Köln und die Welt sind die romanischen Kirchen aus dem elften Jahrhundert, darunter vor allem die Apostelkirche mit ihren Seitenschiffen aus dem zwölften Jahrhundert, den wunderbaren Mosaiken und dem großartigen Kreuzgewölbe. Ich stolperte und kroch das fein proportionierte Seitenschiff entlang, in das die Mosaikkuppel in bunten Trümmern gestürzt war. Oben zeichneten sich vier der Streben des Gewölbes und die Laterne, die wunderbarerweise intakt geblieben war, wie reine überdauernde Konstruktionsprinzipien gegen den matten Himmel ab — in ihrer Weisheit und Balance fast tausend Jahre alt. Am Himmel zogen neun Flugzeuge knatternd ihre Bahn. In der Entfernung schlugen die tödlichen Granaten der Nazis von der anderen Seite des Rheins in ihrer ehemals schönen Stadt ein. Die Luft bebte, und vom beschädigten Chor der Kirche fielen große Stücke roten Mosaiks wie Blutstropfen auf den Altar.

Für den Anblick, der sich unserer schnell vorrückenden Armee in einer Stadt nach der andern bieten wird, dürfte das Ruinenpanorama Kölns typisch sein. Durch die dichte Besiedelung Deutschlands sind hier mehr Städte zerstört worden als in jedem anderen Land Europas. Die Niederlage im letzten Krieg hat Deutschland keinen Stein gekostet. Diesmal ist der Zerstörer selbst zerstört worden. Die physische Zerschlagung Deutschlands ist der Grund, der zu der Annahme berechtigt, diesmal könnten die Alliierten den

Frieden gewinnen. Wie auch immer die Beschlüsse zur Teilung Deutschlands ausfallen mögen, die Städte des Landes liegen heute schon in Scherben, die kaum größer sind als die Spanne einer Hand.

MARTHA GELLHORN Rheinland, April 1945

Niemand ist ein Nazi. Niemand ist je einer gewesen. Es hat vielleicht ein paar Nazis im nächsten Dorf gegeben, und es stimmt schon, diese Stadt da, zwanzig Kilometer entfernt, war eine regelrechte Brutstätte des Nationalsozialismus. Um die Wahrheit zu sagen, ganz im Vertrauen, es hat hier eine Menge Kommunisten gegeben. Wir waren schon immer als Rote verschrien. Oh, die Juden? Tja, es gab eigentlich in dieser Gegend nicht viele Juden. Zwei vielleicht, vielleicht auch sechs. Sie wurden weggebracht. Ich habe sechs Wochen lang einen Juden versteckt. Ich habe acht Wochen lang einen Juden versteckt. (Ich hab einen Juden versteckt, er hat einen Juden versteckt, alle Kinder Gottes haben Juden versteckt.) Wir haben nichts gegen Juden; wir sind immer gut mit ihnen ausgekommen. Wir haben lange schon auf die Amerikaner gewartet. Ihr seid gekommen und habt uns befreit. Ihr seid gekommen, um uns einen Freundschaftsdienst zu erweisen. Die Nazis sind Schweinehunde. Die Wehrmacht will aufgeben, aber weiß nicht wie. Nein, ich habe keine Verwandten in der Wehrmacht. Ich auch nicht. Nein, ich war nie in der Wehrmacht. Ich habe auf dem Land gearbeitet. Ich habe in einer Fabrik gearbeitet. Der Junge war auch nicht in der Wehrmacht; er war krank. Wir haben von dieser Regierung die Nase voll gehabt. Ach, wie wir gelitten haben. Die Bomben. Wir haben wochenlang im Keller gelebt. Wir haben uns nicht über den Rhein fahren lassen, als die SS uns evakuieren wollte. Weshalb hätten wir gehen sollen? Die Amerikaner sind uns willkommen. Wir haben keine Angst vor ihnen; wir haben keinen Grund zur Angst. Wir haben nichts Unrechtes getan; wir sind keine Nazis.

Man müßte es vertonen. Dann könnten die Deutschen diesen Refrain singen, und er wäre noch besser. Sie reden alle so. Man fragt sich, wie die verabscheute Naziregierung, der niemand Gefolgschaft leistete, es fertigbrachte, diesen Krieg fünfeinhalb Jahre lang durchzuhalten. Nach allem, was sie so von sich geben, hieß kein Mann, keine Frau und kein Kind in Deutschland den Krieg auch nur einen Augenblick gut. Wir stehen mit fassungslosen und verächtlichen Gesichtern da und hören uns diese Geschichte ohne Wohlwollen an und ganz gewiß ohne Achtung. Ein ganzes Volk, das sich vor der Verantwortung drückt, ist kein erbaulicher Anblick. Es ist klar, daß man in Deutschland, um das Land zu führen, nicht mehr braucht als Erfolg; sobald der Erfolg ausbleibt, wird niemand zugeben, jemals von dir gehört zu haben.

Nachts schießen die Deutschen aus dem Hinterhalt auf Amerikaner, oder sie spannen Drähte über die Straßen, was für die Insassen von Jeeps tödlich sein kann. Sie verbrennen die Häuser von Deutschen, die Posten in unserer Militärregierung annehmen, oder sie verminen Munitionslager oder Motorräder oder sonst etwas, womit irgend jemand wahrscheinlich in Berührung kommt. Aber das ist nachts. Am Tag sind wir die Erhörung des deutschen Gebetes, sagen sie.

Im Augenblick liegen wir am Westufer des Rheins, gegenüber dem Ruhrkessel. Die Deutschen sind hier schlecht auf den Ruhrkessel zu sprechen und wollen, daß wir ihn fünfzehn Kilometer zurücktreiben, damit sie nicht mehr unter ihrer eigenen Artillerie zu leiden haben, die in ihre Dörfer feuert, sobald sie ein paar Granaten erübrigen kann. Das 504. Regiment der 82. Luftlandedivision schickte eines Nachts in Landungsbooten eine Kompanie über den Rhein, nahm eine Stadt ein und hielt sie sechsunddreißig Stunden lang. Diese Landungsboote sind wie vergrößerte Schuhschachteln gebaut und werden mit Paddeln fortbewegt, und die Strömung ist stark, der Fluß ist breit, und auf der anderen Seite war die Wehrmacht, die gar nicht daran dachte, aufzugeben. Die Fallschirmspringerkompanie zog reichlich bewaffnete Aufmerksamkeit auf sich — zwei deutsche Divisionen, wurde geschätzt. Diese kleine Aktion nahm an einem anderen Teil der Front etwas Druck weg, und die Kompanie verlor viele Männer.

Am Nachmittag des Tages, an dem sie zurückkamen, wurden zwei Offiziere und vier Sergeants von General Gavin, der die Division befehligte, mit dem Silver Star ausgezeichnet.

Diese Zeremonie fand irgendwo auf einer Straße zwischen Backsteinschutt und heruntergefallenen Telefonleitungen statt. Ein paar deutsche Zivilisten steckten vorsichtig ihre Köpfe aus den Fenstern und sahen interessiert zu. Es verlief sehr schlicht: Ein Offizier verlas die ehrenvollen Erwähnungen, und General Gavin steckte die Medaillen an. Die sechs Männer, die die Medaillen erhielten, waren auch nicht festlich gekleidet; sie waren direkt von ihrem Einsatz gekommen. Ihre Gesichter waren wie grauer Stein, ihre Augen waren keine Augen, wie man sie jeden Tag sieht, und keiner sprach über das, was sie soeben auf der anderen Seite des Flusses durchgemacht hatten. Wenn man Freunde in der Kompanie hatte, die nicht zurückgekommen waren, war es noch schlimmer; doch auch wenn man niemanden persönlich gekannt hatte, war es schlimm genug.

Die deutschen Zivilisten blickten mit Verwunderung auf diese Reihe schmutziger, schweigender Männer, die da auf der Straße standen. Es macht für alle hier kaum einen oder gar keinen Unterschied, ob die Deutschen Nazis sind oder nicht; sie können sich den Mund fusselig reden; sie können die amerikanische Nationalhymne singen; sie sind immer noch Deutsche, und sie sind unbeliebt. Keiner dieser Soldaten hat schon vergessen, daß unsere Toten bis nach Afrika zurückreichen.

Die Dörfer hier am Rhein sind in recht gutem Zustand. In der Mitte liegt allerdings Köln, und Köln ist einer der größten Trümmerhaufen der Welt; aber im großen und ganzen haben die benachbarten Dörfer keinen Grund zur Klage. Die Häuser sind gut gebaut, und jedes hat einen kleinen Keller, wo die Deutschen in großer Zahl nachts schlafen. Wie die Soldaten sagen: Denen tut nichts weh. Es gibt Nahrung und Kleidung, Kohle, Bettzeug, alle Haushaltssachen und Vieh. Die Deutschen sind nett und auch fett und recht sauber und ordentlich und fleißig. Sie führen ihr normales Leben weiter, sechshundertfünfzig Meter von ihrer Armee entfernt, die jetzt ihr Feind ist.

Die Bürgermeister, die wir ernennen, regieren die Leute mit Verordnungen, die wir drucken und an die Wände klatschen. Die Deutschen scheinen Verordnungen zu lieben, und sie stellen sich eifrig an, um alles Neue zu lesen, das herauskommt. Wir suchten den Bürgermeister eines Frontdorfes auf; er sei, erklärte er, Kommunist und Halbjude, und das wird wohl auch stimmen, aber es ist schon erstaunlich, wie viele Kommunisten und Halbjuden es in Deutschland gibt. Er war vorher Arbeiter, und er sagte, viele Leute im Dorf seien wütend darüber, daß er jetzt Bürgermeister ist; er hat dank der Amerikaner ein Amt, das ihm ihrer Meinung nach nicht zusteht. Wenn die Amerikaner ihn feuern, bringen sie ihn um. Er erklärte das derart nüchtern, als ob es das Selbstverständlichste von der Welt wäre.

»Das heißt also, die Leute hier sind Nazis«, folgerten wir.

»Nein, nein«, widersprach er. »Sie meinen nur, ich hätte eine zu gute Position.«

Wir erklärten ihm daraufhin, seine Mitbürger müßten ja reizende Menschen sein; es sei ja wohl nicht ganz vorschriftsmäßig, einen Mann zu ermorden, nur weil er eine gute Stellung hatte.

Er äußerte sich recht verzweifelt über die Zukunft Deutschlands und schloß mit der Bemerkung, Amerika müßte Deutschland helfen, sich wieder zu erholen. Wir waren darüber einigermaßen überrascht und fragten ihn, warum; warum bildete er sich ein, Amerika würde Deutschland bei irgend etwas helfen? Er gab zu, daß wir vielleicht einen Grund hätten, Deutschland zu hassen, aber sie vertrauten auf unsere allseits bekannte humanitäre Gesinnung.

»Nuts«, sagte der Sergeant, der Deutsch sprach. Verrückt.

»Wo hat er diese verstiegenen Ideen her?« fragte der Leutnant.

Der Bürgermeister fuhr fort. Wenn die Amerikaner Deutschland nicht fünfzig Jahre lang besetzt hielten, würde es wieder Krieg geben. Irgend jemand mit einem noch größeren Maul als Hitler wird kommen und ihnen alles versprechen, und sie werden ihm folgen, und es wird wieder Krieg geben.

»Ich glaube ihm«, sagte der Leutnant.

Nach den recht gut erhaltenen Dörfern bietet Köln ein erschreckendes Bild. Doch wir sind nicht erschüttert, was nur beweist, daß man, wenn man irgend etwas oft genug sieht, es gar nicht mehr bemerkt. Wenn man in Deutschland totale Verwüstung sieht, grämt man sich nicht darüber.

Wir haben uns über viele Orte in vielen Ländern gegrämt, aber dies ist keines der Länder. Unsere Soldaten sagen: »Sie haben es so gewollt.« Zwischen zwei Bergen kaputter Backsteine und vor einer einsamen schartigen Mauer hatte ein Deutscher einen Karren aufgebaut und verkaufte Tulpen, Narzissen und Osterglocken. Die Blumen sahen ein wenig verrückt aus in dieser Umgebung, und in Anbetracht der Tatsache, daß es keine Häuser gibt, um Blumen hineinzustellen, wirkte die ganze Auslage mehr als sonderbar. Zwei junge Männer auf Fahrrädern kamen angefahren, und einer von ihnen kaufte einen Strauß Tulpen. Wir fragten ihn, was er denn mit Tulpen wolle, und er sagte, er sei Holländer. Also brauche er die Tulpen natürlich. Er sei in dieser Stadt drei Jahre lang Zwangsarbeiter gewesen, sein Freund nur fünf Monate. Sie kämen aus Rotterdam. Was Köln auch widerfahren mochte, ihnen sei es recht.

Der Blumenverkäufer kam gesprächig herüber. Ja, dies sei sein richtiges Gewerbe; er gehe jeden Tag achtzehn Kilometer zu Fuß, um die Blumen zu besorgen. Dabei durfte er sich, wie mir jetzt einfällt, nur sechs Kilometer von seinem Wohnsitz entfernen — ich frage mich also, wie er es schaffte. Er verdiene sehr wenig, aber bevor wir gekommen waren, hätte er seine Blumen an die Krankenhäuser und an ein paar alte Kunden verkauft. Er sei allein auf der Welt, und er wolle mit seinen Blumen weitermachen, solange es Blumen gebe, und dann werde er wahrscheinlich Gemüse verkaufen. Seine Angehörigen seien tot — seine ganze Familie, zweiundvierzig an der Zahl, darunter seine Großeltern und Eltern, seine Frau und seine Kinder, seine Schwestern und deren Kinder und Männer. Sie seien alle während eines Luftangriffs in einem Keller begraben worden. Er zog Bilder aus seiner Brieftasche. »Von dieser Schwester«, sagte er, »haben wir nur noch den Rumpf gefunden. Während der Bombenangriffe haben wir viel gebetet.« Die beiden Soldaten und ich saßen in einem Jeep und fragten uns, warum er mit uns redete; wenn zweiundvierzig Angehörige unserer Familien von deutschen Bomben getötet worden wären, hätten wir keine freundlichen Worte mit Deutschen gewechselt.

Eine Menschenmenge sammelte sich um uns; da außer in offiziellen Angelegenheiten niemand mit Deutschen redet, kann man überall einen Massenauflauf verursachen, indem man einfach »Guten Tag« sagt. Dieses Bestreben, auf gut Freund zu machen, verblüffte uns ungemein. Die Menge war bunt gemischt, und alle redeten auf einmal. Ich fragte sie, wann es sich in Deutschland zum Schlechten gewendet hätte, denn mein Redakteur wollte, daß ich das fragte. Ich hatte mit mir selbst eine Wette bezüglich der Antwort abgeschlossen, und ich gewann sie. Zum Schlechten gewendet hätte es sich in Deutschland 1933, sagten sie alle. Nein, erklärte ich, ich meine, seit dem Krieg. Das sei 1941 gewesen. Warum? Wegen der Bomben. »Danke schön«, sagte ich. Dann fragte ich, welche Regierungsform sie sich nach dem Krieg erhofften. Ich hatte wieder mit mir gewettet, und auch diesmal gewann ich. Demokratie, riefen sie. Aber eines Tages in einem anderen Dorf kam es viel besser heraus, und viel aufrichtiger. Die Frauen sagten, wenn sie genug zu essen hätten und in Frieden leben könnten, sei es ihnen egal, wer sie regierte. Man beachte: *wer*. Die Männer sagten, sie hätten seit elf Jahren nicht mehr über Politik geredet und von Regierungssachen keine Ahnung. Dennoch ist Demokratie ein feines und in Deutschland häufig gebrauchtes Wort. Dann fragte ich sie (für meinen Redakteur), ob sie während des Krieges gereist wären, ob irgend jemand einen Abstecher nach Paris gemacht hätte? Niemand war irgendwohin gereist; sie hätten ihre Arbeit zugewiesen bekommen und wären dageblieben, um sie zu verrichten, ob gut oder schlecht, zwölf Stunden am Tag. Schließlich endete das Gespräch mit der üblichen Naziverdammung.

Wir beschlossen, zur Abwechslung ein paar Freunde zu besuchen, und gingen zum Hafenviertel hinunter, um bei einigen Luftlandekameraden vorbeizuschauen. Es ist ein Steindschungel, durch den die amerikanischen Soldaten sich zu Fuß oder per Fahrrad kämpfen müssen. Der Kompaniebefehlsstand befand sich in einer Süßwarenfabrik, und wir wurden herumgeführt, um uns die übriggebliebenen gewaltigen Bestände an Zucker, Schokolade, Kakao, Butter, Mandeln und fast fertigen Süßigkeiten anzuschauen. Dann wurden wir in einen riesigen Weinkeller geführt, nur einer von dreien, die sie entdeckt hatten. Als nächstes besuchten wir einen Mehlspeicher, in dem mehr Mehl war, als irgendeiner von uns je auf einem Haufen gesehen hatte. Danach (und mittlerweile hatten wir alle eine Stinkwut bei dem Gedanken, wie gut es den Deutschen gegangen war) schlenderten wir durch ein Wirrwarr von Fabrikgebäuden, die als allgemeines Lebensmitteldepot gedient hatten, und wir blickten zornig auf Räume voll mit holländischem und französischem Käse, portugiesischen Sardinen, norwegischem Dosenfisch, Sirupfässern und allen Arten von Marmeladen und Dosengemüsen. Wir hatten die Nahrungsvorräte einzelner in ganz Deutschland gesehen, und dieser kleine Teil von Großhandelsbeständen überzeugte uns nur noch mehr, daß die Deutschen keineswegs Butter für Kanonen aufgegeben hatten, sondern sehr rührig darin gewesen waren, beides zu produzieren beziehungsweise zu stehlen. Wir überlegten, daß die Deutschen ohne weiteres die nächsten fünf Jahre hungern konnten, nur um so mit dem übrigen Europa gleichzuziehen.

Einige deutsche Frauen saßen außerhalb des weißen Bandes, das die Militärzone absperrte. Sie bewachten ihre Häuser. Die Häuser haben keine Dächer und keine Fenster mehr, oft sind auch die Mauern weg, und fast alles in diesen Häusern ist von Sprengbomben in sämtliche Himmelsrichtungen verteilt worden, aber da saßen sie und hielten traurige Wacht über ihr Hab und Gut. Auf die Frage, warum sie das taten, fingen sie zu weinen an. Wir alle haben so bestialische und ungeheuerliche Leiden gesehen, die still hingenommen wurden, daß wir auf Weinen nicht sehr gut zu sprechen sind. Und mit Sicherheit sind wir nicht gut zu sprechen auf Leute, die wegen ihrer Möbel weinen. Ich muß an Oradour in Frankreich denken, wo die Deutschen jeden Mann, jede Frau und jedes Kind des Dorfes in die Kirche einsperrten und dann die Kirche anzündeten. Nachdem die Menschen verbrannt waren, verbrannten sie das Dorf. Das ist eine extrem drastische Art, Hab und Gut zu zerstören, und es ist nur eines von vielen solchen Beispielen. Die Deutschen selbst haben allen Völkern Europas beigebracht, keine Zeit damit zu vergeuden, über so etwas Nebensächliches wie Möbel zu weinen.

Weiter flußabwärts registrierte die US-Militärregierung deutsche Zivilisten in den Dörfern. Die Deutschen gingen in Viererreihen in ein kleines Haus, drückten dort ihren Daumen auf ein Stück Papier und hatten dann das Vergnügen, ein weiteres offizielles Druckwerk zu besitzen, auf dem stand, daß sie in diesem Dorf lebten.

»Es geht prima«, sagte der junge Leutnant der Fallschirmjäger, der hier den Befehl führte. »Wenn sie zu drängeln anfangen, sage ich einfach irgendwas mit lauter Stimme, und schon stehen sie wieder ordentlich in der Reihe.«

Während des Krieges hatte dieses Dorf zehn Ziviltote zu beklagen; in der letzten Woche hatten deutsche Granaten sieben weitere Zivilisten getötet. Wir unterhielten uns mit einigen deutschen Frauen über die Schrecken des Krieges. Die Bomben, sagten sie, o Gott, die Bomben. Zweitausendachthundert Bomben seien allein auf dieses Dorf gefallen, berichteten sie. Machen Sie sich doch nicht lächerlich, versetzten wir, von dem Dorf wäre nichts mehr zu sehen, wenn das stimmte. Wir sind sehr dicht bei Köln, sagten sie (es war etwa fünfzehn Kilometer weit entfernt). Das ist nicht dasselbe, erwiderten wir. Ach, die Bomben, jammerten sie, fest davon überzeugt, daß ihr Dorf dem Erdboden gleich und sie alle tot seien.

Die Bomben fallen weiter, wenn auch zur Zeit nicht in der näheren Umgebung, doch jeden Tag fliegen die Bomber darüber hin, und solange dieses stete gleichmäßige Dröhnen in der Luft ist, denken die Deutschen an den Krieg. Allerdings freuen sich die Deutschen nur auf dieser Seite des Flusses über ihre Niederlage, während gleich gegenüber die deutsche Flak weiterfeuert. Gestern hatte sie Erfolg; eine B26 wurde abgeschossen, und eine schwarze Rauchsäule stieg gerade und berghoch empor. Uns allen erschien sie wie ein Scheiterhaufen. Tanks der Dreizehnten Panzerdivision fuhren am anderen Ufer auf, hinter dem brennenden Flugzeug, aber die Besatzung war von einem Gürtel von Deutschen umringt, und niemand konnte an sie herankommen. Von einem Beobachtungsposten des 505. Regiments aus hatten Fallschirmjäger vier Männer aus dem Flugzeug steigen sehen. Das war ungefähr um ein Uhr an einem milden, klaren Tag. Um sechs Uhr begann eine der seltsamsten Episoden, die irgend jemand bis dahin in diesem Krieg erlebt hatte — und es waren einige Männer dabei, die sämtliche vier Luftlandeaktionen der 82. Division und die Ardennenschlacht überlebt hatten und wohl behaupten durften, alles gesehen zu haben.

Auf der grünen Uferböschung der anderen Rheinseite begann jemand, eine weiße Fahne zu schwenken. Keiner kümmerte sich darum, weil das nicht unbedingt etwas zu besagen hatte. Dann kam eine Prozession zu einer der Anlegestellen hinunter. Sie trugen eine Rote-Kreuz-Fahne. Durch Feldstecher konnten wir einen Arzt, einen Priester und zwei deutsche Soldaten erkennen, die eine Bahre trugen. Ein Landungsboot legte von unserem Ufer ab, gut gedeckt durch unsere Maschinengewehre für den Fall, daß das alles ein makabrer Scherz war. Sofort versammelte sich an beiden Rheinufern ein Publikum; normalerweise bewegte sich in diesem Gebiet kein Mensch bei Tageslicht, und selbst nachts nahm man sich in acht. Jetzt standen wir in der Sonne und schauten verblüfft zu. Langsam wurden drei weitere Bahren zu unserem Boot hinuntergetragen. Wir konnten Zivilisten erkennen, Kinder, deutsche Soldaten; jeder starrte jeden an. Wir vermochten nicht zu glauben, was wir da sahen, und standen immer noch auf dem Sprung, sofort in Deckung zu gehen. Dann wurde das kleine Boot in die Strömung abgestoßen, aber es trieb weiter stromabwärts. Wir folgten ihm auf unserer Seite wie Leute, die an einer Rennbahn entlangströmen, um den Einlauf der Pferde zu beobachten. Das Boot landete, und unser Arzt, der hinübergefahren war, um diese vier verwundeten Männer, die Überlebenden der B 26-Besatzung, zu holen, schrie, wir sollten das Ufer räumen, die Krauts hätten gesagt, sie würden den Sanitätern Zeit zum Abladen geben und dann erst das Feuer eröffnen. Der Krieg hatte an einer Hundert-Meter-Front für ungefähr eine Stunde aufgehört.

»Ich habe noch nie so nette Krauts gesehen«, sagte ein Soldat, als wir zu den Gebäuden zurückkehrten, wo wir nicht so einladende Zielscheiben abgaben.

»Sie wissen, daß unsere Panzer anrücken«, sagte ein anderer Soldat. »Krauts sind nicht umsonst nett.«

Die DPs (*displaced persons,* nach Deutschland Verschleppte, falls Sie es vergessen haben) erzählten uns, daß Krauts niemals nett seien. Es gibt hier in der Gegend Zehntausende von russischen, polnischen, tschechischen, französischen, jugoslawischen und belgischen Zwangsarbeitern, und sie strömen Tag für Tag lastwagenweise in die Lager, die jetzt von der 82. Luftlandedivision geleitet werden. Es herrscht offenbar ein unerschöpflicher Vorrat an Menschen, die von ihren Familien weggerissen wurden und jahrelang im Elend lebten, ohne medizinische Versorgung und auf Hungerrationen gesetzt, während sie zwölf Stunden am Tag für ihre deutschen Herren schufteten. Sie sind den Deutschen nicht freundlich gesonnen. Ein einziges Mal habe ich einen Russen weinen gesehen, und zwar, als eine russische Krankenschwester, eine junge Frau von fünfundzwanzig Jahren, vor Wut in Tränen ausbrach, als sie schilderte, wie man ihre Leute behandelt hatte. Sie alle hatten mit angesehen, wie ihre Toten in riesige, mit Kalk gefüllte Gruben geworfen wurden, die Massengräber. »Überall wurden die Gräber hoch wie Berge«, sagte sie. Der Zorn dieser Menschen ist so groß, daß man das Gefühl hat, er müsse wie Feuer in der Erde rumoren.

Jetzt kommen langsam britische Kriegsgefangene durch, noch immer scherzend und untertreibend, aber mit Bitterkeit hinter den Scherzen und den ruhigen Worten. Die wir sahen, waren zweiundfünfzig Tage von der polnischen Front nach Hannover marschiert, wo ihre Panzerkolonnen sie befreiten. Diejenigen, die auf diesem furchtbaren Marsch vor Hunger und Erschöpfung umfielen, ließ man einfach liegen und sterben. Ihre Rote-Kreuz-Pakete hielten sie fünf Jahre lang am Leben, aber seit letztem November waren keine Pakete mehr gekommen. In einer kleinen Gruppe waren neun Männer nach dem langen Marsch Hungers gestorben, und ihre Leichen lagen sechs Tage lang in der überfüllten Baracke, weil die Deutschen aus irgendeinem unbekannten Grund keine Lust hatten, sie zu beerdigen oder beerdigen zu lassen.

»Das sind keine Menschen«, sagte ein Neuseeländer.

»Ich wünschte, sie würden uns die deutschen Gefangenen überlassen«, erklärte ein junger Bursche aus Wales.

Ein Mann, der neben ihm im Gras lag, ergriff jetzt nachdenklich das Wort. »Man schafft es einfach nicht, diese Leute zu mögen, solange sie nicht tot sind.«

Unterdessen sagen die Deutschen ohne eine Spur von Reue — denn schließlich haben sie ja nichts Unrechtes getan, sie haben nur Befehle ausgeführt — hartnäckig und unablässig: Wir sind keine Nazis. Das halten sie für die Losung zur Vergebung, gefolgt wahrscheinlich von einer beträchtlichen Anleihe.

Wir sind keine Nazis; wir sind Freunde. Hunderttausende von Menschen in Khakiuniformen und ebenso viele Ausländer in Lumpen aber können das nicht so sehen.

NORMAN LEWIS Neapel, 18. April 1945

Der Schwarzmarkt blüht mehr denn je. Nach dem Bulletin des Büros für Psychologische Kriegsführung setzen sich 65 Prozent des Pro-Kopf-Einkommens der Neapolitaner aus Geschäften mit gestohlenen Beständen der Alliierten zusammen. Immer noch verschwindet ein Drittel aller importierten Versorgungs- und Ausrüstungsgüter im Schwarzmarkt. Bis auf Gewehre und Munition, die angeblich unter dem Ladentisch verkauft werden, liegt jeder einzelne Ausrüstungsartikel der Alliierten auf dem Markt von Forcella offen aus. Zur Eröffnung der Oper von San Carlo soll praktisch jede Frau aus der Mittel- und Oberschicht in einem Mantel aus gestohlenen Armeedecken erschienen sein. Müßte es da nicht ein leichtes sein, die Spur dieser Artikel bis zu den ursprünglichen Dieben zurückzuverfolgen? Als ich entsprechende praktische Vorschläge machte, erklärte mir die Feldgendarmerie, sie sei für den Schwarzmarkt nicht zuständig.

Tatsächlich steht er, wie man weiß, unter der Protektion hochrangiger Beamter der Alliierten Militärregierung. Zwar werden viele Handlanger verhaftet und zu langen Gefängnisstrafen verurteilt, aber ihre Auftraggeber bleiben außerhalb der Reichweite des Gesetzes. An der Spitze des AMG [Allied Military Government] steht Oberst Charles Poletti, und Vito Genovese, einst Kopf der amerikanischen Mafia, ist sein Berater. Genovese wurde in einem Dorf bei Neapel geboren und unterhält nach wie vor enge Kontakte zur Unterwelt. Es ist klar, daß viele Bürgermeister, die in den umliegenden Städten eingesetzt worden sind, ihre Kandidatur ihm verdanken. Sie gehören der Mafia oder der Camorra an. Was einst Staatsgeheimnis war, weiß mittlerweile jeder Neapolitaner auf der Straße. Dennoch wird nichts dagegen getan.

Die Ermittlungsberichte über die Aktivitäten hochrangiger Regierungsbeamter, welcher Funktion auch immer, sind haarsträubend, doch sie bleiben folgenlos.

Jüngst ging die Geschichte eines ›gewissen hochrangigen Regierungsbeamten‹ um, der von der Frau eines bekannten Industriellen hereingelegt wurde. Dieser war wegen seiner Geschäfte mit gestohlenen Waren der Alliierten zu einem Jahr Gefängnis verurteilt worden. Da ging seine Frau zum *Leuchtturm,* dem besten Bordell Neapels, lieh sich das intelligenteste Mädchen aus. Sie steckte es in ihre elegantesten Kleider und hing ihm Juwelen um den Hals. Sie versprach dem Mädchen 4000 Lire dafür, daß es in ihre Rolle schlüpfte, dem besagten Beamten einen Besuch abstattete und um die Freilassung ihres Mannes bat. Der Besuch war ein voller Erfolg. Zwei Tage später öffneten sich dem Industriellen die Tore des Gefängnisses von Poggio Reale.

Der übliche Kommentar des Neapolitaners zu dieser typischen neapolitanischen Geschichte: »Schade, daß sie ihm kein Mädchen mit Syphilis geschickt hat.«

Robert Thompson Pell — Frankfurt, April 1945

Als wir nach Frankfurt kamen, war unser Ziel der Hauptsitz der IG Farben; aus unseren Unterlagen ging hervor, daß es das größte Gebäude in der Stadt sei und das Hauptgeschäftsviertel überrage. Wir entschieden uns, beim *Exzelsior* gegenüber dem Hauptbahnhof zu beginnen; dort sollte das Hauptquartier der ›T‹-Force [Task Force] sein. Wie sich herausstellte, war das eine kluge Vorsichtsmaßnahme, denn dort erhielten wir Erkennungskarten der ›T‹-Force und das Losungswort, ohne die wir wohl von einem schießfreudigen GI erschossen worden wären. Wir erhielten genaue Anweisungen vom diensthabenden Offizier der ›T‹-Force, wie wir vorgehen sollten, und arbeiteten uns zu unserem Ziel vor, das das Zentrum eines Widerstandsnestes war. Kurz bevor wir eintrafen, hatten jedoch die GIs das Gebäude gestürmt und begonnen, aufzuräumen — und aufgeräumt haben sie wirklich: Die Zerstörung, die wir beim Betreten vorfanden, war unbeschreiblich. Sie hatten jeden Tisch in dem Gebäude umgestürzt, die meisten Stühle und sicherlich alle Fenster zerbrochen. Ein großer Teil der Akten war auf den Boden gekippt, und sie hatten ziemlich amateurhaft versucht, die Safes aufzubrechen. Der Bau war ein fürchterliches Durcheinander von zerbrochenem Glas, zerbrochenen Möbeln, zerbrochenen Türen und gebrochenen Leuten, und wir hatten es verteufelt schwer, den Weg durch die Trümmer zu unserem eigentlichen Ziel zu bahnen.

Durch einen glücklichen Zufall waren wir sehr erfolgreich und markierten noch andere Stellen, wo eine ›Schatzkammer‹ sein konnte. Das alles dauerte seine Zeit; die kämpfenden GIs waren mittlerweile zu anderen Zielen vorgerückt, und eine Wache der ›T‹-Force mit einem Feldwebel und mehreren Soldaten hatte das Gebäude übernommen. Im Keller gab es noch einen verschreckten Deutschen; es stellte sich heraus, daß er der Wachmann der Firma war. Er hatte die Befehle des Herrn Direktors befolgt, durch dick und dünn auszuhalten, war in seinem Raum eingeschlossen worden und durfte so dort bleiben. Er war der erste Deutsche, mit dem wir persönlichen Kontakt hatten. Er war natürlich sehr verschüchtert und insofern auch sehr hilfsbereit. Er sagte, er böte jede Hilfe an, wenn er nur bleiben dürfe, denn er hätte Befehl von seinem Vorgesetzten zu bleiben und es würde ihm schlecht ergehen, falls er wegginge. Wir sagten ihm, er solle sich sofort aufmachen und einige Direktoren der IGF herbeischaffen. In aller Ruhe nahm er das Telefon, das damals noch funktionierte, und rief ein halbes Dutzend der Herren Direktoren an; diese sagten, sie würden ja kommen, aber da seien immer noch so viele Kämpfe und mit dem Verkehr sei es so schwierig: ob wir nicht einen Wagen schicken könnten? Wir stimmten dummerweise zu (es war unsere erste Erfahrung mit dem Herrenvolk) und schickten unseren Fahrer, um sie zusammenzuholen. Bald hatten wir ein halbes Dutzend beim Pförtner im Keller.

Sie nahmen uns gegenüber eine achtungsvolle, mit Ironie verbrämte Haltung ein. Wir erklärten ihnen unsere Aufgabe, und sie sagten natürlich sofort, keiner sei anwesend, der über diese bestimmte Tätigkeit etwas wisse, und der einzige, der darüber Bescheid wisse, sei zu ihrem Bedauern vor sechs

Wochen gestorben. Wie bedauerlich das doch sei! Ein weiterer Experte wohne weit draußen vor der Stadt, ein dritter befände sich in Mitteldeutschland usw. Unser Chef, der die Deutschen durchweg mit Würde und Geschick behandelte, sagte, das sei aber schade, denn dann müßten wir die Safes in sämtlichen Büros der Herren Direktoren sprengen. Auf einmal begann wenigstens einer der ›Chentlemen‹! — wie sie sich ständig selbst nannten — sich an ein paar Einzelheiten zu erinnern und sagte, er werde zweifellos irgendwelche Unterlagen finden, wenn er an seinen Safe dürfe. Ich wurde abkommandiert, den Herrn Direktor zu begleiten, und wir begaben uns zu seinem Büro. Als er sah, in welchem Zustand es sich befand, bemerkte er, er könne kaum glauben, daß Amerikaner so etwas getan hätten, das sähe eher nach Russen aus. Ich erwiderte, daß mich seine Ansichten nicht interessierten und daß ich gerne die Unterlagen hätte, die wir holen wollten. Er öffnete seinen Safe und nahm erst einmal Weinflaschen, Familiensilber, Schmuckkästchen und verschiedene andere Sachen heraus, die er in eine kleine Tasche stopfte. Als er nach einiger Zeit mit dem Packen fertig war, wollte er in aller Ruhe den Raum verlassen. Ich erinnerte ihn daran, daß wir Unterlagen holen wollten. Er sagte: »Unterlagen? Ach ja, Unterlagen. Ich glaube nicht, daß sie hier sind, aber vielleicht sind sie in meinem Schreibtisch.« Dieser war natürlich in tausend Teile zerschlagen, und die Unterlagen, die vielleicht darin gewesen waren, flogen wahrscheinlich gerade aus dem Fenster. Ich sagte, daß wir dableiben müßten, bis die Unterlagen gefunden seien, und dann machte er sich daran, sie aus einem Ordner im Regal zu nehmen. Anschließend sagte er, er wolle mir seine Familienpapiere zeigen, da er nicht später beschuldigt werden wolle, Dokumente entfernt zu haben, die wir alle anscheinend so sehr wünschten. Dann begann er, unter meiner Nase mit der Auszeichnung für den Erhalt des Eisernen Kreuzes im Kampf gegen die Russen herumzuwedeln. Er bemerkte, er habe das Eiserne Kreuz zweimal in diesem Krieg und einmal im letzten erhalten — und ausgerechnet im Kampf gegen die Amerikaner.

Unser Chef setzte ordnungsgemäß die Befragung fort, und allmählich machten wir die ›Chentlemen‹ etwas mürbe; in einem Punkt waren sie sich jedoch alle einig, und der war, daß sie uns ohne die Erlaubnis des Vorsitzenden der IGF keine vollständige Information geben dürften; der wohne weit draußen auf dem Lande, genauer gesagt, in unmittelbarer Nähe des deutschen Widerstandsnestes bei Oberursel. Der Chef sagte sofort, wir würden ihn abholen, und bestand darauf, daß der ranghöchste anwesende Direktor uns begleiten solle. Dieser schien gar nicht erfreut über diese Aussicht, da er aber keine Wahl hatte, bestieg er den Jeep, und wir machten uns auf in die Berge. Wo wir hinfuhren, gab es immer noch heftige Artillerie- und Panzergefechte, aber wir erreichten Oberursel, nachdem wir mehrere Kampfgebiete durchquert hatten, wobei uns auf der ganzen Strecke unerschütterliche MPs den Weg wiesen.

Der Direktor bezeichnete das, worin der Vorsitzende der IG Farben, Herr von Schnitzler, wohnte, als dessen ›Bauernhof‹. Es war ein ziemlich geräumiges, am Hang gelegenes Herrenhaus, das von einem großen, modernen landwirtschaftlichen Betrieb umgeben war: Landwirtschaft nach Gutsherrenart. Alle Tore waren mit Vorhängeschlössern versehen.

Der Direktor rief einen Bauern herbei, der zum Tor kam und sagte, er würde jemand anders holen. Ein sehr steifer weißhaariger ›Chentleman‹ kam an das Tor, stellte sich als von Schnitzlers Verwalter vor und fragte, was unser Anliegen sei. Der Chef erwiderte, wir seien gekommen, um mit Herrn von Schnitzler zu sprechen, nicht mit seinem Verwalter, und forderte, sofort eingelassen zu werden. Ziemlich widerwillig öffnete der Verwalter, der eher aussah wie ein Wachoffizier, das Schloß und führte uns den Pfad zum Herrenhaus hinauf. Ein Butler öffnete die Tür, und wir wurden in einen Salon geleitet, in dem mehrere Renoirs, Cézannes und Utrillos hingen und in dem eine Bücherei mit schön gebundenen Büchern stand, davon viele in englischer und französischer Sprache.

Wir saßen etwa zwanzig Minuten ziemlich steif herum, bis Herr von Schnitzler zu kommen geruhte. Schließlich schlenderte er in den Raum mit seinen frisch polierten Oxfordschuhen und in seinem sorgfältig gepflegten Golfanzug, ganz das Bild eines englischen Landedelmannes. Er war etwa

60 Jahre alt und bemühte sich offenbar, sich so entspannt zu geben, daß wir uns wie zu Hause fühlen konnten. Gleich zu Beginn bemerkte er, wie froh er doch sei, die alte Freundschaft mit Lord X und Y in England, den Duponts in Wilmington und auch ›Jack Morgan‹ wieder aufnehmen zu können. Er sagte, sie alle seien ja so gute Freunde und in den letzten Jahren habe er die Trennung von ihnen als sehr schmerzhaft empfunden. Er sagte: »Die IG Farben war ja eines der größten Unternehmen in der Welt, und ich habe überallhin Verbindungen; es war eine äußerst unglückliche Situation, eingeschlossen und so von all meinen netten Freunden in der ganzen Welt abgeschnitten zu sein.«

Bei dieser Bemerkung ließ es der Chef genug sein und wies darauf hin, daß wir nicht gekommen seien, mit ihm den Tag zu verbringen, sondern um ganz bestimmte Informationen zu erhalten. Auf die genauen Fragen des Chefs antwortete von Schnitzler, sein Unternehmen sei so groß, daß er solche Details nicht wissen könne; er selbst befasse sich nur mit den allgemeinen Vorgängen und für eine so spezielle Information müßten wir uns an einen Angestellten wenden, der nach Hannover gegangen sei (damals noch in deutscher Hand). Ein anderer sei in Heidelberg. Und er wiederholte die Geschichte, daß der wichtigste Experte zu seinem großen Bedauern erst vor sechs Wochen gestorben sei. Ihm falle jedoch gerade ein kleiner Angestellter ein, der uns vielleicht helfen könne, und er nannte uns dessen Namen. Der Chef schlug vor, er solle mit uns nach Frankfurt kommen und seine Direktoren anweisen, bei den kommenden Verhören kooperativ zu sein. Von Schnitzler sagte, er bedauere es sehr, aber er habe schon mehrere Termine für diesen Tag (ein Freitag); er habe aber vor, Dienstag in die Stadt zu kommen, und er habe bereits den befehlshabenden amerikanischen Oberst in Frankfurt (den Militärregierungsoffizier) informiert, er werde an diesem Tag zur Verfügung stehen — die Amerikaner machten es allerdings sehr schwierig, da sie auf Passierscheinen bestünden. Er vermutete, daß er einen Passierschein haben müsse, und schlug vor, wir sollten ihm einen besorgen, und vielleicht könnten wir ihm einen Wagen schicken!

Ich möchte an dieser Stelle hinzufügen, daß der Chef am nächsten Morgen, als Herr von Schnitzler in der Stadt gebraucht wurde, einen Mannschaftsgrad in einem Jeep schickte und die Anweisung gab, Herrn von Schnitzler fünf Minuten Zeit zu lassen, in die Stadt zu kommen; falls er versuche, den Soldaten abzuwimmeln, solle dieser seine Waffe ziehen und ihn herbeibringen. Er kam ohne Widerrede, aber offensichtlich geknickt und wurde vom Chef in seinem (von Schnitzlers) Büro bei der IGF empfangen, der Chef an seinem Platz.

Dann verließen wir die IG Farben und begaben uns zu unseren anderen Zielen: die Göring-Werke, die Metallgesellschaft und die Lurgi-Chemiewerke. Ich erwähne diese vier Ziele ausdrücklich — es gab viele kleinere, die ich übergehen werde —, weil sie so einprägsam verschiedene Denkweisen der Deutschen illustrieren. Bei den Göring-Werken trafen wir am Fabriktor auf uniformierte Werkspolizei, die sich zuerst weigerte, uns einzulassen. Erst als wir die Pistole zogen, öffneten sie widerwillig das Tor. Kaum waren wir jedoch mit dem Jeep in den Fabrikhof gefahren, als ein kurzgeratener, tobender Wichtigtuer auf uns zukam, der sagte, er sei der Anwalt der Firma und wolle wissen, weshalb wir gekommen seien. Der Chef sagte, wir hätten nichts mit ihm zu tun: Wir wollten den Leiter der Firma sehen. Der Anwalt wollte mit uns diskutieren und sagte, er vertrete die Firma in allen Geschäftsangelegenheiten; dann nahm er ein Notizbuch heraus und fragte den Chef nach seinem Namen, da er vollständige Unterlagen haben müsse, falls irgendwo ein Schaden entstehe! Der Chef lehnte natürlich ab, schob den protestierenden ›Chentleman‹ beiseite, ging ins Büro, setzte sich an den Kopf des Tisches und verlangte, daß sofort der Generaldirektor geholt werde.

Dieser kam; es war der Graf von Pless, ein preußischer Adeliger von distinguierter Erscheinung, der offen heraus sagte, daß wir in den Fabrikanlagen nichts finden würden, da er alle Unterlagen verbrannt habe; außerdem würden weder er noch — auf seinen Befehl hin — ein Mitglied der Geschäftsführung reden. Wir müßten uns an den Anwalt wenden. Daraufhin forderte der Chef, sofort zum Büro des Direktors gebracht zu werden, um dort den Safe zu öffnen. Pless führte uns in sein Büro und öffnete den Safe, der völlig leer war. Andere von uns untersuchten weitere Räume, aber die waren auch leer. Es gab keine Spur irgendwelcher Unterlagen, obwohl wir sehr sorgfältig danach fahndeten. Schließlich fanden wir durch Zufall eine Naziuniform und Bilder von Pless bei mehreren offiziellen Veranstaltungen, eins davon mit Streicher, das wir dem CIC übergaben.

Danach fuhren wir zur Metallgesellschaft, wo die Direktoren sich versammelt hatten, uns begrüßten und sagten, daß sie annähmen, wir seien gekommen, um ihnen zu helfen, den Betrieb sofort wieder aufzunehmen, daß sie über beträchtliche Vorräte verfügten und daß sie zweifellos den Amerikanern helfen könnten, indem sie mehrere Aufträge übernähmen. Wir wiesen darauf hin, daß das nicht unsere Angelegenheit sei, was sie sehr betrübte. Als wir nach den Akten fragten, gaben sie uns sofort die — nach ihrer Meinung — entsprechenden Unterlagen heraus und halfen uns sogar, sie zum Wagen zu tragen.

Bei Lurgi erlebten wir die vierte Empfangsvariante. Dort wurden wir von einer Gruppe hochqualifizierter Ingenieure empfangen, die sagten, sie würden mit uns zusammenarbeiten, da sie einsähen, daß sie geschlagen seien und daß Deutschland beim Wiederaufbau ganz von vorne anfangen müsse. Sie sagten, daß ihre Anlagen intakt seien (tatsächlich waren all diese Fabriken intakt: Wir sahen nicht ein Werk, das schwer beschädigt war), daß sie auf Befehle der amerikanischen Militärregierung warteten und daß sie ihren Betrieb durch einen Notdienst einsatzfähig hielten. Bereitwillig machten sie uns ihre Unterlagen zugänglich, bewahrten dabei aber Distanz. Oetken, der leitende Ingenieur, gab uns zu unserem Thema unschätzbare Informationen und erklärte sehr detailliert, was seine Firma auf diesem Gebiet getan hatte. Damit war unser erster Tag zu Ende.

An dieser Stelle sind ein paar Worte zu den Bedingungen in Frankfurt angebracht. Es ist zu 80% bis 90% zerstört, eine Totenstadt. Nach der Ausgangssperre um 19 Uhr schallen die Stiefel der GIs wie Schritte in einer Gruft. Man hört keine Hunde bellen und keinen Laut von anderen Tieren. Die Leute, die im Stadtgebiet bleiben, verkriechen sich in die Keller, haben vielleicht nur das Wasser, was sie in Kübeln von einer zentralen Zisterne holen, und haben kein Licht, ganz zu schweigen von anderen Einrichtungen, die ihre Lage erleichtern könnten. Wir waren in den Überresten eines Hotels untergebracht; ein paar Räume waren notdürftig zurechtgezimmert worden, und der Besitzer des Hotels stellte jedem von uns einen kleinen Kübel mit Wasser zur Verfügung. Andere Einrichtungen gab es nicht, und die GIs hatten in der ehemaligen Grünanlage vor dem Eingang provisorisch eine Grube gegraben. Die Einheimischen erledigten dieses Geschäft offenbar wie die Tiere, d.h., sie erledigten es irgendwo in den Trümmern und deckten nachher alles zu.

Das trifft natürlich nur auf die Armen zu. Die Reichen leben von alldem ziemlich unberührt in den Vororten oder den umliegenden Städten wie Bad Homburg oder Ursel; sie wohnen dort mit Dienern und haben fast allen Luxus. Ich weiß das, weil ich mehrere Direktoren und Techniker aus ihren Häusern abgeholt und die Gelegenheit wahrgenommen habe, mir die Häuser sehr gründlich anzusehen. Außerdem hatte die Bourgeoisie anscheinend reichlich zu essen, frisches Gemüse, Eier und Milch, ausreichend Eingemachtes und Konserven aller Art. Die in den Städten zurückgebliebenen Armen stehen fast den ganzen Tag an, um das bißchen zu erhalten, was sie überhaupt bekommen konnten. Wir ernährten uns die ganze Zeit von ›K‹-Rationen, erhielten zusätzlich nur etwas heißen Kaffee, den es zu jeder Zeit im CP der ›T‹-Forces gab.

In der Zwischenzeit war die Lage dadurch noch schwieriger geworden, daß sich buchstäblich mehrere tausend Flüchtlinge wie Ameisen über die Stadt ergossen und alles, dessen sie habhaft werden konnten, mitnahmen: Möbel, Kleidung, Nahrungsmittel und Schuhe. Gelegentlich gab es Unruhen, und am Samstagnachmittag mußte die Militärregierung eingreifen und den Befehl geben, die Flüchtlinge sollten sich beim Gebäude der IGF sammeln. Am Samstagabend waren es fast 2000 Männer, Frauen und Kinder aller Nationalitäten, die auf dem Gelände der IGF einen großen Lärm machten, dort kampierten und das Schwimmbecken zu allen möglichen Zwecken benutzten, zum Waschen, zum Trinken und zu Schlimmerem. Bei Anbruch der Dunkelheit konnte man den ekelerregenden Gestank des Beckens mehrere Häuserblocks weit riechen. Ein amerikanischer Feldwebel und mehrere

Soldaten versuchten, mit der Menge fertig zu werden, und sie haben ganze Arbeit geleistet. Der Feldwebel bewaffnete sich mit einem alten Florett, und jedesmal, wenn sich einer seinen Befehlen widersetzte, gab er ihm einen klatschenden Schlag. Das tat offensichtlich seine Wirkung und war zumindest eine Sprache, die die meisten verstanden. Später begann ein Hauptmann (Hinman, glaube ich), die einzelnen Nationalitäten, die sich bekämpften, voneinander zu trennen: Franzosen von Italienern, Russen von Polen, Griechen von Serben. Jeder Nationalität wies er eine eigene Etage zu, ernannte Führer und Polizisten, und langsam schälten sich die einzelnen Gruppen heraus, aber sie hatten nichts zu essen, und niemand wußte, wo man etwas bekommen konnte. Da übernahmen die Deutschen die Sache. Sie organisierten eine Kantine für die Flüchtlinge, und mit ihrer Polizei, die Armbinden der Militärregierung trug, begannen sie, auch unter den Flüchtlingen Disziplin zu schaffen. Alle schienen sich damit abzufinden, nur die Franzosen protestierten dagegen, von den Deutschen herumkommandiert zu werden, akzeptierten die Disziplin aber dennoch, da es dafür etwas zu essen gab. Den ganzen Samstag und Sonntag schälten die Frauen und Töchter von Angestellten der IGF Kartoffeln, gaben Suppe aus und versuchten, die Flüchtlinge in ihrer Kantine so gut es ging zufriedenzustellen.

Immer noch strömten Flüchtlinge herbei, Hunderte und Aberhunderte, und ihre Zahl wuchs und wuchs; andere zogen in Gruppen in die Stadt, um noch etwas zu plündern, bis sie schließlich von der deutschen Polizei auf das Gelände der IGF zurückgebracht wurden und den Befehl erhielten, dort zu bleiben.

Was die deutsche Polizei betrifft: Als wir am Montag zur IGF kamen, fanden wir alle Direktoren im Besitz von Armbinden der Militärregierung, und sie teilten uns mit, wir müßten das Fabrikgelände verlassen, da sie mit der Militärregierung vereinbart hätten, den Betrieb wieder zu übernehmen; sie könnten die Unterlagen usw. nur zeigen, wenn sie ihre Büros aufgeräumt hätten und wieder in der Lage seien, Geschäftsangelegenheiten auf dem angemessenen Weg zu bearbeiten. Einer von ihnen packte den Chef sogar am Arm und wollte ihn wohl hinauswerfen. Der Chef zog seine

Pistole und sagte ihm, er solle seine Finger von einem amerikanischen Offizier lassen; anschließend hatten wir keinen Ärger mehr, wären wir jedoch später dorthin zurückgekehrt, hätten wir vielleicht bei der IGF eine Besucherkarte beantragen müssen.

Wir verließen Frankfurt und rückten auf den Fersen der kämpfenden Truppen in Mannheim ein; dort fanden wir in den Stahlwerken eine ähnliche Situation vor wie schon in Frankfurt: Unterlagen vernichtet, Direktoren arrogant, Fabrikanlagen unversehrt, obwohl die Stadt praktisch aufgehört hatte zu bestehen.

Ganz im Gegensatz dazu sind Bad Nauheim und viele der kleineren Kurorte dazwischen unberührt; sie bildeten offensichtlich die Zuflucht der deutschen Großbourgeoisie. Die Läden wurden von der deutschen Polizei bewacht und schienen alles in großer Menge vorrätig zu haben. Die Zivilbevölkerung beiderlei Geschlechts war besser gekleidet, als ich es irgendwo sonst in Europa gesehen habe, und sie schien Reichtum und Gesundheit auszustrahlen und mit den Schrecken des Krieges nicht in Berührung gekommen zu sein. Sie hatten offensichtlich angenommen, sie würden mit den Amerikanern gut auskommen, und waren geneigt, mit strahlendem Gesicht auf uns zuzukommen oder den Hut zu ziehen, und sie waren ganz bekümmert, wenn sie auf Ablehnung trafen.

Überall auf dem Lande zogen deutsche Truppen — einfache Soldaten ebenso wie Offiziere — in dieser Zeit ziemlich frei umher und warteten offensichtlich ziellos darauf, daß etwas geschehen solle. Unsere Leute nahmen sie nach und nach fest und hatten dabei nur mit der SS Mühe, die verschiedentlich noch Terroranschläge unternahm: durch Heckenschützen, Mord, Hinterhalt und selbst mit organisiertem Widerstand. Häufig konnte man nacheinander eine Gruppe geflohener französischer Gefangener die Straße entlangkommen sehen, die ihre Flagge wehen ließen und französische Lieder sangen, dann einen Trupp Russen, der schwerfällig einhermarschierte, und schließlich eine Gruppe deutscher Soldaten, die in Richtung Frankfurt dahertrotteten. Die Abteilung für Zivilangelegenheiten, die bemitleidenswert wenig Personal hatte, schuf aus diesem Chaos eine gewisse Ordnung. Sie hielt sich dabei jedoch nicht an die festgesetzten Regeln, sondern mußte improvisieren. Sie mußte weitgehend auf deutsche Beamte und Polizisten zurückgreifen und hatte die Barrikaden wegräumen lassen, die Waffen eingesammelt, deutsche Soldaten festgesetzt, Flüchtlinge zum IGF-Gelände weitergeleitet, Vorratszentren und Wasserausgabestellen errichtet und schließlich einen Stadtrat benannt. Letzteres gelang in Frankfurt nur mit Mühe, denn am Montag, als die Abteilung für Zivilangelegenheiten sich hiermit befassen wollte, hatte die Nachricht von der Existenz des Werwolfs die Runde gemacht, eine Art Ku-Klux-Klan, der von den Nazis organisiert und groß angekündigt worden war. Durch Mundpropaganda wurden alle ehrenwerten Bürger davor gewarnt, Mitglied des Stadtrates zu werden, weil sie dann ermordet würden, so daß der am Sonntag ausgewählte Rat am Montag bereits verschwunden war; schließlich waren nur einige katholische und protestantische Kirchenleute sowie ein zitternder Jude — mit einigem Widerwillen — bereit, Mitglied zu werden. Insgesamt gewann ich den Eindruck, daß die deutschen Führer dazu übergegangen sind, sich mit den Notwendigkeiten zu arrangieren — das allerdings nur in begrenztem Umfang. In der Zwischenzeit klopfen sie uns auf schwache Stellen ab, stellen uns bei jeder Gelegenheit auf die Probe, versuchen herauszufinden, ob wir es ernst meinen, wenn wir auf den Tisch hauen, und leisten Widerstand, soweit sie es wagen. Sie sagen fast offen, wir selbst würden mit der Situation nicht fertig werden und müßten uns letzten Endes wieder an sie wenden. Sie vertrauen darauf, daß wir so viele Fehler machen, daß es unausweichlich sein wird, daß sie wieder die Führung übernehmen. Solange wollen sie abwarten und zusehen, wie wir alles verpatzen. Außerdem spielen sie die ›rote Gefahr‹ aus, soweit sie sich gerade trauen. Sobald man sich nur ein bißchen zugänglich gibt — bzw. wenn sie glauben, Anzeichen dafür zu sehen —, sagen sie uns immer wieder: »Wir sind so froh, daß ihr hier seid und nicht die Russen«, und in einigen Fällen haben sie tatsächlich behauptet, die Wehrmacht habe sich zurückgezogen, damit wir soviel von Westdeutschland vor den Russen retteten, wie eben zu retten war.

Solchen Berichten wurde allgemein geglaubt. Es gab noch viele andere, und alles deutete darauf hin, daß die Nazipropaganda noch auf Hochtouren lief und Gerüchte unter einer Bevölkerung verbreitete, die ohnehin verdrehte Ansichten hatte, nachdem Goebbels jahrelang die Grundlage geschaffen hatte. Die Direktoren z. B., die ich in meinem Jeep aus den Vorstädten abholte, brannten darauf, mir zu sagen, das deutsche Volk sei das Opfer einer weltweiten Verschwörung gewesen, die beabsichtigt habe, dieses wunderschöne Land unbekannten Mächten auszuliefern; Deutschland habe einen Verteidigungskrieg geführt; hätten die Alliierten Waffen statt Bomben auf sie abgeworfen, wären sie mit den ›wenigen revolutionären Kräften‹ in ihrem Land, die nur 1% betragen hätten und ›aus der Hand‹ geraten seien, alleine fertig geworden. Der alliierte ›Bombenterror‹ habe das deutsche Volk geeinigt, keinen militärischen Nutzen gehabt und sei ein schwerer Fehler gewesen; sie seien die wahren Verteidiger der westlichen Zivilisation gegen ›die asiatischen Horden‹ usw. Auf diesem fruchtbaren Boden säte Goebbels sein Phantasiegebilde vom ›Werwolf‹, das in kürzester Zeit von Mund zu Mund eilte, Furcht verbreitete und das Selbstvertrauen der wenigen Personen erschütterte, die anfänglich geneigt waren, mit uns zusammenzuarbeiten.

Kurz gesagt, im Land herrschte Chaos und unter den Leuten Hysterie, die sich schnell zu einer Trotzhaltung und dem Gefühl ausweitete, ungerecht behandelt zu werden, und nicht von der geringsten Spur eines Schuldgefühls getrübt wurde. Die meisten dieser Männer mit hohem und in manchen Fällen höchstem Ansehen in der Gesellschaft waren bereit zuzugeben, daß Deutschland den Krieg verloren habe, beeilten sich aber hinzuzufügen, der Grund hierfür sei die Übermacht der Alliierten an Macht und Material gewesen; sie fügten dann sogleich hinzu, sie würden sich in der Zukunft Mühe geben, das auszugleichen. Der Gesamteindruck war, kurz gesagt, beunruhigend. Soweit ich feststellen konnte, war die Einstellung des durchschnittlichen Managers von Selbstmitleid, kriecherischer Rechtfertigung und einem gekränkten Unschuldsgefühl geprägt, das mit einem Jammern um Mitleid und um Hilfe beim Aufbau seines zerstörten Landes verbunden war. Viele von ihnen, wenn nicht die meisten, erwarten zuversichtlich, das amerikanische Kapital werde sich unverzüglich bei der Aufbauarbeit engagieren, und sie erklärten sich bereit, ihre Arbeitskraft und ihren Verstand in den Dienst dieser vorübergehenden Herren zu stellen; davon erhoffen sie sich unverhohlen, Deutschland mächtiger und größer wiederaufzubauen, als es in der Vergangenheit war. Sie waren ohne Ausnahme über ihre Lage und ihre künftigen Aussichten äußerst beunruhigt. Dafür, was ihr Land in seine bejammernswerte Lage gebracht hatte und wer dafür verantwortlich war, interessierten sie sich kaum, genauer gesagt, gar nicht. Der ›Herrenklub‹ der Wirtschaftsleute war offensichtlich fest entschlossen, möglichst schnell und mit allen Mitteln die Kontrolle zurückzugewinnen, und er war offensichtlich davon überzeugt, daß er dieses Ziel aufgrund der sprichwörtlichen Gutmütigkeit, Menschenfreundlichkeit und Gefühlsduselei der Amerikaner erreichen könne. Die Führer der Wirtschaft geben offen zu, daß das eroberte Deutschland im Augenblick ein politisches und wirtschaftliches Vakuum ist, und sie seien am ehesten in der Lage, es wieder zu füllen — und nicht die umherstreunenden, verlumpten und verwirrten kleinen Leute, die in den Geisterstädten ihrer unter Trümmern begrabenen Welt umherirren.

EDMUND WILSON — London, April 1945

Über London liegt heute ein Hauch von Sowjet-Moskau. Wenn man das den Londonern sagt, sind sie überrascht; es entzückt sie nicht besonders. Aber auch andere Besucher, die in Rußland gewesen sind, sollen, wie ich auf der amerikanischen Botschaft erfuhr, Ähnliches gesagt haben. Die durch den Widerstand gegen Deutschland erzwungene Reglementierung und Anspannung bringt Wirkungen hervor, die sehr stark an das Moskau der zwanziger und dreißiger Jahre erinnern, als die Sowjets sich um Autarkie bemühten. Die Leute wirken ziemlich schäbig, aber sie wirken fast alle gleich schäbig. Viele arbeiten für die Regierung. Alle haben eine genau bestimmte Aufgabe. Alle sind auf Notstand und Übergangszeit eingestellt. Viele Dinge werden nicht ausgeführt oder bleiben liegen — in London die Reparatur von Gebäuden, in Moskau städtische Bauvorhaben. Was in normalen Zeiten ein unerträglicher Schandfleck wäre, bleibt einfach, wie es ist. Man muß sich dauernd registrieren lassen und die richtigen Passierscheine haben. Überall stehen die Leute an, und sie verbringen Stunden in der Warteschlange. Man spürt auch, und das ist eine der markanten Veränderungen in London, ein relativ demokratisches Verhalten, wie es bei Leuten zu finden ist, die alle im selben Boot sitzen und sich keinen rüden Umgangston erlauben können, weil sie aufeinander angewiesen sind.

Wie die Sowjetrussen waren auch die Engländer seit dem Krieg vom Rest der Welt so gut wie abgeschnitten. Ihre Zeitungen sind so mager wie die russischen, wenn auch weniger irreführend. Ihre Wahrnehmung von der Außenwelt scheint verblaßt zu sein. Leute, die die Kriegsjahre ganz oder zum größten Teil in London verbracht haben — ohne auch nur an die Küste fahren zu können, was für Londoner offensichtlich eine große Entbehrung ist —, klagen über eine Art von Klaustrophobie. Und jüngere Leute in den Ämtern, die fünf Jahre ihres Lebens dem Krieg opfern mußten, Jahre, die sonst viel angenehmer verlaufen wären, legen dieselbe Mischung von Gelangweiltsein und Ergebenheit an den Tag, die einem an den jungen Arbeitern in der sowjetischen Wirtschaft am Ende des zweiten Fünfjahresplans aufgefallen ist. Wie in Moskau laufen die Frauen in Hosen herum, und das Problem der vernachlässigten Kinder macht ihnen zu schaffen. Auch ist jedermann ruhig, unterwürfig, geduldig und willig. Wie über den russischen scheint über den englischen Parks eine merkwürdige Stille zu liegen. Am Abend liegen die Leute im Gras oder schlendern auf den Wegen oder fahren im Serpentinenteich Boot oder spielen eine primitive Art von Baseball, *rounders* genannt — und das alles so geräuschlos wie Kaninchen, die in ihrem Gehege Gras mampfen. Selbst die amerikanischen Soldaten, die Baseball auf amerikanische Art spielen, machen dabei viel weniger Lärm als zu Hause. [. . .]

Ich verbrachte einige Zeit im Hyde Park Hotel, dem es noch gelungen war, den Schein viktorianischer Bequemlichkeit und Größe zu wahren. Der Ober fragte mich, was ich zum Frühstück am nächsten Morgen in meinem Zimmer zu essen wünsche. Als er bei der Aufzählung des mageren Menüs Rührei und Wurst erwähnte, sagte ich: »Das ist gut! Bringen Sie mir das.« — »Wenn man's sieht, ist man gewöhnlich anderer Meinung«, antwortete er mit gedämpfter Stimme. Ich hätte auf seine Warnung hören sollen, denn die Eier entpuppten sich als Pulverklumpen; jetzt verstand ich auch, was gemeint war, als mir ein Bekannter sagte, in England seien die Würste zu einer Art von Brotersatz geworden.

Infolge der nervlichen Anspannung des Krieges ist die Stimmung bei den Engländern gereizt. Diese Atmosphäre allgemeinen Ressentiments verschont auch die Amerikaner nicht, und es mag sein, daß auch meine Aufzeichnungen davon gefärbt sind.

Eines Abends aß ich zusammen mit einem Herrn von der Labour Party, der im Luftfahrtministerium beschäftigt war, und einem Journalisten, der in Spanien auf der Seite der Regierungstreuen gekämpft hatte und nun ein radikaler Antistalinist war. Es war Ende April. Zu dieser Zeit hatten die Amerikaner und Engländer in Deutschland ihr schreckliches Zerstörungswerk fast abgeschlossen, und beim Kaffee nahm das Gespräch unmerklich eine makabre Wendung. Wenn die Deutschen nach dem Krieg nach Hause kämen, würden sie ihr Land wohl ›etwas verändert‹ vorfinden, meinte der Beamte mit einem Anflug von Spott. Als der Radikale daran erinnerte, daß Warschau ›vollständig ausradiert‹ worden sei, verfiel er in eine Art unfreiwilliges Grinsen, fing sich jedoch augenblicklich und sagte: »Wer hätte vor sechs Jahren noch gedacht, daß wir bald so frivol über die Vernichtung ganzer Bevölkerungen reden würden?« Auch ich hatte oft daran gedacht. Der Erste Weltkrieg hatte die menschlichen Regungen noch nicht gänzlich abgetötet: damals wußte man noch, daß das Elend und das Abschlachten abnorm und nicht gerade wünschenswert waren. Gegen das Übel des Krieges protestierten Leute wie Harden, Rolland, Barbusse, Bertrand Russell und Bernard Shaw, Upton Sinclair und John Dos Passos, ganz zu schweigen von Lenin und den Sozialisten der Zimmerwalder Konferenz. Aber heute ist es ausgemacht, daß das menschliche Leben nichts mehr gilt. Ob Menschen getötet werden oder nicht, kümmert niemanden mehr, es sei denn, es handle sich um enge Freunde oder Verwandte. Nach dem ersten Schock der deutschen Bombardierungen verfolgten wir in Amerika den Wettkampf zwischen der Royal Air Force und der Luftwaffe wie ein Fußballmatch. Als wir selber hineingezogen wurden, konnte man nicht sagen, daß uns auch nur im entferntesten ein ungutes Gefühl beschlichen hätte, wenn man von einem gelegentlichen alten Liberalen wie Oswald Garrison Villard absieht, auf den aber kein Mensch hörte. Die Zeitungsberichte über unsere Bombardierungen klangen ausgelassen. In den Meldungen hieß es: ›Ein strahlender Himmel über den fliegenden Staffeln‹. Als unsere Flugzeuge das Kloster von Monte Cassino zerstörten, ›fiel‹ das Gebäude ›wie ein Kartenhaus zusammen‹, und die Deutschen rannten ›wie Ameisen‹ heraus — als wären sie keine menschlichen Wesen. Als wir mit der Zerschlagung Berlins begannen, konnte man hören, es sei nicht schade um diese häßliche Stadt und ihre Häuser. Ohne eine gewisse Indoktrination — wie sie bei den Deutschen üblich war — hätten wir es nie zu dieser Gleichgültigkeit bringen können. Genau wie die Deutschen ließen wir uns davon überzeugen, daß wir es nicht mit wirklichen Menschen zu tun hätten. Unmittelbar nachdem die Nachrichten von den japanischen Greueln bekannt wurden, sah ich mir im Kino eine Wochenschau an. Sie sollte das Publikum aufrütteln. Zuerst wurden einem die Leichen oder noch zuckenden Körper der von den Japsen hingeschlachteten Chinesen vorgeführt, dann hörte man einen der amerikanischen Offiziere, die von Feindeshand verwundet worden waren, sagen, die Japsen seien seiner Meinung nach nicht besser als ›Tiere‹. Dieses Stichwort nahm der Sprecher auf und hämmerte es den Leuten zu Hause ein: »Sie haben gehört, was Captain Soundso gesagt hat. Er meint, die Japsen sind Tiere. Und nun müssen wir gegen diese Tiere kämpfen! Um diese Tiere zu bezwingen, müssen wir Staatsanleihen kaufen!« Goebbels hat sich wohl kaum einer anderen Technik bedient, als er den Deutschen beibringen wollte, daß die Auslöschung der Polen und Juden etwas ganz Natürliches sei; und unsere Anstrengungen waren nicht weniger erfolgreich. Mit Gleichmut und heiterer Selbstzufriedenheit können wir heute eine Kriegführung betrachten, die ganze Städte verwüstet und für Tausende von Frauen und Kindern Tod und Verderben bringt.

Doch die ständige Abrichtung zur Tötung von Menschen, von denen wir kaum einen zu Gesicht bekommen, die Unterdrückung der natürlichen Bande zwischen uns und diesen unsichtbaren menschlichen Kreaturen bezahlen wir in unseren unmittelbaren persönlichen Beziehungen mit den gehässigen Auswirkungen der Furcht und der verdrängten Schuld. Unsere Welt ist von nun an vergiftet, und wir müssen auch noch eine andere Erfahrung machen: Die Ächtung des Feindes führt leicht dazu, daß wir die eigenen Alliierten nicht mehr ausstehen können.

JANET FLANNER — Paris, 11. Mai 1945

In Paris endete der Krieg so, wie er begonnen hatte — mit Marschieren. Als der Krieg ausbrach, marschierten die französischen Soldaten an die Front; als er zu Ende war, marschierte die französische Bevölkerung in Umzügen in den Frieden. In dem Augenblick, da der Friede kein Gerücht mehr war, sondern Wirklichkeit, wurde die Stadt Paris von einem fanatischen Geist der Mobilmachung ergriffen. Hunderttausende formierten sich zu endlosen Reihen und zogen durch die Straßen. Sie begannen ihren Marsch am Dienstagnachmittag um drei Uhr, im gleichen Augenblick, als die Stimme General de Gaulles die große Nachricht über Lautsprecherwagen verkündete, und noch in der Morgendämmerung des nächsten Tages marschierten Tausende durch die Straßen. Vom Morgengrauen bis in die Nacht hinein marschierte die Menge, getragen vom Rhythmus jener Massen, die kein bestimmtes Ziel haben, aber etwas fühlen, was sie durch ihren gemeinsamen Marsch ausdrücken. Der Tag des Sieges glich einer Besetzung der Stadt durch die Pariser selbst. Sie strömten hinaus auf die Avenuen und Boulevards und füllten sie von Bordstein zu Bordstein. Sie pflasterten die Champs-Élysées mit ihren eingekeilten, vorwärtsdrängenden Leibern. Rings um den Arc de Triomphe verfestigten sich die Marschkolonnen, die aus den Speichen des Etoile strömten, zu einer gefährlichen, lebendigen Knetmasse, die von ihrem eigenen Gewicht geschoben und weitergetrieben wurde, bis die Marschierenden sich endlich humpelnd und zerschunden losmachten und in der staubigen, schönen Frühlingswärme durch die Avenuen und Boulevards heimkehrten.

Der Stimmenlärm und die Marschtritte dröhnten lauter als die Kirchenglocken, die den Frieden einläuteten; selbst die Kanonen, die vom Invalidendom und im Bezirk um den Louvre abgefeuert wurden, waren auf der nahen Place de la Concorde nur noch als dumpfe Explosionen zu hören, weil die rastlosen Füße und Stimmen die Schüsse dämpften. In der Menge schien einer vom anderen Nahrung und Kraft zu saugen, um noch eine Straße und noch eine Avenue entlangzugehen. Bis auf das, was sie in ihren Taschen zu essen mitgenommen hatten, lebten die Menschen von Luft und Begeisterung. Die Restaurants waren geschlossen, Apéritifs spärlich, und das Bier war schal. Trotz Frühling und Frieden war Paris nicht besser mit Lebensmitteln versorgt als im Krieg und im Winter, nur kümmerte sich jetzt niemand darum. Alles, woran die Menschen dachten, war, weiterzumarschieren, weiterzurufen und weiter Bruchstücke der Marseillaise zu singen: *Le jour de gloire est arrivé . . . marchons, marchons . . .*

JANET FLANNER Paris, 24. Mai 1945

Nun, da nicht nur Paris, sondern ganz Europa befreit ist, scheint es an der Zeit, Umschau zu halten, was nach der neuerlichen Heimsuchung eines deutschen Krieges von der Stadt, die einmal die kulturelle und geistige Hauptstadt des sogenannten französischen Europa war, geblieben ist. Paris ist nicht heiter, es ist ruhelos, angstvoll, verdrossen — und vermutlich auf dem Wege der Genesung. Die Theater sind überfüllt, die Läden und Geschäfte immer noch leer. Die Menschen haben entweder Geld im Überfluß und wenig, wofür sie es verwenden könnten; oder sie haben so gut wie gar nichts und bringen es doch fertig, davon zu leben. Es gibt drei soziale Klassen: einmal die früher wohlhabenden Rentner; dann die Arbeiter, die jetzt, obwohl sie die höchsten Löhne, die je gezahlt worden sind, bekommen, in ganz

Frankreich für Lohnerhöhungen streiken, um die Preiserhöhungen auszugleichen (in den nördlichen Kohlengruben allerdings, wo die Förderung sowieso ausfiel, weil die Bergarbeiter auf vegetarische Diät gesetzt wurden, hat man in Wirklichkeit um Fleisch gestreikt); und drittens die Inflationsgewinnler, also die Neureichen und die Altreichen. Sie gehören nun einmal zu dem finanziellen Phänomen hochschießender wertloser Millionen bei nicht vorhandenen Waren, so wie schwimmende Blätter und Klötze zum Bild eines strömenden Flusses gehören. Klasse Nummer drei scheint, soweit es sich übersehen läßt, die Klasse der Überlebenden zu sein.

Martha Gellhorn — Dachau, Mai 1945

Wir verließen Deutschland in einer C47 mit amerikanischen Kriegsgefangenen an Bord. Die Maschinen standen in einer Reihe auf einer Graspiste bei Regensburg, und die Passagiere saßen wartend im Schatten unter den Tragflächen. Sie entfernten sich nicht einen Schritt von den Flugzeugen; diesen Flug wollte keiner versäumen. Als der Kapitän sagte, alles an Bord, stiegen wir ein, als ob wir vor einem Brand ausrückten. Niemand schaute aus dem Fenster, als wir über Deutschland flogen. Niemand wollte Deutschland jemals wiedersehen. Alle wandten sich mit Haß und Ekel davon ab. Zunächst sprach keiner, doch als es Wirklichkeit wurde, daß Deutschland für immer hinter ihnen lag, begannen sie von ihren Gefängnissen zu erzählen. Wir äußerten uns nicht zu den Deutschen; was soll man über sie noch viele Worte machen, es gibt nichts zu sagen. »Niemand wird uns glauben«, bemerkte ein Soldat. Alle stimmten dem zu; niemand würde ihnen glauben.

»Wo waren Sie in Gefangenschaft, Miss?« fragte ein Soldat.

»Ich habe mich hier nur eingeschmuggelt, habe mir Dachau angesehen.«

Einer der Männer sagte plötzlich: »Wir müssen davon sprechen. Wir müssen davon sprechen, ob uns nun jemand glaubt oder nicht.«

Hinter dem Stacheldraht und dem elektrischen Zaun saßen die Skelette in der Sonne und suchten sich nach Läusen ab. Sie sind alterslos und gesichtslos; alle sehen gleich aus und haben keine Ähnlichkeit mit irgend etwas, das Sie, wenn Sie Glück haben, jemals zu Gesicht bekommen werden. Wir überquerten das weite, volle, staubige Gelände zwischen den Gefängnisbaracken und betraten das Lazarett. Im Flur saßen weitere Skelette, und der Geruch von Krankheit und Tod ging von ihnen aus. Sie beobachteten uns, aber sie rührten sich nicht; kein Ausdruck zeigt sich auf einem Gesicht, das nur noch gelbliche, stoppelige Haut, über Knochen gespannt, ist. Was einmal ein Mann gewesen war, schleifte sich ins Sprechzimmer des Arztes; er war Pole, ungefähr ein Meter achtzig groß und wog unter neunzig Pfund, er trug einen gestreiften Gefängniskittel, ein paar unverschnürte Stiefel und eine Decke, die er sich um die Beine zu halten versuchte. Seine Augen waren groß und sonderbar und traten aus den Höhlen heraus, und sein Kieferknochen schien durch seine Haut zu schneiden. Er war beim letzten Todestransport von Buchenwald nach Dachau gekommen. Fünfzig Güterwagen mit seinen toten Reisegefährten standen noch auf dem Nebengleis außerhalb des Lagers, und während der letzten drei Tage hatte die amerikanische Armee Dachauer Zivilisten gezwungen, die Toten zu begraben. Als dieser Transport angekommen war, hatten die deutschen Wachen die Männer, Frauen und Kinder in die Güterwagen eingeschlossen, und dort waren sie langsam an Hunger, Durst und Erstickung gestorben. Sie schrien, und sie versuchten sich nach draußen zu kämpfen; von Zeit zu Zeit schossen die Bewacher in die Wagen, damit der Lärm aufhörte.

Dieser Mann hatte überlebt; er wurde unter einem Stapel von Toten gefunden. Jetzt stand er auf den Knochen, die seine Beine waren, und redete, und auf einmal weinte er. »Alle sind tot«, sagte er, und das Gesicht, das kein Gesicht war, verzog sich vor Schmerz oder Leid oder Schrecken. »Niemand ist übrig. Ich kann nicht anders. Da bin ich jetzt, und ich bin fertig und kann nicht anders. Alle sind tot.«

Der polnische Arzt, der hier fünf Jahre lang selbst Gefangener gewesen war, sagte: »In vier Wochen werden Sie wieder ein junger Mann sein. Sie werden es schaffen.«

Paris, 24. Mai 1945 / Dachau, Mai 1945

Vielleicht wird sein Körper leben und zu Kräften kommen, aber man kann nicht glauben, daß seine Augen jemals wieder wie die anderer Menschen werden.

Der Arzt sprach mit großem Abstand von den Dingen, die er in diesem Lazarett mit angesehen hatte, ohne daß er etwas hätte tun können, um ihnen Einhalt zu gebieten. Die Gefangenen redeten in der gleichen Weise — ruhig, mit einem seltsamen kleinen Lächeln, als ob sie sich dafür entschuldigen wollten, daß sie zu jemandem, der in einer wirklichen Welt lebte und von dem man kaum eine Vorstellung von Dachau erwarten durfte, von solchen Abscheulichkeiten sprachen.

»Die Deutschen machten hier ein paar ungewöhnliche Experimente«, sagte der Arzt. »Sie wollten zum Beispiel herausfinden, wie lange ein Flieger es ohne Sauerstoff aushält, also wie hoch er steigen kann. Sie hatten dafür einen geschlossenen Wagen, aus dem sie den Sauerstoff pumpten. Es ist ein rascher Tod, es dauert nicht länger als fünfzehn Minuten, aber es ist ein harter Tod. Bei diesem Versuch töteten sie nicht so viele Menschen, nur achthundert. Es stellte sich heraus, daß über elftausend Metern Höhe niemand ohne Sauerstoff leben kann.«

»Welche Leute nahmen sie für diesen Versuch?« fragte ich.

»Jeden x-beliebigen Gefangenen«, antwortete er, »wenn er nur gesund war. Sie suchten sich die Stärksten aus. Die Sterblichkeit war natürlich hundert Prozent.«

»Das ist sehr interessant, nicht wahr?« sagte ein anderer polnischer Arzt.

Wir schauten uns nicht an. Ich weiß nicht, wie ich es erklären soll, aber neben der schrecklichen Wut, die man empfindet, schämt man sich. Man schämt sich für die Menschheit.

»Es gab auch noch das Wasserexperiment«, fuhr der erste Arzt fort. »Damit wollte man feststellen, wie lange Piloten überleben konnten, wenn sie über Wasser abgeschossen worden waren, sagen wir mal über dem Ärmelkanal. Bei diesem Versuch steckten die deutschen Ärzte die Gefangenen in große Fässer, in denen sie bis zum Hals im Wasser standen. Man fand heraus, daß der menschliche Körper es zweieinhalb Stunden lang bei acht Grad unter Null aushalten kann. Dieses

Experiment kostete sechshundert Menschen das Leben. Manchmal mußte ein Gefangener es zweimal durchleiden, nämlich wenn er gleich zu Beginn ohnmächtig wurde; dann wurde er wiederbelebt, und ein paar Tage später führte man den Versuch noch einmal durch.«

»Haben sie nicht geschrien, sich aufgelehnt?«

Er lächelte über diese Frage. »Es war zwecklos, an diesem Ort zu schreien oder sich aufzulehnen. Es hatte für niemanden irgendeinen Zweck.«

Ein Kollege des polnischen Arztes kam herein; er war es, der über die Malariaexperimente Bescheid wußte. Der deutsche Arzt, der die tropenmedizinische Forschung des Heeres leitete, benutzte Dachau als Versuchsstation. Er wollte einen Weg finden, deutsche Soldaten gegen Malaria zu immunisieren. Zu diesem Zweck impfte er elftausend Gefangenen Malaria dritten Grades ein. Die Todesfälle aufgrund von Malaria waren nicht allzu zahlreich, aber diese nun obendrein noch vom Fieber geschwächten Gefangenen starben schneller an Hunger. Jedoch kamen an nur einem Tag drei Männer durch eine Überdosis Pyramidon, mit dem die Deutschen aus unbekanntem Grund damals experimentierten, ums Leben. Eine Immunisierung gegen Malaria wurde niemals festgestellt.

Ein Stück weiter den Flur hinunter, in der Chirurgie, holte der polnische Chirurg das Berichtebuch hervor, um einige Daten von Operationen nachzuschlagen, die von den SS-Ärzten vorgenommen worden waren. Dabei handelte es sich um Kastrationen und Sterilisationen. Die Gefangenen wurden gezwungen, vorher ein Papier zu unterschreiben, in dem stand, daß sie die Notwendigkeit dieser Selbstzerstörung einsahen und in die Operation einwilligten. Juden und Zigeuner wurden kastriert; jeder ausländische Zwangsarbeiter, der mit einer deutschen Frau eine Beziehung gehabt hatte, wurde sterilisiert. Die deutschen Frauen brachte man in andere Konzentrationslager.

Der polnische Chirurg besaß nur noch seine vier oberen Vorderzähne, die anderen an beiden Seiten waren ihm eines Tages von einem Wächter ausgeschlagen worden, weil dieser gerade Lust gehabt hatte, Zähne auszuschlagen. Dieser Vorgang schien weder für den Arzt noch für sonst irgend jemanden ein Anlaß zur Überraschung zu sein. Keine Brutalität konnte sie mehr überraschen. Sie waren eine systematische Grausamkeit gewöhnt, die in diesem Konzentrationslager zwölf Jahre lang geherrscht hatte.

Der Chirurg erwähnte ein anderes Experiment, ein wirklich sehr schlimmes, sagte er, und offensichtlich völlig unnütz. Die Versuchskaninchen waren polnische Priester. (Über zweitausend Priester durchliefen Dachau; eintausend sind noch am Leben.) Die deutschen Ärzte injizierten den Gefangenen Streptokokken in die Oberschenkel, zwischen Muskel und Knochen. Daraufhin bildeten sich ausgedehnte Abszesse, begleitet von Fieber und starken Schmerzen. Der polnische Arzt wußte von über hundert derartigen Fällen; es können aber auch mehr gewesen sein. Er hatte eine Liste von einunddreißig Todesfällen, doch es dauerte gewöhnlich zwei bis drei Monate unaufhörlicher Schmerzen, bis der Patient starb, und alle starben sie erst, nachdem man während ihrer letzten Lebenstage mehrere Operationen an ihnen vorgenommen hatte. Diese Operationen waren ein weiteres Experiment, das zeigen sollte, ob ein sterbender Mensch gerettet werden konnte. Die Antwort lautete: Er konnte nicht. Einige Gefangene erholten sich völlig, weil sie mit dem bereits bekannten und bewährten Gegenmittel behandelt wurden, aber es gab andere, die jetzt im Lager herumschlichen, so gut sie konnten, und fürs Leben verkrüppelt waren.

Ich war nicht mehr in der Lage, mehr davon zu hören, und so brachte mich mein Führer, ein deutscher Sozialist, der zehneinhalb Jahre Gefangener in Dachau gewesen war, über das Gelände zum Gefängnis. Wenn man sich in Dachau von einem Schrecken erholen will, geht man zum nächsten. Das Gefängnis war ein langes, sauberes Gebäude mit kleinen weißen Zellen im Innern. Hier lebten die Leute, die von den anderen Gefangenen NN genannt wurden. NN steht für Nacht und Nebel. Weniger romantisch ausgedrückt, bedeutet es, daß die Häftlinge in diesen Zellen niemals einen Menschen zu sehen bekamen, niemals mit irgend jemandem sprechen durften, niemals an die Sonne und an die Luft gebracht wurden. Sie lebten in Einzelhaft bei Wassersuppe mit einer Scheibe Brot — die hier übliche Lagerverpflegung.

Es bestand natürlich die Gefahr, daß sie wahnsinnig wurden. Aber man erfuhr nie, was in den Jahren ihres Schweigens mit ihnen geschah. Am Freitag vor dem Sonntag, an dem die Amerikaner in Dachau einmarschierten, wurden noch achttausend Menschen von der SS auf einem letzten Todestransport beseitigt. Unter ihnen waren alle Häftlinge aus den Einzelzellen. Von keinem hat man seither etwas gehört. Jetzt schrie in dem sauberen leeren Gebäude eine Frau, allein in ihrer Zelle, lange Zeit einen einzigen fürchterlichen Ton, war einen Augenblick still und schrie dann wieder. Sie hatte in den letzten Tagen den Verstand verloren; für sie waren wir zu spät gekommen.

Wenn in Dachau ein Gefangener mit einer Zigarettenkippe in der Tasche erwischt wurde, erhielt er fünfundzwanzig bis fünfzig Hiebe mit einer langen Rindlederpeitsche. Wenn er es versäumte, im Abstand von zwei Metern vor jedem SS-Reiter, der gerade vorbeikam, Haltung anzunehmen und den Hut zu ziehen, wurden ihm die Hände auf den Rücken gebunden, und er wurde eine Stunde lang mit den gefesselten Händen an einem Haken in der Wand aufgehängt. Wenn er irgendeine andere Kleinigkeit tat, die den Wärtern mißfiel, steckte man ihn in die Kiste. Diese Kiste hat die Größe einer Telefonzelle und ist so gebaut, daß ein Mann allein sich in ihr weder hinsetzen noch hinknien oder gar hinlegen kann. Es war üblich, vier Mann zusammen hineinzustecken. Drei Tage und drei Nächte lang standen sie ohne Essen oder Wasser oder so etwas wie eine Toilette darin. Dann begann sofort wieder der sechzehnstündige Arbeitstag bei Wassersuppe und einer Scheibe Brot, die aus weichem grauen Zement zu sein schien.

Was die meisten umbrachte, war der Hunger; verhungern lassen war schlicht Routinesache. Man arbeitete diese unglaublich vielen Stunden bei dieser Verpflegung und lebte in einer derartigen Überfüllung, wie man sie sich nicht vorstellen kann, die Leiber in unbelüftete Baracken gepfercht, und wachte Morgen für Morgen schwächer auf, den Tod erwartend. Man weiß nicht, wie viele Menschen in den zwölf Jahren seines Bestehens in diesem Lager umkamen, aber man weiß, daß es in den letzten drei Jahren mindestens fünfundvierzigtausend waren. Im letzten Februar und März wurden zweitausend in der Gaskammer umgebracht, weil sie, obgleich zu schwach zum Arbeiten, nicht die Freundlichkeit besaßen, zu sterben; also besorgte man das für sie.

Die Gaskammer ist ein Teil des Krematoriums. Das Krematorium, ein Backsteingebäude, befindet sich außerhalb des Lagergeländes in einem Kiefernhain. Ein polnischer Priester hatte sich uns angeschlossen, und auf dem Weg dorthin sagte er: »Ich war zweimal kurz vor dem Verhungern, aber ich hatte großes Glück. Ich wurde, als wir dieses Krematorium bauten, als Maurer eingeteilt und bekam deshalb etwas mehr zu essen, was mich vor dem Sterben bewahrte.« Dann fragte er: »Haben Sie unsere Kapelle gesehen, Madame?« Ich sagte, das hätte ich nicht, und mein Führer erklärte, es ginge leider nicht; sie lag innerhalb der Zone, in der man die zweitausend Typhusfälle mehr oder weniger isoliert hatte. »Wie schade«, sagte der Priester. »Wir bekamen schließlich eine Kapelle, und wir hielten dort fast jeden Sonntag die Heilige Messe ab. Sie hat sehr schöne Wandgemälde. Der Mann, der sie gemalt hat, ist vor zwei Monaten verhungert.«

Jetzt waren wir am Krematorium. »Halten Sie sich lieber ein Taschentuch vor die Nase«, sagte der Führer. Da, plötzlich und doch nicht zu glauben, niemals, waren die Leiber der Toten. Sie waren überall. Sie lagen stapelweise im Ofenraum, aber die SS hatte keine Zeit mehr gehabt, sie zu verbrennen. Sie lagen in Haufen vor der Tür und am Gebäude entlang. Alle waren nackt, und hinter dem Krematorium waren die zerlumpten Kleider der Toten ordentlich aufgehäuft, Hemden, Jacken, Hosen, Schuhe, die ihre Sterilisation und Weiterverwendung erwarteten. Die Kleidungsstücke wurden sorgfältig behandelt, aber die Leichen wurden wie Müll hingekippt und verwesten in der Sonne, gelb und nichts als Knochen, riesig gewordene Knochen, denn kein Fleisch bedeckte sie mehr, grauenhafte, entsetzliche, peinigende Knochen, und der unerträgliche Geruch des Todes.

Wir haben inzwischen alle eine Menge gesehen; wir haben zu viele Kriege gesehen und zu viel gewaltsames Sterben; wir haben Lazarette gesehen, blutig und besudelt wie Schlachthäuser; über den halben Erdball haben wir die Toten wie Bündel auf allen Straßen liegen gesehen. Aber nirgendwo hat es etwas gegeben wie dies hier. Nichts am Krieg war jemals so wahnsinnig brutal wie diese verhungerten und mißhandelten, nackten, namenlosen Toten. Hinter einem Haufen solcher Toter lagen die bekleideten, gesunden Körper der deutschen Soldaten, die man in diesem Lager angetroffen hatte. Sie wurden auf der Stelle erschossen, als die amerikanische Armee einzog. Und zum erstenmal konnte man einen toten Menschen anschauen und sich freuen.

Gleich hinter dem Krematorium standen die schönen, großen, modernen Gewächshäuser. Hier zogen die Gefangenen die Blumen, die die SS-Offiziere liebten. Neben den Gewächshäusern befanden sich die Gemüsegärten, und zwar sehr üppige, in denen die ausgehungerten Gefangenen die vitaminreichen Lebensmittel anbauten, an denen sich die SS stärkte. Aber wenn jemand, vor Hunger sterbend, heimlich einen Salatkopf herauszog und ihn gierig verschlang, wurde er geschlagen, bis er ohnmächtig war. Vor dem Krematorium, durch einen Gartenstreifen davon getrennt, stand eine lange Reihe gut gebauter, geräumiger Häuser. Darin wohnten die Familien der SS-Offiziere; ihre Frauen und Kinder lebten dort glücklich und zufrieden, während die Schornsteine des Krematoriums endlosen, mit menschlicher Asche gesättigten Rauch ausspien.

Der amerikanische Soldat in dem Flugzeug sagte: »Wir müssen davon sprechen.« Aber davon zu sprechen fällt sehr schwer, weil es so etwas wie einen Schock gibt, der einsetzt und es fast unerträglich macht, sich an das zu erinnern, was man gesehen hat. Ich habe nicht von den Frauen gesprochen, die vor drei Wochen aus ihren eigenen Konzentrationslagern nach Dachau verlegt wurden. Ihr Verbrechen bestand darin, daß sie Jüdinnen waren. Da war ein bildhübsches Mädchen aus Budapest, das nach allem, was es durchgemacht hatte, erstaunlicherweise immer noch bildhübsch war; da war die Frau mit den wahnsinnigen Augen, die zugesehen hatte, wie ihre Schwester in Auschwitz in die Gaskammer ging, und die man zurückgehalten und daran gehindert hatte, mit ihrer Schwester zu sterben; da war die Österreicherin, die ganz ruhig darauf hinwies, daß sie alle nur die schäbigen Kleider hatten, die sie auf dem Leib trugen, und niemals etwas anderes gehabt hatten und daß auch sie in den langen Wintern sechzehn Stunden am Tag im Freien arbeiteten und daß auch sie für jedes wirkliche oder eingebildete Vergehen ›zurechtgewiesen‹ wurden, wie die Deutschen es nannten.

Ich habe nicht davon gesprochen, wie es an dem Tag war, als die amerikanische Armee eintraf, obgleich die Gefangenen es mir erzählt haben. In ihrer Freude, frei zu sein, und in ihrem Verlangen, ihre Freunde zu sehen, die endlich doch gekommen waren, stürzten viele Gefangene zum Zaun hin und starben durch den Stromstoß. Es gab solche, die jubelnd starben, weil diese Glücksanstrengung mehr war, als ihr Körper verkraften konnte. Es gab solche, die starben, weil sie jetzt etwas zu essen hatten, und sie aßen, bevor man sie zurückhalten konnte, und starben daran. Mir fehlen die Worte, um die Männer zu beschreiben, die dieses Grauen jahrelang überlebt haben, drei Jahre, fünf Jahre, zehn Jahre lang, und deren Geist so klar und unerschrocken ist wie an dem Tag ihrer Einlieferung.

Ich war in Dachau, als die deutschen Streitkräfte sich den Alliierten bedingungslos ergaben. Dasselbe halbnackte Skelett, das man aus dem Todeszug gegraben hatte, schlurfte wieder in das Sprechzimmer des Arztes. Der Mann sagte etwas auf polnisch; seine Stimme war nicht mehr als ein Flüstern. Der polnische Arzt tätschelte sanft seine Hände und erwiderte: »Bravo«. Ich fragte, wovon sie sprachen.

»Der Krieg ist aus«, erklärte der Arzt. »Deutschland ist besiegt.«

Wir saßen in diesem Zimmer, in diesem verfluchten Friedhofsgefängnis, und niemand hatte noch etwas zu sagen. Dennoch erschien mir Dachau als der passendste Ort in Europa, um die Nachricht vom Sieg zu hören. Denn gewiß wurde dieser Krieg geführt, um Dachau und alle anderen Orte wie Dachau und alles, wofür Dachau stand, abzuschaffen, und zwar für alle Zeiten.

Edmund Wilson — Rom, Mai 1945

Rom erstaunte mich durch seinen Glanz und seine Sauberkeit. Seit 1908, als ich dreizehn Jahre alt war, war ich nicht mehr hier gewesen. In der Erinnerung hatte ich eine gemeine moderne Stadt, schmutzig, alltäglich und etwas provinziell, mit unheimlich alten Denkmälern zwischen den Hotels und Läden. Was ich aber an diesem strahlenden Aprilende antraf, als wir in die Piazza Venezia einbogen und hinter dem blendenden und triefenden weißen Zuckerguß des ungeheuren Viktor-Emmanuel-Denkmals einen Blick auf das Colosseum erhaschten, das war so gepflegt und elegant wie eine Stadt aus dem Vorkriegseuropa. Offensichtlich hatte Mussolini mit seinen Verordnungen und Bauprojekten doch etwas für Rom getan. So dürftig und effekthascherisch die meiste faschistische Architektur auch sein mag, die solariumartigen modernistischen Gebäude in hellem Putz und Glas bringen eine Art *élan* in die Stadt; sie sind viel heiterer und vielleicht auch solider gebaut als die entsprechenden Bauten in Moskau.

Von London kommend, spürt man hier überall die Befreiung und Fröhlichkeit von Menschen, die früher als die anderen der Last des Krieges entkommen sind; und nach Neapel tut es auch gut, auf Italiener mit Selbstachtung zu stoßen, die gewaschen und gut gekleidet sind. Viele Leute fahren auf Fahrrädern, deren Lenkstangen und Radspeichen wie neu glänzen. Die Frauen sind von bemerkenswerter Schönheit. Wunderbar, wie sie es fertigbringen, sich mit bescheidenen Mitteln herauszuputzen. Ihre kurzen Röcke sitzen immer gut, und ihre hochhackigen Holzschuhe mit Riemchen, in denen sie nacktfüßig laufen, sind die einzige attraktive Fußbekleidung, die ich in Europa gesehen habe. Auch wissen sie ihr schwarzes Haar so zu tragen, daß sie von hinten immer verführerisch aussehen, selbst wenn sich ihr Gesicht beim Überholen als lang oder weniger attraktiv herausstellt. Man spürt, daß diese römischen Frauen, egal aus welchem Milieu und welcher Klasse, einen tiefverwurzelten, natürlichen Geschmack haben. Und die Buch- und Zeitungsläden sprühen von den Umschlägen neuer Bücher und Zeitschriften, wobei sich die weißen, rosa oder grünen Paperbacks in ihrer üppigen italienischen Art — die Typographie ist geräumig und ornamental — von der nüchtern prosaischen Eleganz der gelben Bände von Garnier oder Calmann-Lévy unterscheiden. Noch nie, nicht einmal in Paris, habe ich so viele Buchläden, neue Kioske und fliegende Buchhändler gesehen. Allein schon die Quantität und Vielfalt der Übersetzungen, wie auch die Reprints der modernen französischen Klassiker in französischer Sprache, würde ausreichen, um in den Straßen ein kosmopolitisches Klima zu erzeugen. Amerikanische und englische Romane, von zu Hause her in ihrer ursprünglich kartonierten Ausgabe in Erinnerung, fangen durch ihren italienischen Titel wie Asti Spumante zu prickeln an: *La via del tabacco, L'amante di Lady Chatterley* und (James M. Cains) *In due si canta meglio.* Überraschend die Renaissance Herman Melvilles, dessen Romane anscheinend alle übersetzt werden. Die Mauern sind mit bemerkenswert gut entworfenen Plakaten bedeckt, die die Öffentlichkeit zum Kauf von Kriegsanleihen ermahnen; Aufrufe, in gepflegtestem Schwarzweiß gedruckt, wettern gegen die Faschisten; und dann — wie tiefe Schnitte durch die Stadt, die die alten Wunden offenhalten — der wiederholte Schrei der Kommunisten: ein Mann, der am Galgen hängt, darunter die Parole ›*Vendichiamoli*‹.

Die kleinen Kuchen in den *pasticcerie* schauten appetitlich und vertrauenerweckend aus, anders als das Gebäck in Neapel, das noch sandig und schmierig schmeckte und unter Zuckermangel litt. Als ich mich verführen ließ, draußen an einem der Tische Platz zu nehmen, machte ich eine unangenehme Erfahrung. Nicht weit von mir stand eine Gruppe von blassen und zerlumpten Leuten, die darauf warteten, durch die Tür gelassen zu werden, in der Hoffnung, von den Amerikanern einige Almosen zu bekommen. Kleine schmutzige Kinder mit einem gierigen Blick auf meine Süßigkeiten schwirrten um mich herum und wurden vom Kellner wie Fliegen verscheucht, um im nächsten Moment wieder dazusein. [...]

Wenn man gerade mit einer Militärmaschine in Rom gelandet ist und sich noch als Rädchen jener amerikanischen Kriegsmaschine fühlt, die Europa überrollt, dann ist die erste unwillkürliche Reaktion beim Betreten des Forums: Weg mit diesem ganzen Plunder von Steinen und Mauern, und statt dessen her mit einem schönen öffentlichen Park! Die einzeln oder in kleinen Gruppen verloren dastehenden Säulen erwecken den Eindruck alter nutzloser Zähne, die der Zahnbrücke einer modernen Kolonnade weichen sollten. Das Forum dient jetzt hauptsächlich den Armen der Stadt als Spielwiese. Während die Mütter auf den verstreuten Steinbrocken sitzen, klettern kleine graugekleidete Kinder mit staubigen Beinen auf den lose gestapelten Marmorplatten herum oder sitzen rittlings auf einer hingestreckten Säule und spielen Eisenbahn. Schwer vorstellbar, daß diese runden Steinplatten — dazwischen große Hohlräume, wie Lücken in einem alten Text — tatsächlich die Via Sacra ausmachen, auf der Horaz dem Schwätzer begegnete. Der Tempel der Faustina, der sich mit seinen riesigen steilen Steinstufen und seiner betäubend prächtigen Fassade aus dem Schmutz und Schutt erhebt, ein großer intakter Block des antiken Rom, bringt einem jedoch die gigantische Dimension dieser Welt wieder schlagartig in Erinnerung. Zur Belehrung der Truppen hat die Alliierte Kommission ein großes Schild angebracht. In einem zweifelhaften Englisch, das zudem die lateinischen und italienischen Namen durcheinanderbringt, heißt es dort:

Tempel des Antonio und der Faustina

Begonnen 141 v. Chr. nach dem Tod der Faustina, Frau des Antonio Pius, die vom römischen Senat zur Göttin erklärt wurde. Nach dem Tode des Kaisers wurde er mit zur Schirmgottheit des Tempels gemacht.

Dahinter, auf dem Palatin, erstreckt sich eine formlose Ansammlung von Palästen der Cäsaren, mit leeren Fensterhöhlen in grasüberwachsenem Stein, und ganz oben sieht man einen Saum von Pinien und Zypressen, die wie Unkraut, ohne Sinn und Plan, gewachsen zu sein scheinen. Da sie ihre spezifische Kontur verloren haben, ähneln die fahlen Bögen und zerbrochenen Mauern verwelkten alten Menschen, aus deren Nasen und Ohren Haarbüschel herauswachsen. Schaut man sich den entblößten Rumpf dieser Bauten mit ihren offenen Eingeweiden und nackten Rippen näher an, so findet man sie häßlich und eher abstoßend: es ist schwer zu erkennen, was daran einmal Ordnung und Größe gewesen sein soll. Beim Abstieg in die dunklen, gewölbten Kammern stößt man nur auf menschliche Exkremente. Zuerst findet man die Eleganz und den Luxus früherer Zeiten ganz schön, dann aber auch bedrückend, wenn man sie in entweihter und vernachlässigter Verfassung vorfindet. Man steigt zu einem stillen, blühenden Garten hinauf, der von einer niedrigen

Hecke umzäunt ist; Rosen ranken sich an Stöcken und rote Gladiolen, gelbe Lilien und magentarote Dahlien, und auf den ersten Blick denkt man, daß dieser Teil gepflegt werde. Betritt man jedoch den Irrgarten dahinter — Heckenpfade mit einer Palme in der Mitte —, so entdeckt man, daß er als Latrine benützt wird und daß die Benutzer die kleine Heckenmauer an vielen Stellen niedergetrampelt haben. Eine Grotte, die einmal sehr reizvoll gewesen sein muß, überdacht von wucherndem Weinwuchs, aus dem ständig Wasser tropft, umschließt einen grünen und klaren Teich. Auf dem Grunde dieses klaren Wassers jedoch schwimmen nur Klumpen von Altpapier. Die Vorderpranke des Steinlöwen aus der Renaissance, der den Teich bewacht, ist abgebrochen, und er selber ist über und über mit Initialen bekritzelt.

Der Palatinhügel ist ein bevorzugter Treffpunkt der schwarzen Basuto-Truppen der Engländer. Die Italiener haben einen höllischen Respekt vor diesen Afrikanern. Sie finden sich hier ganz von selbst zusammen, indem sie die Pfade entlangschlendern oder in den Ruinen herumlaufen. Einige Gruppen, vermischt mit Sikhs, mit denen sie sich jedoch nicht zusammentun, trifft man auf einer Kuppe an, dort, wo sich ein großer Mauerbogen zum leeren Himmel hin öffnet und ein Spalt den Blick vom Trampelpfad aus ins Innere der wohlerhaltenen großen Kellerräume eines verschwundenen Palastes freigibt. Nach tausend Jahren Dunkelheit jagen die durch einen kürzlichen Deckeneinsturz freigelegten Zellen — für Vorratslager und Sklaven — dem historisch bewanderten Besucher einen Schauer von Furcht und Schrecken ein. Den Afrikanern jedoch — man hatte ihnen bei der Rekrutierung erzählt, der Weiße Vater sei in Gefahr, und sie waren überrascht, hier auf andere Schwarze zu stoßen, die ihnen erzählten, sie lebten in den Vereinigten Staaten — dürfte der cäsarische Pomp, ja Italien, selbst Europa nicht viel mehr bedeuten, als sie den Hunnen Attilas bedeutet haben. Ihr einziger Trost in Rom scheinen die billigeren Prostituierten zu sein, die sie bei Anbruch der Nacht in diesem Teil des Forums empfangen. Die Mädchen nehmen sie an einen Ort mit, wo sich eine Reihe von kleinen Buchten befindet: für ein informelles Bordell gerade das Richtige.

Düsteren Vorhersagen zum Trotz hat sich gestern abend das Blut des San Gennaro doch noch erfolgreich verflüssigt. Das Wunder ging nur langsam und zögernd vonstatten. Traditionell wird das als ein schlechtes Omen für das kommende Jahr angesehen, so daß die Neapolitaner nur mit einem düsteren Trost nach Hause gehen können. Daß ein gänzliches Versagen eine ernste Krise, ja bürgerkriegsähnliche Zustände heraufbeschworen hätte, wagt man sich kaum vorzustellen.

Seit Freitagabend hatten sich in der Umgebung des Duomo immer wieder Ansammlungen gebildet. Ihr Schweigen wirkte bedrückend. Dann, am Samstagnachmittag, waren Aufregung und gelegentliche Ausbrüche von Hysterie nicht mehr zu übersehen. Die Stimmung war von nervöser Teilnahmslosigkeit und zugleich Besorgnis geprägt. Alle Fischerboote im Hafen, alle Läden und Cafés lagen verlassen da. Die Leute lungerten einfach auf der Straße herum und warteten. Es war wie die unheimliche Parodie eines Feiertags. Unsere zwei Zugehfrauen erledigten ihr Pensum in Windeseile und verließen uns, um in unserem lokalen Schrein im Vico Freddo Kerzen anzuzünden. Lattarullo faßte die Gefühle des gebildeten Mittelstands Neapels in folgende Worte zusammen: »Sosehr ich solche Relikte des Mittelalters mitten im zwanzigsten Jahrhundert bedaure, sosehr fürchte ich doch, selber gegen die Massensuggestion nicht ganz immun zu sein.«

Etwa um 5 Uhr nachmittags kam in den engen Straßen hinter dem Duomo Tumult auf, und einige Schaufensterscheiben gingen zu Bruch. MP marschierte auf. Eine Stunde später gab es in der Strada dei Tribunali kein Durchkommen mehr. Leute mit Schaum vor dem Munde rannten ekstatisch hin und her und verkündeten den Weltuntergang. Man war eingekeilt wie in einer wilden Menge von Fußballfans, die wegen der drohenden Niederlage ihrer Mannschaft zu rasen beginnt. In der Kathedrale soll es Tumulte gegeben haben, sobald einige britische und amerikanische Offiziere die ihnen zugewiesenen Plätze in der Nähe des Altars einnahmen. In der Menge befürchtete man, ihre Anwesenheit könne das Wunder aufhalten. Es gab Rufe »Raus mit den Ketzern«, die von den militärischen Gästen vielleicht nicht verstanden worden sind, obwohl ihnen doch die Fäuste nicht entgangen sein dürften, die in ihre Richtung geschwungen wurden.

Kurz danach hielten die *Parenti di San Gennaro* Einzug und nahmen ihre Plätze um den Altar ein. Nach Volkes Meinung sollen diese betagten Frauen leibliche Nachkommen des Heiligen sein. Sie bilden eine geheimnisvolle und spirituell einflußreiche Gruppe mit ererbter Machtbefugnis. Wenn alles andere versagt, haben sie die Aufgabe und Verantwortung, ihren Ahn durch Drohungen und Flüche zum Gehorsam zu zwingen.

Um etwa 8 Uhr abends gab der Heilige diesem neuen Druck nach. Das Wunder fand statt. Es folgte öffentlicher Jubel, wenn auch nur gedämpft. Die meisten Leute gingen nach Hause ins Bett. Die allgemeine Meinung war: lieber eine bescheidene Verflüssigung als gar keine.

NORMAN LEWIS Neapel, 9. Mai 1945

Die Unverschämtheit des schwarzen Marktes nimmt atemberaubende Maße an. Seit Monaten versichern uns amtliche Quellen, daß von drei Schiffen, die im Hafen von Neapel entladen werden, der Gegenwert einer alliierten Schiffsladung gestohlen wird. Neuerdings erzählt man sich: Bei ganz großen Coups, wo es darauf ankommt, Sperrgüter im Hafen unerkannt zu bewegen, werden einfach die Luftschutzsirenen eingeschaltet und die mobilen Nebelwerfer in Betrieb gesetzt, um den Stoßtruppen des schwarzen Marktes bei ihrer Arbeit Schutz zu bieten.

Auf der Via Forcella wird gestohlene Ausrüstung zum Verkauf angeboten, und um den Gerichtshof herum — wo Dutzende von einzelnen Dieben ohne Protektion jeden Tag wegen unerlaubten Besitzes von alliierten Gütern verurteilt werden — hat sich ein lärmender Markt entwickelt. Die Auslage ist geschmackvoll arrangiert: mit farbigen Bändern, Blumenvasen, schön geschriebenen Werbeplakaten, die die Qualität des Diebesgutes anpreisen. VERGLEICHEN SIE UNSERE PREISE... GARANTIERT REINE AUSTRALI-

SCHE WOLLE ... BEI SCHRUMPFEN GELD ZURÜCK ... WENN SIE DEN ARTIKEL AUS ÜBERSEE, DEN SIE SUCHEN, NICHT FINDEN, FRAGEN SIE UNS, UND WIR BESORGEN IHN. In ganz Neapel trennen Schneider Uniformen auf, färben die Stoffe und verarbeiten sie zu schönen neuen Kleidern. Wie ich gehört habe, werden sogar lange britische Armeeunterhosen, die trotz des Klimas ihren Weg hierhergefunden haben, mit Kußhand aufgenommen, rot gefärbt und zu begehrten Trainingsanzügen verarbeitet.

Anfangs führte die MP einige halbherzige Razzien bei den Leuten durch, die sich auf solche Änderungen spezialisiert hatten, aber die Zahl der aus kanadischen Decken gemachten schönen neuen Anzüge, die von Freunden des Generals Soundso und des Colonels Soundso abgeholt werden sollten, war einfach zu groß, als daß man dieser Praxis hätte einen Riegel vorschieben können. Als man letzte Woche im Rahmen einer Routinekontrolle den Wagen des päpstlichen Legaten anhielt, entpuppten sich dessen Reifen als gestohlen. Großes Bedauern und Lächeln, und Seine Eminenz wird weitergewinkt. Außer Dolchen und Bajonetten sind auf den Verkaufsständen keine gestohlenen Waffen zu sehen, aber von meinen Kontaktleuten weiß ich, daß es nichts gibt, vom Maschinengewehr bis zum leichten Panzer, das nicht zu haben wäre — vorausgesetzt, man hat Geld.

Das Problem ist nur, daß gewisse Sachen, die bei der Armee selber knapp werden, auf dem schwarzen Markt ohne weiteres erhältlich sind. Zur Zeit gilt das für fotografische Ausrüstungen, die praktisch ausnahmslos unter den Ladentisch der Via Roma gewandert sind, und für bestimmte medizinische Versorgungsgüter, vor allem für Penizillin. Während die Vorräte in den Militärkrankenhäusern zur Neige gehen, kann sich jeder Zivilist in einer Apotheke mit Penizillinspritzen eindecken.

NORMAN LEWIS — Neapel, 31. Mai 1945

Die Zersplitterung der italienischen Politik, eine Reaktion auf die lange Stagnationsphase der Unterwerfung unter den Faschismus, geht weiter. Es gibt jetzt etwa sechzig offiziell registrierte politische Parteien, deren Mitgliederzahl zwischen hundert und beinahe zwei Millionen liegt. Zur Rettung der Nation werden die sonderbarsten Programme aufgestellt. Ein Häufchen von Fanatikern in der Gegend von Salerno behauptet, das Problem des *perpetuum mobile* gelöst zu haben und will die Lösung der Allgemeinheit zugute kommen lassen. Neben den legal konstituierten Parteien gibt es noch die heimlichen Neofaschisten und Separatisten. Die letzteren haben wir, glaube ich, insgeheim unterstützt. Die jüngste Idee der Separatisten zur Erneuerung Italiens schließt den sofortigen Abbruch aller Fabriken, die Abschaffung der Autos und eine neue Namensgebung der Kalendermonate nach den römischen Göttern ein. Damit ist ein Punkt erreicht, wo der Schwachsinn beinahe salonfähig geworden ist.

Die zahlenmäßig stärksten, mächtigsten und vernünftigsten unter den aufstrebenden politischen Kräften — außerhalb Neapels, dessen Subproletariat bis auf den letzten Mann monarchistisch eingestellt ist — sind die Christdemokraten, die Sozialdemokraten und die orthodoxen Kommunisten; letztere etwas geschwächt durch die Existenz von etwa dreißig Fraktionen mit je eigener Zeitung, alle miteinander verfeindet und einig nur im Aufruf an die Proletarier aller Länder, sich zu vereinigen.

Bei den kommenden Wahlen setzt man darauf, daß die Christdemokraten die Regierung übernehmen. Das ist die Partei sowohl der Kirche als auch der Großgrundbesitzer. Hinter ihr stehen die Energie, die politische Schlauheit und der Eifer des religiösen Establishments. Schon üben die Bosse und die Kirche Druck aus. Ganze Armeen von Nonnen gehen in den Arbeitervierteln von Haus zu Haus und erzählen den Ehefrauen, was politische Demokratie ist und warum es sündhaft wäre, für eine andere Partei als die Gottes und seiner Engel zu stimmen. Es gibt noch andere Gründe, sich diesem geistigen Druck zu beugen. Ein Arbeitsloser, der sich bei den Christdemokraten einschreibt, hat mehr Chancen, einen Arbeitsplatz zu finden, als jemand, der das nicht tut. Und bedürftigen Familien fällt es schwer, die kleinen Geschenke von *pasta* oder Mehl aus der Hand der Nonnen auszuschlagen.

An der Spitze der orthodoxen Kommunistischen Partei steht, in Abwesenheit Togliattis, Eugenio Reale. Alles weist darauf hin, daß nach der vollständigen Befreiung die Partei die stärkste KP außerhalb der Sowjetunion sein wird. Im Unterschied zu anderen kommunistischen Parteien verfügt sie über einen hohen Anteil an Intellektuellen aus der Mittelklasse; einige unter ihnen sind begütert, viele juristisch ausgebildet. Eine mächtige und gefährliche politische Kraft.

Ich kenne Reale nun schon seit zwei Monaten und habe ihn in seinem Häuschen an der Via Gravina ein dutzendmal besucht. Ruhig und freundlich, beeindruckt er durch seine Analyse der politischen Situation Italiens. Sein Glaube an die künftige Machtübernahme durch die Kommunisten grenzt ans Religiöse. Eintreten soll dieser Machtwechsel nach einer Periode christdemokratischer Amtsführung, deren Korruptionsskandale die Öffentlichkeit aus ihren Illusionen reißen werden. Reale ist ganz zuversichtlich, daß es so kommen wird. Wir sind gut Freund miteinander, doch verfolgen wir natürlich beide unsere eigenen Interessen. Einige unserer Schreibtischstrategen sind ganz auf die Bedeutung verdeckter neofaschistischer Gruppen fixiert, die bei einem eventuellen militärischen Rückschlag unsererseits aus ihren Löchern kriechen und als Partisanen für die Deutschen aktiv werden könnten. Nach Meinung dieser Leute müßte der Führer der Kommunisten am besten wissen, wer diese Verschwörer sind. Vielleicht haben sie recht. Aber an nützlichen Informationen haben alle meine Besuche an der Via Gravina weniger gebracht als, sagen wir, ein einziges Treffen mit Lattarullo.

Ich nehme an, daß Reale genau weiß, was ich will, aber er ist nicht im geringsten geneigt, mir in diesem Punkt entgegenzukommen. Von den Neofaschisten befürchtet er nichts. Wahrscheinlich ist er froh, daß sie existieren, daß es Separatisten gibt, daß die Partei des *perpetuum mobile* ihr Wesen treibt und daß das Land auf diese Weise politisch geteilt und gespalten ist. Ich glaube, daß es ihm in den Kram paßt, wenn sich seine politischen Gegner gegenseitig zerfleischen, wenn die Bosse ihre Arbeiter zwingen, sich den Christdemokraten anzuschließen, wenn die Nonnen Spaghetti verteilen und wenn für 10 Lire pro Kopf Claqueure angestellt werden, um bei den Versammlungen der Christdemokraten zu klatschen und die Redner der Gegenseite niederzubrüllen. Wenn diese Leute den Wind säen, so sorgt Reale für den Sturm, den sie ernten werden. Von der politischen Uneinigkeit und Verwirrung profitiert nur seine Partei. Bei seiner eisernen Lehre werden immer mehr Wähler Zuflucht suchen.

Nachdem ich ihn immer wieder wegen der Namen der heimlichen Faschisten bedrängt hatte, schien er mir heute zu meiner Überraschung entgegenkommen zu wollen. Er überreichte mir eine Liste mit den Namen der vier gefährlichsten Männer Neapels und nannte mir eine subversive Zeitung, die zu verbieten sei. Leider stellte sich heraus, daß die Genannten niemand anders waren als Enrico Russo, der Führer der Trotzkisten, und seine Stellvertreter Antonio Cecchi, Libero Villone und Luigi Balzano. Und Reales ›faschistische Zeitung‹ erwies sich als das linksradikale Organ *Il Proletario*. Verlorene Liebesmüh. Ich hätte es wissen müssen.

Edmund Wilson — Rom, Juni 1945

Je länger man in Rom lebt — und je mehr der bezaubernde und kühle Frühling vom erstickenden Sommer verdrängt wird —, desto mehr spürt man die Stagnation und Verwahrlosung, die gemeine menschliche Wirklichkeit, die Glanz und Gloria des faschistischen Regimes hinterlassen haben. So nimmt man in einer kleinen Seitenstraße wie der Via dei Cappuccini das verstopfte Pissoir wahr, das das umliegende Pflaster überschwemmt; man registriert die melancholisch alten schwarzen Sandalen, die da zerfetzt auf dem Boden liegen, und an den Ecken der großen grasüberwachsenen Hintertreppen der Kirche von Santa Maria Maggiore wird man der angehäuften Exkremente gewahr. Langsam gehen einem die Bettler auf die Nerven. Der Schriftsteller Corrado Alvaro, der eine Artikelserie über sie verfaßt hat, erzählte mir, daß sie einen eigenen Bus haben, der sie jeden Morgen in die Stadt bringt. Die angeblichen Krüppel springen behende aus dem Bus, lassen ihr Wasser gegen die Mauer ab und nehmen dann ihre berufsmäßige gelähmte, gekrümmte oder klägliche Haltung ein. Nicht alle jedoch bluffen, sagt er. Und das wird auch sehr schnell deutlich. So sieht man in den Straßen viele Unterernährte oder Infizierte, die zum Teil gar nicht mehr betteln, sondern nur noch fiebrig erstarrt oder mit geschwollenen Füßen auf den Randsteinen oder in den Türöffnungen liegen. Da gibt es Frauen mit winzigen häßlichen Kindern, die den ganzen Tag der Sonne ausgesetzt sind. In der Nähe des Eingangs zu unserem Hotel in der Via Sistina hat sich eine Frau mit einem Baby niedergelassen, das ganz schlaff ist, die Augen geschlossen hat und stets einen betäubten oder toten Eindruck macht: manchmal denken wir, es ist eine Gummiattrappe. Die aufwendigste Bettelveranstaltung ist ein bemerkenswertes Familienorchester, das unermüdlich auf öffentlichen Plätzen spielt. Der Solist ist der Vater mit einem Akkordeon; um ihn herum drängen sich sieben tutende und blasende Kinder, deren Instrumente einer Art Miniatursaxophon ähneln. Einer der Jungen spielt dazu noch auf einer Zimbel. Die Mutter mit einem bleichen, müden Säugling im Arm schlägt den Takt. Mal spielen sie *Lili Marleen,* mal die *Internationale.*

Die Straßenjungen, die *ragazzini*, haben nur illegale Geschäfte im Sinn. Sie sind das sichtbare Netzwerk des Schwarzmarktes. Wenn man einen von ihnen auch nur mit dem Blick streift, so ist er schon mit dem Angebot einer Frau und eines Zimmers zur Stelle oder möchte einem Zigaretten abkaufen. Zigaretten sind das große Tauschmittel. Ihr Preis steigt und fällt jede Woche mit der Zahl der Amerikaner, die sich gerade in Rom aufhalten. Der normale Preis einer Packung scheint bei zweihundertundfünfzig Lire zu liegen, d.h. zweieinhalb Dollar, doch fiel er auch schon einmal auf hundertundfünfundzwanzig, als viele Soldaten hier auf Urlaub waren. Die Jungen kaufen den amerikanischen Soldaten Nahrungsmittel, Kleidung und Zigaretten ab, bringen diese nach Hause zu den Eltern, die sie wiederum an zentralen Tauschplätzen weiterverkaufen. Einmal hat ein weißer GI, der einen stockbetrunkenen Neger bei sich hatte, eine Bande von *ragazzini* gefragt, ob sie ›einen schwarzen Mann kaufen‹ wollten. Sie gaben ihm zwölfhundert

Lire, schleppten den Neger ab, zogen ihn aus und verkauften alles, was er am Leibe hatte, mit einem Profit von mehreren tausend Lire.

Die Nächte in Rom sind anders als die in irgendeiner anderen Stadt, an die ich mich erinnere. Inmitten einer so dicht bevölkerten Großstadt berührt es komisch, am Morgen die Hähne krähen zu hören oder den hartnäckigen Schrei der Ohreule. Mir fiel wieder ein, daß das lateinische Wort für Eule *strix* hieß und daß es schon immer Eulen in Rom gegeben haben muß, seitdem die Römer sie so genannt hatten. Zuerst konnte ich mir nicht vorstellen, wo diese Hühner und Eulen ihr Zuhause haben könnten, doch dann kam ich zu dem Schluß, es müßte die Villa Medici sein. Durch das Fehlen des nächtlichen Verkehrs infolge des Benzin- und Lichtmangels senkt sich eine ungewöhnliche Stille über die Stadt, so daß man bei jedem Geräusch zusammenfährt: der Ladenbesitzer, der seinen Rolladen herunterzieht, erschreckt durch betäubenden Krach, der Auspuff eines Lastwagens wirkt wie ein großkalibriges Gewehr, das Jaulen hungernder und läufiger Katzen scheint direkt aus der Hölle zu kommen, und die gegrölten Lieder der betrunkenen GIs stimmen einen alles andere als fröhlich. Das bedrückende und endlose Klaviergeklimper einige Häuser weiter unten in der Via Sistina, im britischen Hotel für die unteren Ränge, ist nicht zu überhören; der Pianist kennt nur ein oder zwei Melodien, doch manchmal versucht er, sein Repertoire zu erweitern, indem er irgend etwas Neues anfängt, nur um nach den ersten Takten wieder aufzugeben und zu den alten Melodien zurückzukehren.

Und dann der vereinzelte Pfiff von Zügen, die nicht den Eindruck machen, als führen sie irgendwohin. Man sieht sie förmlich im Bahnhof stehen und beim Anblick eines Bremsers zaghaft pfeifen, so wie ein Hund beim Geräusch eines Vorbeigehenden plötzlich zu kläffen anfängt — aber vergeblich, lästig, kläglich. Wie nichts anderes vermitteln diese Züge das Gefühl, daß es keine Verbindungen mehr in Italien gibt und daß man sich aus dem Abgrund der Vergangenheit nicht befreien kann, der die brüchigen Konstruktionen des faschistischen Regimes — das angeblich für pünktliche Züge gesorgt hat — verschlungen hat.

Zu bestimmten Tageszeiten flattern und zwitschern Schwärme von Schwalben unter dem klaren, blaßblauen, unschuldigen Himmel. Zur Zeit läuft eine Revue mit dem Titel *Ma le rondini non sanno;* was die Schwalben nach dem Titelsong zum Glück nicht wissen, ist das, ›was hier unten los ist‹. Nun, da der Juni in den Sommer übergeht, scheint die Atmosphäre in Rom immer korrupter zu werden. Das Essen in unserem Pressehotel, dessen Rationen offensichtlich an den schwarzen Markt verschachert werden, ist ungenießbar geworden. Die Korrespondenten lassen ihren Unmut an den Kellnern aus, die nicht mehr beflissen, sondern mürrisch sind. Die demonstrative Geste, mit der eines Tages ein amerikanischer Offizier, der wohl mit dem Management zu tun haben muß, ein unappetitliches Gericht auf den Boden warf, erweckte den Verdacht, er selber sei für die Misere verantwortlich. Um dieser Küche zu entfliehen, sind wir zum *Fagiano* auf der Piazza Colonna übergewechselt, einst das beste Restaurant in Rom und jetzt Gästehaus für amerikanisches Personal. Aber auch das *Fagiano* hat sich verschlechtert. Wenn man sich nach einem heißen Nachmittag in die lauwarme Abendluft hinaustreiben läßt, die grauen breiten Straßen hinunter, auf deren Trottoir sich eine träge, apathische Menge breitmacht, oder durch die dunklen gepflasterten Seitenstraßen ohne Trottoir, wo Krakeeler sich die Lunge aus dem Leib schreien, dann spürt man, daß vom Glanz und der Buntheit Roms nur ein brackiger, schillernder Abschaum übriggeblieben ist. Im *Fagiano* hat man plötzlich das Gefühl, daß sich die schönen Menüs aus der Frühlingszeit in den Dämmer eines Sommerabends aufgelöst haben, der selber nur die faule Ausdünstung einer niedergehenden, wimmelnden Menschheit ist. Man fühlt sich an die Larven in der Büchse eines Fischers erinnert, die zu lange in der Sonne gestanden hat. Um die Säule des Marcus Aurelius herum hat sich die Börse des schwarzen Marktes etabliert. Kaum hat man sich in irgendeinem der Cafés am Platz niedergelassen, setzt sich einer daneben und schlägt ein Geschäft vor. Wohlgemerkt haben wir jetzt einen Stacheldrahtzaun vor dem *Fagiano* errichtet, um die Armeefahrzeuge zu schützen und uns die zankende und feilschende Menge vom Leibe zu halten. Trotzdem schlüpfen die kleinen Jungen durch und stellen sich an die offenen Fenster; manchmal reicht ihnen einer ein Stück Brot heraus.

NORMAN LEWIS Neapel, 7. Juni 1945

Ging bei Lattarullo vorbei, dessen Schicksal sich durch den Fall Roms letzte Woche zum Besseren gewendet hat. Bei Beerdigungen kann er jetzt wieder die Rolle des ›Onkels aus Rom‹ übernehmen. Die Agentur, für die er schon in der Vergangenheit arbeitete, hat ihm für heute nachmittag ein erstes Engagement vermittelt. Eigentlich sollte er an der Stazione Centrale empfangen werden und dort aus einem Waggon erster Klasse steigen, da aber die Züge noch nicht fahren, geht das nicht. Statt dessen stellt die Agentur einen Wagen mit römischer Nummer und einen Fahrer in amerikanischer Halbuniform, wie sie für tausend Lire mit beliebig viel Streifen und Bändern in der Via Forcella zu haben sind. Der Wagen wird ihn an der Piazza Dante abholen und direkt vor die Tür bringen.

Daß Lattarullo davon ausging, von keinem der Trauergäste wiedererkannt zu werden, erstaunte mich, aber er war sich seiner Sache ganz sicher. Mir zuliebe zog er den von der Agentur gestellten neuen glatten schwarzen Anzug und den schwarzen Hut an; sofort straffte sich seine Figur, und er schien ein Stück zu wachsen. Selbst sein Gesicht wirkte wie ein Teil der Verkleidung; es nahm einen neuen Ausdruck an, als wäre der feierliche Ernst bis in die Knochen durchgedrungen. Einmal erwähnte er, daß es zur Eigenart der Neapolitaner gehöre, ihr Leben in dem Stadtteil zu verbringen, in dem sie geboren wurden, wobei die einzelnen Viertel eigentlich wiederum aus riesigen getrennten Dörfern bestehen. Deswegen würde er niemals in seiner angestammten Chiaia einen derartigen Auftrag übernehmen. Im übrigen machte er sich mit den Daten vertraut, die ihm die Agentur über den Familienhintergrund gegeben hatte, und übte sich, den andern Gästen gegenüber, in schmerzerfüllter vornehmer Zurückhaltung. Das gehöre zum Spiel, sagte er. Und das wüßten die Trauergäste auch, von denen er sicher war, daß sie ihre Nase nicht hinter die Kulissen stecken würden. Er trat wie ein Römer auf, sprach einen akzeptablen römischen Akzent, hielt seine Arme eng am Körper und beantwortete Fragen so, wie man es von einem Römer erwartete, überzeugt davon, daß die meisten Leute sich damit zufriedengeben würden. Das Honorar für diese Dienstleistung war auf 2000 Lire festgesetzt worden — ein anständiges Geld, das er mit Würde und ohne übertriebene Dankbarkeit annehmen konnte. Außerdem rechnete er damit, daß man ihm noch kleine Geschenke wie *pasta, mozzarella* und vielleicht ein bißchen Öl aufdrängen würde.

Noch ein paar andere kleine Täuschungsmanöver waren für diese Beerdigung arrangiert worden, die im *rione* von San Antonio Abate stattfinden sollte, einer ziemlich proletarischen Gegend, wo das *fare una bella faccia* noch unbedingtes Gesetz ist. Wenn der prächtige seidengesäumte Sarg, in dem der Leichnam ausgestellt ist, seinen Dienst getan hat, wird er wieder gegen einen profanen eingetauscht. Sogar die Blumen sind gemietet und werden, kaum daß der letzte Trauergast gegangen ist, wieder eingesammelt, um für die nächsten drei oder vier Beerdigungen verwertet zu werden. Nach Lattarullos Ansicht sähen die Neapolitaner nicht ein, warum sie die Blumenkränze im Friedhof zurücklassen sollten, wo sie doch nur sofort gestohlen würden, um als Hochzeitssträuße wieder verkauft zu werden.

Währenddessen wußte Lattarullo die neueste neapolitanische Schurkengeschichte aus der Gegend von Monte Vergine zu erzählen, ein spektakulärer Vorfall, bei dem eine geschäftstüchtige Frau über den Schwarzmarkt Gold und Juwelen im Werte von vier Millionen Lire angehäuft und in den Möbeln ihres Hauses versteckt hatte. Hier wurde sie nun von drei betrübten Fremden im geistlichen Gewande besucht. Zwei von ihnen hielten den dritten — einen Bischof, wie sie sagten — hoch, der auf der Straße gerade einen Herzanfall erlitten haben sollte. Der Geistliche und der Majordomus, wie sie sich selber nannten, trugen den ›Bischof‹ hinein und legten ihn auf das Bett der Frau, während sie selber draußen auf der Straße respektvoll auf seine Erholung wartete. Als sie schließlich nach etwa einer halben Stunde einen Blick ins Innere riskierte, waren ihre Besucher verschwunden und mit ihnen ihre Schätze.

Mitte Juli flog ich nach London zurück. Als Angehöriger der Armee, der ich nun war, stand mir eine Militärunterkunft zu. Das war ein schreckliches kleines Hotel in der Half Moon Street, das sowohl Amerikaner als auch Briten beherbergte. Der Aufzug war so schmal, daß man ihn kaum mit einer zweiten Person zusammen betreten konnte, und so dünn, daß der Boden unter dem Gewicht spürbar nachgab. Ich hielt mich lieber an die Treppen, obwohl ich mich in dem Gewirr der dunklen Aufgänge und blinden Korridore öfters in einer Sackgasse verirrte und den ganzen Fluchtweg noch einmal nach oben oder unten gehen mußte. Mein Zimmer, das auf niedrige Schornsteine hinausging, war ein Kabuff mit gelben Wänden, in dem eine kleine Pritsche stand, wie man sie aus Gefängnissen kennt, mit fettigen Kopfabdrücken und einer schrecklichen braunen Decke, die über und über mit Staub bedeckt war. Ferner: ein hölzerner Waschständer ohne Handtuch (jeder Gast hatte sein eigenes mitzubringen); ein brauner Teppich mit Rhombenmuster, ebenfalls sehr fleckig und voller Staub; und in einer Ecke ein kackbrauner Kohlenrost, der ein kleines und trostloses künstliches Holzfeuer enthielt. In den anderen Ecken große Schmutzhaufen, die man zusammengekehrt und liegengelassen hatte. Die ungedeckten Tische unten im Speisesaal schienen niemals gewischt worden zu sein, denn sie waren mit unzähligen Suppen-, Soßen-, Eier-, Marmelade- und Teeflecken übersät. Die schlampige Bedienung verdarb den Appetit.

Ich entdeckte bald, daß dieses kleine, merkwürdige Viertel gleich am Green Park zu den Hauptquartieren der Londoner Huren gehörte. Die meisten der drei- oder vierstöckigen Hotels sind offensichtlich *hôtels borgnes,* und damit dürfte wohl auch meine Unterkunft ein umgewandeltes Bordell sein. Im Zentrum des Viertels, am Fuße der Straße, findet sich eine kleine Kirche der Christian Science, die es fertiggebracht hat, fast so alt und grau auszuschauen wie die anderen Kirchen in London.

Hier ist es beinahe so heiß wie in Rom. Und das schlimmste ist: Während man in Rom wenigstens ohne Jackett herumlaufen kann — denn in den Mittelmeerländern ist das Tragen eines Hemdes mit Abzeichen im Sommer üblich —, muß man hier in London nach typisch lästiger britischer Sitte alle Gänge in zugeknöpfter und -geschnürter Uniform erledigen, mit der Folge, daß das Hemd ständig schweißdurchtränkt ist.

In der Nacht gibt es immer noch so wenig Licht wie am Ende des Krieges, und in der späten Dunkelheit nimmt sich der übel zugerichtete Abschnitt der Tottenham Court Road schauerlich aus: mit ihren Blattbüscheln am Ende der Äste erinnern seine kahlen und krummen Bäume an die Beine und Hälse gerupfter Hühner; die maskenartige Front der ausgebombten Häuser läßt einen an dunkle Augenhöhlen und klaffende Gebisse denken. Inmitten einer bewohnten Stadt auf diese unbeseitigten Ruinen zu stoßen ist besonders trostlos.

Picadilly wimmelt von Leben, ist aber auf seine Art genauso abstoßend. In der stehenden und lauwarmen Luft der Sommernacht laufen britische und amerikanische Soldaten ziellos umher und mischen sich mit den heruntergekommenen Londoner Nutten, die langsam ihre Runden drehen oder in Gruppen zusammenstehen. Nachdem der Krieg seinen Zweck erfüllt und die Spannung sich gelöst hat, finden sich diese uniformierten und anonymisierten Männer wie Amöben im englischen Sumpf wieder. Am Ende des Krieges wartet die geistige Leere. Was sonst hat der Krieg diesen jungen Männern gebracht, die sich da in den fremden Straßen treiben lassen, ungeübt darin, ihr Los selbst in die Hand zu nehmen, und wohl auch ohne besonderes Bedürfnis nach Selbstbestimmung, nur mit dem rudimentären Instinkt, den Frauen, deren Gesichter sie kaum erkennen können, auf den Fersen zu bleiben?

Wie leer, wie krank, wie sinnlos alles plötzlich geworden ist, nachdem der Krieg vorbei ist! Nun, da wir keinen Gegner mehr haben, der uns ablenken könnte, sind wir auf unsere ärmliche und demütigende Existenz zurückgeworfen. Weil wir unsere ganze Kraft auf die Zerstörung verwandt haben, konnten wir zu Hause nichts aufbauen und kehren nun in eine ruinierte Welt zurück. Und da der Feind kein Dach mehr über dem Kopf hat und hungert und wir seine Städte in Schutt und Asche verwandelt haben, fällt uns auch keine trächtige Beute, kein Reich zu, das man ausbeuten könnte, sondern nur eine wachsende Last von Pflichten und Verantwortlichkeiten.

Neulich sagte mir der Romancier Graham Greene, jetzt, wo der Krieg vorbei sei, dächten die Londoner manchmal bei sich: ›Wenn nur endlich das Brummen einer Flugbombe wieder zu hören wäre!‹ Das Leben war dramatisch gewesen, weil gefährlich. Alles, was man tat, wog schwer und wurde bewußt erlebt: es hätte das letzte Mal sein können; und ebendieses Gefühl vermißten sie nun: das Leben war sicherer, aber leerer geworden. Für Greenes Heimweh nach dem Dröhnen der Flugbomben spielt sicherlich seine eher saturnische Natur, sein Hang zu den eigentümlichen Reizen von Jagd und Verfolgung eine gewisse Rolle. Aber andererseits ist Greene selber ebenso wie seine Thematik ein Produkt seiner Zeit, zu der das Gefühl einer fundamentalen Unsicherheit so unabdingbar gehört, daß die Engländer, nachdem sie sich daran gewöhnt haben, nicht mehr wissen, wie sie ohne es auskommen sollen.

G., ein Mädchen aus London, das ich sehr mochte, sprach dieselbe Erfahrung an, als sie sich über die langweilig gewordenen Schlagzeilen beklagte. Früher las man von brennenden Städten, von der Öffnung höllischer Konzentrationslager, von hochrangigen Deutschen, die sich und ihre Familien umbrachten, von der mörderischen und alleszermalmenden Rache — wie beim Vorrücken eines gigantischen Panzers — für den Überfall auf unsere Städte. Und nun hatte das Crescendo aufgehört: die Nerven mußten ohne den Stimulus auskommen, der sie wie Stromstöße, von denen man sagt, daß sie bei Schizophrenen luzide Perioden hervorrufen, einer täglichen Schockbehandlung ausgesetzt hatte. Sie hatte mir von der enttäuschenden Flachheit der Siegesfeierlichkeiten in England und von ihrer eigenen Depression und Apathie bei den Parties, auf denen die Leute lustig zu sein versuchten, geschrieben. Und nun erzählte sie mir gruselige Geschichten von Männern, die sie kannte und die nach Jahren deutscher Gefangenschaft nach England zurückgekehrt waren. Einer von ihnen war im Gefängnis Kommunist geworden und von dem, was er zu Hause vorfand, so entsetzt und erschüttert, daß er in einer ersten Reaktion den Impuls verspürt hatte, zurück ins Gefängnis zu gehen, wo er wenigstens noch gewußt hatte, auf welcher Seite er stand, und wo er seinen Prinzipien treu bleiben konnte. Ein anderer war zu seiner Frau zurückgekehrt, hatte es aber nur ganze zwei Wochen bei ihr ausgehalten. Während seiner Abwesenheit hatte sie sich einen Geliebten zugelegt und zu trinken angefangen. Er dagegen war schon immer ein Spieler gewesen, eine Neigung, die im Lager noch gefördert worden war. Dort hatte er nichts anderes getan als zu spielen und mit seinen Freunden sogar Wetten darüber abgeschlossen, welche und wie viele Gefangene vom katholischen Priester bekehrt werden würden. Als er zu der Einsicht kam, daß es mit seiner Frau nicht mehr ginge, verließ er sein Dorf und ging nach London, wo er völlig dem Glücksspiel verfiel. Ein Dritter hatte in den Theaterstücken, die sie in der Gefangenschaft spielten, die Frauenrollen übernommen; nach und nach waren seine Kameraden, die seit Jahren keine Frau mehr gesehen hatten, dazu übergegangen, ihn wie ein Mädchen zu behandeln: rücksichtsvoll, freigestellt von unangenehmen Aufgaben und hofiert — mit dem Resultat, daß er, der offensichtlich nicht homosexuell veranlagt war, eine weibliche Persönlichkeitsstruktur ausbildete, von der er nicht mehr loskam. Er wußte kaum noch, zu welchem Geschlecht er gehörte.

(Ich habe später in den Vereinigten Staaten einen jungen Mann kennengelernt, der fünf Jahre in Gefangenenlagern zugebracht und in dieser Zeit nur einmal mit einer Frau, und auch dann nur mit der Oberin eines Klosters, gesprochen hatte, von der er nur die Hände durch ein kleines Gitter hatte sehen können. Mit ihrer Seltenheit nahmen Frauenstimmen einen äußerst befremdlichen Klang an. Nach so langer Haft, während der er bei einem pedantisch geregelten Tagesablauf nur Befehlen gehorchen mußte, war es für ihn unglaublich schwer und beängstigend geworden, sich in London auf freiem Fuß wiederzufinden und alles selber machen zu müssen. Sogar um zur U-Bahn hinunterzugehen, Fahrkarten zu kaufen und den Zug zu besteigen bedurfte es einer großen Denk- und Willensanstrengung.) [. . .]

Als ich im April, eben in London angekommen, von englischen Freunden zu einem Essen in ein erstklassiges Restaurant eingeladen worden war, bestellte ich eine ›Bratente‹. Allerdings war mir aufgefallen, daß die Londoner dem Gericht mit einer gewissen Reserve begegneten. Die Ente war denn auch eine Enttäuschung: die kleinen, trockenen und zähen Scheibchen stammten von einem Vogel, der selbst für ein unterernährtes Haushuhn unglaublich mager schien. Als ich anderntags in der Nähe von Holborn mit G. durch die engen Straßen lief, stieg uns ein fauler, schaler Geruch in die Nase. Auf seiner Spur stießen wir auf ein kleines Geschäft, dessen Regale mit Reihen toter Krähen ausgelegt waren. Das war offensichtlich alles, was sie in diesem Laden verkauften. [. . .]

Ich hatte in einem alten Londoner Club zu Mittag gegessen. Mit seinen dunklen Treppen und alten Stichen, der angenehmen privaten Atmosphäre und dem Komfort unterschied er sich sehr von den New Yorker Clubs, die mit ihren Aufzügen eher Hotels ähneln. Das Essen gehörte zum besten und reichsten, was ich jemals in London genossen hatte. Es war dem Club gelungen, sich mit frischem Gemüse, Käse und Fleisch der besten Qualität zu versorgen — etwas, das nicht einmal die besten Restaurants fertigbrachten.

Als ich mit dem Freund, der mich hierhergeführt hatte, das Lokal verließ, standen wir einige Minuten auf der Bordsteinkante, um ein Taxi herbeizuwinken. Gerade als wir dachten, eines gefunden zu haben, schnappte es uns ein Mann vor der Nase weg, so daß wir schließlich aufgaben und uns zum Gehen entschlossen. Mein Begleiter muß den Mann gekannt haben, denn er bemerkte: »Ewig auf der Straße zu warten und dann die Leute, die man am wenigsten ausstehen kann, in Taxis einsteigen zu sehen ist zum Kotzen!« Nicht, daß er kein liebenswürdiger Mensch gewesen wäre, aber sein Kommentar schien mir typisch für die gegenwärtige Haltung der Engländer zu sein: eine Kombination von gehässigem Neid und gereizter Geduld.

Ich suchte Harold Laski auf und begleitete ihn auf mehreren Labourversammlungen in den industriellen Vororten Londons. Aus den grauen, rohverputzten oder gelben Steinhäusern mit ihren schmalen Erkern und matten roten

Ziegeldächern waren bleiche Männer und Frauen, Jungen und Mädchen in Grau, Blau oder Khaki herbeigeströmt. Sie saßen still und hörten den Rednern konzentriert und begierig zu. Im Vergleich zu ähnlichen Veranstaltungen in Amerika, an die ich mich erinnern kann, einschließlich der Gewerkschaftsversammlungen und Kundgebungen der linken Parteien, schien man hier mit viel größerem Ernst bei der Sache zu sein. Daneben nahm sich unsere Präsidentschaftskampagne wie ein billiger Rummel aus.

Laski, der eine sehr gute Figur gemacht hatte, bekam dröhnenden Applaus. Die Leute drängten sich um unseren Wagen, um einen Blick auf den Professor aus Oxford, der sich für ihre Sache stark machte und deshalb von der Beaverbrook-Presse angeprangert wurde, zu erhaschen. Churchill hatte soeben Clement Attlee zur Teilnahme an der Berlinkonferenz eingeladen; daraufhin hatte Laski, der Vorsitzende der Labour Party, erklärt, Attlee könne nur als Beobachter teilnehmen; die Beschlüsse der Konferenz seien für die zukünftige Außenpolitik der Labour Party nicht bindend. Beaverbrook hatte diese Erklärung begierig aufgegriffen, um vor den finsteren Absichten der Sozialisten zu warnen, die bei einem Laboursieg die Regierung wie eine Marionette manipulieren würden. Auf die Anhänger der Labourkandidaten, zu deren Unterstützung Laski gekommen war, hatte dies offensichtlich keinen Eindruck gemacht. Dazu ging es diesen Leuten viel zu schlecht, und sie sahen viel zu düster in die Zukunft, als daß sie auf solche journalistischen Tricks hereingefallen wären. Entscheidend war für sie das Versprechen der Labour Party, schnell zu handeln, wenn es um Wohnungen, Erziehung und Arbeitsplätze ging. Churchill hatte sich für das ›traditionelle Britannien‹ ausgesprochen — »abgesehen von einigen Maßnahmen praktischer Art«. Daran erinnerte Laski seine Zuhörer. Er erklärte, daß »Massenarbeitslosigkeit nicht mit demokratischen Institutionen vereinbar« sei und daß die Leute »niemals wieder eine Verschlechterung ihrer Lebensbedingungen wie in der Zwischenkriegszeit zulassen« dürften. Im außenpolitischen Teil bekam er viel Beifall, als er sagte, daß die »angeketteten« Völker Europas und Asiens »nach den Vier Freiheiten verlangten« und daß die Labour Party, wenn sie die Regierungsverantwortung übernähme, mit der Politik jener Partei Schluß machen werde, die es zugelassen habe, daß nacheinander China und Spanien, die Tschechoslowakei und Äthiopien den Japanern und den Faschisten zum Opfer gefallen seien, die in Italien und Griechenland nach wie vor die reaktionären Kräfte unterstützte und dieselben Könige wiedereinzusetzen versuche, die ihre Länder den Faschisten ausgeliefert und beim eigenen Volk allen Kredit verloren hätten.

Er erinnerte sie daran, daß im ›traditionellen Britannien‹, das Herr Churchill so hochhalte, ein Prozent der Bevölkerung fünfzig Prozent des Reichtums besäße, daß in der Armee nur ein Prozent der Offiziere aus Arbeiterfamilien käme und daß 1939, als der Krieg ausbrach, fünfundsechzig Prozent des diplomatischen Korps in Eton zur Schule gegangen seien. Sie wüßten doch alle, daß die Schlacht von Peterloo auf dem Sportplatz von Eton gewonnen worden sei und die Schlacht von Sidney Street auf dem von Harrow! Er spielte damit auf das Massaker von Manchester 1819 an, als die Soldaten mit Säbeln auf eine Versammlung eindroschen, die sich für eine Parlamentsreform eingesetzt hatte, und auf einen Zwischenfall in den zwanziger Jahren, als der Innenminister Churchill persönlich, mit der Pistole in der Hand, auf einen Ausländer, einen politischen Flüchtling, losging, der angeblich gefährlich war.) Mir fiel auf, daß der Redner keine Skrupel hatte, auf seine eigene höhere Bildung hinzuweisen. Mehr als einmal hörte ich ihn im Zusammenhang mit sozialen Ungleichheiten sagen, er sei bei seiner Geburt »so vernünftig gewesen, sich reiche Eltern auszusuchen«, die ihn auf eine Privatschule schickten. Er machte sogar den üblichen Witz von der »besten Universität«, von der er käme — »womit ich natürlich Oxford meine«. (Ich erinnerte mich, daß er mir auf der Herfahrt im Zug von dem Buch eines liberalen Mitglieds des Oberhauses erzählt hatte, der glänzend nachgewiesen habe, daß es unmöglich sei, »in Oxford eine gute Bildung zu erlangen«. Nie könnte so etwas in Amerika vor solch einem Publikum über die Lippen eines Redners kommen. Aber ich dachte, daß Laski genau wußte, was er tat, und daß er durch den Appell an den tiefsitzenden Snobismus, der in England herrschen soll, nicht nur sein Ansehen heben, sondern auch, oder vielleicht nur, eventuelle Ressentiments gegen die Manieren und den Akzent des Oxfordianers entwaffnen wollte. Die Alternative wäre gewesen, diese Manieren und diesen Akzent zu verteidigen — was viel anstößiger gewirkt hätte. In Amerika fallen die Sprachunterschiede, obwohl sie beträchtlich sind, viel weniger auf als in England; und da bei uns auch der Sohn eines Fabrikarbeiters das College besucht haben kann, ist die Bildungsfrage weniger virulent. In England dagegen ist das Klassenbewußtsein allgegenwärtig und ungebrochen. Selbst in einem Wahlkampf, in dem sich der Redner für »staatliches Eigentum an Boden und Rohstoffen unter sozialistischer Kontrolle« einsetzt, muß dieser Faktor ausgenutzt oder umgangen werden.

Aber wie schon bei gewissen anderen Persönlichkeiten des literarischen, künstlerischen oder politischen Lebens, denen ich seit dem Ende des Krieges begegnet war, hatte ich auch bei Laski das Gefühl, daß der Desintegrationsprozeß hierzulande schon so weit fortgeschritten ist, daß jeder ernsthafte Schritt den Menschen große Anstrengungen abverlangt, Anstrengungen, wie sie von unseren gutgenährten und verwöhnten Intellektuellen in Amerika schon längst nicht mehr erwartet werden. Vernunft und Mut waren in dieser Stunde der moralischen Depression gefordert; wer immer über diese Qualitäten verfügte, mußte sie nun einsetzen, und zwar mit einer moralischen Würde, die sich deutlich vom Heroismus der Kriegszeit unterschied. Bei Harold Laski war immer ein Moment von intellektueller Eitelkeit zu spüren, von selbstgefälliger Virtuosität, von Vertrauen auf die eigene Wendigkeit, die zuweilen in kindlichen Übermut umkippte, zuweilen in die Bereitschaft, sich bei mißliebigen Fakten eine passende Lesart zurechtzulegen (so ignorierte er Stalins totalitäre Tyrannei oder wollte sie nicht sehen, und so rückte er sich in seinen Anekdoten von berühmten Zeitgenossen selber ins Rampenlicht der Weltgeschichte). Seine Intelligenz und seine Kompetenz auf diesen Versammlungen, seine schnelle Auffassungsgabe, verbunden mit Lernfähigkeit, aber auch seine Prinzipienfestigkeit waren beeindruckend. Bei Zwischenrufen, die meist von Konservativen oder Kommunisten bestellt und eingeübt waren, bewies er Geistesgegenwart; Fragen konnte er souverän und prompt beantworten; bewundernswert, wie er bei Hausbesuchen im Umgang mit seinen Wählern und ihren Frauen und Kindern ohne jede Steifheit auskam und immer wußte, was zu sagen war. Jetzt jedoch hatte ich, im bloßen Gespräch mit ihm oder durch die Lektüre seiner Schriften, zum erstenmal das Gefühl, daß er mehr war als ein radikaler Intellektueller, der plausible Standpunkte vertrat. Ich spürte in ihm den wirklichen Kämpfer für die Menschenrechte, einen Impuls, der in beeindruckender Weise zwei Kriege, ein Zeitalter des Chaos und der Panik, überlebt hatte. Einmal fiel mein Blick — da ich auf der Bühne saß, konnte ich das Publikum gut sehen — auf eine ältere Frau (vielleicht war sie gar nicht so alt, wie sie aussah), die dasaß, Kinn und Nase vorgestreckt, die Augen aufmerksam, doch starr, von so eigenartiger Begierde und Magerkeit, daß sie kaum noch menschlich wirkte, so als gehörte sie einer Spezies an, die mit den Armen aus Friedenszeiten nichts gemein hatte, einer Spezies mit dem heißhungrigen Blick eines Tieres, dessen Wahrnehmung einfachen und klaren Begierden folgte. Nur in Mailand, kurz nach der Vertreibung der Deutschen, hatte ich solche Gesichter gesehen. Jetzt, da ich ihnen wiederbegegnete, erkannte ich in ihnen den typischen Ausdruck des vom Krieg gezeichneten Europa. Aufrecht vor dieser Frau und ihren schweigenden Genossen stand Laski auf der Bühne, schmächtig, bebrillt, eierköpfig, und machte ihnen Versprechungen, die vielleicht nicht immer einzulösen waren, unterhielt sie mit Witzen und Geschichten, die nicht immer von erster Güte waren, und verfiel zuweilen in den politischen Jargon. Aber durch irgendeine magnetische Spannung, die diese graugesichtige, hühnchenäugige Frau mit dem gereckten Hals in seinen Bann schlug, gelang es ihm unzweifelhaft, sich zu behaupten.

EDMUND WILSON — Rom, Juli 1945

Nachdem ich aus England zurückgekehrt war, erschien mir Rom stinkender und korrupter denn je. Die ganze Strecke vom Eingang des Gartens der Villa Borghese hinunter durch die Via Veneto, die Via del Tritone und den Corso Umberto bis zur Piazza Venezia hat sich, wie Moravia sagt, in ein riesiges Bordell verwandelt. An schwülen Sommerabenden scheinen wir alle wie Fleisch- und Fettklumpen in einer billigen und zähen Brühe zu schmoren, die wie das Treibgut eines venezianischen Kanals durch dieses gewundene Flußbett geschwemmt wird. Mit der Anwesenheit der Amerikaner hat die Prostitution eine für römische Verhältnisse beispiellose Bedeutung gewonnen und ist so unglaublich gewinnträchtig geworden, daß viele Mädchen, die sonst zu Hause geblieben oder einer seriösen Beschäftigung nachgegangen wären, auf die Straße gegangen sind. Man bemüht sich, den Standardpreis bei etwa dreißigtausend Lire zu halten — das sind dreißig Dollar; in anderer Hinsicht jedoch ist das Niveau sicherlich sehr gesunken. Im Verzicht auf noch so flüchtige Präliminarien gehen die Soldaten weiter denn je: der GI überholt einfach die Frau, dreht sich um, wirft einen kurzen Blick auf ihr Gesicht, gerade nur, um ihr Einverständnis zu erkennen, dann grabscht er sie an. Das Mädchen läßt sich auch befummeln, doch gebietet es ihm, mit dem Rücken zur Mauer, Einhalt, um zuvor noch die Geschäftsbedingungen auszuhandeln. Entlang der ganzen Via del Tritone sind diese Mauern von Soldaten bevölkert, die dieser Parade allabendlich beiwohnen und mittlerweile die richtigen Mädchen kennen, aus denen sie die besseren herausfischen, um mit ihnen zu feilschen. Einer ehrbaren Frau, die hier durchkommt und auf Annäherungsversuche nicht reagiert, kann es passieren, daß sie als eine ›Hunderttausendlire-Nutte‹ verschrien wird.

Die vom Alliierten Kommando requirierten Hotels in der Via Veneto sind mit Huren und Strichjungen gespickt. Die Luftwaffe ist beim Urlaub großzügig. Frauen dürfen auf die Zimmer mitgenommen werden, so daß es im Hotel der Flieger lustig zugeht. Frauen strömen durch die Vorhalle, sitzen an der Bar und flattern wie Stare um den Eingang. Ich sah ein wild aussehendes Mädchen herauskommen, rothaarig und schmal, von dem man den Eindruck hatte, daß es sich nicht nur bestens amüsiert, sondern auch eine Stange Geld verdient hatte. In einem anderen Hotel haben Soldaten eines Nachts ein Mädchen aus dem Fenster geworfen; es brach sich das Rückgrat und starb. Die Italiener sind durch solche Vorfälle aufgebracht. Die ›besseren‹ Leute fühlen sich vom

Anblick der sich feilbietenden römischen Frauen — und vieler anderer, die zu diesem Zwecke nach Rom gekommen sind — abgestoßen. Unter ihren Augen hat sich eines der schönsten und vornehmsten Viertel des modernen Rom in einen verwahrlosten Marktplatz verwandelt, in dem das Verhalten von Catulls Lesbia ›*in quadriviis et angiportis*‹ zur nächtlichen Routine geworden ist. Auf einem Schild an einem amerikanischen Armeeklub steht: ›Reserviert für GIs und ihre weiblichen Gäste‹. Letztere sind für die Römer gleichbedeutend mit Nutten. Durch den ständigen Gebrauch im Munde der Soldaten soll das Wort *signorina* in Verruf gekommen sein. [. . .]

Philip Hamburger, der für den *New Yorker* schreibt, ist gerade von einem Ausflug nach Triest zurückgekommen. Die Briten taten ihr Bestes, um ihn von Gesprächen mit Jugoslawen oder einem Besuch des Hinterlandes abzubringen. Wenn er nicht einen amerikanischen Major bei sich gehabt hätte, so wäre er wohl nirgends hingekommen. Die Briten nannten die Jugoslawen ›Jugs‹ und Jugoslawien ›Jugland‹. Über seine Bewohner sprachen sie so, als handelte es sich um langhaarige Wilde, die auf allen vieren kröchen — als wären sie einst gute Polizeihunde gewesen, die sich jetzt in gefährliche Wölfe verwandelt hätten, die Hamburger und seinen Begleiter in Stücke zerreißen könnten. Der Stadtratsvorsitzende von Triest war von den Briten aus Gründen ›militärischer Zweckmäßigkeit‹ ins Gefängnis geworfen worden. Er war sprachlos vor Empörung. Sie nannten ihn stets verächtlich ›den Fischer‹ — das war sein Beruf —, bis er wütend ausrief: »Na und, schließlich war Christus ein Zimmermann!« Bevor den Amerikanern nach Tagen des Wartens endlich erlaubt worden war, sich ein wenig im Hinterland umzuschauen, hatte sie ein britischer General aufzuklären versucht. Die Jugoslawen, erklärte er, trügen immer ihre politische Überzeugung mit sich herum. Ob die Briten dies nicht auch täten, hatte ihn Hamburger gefragt. Der amerikanische Major wurde zornig und beschrieb Hamburger eine der Behinderungen, mit denen er zu kämpfen gehabt hatte: »Ein Fahrrad fuhr vor, und schon schwärmten drei hochrangige Kriegshetzer aus.« Von Triest fuhren sie nach Klagenfurt, wo sie, sagt Hamburger, im britischen Kasino wie gefangene feindliche Offiziere behandelt wurden. Nach dem Essen war es zu einem heftigen Wortwechsel gekommen. Die Briten hatten den Amerikanern verkündet, daß England nun gegen die Russen zu kämpfen habe — »und ihr werdet uns dabei helfen müssen«. Hamburger und der Major verneinten entschieden, daß Amerika zu etwas Derartigem verpflichtet sei. Plötzlich explodierte einer der Briten — es gibt immer einen Briten, der zu seinen Landsleuten in kompromißloser Opposition steht, aber den Gang der Geschehnisse nicht im mindesten beeinflussen kann — und hielt seinen Kollegen vor, sie seien zweihundert Jahre hinter der Zeit zurück. Das machte die Situation nicht einfacher, und am nächsten Tag verließen die Amerikaner den Ort.

Kurz bevor ich Rom verließ, war ich von amerikanischen Freunden in ein Schwarzmarktrestaurant eingeladen worden. Wir aßen draußen. Die Gäste machten alle mehr oder weniger den Eindruck, als verdienten sie selber am schwarzen Markt. Ich saß mit dem Rücken zum Geländer, das uns von der Straße abschirmte. So hatte ich, vertieft ins Gespräch, gar nicht bemerkt, daß sich Leute hinter uns angesammelt hatten, die uns das Essen vom Teller zu fischen versuchten. Sofort schickte das Management einen Gorilla hinaus, der eine alte Frau mit einem Schlag vor den Kopf zu Boden warf und die Menge zurückdrängte, meist Frauen und Kinder. Einige von ihnen gingen weg, während andere aus sicherer Entfernung stumm auf unser Essen starrten.

Norman Lewis — Neapel, 24. Juli 1945

Neapel ist in jeder Beziehung außergewöhnlich. Scarfoglio, damals Italiens führender Journalist, schrieb Ende des letzten Jahrhunderts: ›Es ist die einzige Stadt des Orients, in der es kein europäisches Wohnviertel gibt‹, und dieser sarkastische Satz scheint immer noch zu gelten.

Letzte Woche wurde in unserer Straße ein Adliger von seinen Dienern aus dem Totenbett gehoben, in seinen Abendanzug gesteckt, auf den obersten Absatz des Treppenaufgangs über dem Hof seines Palastes getragen und dort aufrecht hingestellt. Einen Moment stand er da mit einem Strauß Rosen im Arm, um von seinen Freunden und Nachbarn, die unten im Hof versammelt waren, Abschied zu nehmen. Dann wurde er zurückgetragen, um die Letzte Ölung zu empfangen. Wo sonst als in Neapel könnte der Sinn fürs Ritual so weit getrieben werden?

Letzte Woche hatten Evans und ich den Auftrag, die Wohnung des Prinzen Pignatelli zu durchsuchen, der wegen Spionage verhaftet worden war, während er im Dienst des OSS [Office of Strategic Services] stand. Die Wohnung war wie ein seidener Schoß — eine absurde Hollywoodszene aus einem Bibelepos von De Mille, die das Auge mit goldenem Glitzer ermüdete. Der Prinz hatte seine Wohnung überstürzt verlassen, um in sein Verderben zu rennen; seine Habe lag in Unordnung herum. Auf einem Nachttisch mit einem Aufsatz aus Feldspat lag eine Schultasche, die eine halbe Million Lire enthielt, daneben ein Glas Wein, der mit Blattgold versetzt worden war. Ein Schrank enthielt große Flaschen Parfüm von Chanel und mehrere hundert Paare Seidenstrümpfe. Jedes Paar war die Ehre einer neapolitanischen Frau wert, sofern deren Ehre käuflich war. Der Kult des Luxus war hier offenbar auf die Spitze getrieben worden. Einige neapolitanische Adlige behaupten, von den großen Familien des alten Rom abzustammen. Vielleicht wirken bei ihnen noch die legendären römischen Exzesse nach. Bestimmte neapolitanische Damen sollen sich nach dem Vorbild der Poppäa Sabina noch Milchbäder bereitet haben, bevor die gegenwärtige Knappheit dieser Praxis ein Ende setzte.

Nur einige hundert Meter von Pignatellis Höhle des Aladin entfernt beginnt der Bezirk Vicaria, dessen Bevölkerung die dichteste in Europa, ja vielleicht der ganzen Welt ist. 7500 Menschen drängen sich hier auf einem Hektar. Sie leben heute von den unbeschreibbaren Resten der Fleischabfälle, die sie in den Schlachthäusern kaufen, von Fischköpfen und -schwänzen, von Wurzeln, die sie in den Feldern ausgraben, und schließlich sogar, als letzte Rettung, von der Katze — wird doch in den Metzgerläden der geschlachtete Hase nie ohne den Kopf, der seine Identität garantiert, ausgelegt.

Dreihunderttausend Einwohner Neapels wohnen in *bassi*. Im Bezirk Vicaria kommen bis zu drei Leute auf zwei Quadratmeter eines *basso*. Dies ist die Umgebung, in die die Prostituierten ihre Kunden abschleppen. Es kann passieren, daß sie bei ihrer Ankunft im Zimmer drei Mieter vorfinden — etwa bettlägerige Alte in Feldbetten —, die dort bleiben müssen. Diese Mitbewohner kehren einfach ihr Gesicht zur Wand. Alles wird in Neapel so zivil wie möglich arrangiert.

EDMUND WILSON — Mailand, Juli 1945

Als ich zum erstenmal, Anfang Mai, nach Mailand kam, glaubte ich einen kleinen Geschmack von der Hölle zu bekommen. Wohl fuhren einige der schäbigen grünen Straßenbahnen noch, wohl gingen einige Bewohner ihren Geschäften nach, doch schien der Ort wie gelähmt. Nach der deutschen Unterdrückung, den Bombardierungen der Alliierten und dem erbitterten Bürgerkrieg vegetierten die fahlen, unterernährten Menschen, die ihre Haut in alte Kleider hüllten, in einem Zustand permanenter Überlastung. Besonders die Kinder waren erschreckend anzusehen. Im Laufe der Jahre hatten ihre Gesichter den Ausdruck von Empörung und Sorge angenommen, ein Habitus, der sie verunstaltete wie die Unterernährung ihre Knochen. Begeistert von der Gelegenheit, gegen andere vorgehen zu können, fuhren halbwüchsige Jungens mit Maschinengewehren im Auto herum, auf der Jagd nach faschistischen Kollaborateuren. Ein Hotel, in dem die Deutschen verzweifelt versucht hatten, sich zu verschanzen, war damals immer noch von Barrikaden und Stacheldraht umstellt. Als die Amerikaner das Hauptquartier der SS stürmten, fanden sie dort Polizeihunde und pornographische Bilder. Über der Stadt lag der Gestank des Todes, den Mussolini und seine Anhänger hinterlassen hatten; ihre Leichen waren öffentlich ausgestellt und von der Menge geschändet worden. In der Bar wurde man von Italienern angehalten, die einem Fotos zeigten, die sie selber am Schauplatz des Geschehens aufgenommen hatten.

Was das damalige *Albergo Diana*, das von der amerikanischen Armee übernommen worden war, so gräßlich machte, waren die vielen Reminiszenzen an den alten europäischen Tourismus, die die vergangenen Erschütterungen überlebt hatten. Die kühlen, weißgefliesten Korridore der Schlafzimmer, die Ansichten der Villa d'Este, die schüchternen kleinen Tafeln an der Wand, die zur Vermeidung von Verständnisschwierigkeiten mit Hilfe von Bildern anzeigten, welcher Knopf für den Ober, welcher für den Diener und welcher für das Kammermädchen zu drücken sei — all diese Reiseannehmlichkeiten machte einen genauso widerlich schalen und verlogenen Eindruck wie die alten verstaubten Tauchnitzromane, die einige Buchhändler für die englisch sprechenden Alliierten in ihre Fenster gestellt hatten. Und obwohl sich die Hotelsekretäre, Liftboys und Kellner auf ihre alten Umgangsformen besannen und ein hinreichendes Englisch sprachen, so wie sie eben noch ein hinreichendes Deutsch gesprochen hatten, so waren sie durch die neuen Gäste doch etwas aus der Fassung gebracht (wahrscheinlich wären sie, meinte Hamburger, überhaupt nicht überrascht gewesen, wenn als nächstes Japaner aufgekreuzt wären) und hatten ihnen wenig zu bieten. Das Dinner leitete der *maître d'hôtel* in Gala, obwohl es doch nur farbloses Rinderpökelfleisch und Armeegemüse gab, angereichert mit großen harten Oblaten, die Hundekuchen ähnelten und den einzigen einheimischen Beitrag ausmachten.

Heute jedoch, zweieinhalb Monate später, ist das *Diana* völlig umgewandelt. Als ein Erholungshotel für amerikanische Soldaten muß es einer der schönsten Plätze in Italien sein. Beim Personal läuft wieder alles glatt, und die gute Bedienung versteht sich wie von selbst. Essen und Wein gehören zum Besten, was ich bekommen habe, seitdem ich in Europa bin. Man ißt, Musik im Hintergrund, an Korbtischen mit blauweißkarierten Decken draußen unter dem Weinlaub und im Schatten von Kastanien und Eichen, in deren Ästen ein geschmackvolles Dachwerk aus japanischen Matten angebracht ist. Hier trifft man sich und feiert, die Stimmung ist ausgezeichnet und die Bar erstaunlich gut ausgestattet. Die Amerikaner führen hier ihre bemerkenswert hübschen Freundinnen aus.

Die Frauen hier sind überhaupt fabelhaft. Zwar haben sie nicht den natürlichen Chic der Römerinnen, doch sind sie noch um einen Grad schöner. Wie alles in Mailand und im Gegensatz zu fast allem, was man in Rom sieht, vermitteln sie den Eindruck von Unabhängigkeit und Willenskraft. Meist sind sie breitschultrig, und manche tragen ihr blondes Haar — oft, aber nicht immer gefärbt — schulterlang. Von einem Mädchen, das freihändig Fahrrad fuhr und sich dabei mit den Armen das bleich-blonde Haar zurückstrich, war ich hingerissen. In dem Straßencafé, in dem sie einen Drink mit einem Mann nahm, begegnete ich dann dem schönsten Mädchen, das ich jemals gesehen habe: auch sie war blond, hatte lebhafte braune Augen und aufreizend gewölbte Augenwimpern, und ihre nackten Füße staken nicht in den üblichen Holzschuhen, sondern in roten Lederpumps mit hohen Absätzen, die sie irgendwie organisiert hatte. Wie schön nähmen sich diese Frauen aus, wenn sie erst über die richtigen Kleider und Kosmctik verfügten!

Als ich im Frühling hier war, kurz nach der Ankunft der Alliierten, da waren die Mauern mit Plakaten bedeckt, auf denen stand: ›Hoch die angelsächsischen Befreier!‹ Es gab jedoch auch andere Inschriften, die angeblich von den Faschisten stammten, und diese sind noch zu sehen, während die anderen verschwunden sind: ›*Museo distrutto*‹ oder ›*Casa incendiata dai liberatori anglosassoni. Milanesi, riflettete!*‹ Sie haben auch ein Wortspiel erfunden: ›*Anglosassoni assassini*‹. Überall dort in der Stadt, wo Bomben eingeschlagen haben, stößt man auf diese Vorwürfe. Tatsächlich haben die Alliierten Mailand ebenso grausam und wahllos bombardiert wie die Deutschen London. Die meisten Zerstörungen wurden im August 1943 angerichtet, als wir Badoglio durch reinen Bombenterror in dichtbewohnten Bezirken unter Druck setzen wollten und dabei so viele Denkmäler zerstört haben, als hätten wir es darauf abgesehen. Museum und Scala sind ausgebrannt, die schönsten Kirchen zur Hälfte in Schutt verwandelt, einige der wertvollsten Skulpturen am Dom zertrümmert, und vom Refektorium, das da Vincis *Letztes Abendmahl* enthält, ist nur noch das Gerippe übrig. [...]

Ich suchte einen amerikanischen Beamten der Alliierten Militärregierung auf. Er war Jude, ein fülliger, angenehmer und wohlmeinender Mann, vielleicht nicht ganz so wach, wie man es von einem Juden erwartet. Ich traf ihn in einem kritischen Moment an. »Die Lage ist die«, sagte er. »Letzten Dienstag gab es einen Ausbruch aus dem Gefängnis, und sechsunddreißig Männer sind entflohen — alles Partisanen, aber kein politischer darunter: die saßen alle für gewöhnliche Verbrechen wie Raub und Vergewaltigung ein. Die Wächter waren ebenfalls Partisanen; deswegen muß ich sie jetzt gegen Carabinieri austauschen, was ich sowieso schon die ganze Zeit vorhatte. Nach unseren Informationen steht aber jetzt eine Demonstration bevor. Um vier Uhr soll es gleich hier draußen auf dem Platz losgehen; dann wollen sie vor das Gefängnis ziehen und eine Protestversammlung abhalten.« — »Wer veranstaltet denn die Demonstration?« fragte ich. »Na, die vielen italienischen Kriegsgefangenen, die gerade aus Deutschland zurückgekommen sind.« — »Aber worum geht es bei dieser Demonstration?« — »Na, wahrscheinlich wollen sie mehr zu essen haben. Sie wollen uns zeigen, wie ausgehungert sie sind. Man sieht es ihnen ja an«, fügte er hinzu. »Aber wo ist der Zusammenhang mit der Gefängnismeuterei?« Ich versuchte, ihn festzunageln, bekam aber keine befriedigende Antwort. Er hatte wohl selber keine Ahnung. »Sie machen eben immer Demonstrationen«, sagte er.

In diesem Moment kam, wie in einem Theaterstück, ein riesiger Engländer von der Sicherheit herein, gefolgt von einem kleinen und verwirrten amerikanischen Major mit rotem Gesicht. »Es wird keine Demonstration geben«, sagte dieser Chef der Alliierten Polizei, ein Kerl von enormem Körperumfang und der drohenden Haltung eines Schlägers. »Wir waren in ihrem Hauptquartier — es liegt gerade gegenüber. Ich habe ihnen gesagt, wenn sie zum Gefängnis rübermarschieren, werden wir sie gebührend empfangen, wir hätten noch leere Zellen und würden uns freuen, sie da reinzustecken. Als wir reinkamen, lümmelten sie so rum, daß ich ihnen gesagt habe, sie sollten erst mal aufstehen und ein bißchen Haltung annehmen. Und daß es mit der Demonstration nix ist. Danach sind sie wie die Mistfliegen rumgeschwirrt. Genauso wie kürzlich bei Togliatti (dem Führer der Kommunistischen Partei und Justizminister in der neuen Regierung Parri). Der wollte wohl ne Rede halten, aber dann hat er sichs anders überlegt.«

Der Mann von der Sicherheit begab sich zum Gefängnis — um sicherzugehen, wie er sagte —, und der Major blieb ihm auf den Fersen. Der hohe Beamte zeigte mir ein paar Flugblätter, auf denen eine riesige Demonstration angekündigt wurde, die in der Form eines Festzuges ablaufen sollte: es ging um die Feiern zum Jahrestag des Sturms auf die Bastille. Ein seltsames Symbol war auf dieser Einladung abgebildet, das ich schon auf den Plakaten in der Stadt gesehen hatte. Jetzt dämmerte mir, daß dieses seltsame Ding, das wie ein Vogelkopf aussah, die phrygische Freiheitsmütze sein sollte, das Emblem der Französischen Revolution; es war jedoch so schlecht gezeichnet, daß man nicht gleich erkannte, was es war; man hätte es für ein beliebiges Ornament halten können. Als ich den Beamten, die sich auch schon darüber den Kopf zerbrochen und die Zeichnung mit Argwohn betrachtet hatten, meine Erklärung vortrug, rief der Major ganz beunruhigt und verwirrt: »*Das* soll die Französische Revolution sein?« Dann verließ er uns sogleich. »Ich denke«, sagte der jüdische Beamte, »je früher wir aus Italien rauskommen, desto besser für alle Beteiligten. Wenn ein Kind das Laufen lernt, muß man es manchmal hinfallen lassen. Es muß seine Fehler selber machen können.«

Ich ließ es mir nicht nehmen, bei der Massenversammlung zur Feier des Vierzehnten Juli dabeizusein. Während ich im Park, auf einem Randstein sitzend, der Dinge harrte, kam ein Mann, setzte sich neben mich und fing sogleich an, wortreich auf mich einzureden, allerdings in einem Dialekt, der kaum zu verstehen war. Soviel begriff ich aber, daß er mir klarmachen wollte, er sei schon immer gegen die Faschisten gewesen. Er zeigte mir seinen kommunistischen Parteiausweis und erzählte mir, wie er und sein blinder Vater unter dem Regime litten und wie die Arbeiter ihre eigene Methode gehabt hätten, in der Fabrik mit den Faschisten umzugehen. Ähnliches sei auch ihm passiert, sagte mir ein amerikanischer Journalist: durch das Vorzeigen ihrer KP-Karte meinten einfache Leute wie dieser Mann ihren aufrichtigen Antifaschismus unter Beweis zu stellen und sich bei den antifaschistischen Befreiern zu empfehlen.

Mailand, Juli 1945

Plötzlich begannen die Leute hinter mir, mit vielen Kindern über den Rasen zu marschieren, und da ich ihnen im Wege stand, mußte ich aufstehen und mitgehen. Erst als sie in breiter Masse auf den Triumphbogen zuströmten, wo eine Tribüne für die Musik und die Redner aufgebaut worden war, drängelte ich mich wieder heraus und ging durch den Park zum *Albergo Diana* zurück. Auf dem ganzen Weg mußte ich mich durch die kompakte Menge zwängen, die in die andere Richtung schob. Es war ein gewaltiger Eindruck: niemals sah ich so viele Menschen auf den Straßen einer Stadt. Von den eineinhalb Millionen, die Mailand und Umgebung bevölkern, sollen es eine Million gewesen sein. Aber nicht, daß sie irgend etwas gefeiert hätten — sie liefen einfach nur so herum. Es gab einen Boxring, einen kleinen Zirkus, einige Schießbuden und Eisstände, und über dem Park waren zwei kleine Luftschiffe festgemacht, auf denen stand: ›*Fraternità*‹. Eine Musikkapelle spielte, und hier und da bildete die Menge einen Kreis um drei oder vier Tanzpaare. Die Stimme aus dem Lautsprecher jedoch hatte einen krächzenden, metallischen und harten Klang: »*Attenzione! Attenzione!*« bellte sie immer wieder. Und die Aufforderung »*Ballate!*« klang so, als käme sie aus Hellzapoppin, wo dem Publikum mit einer Stimme, die das Blut in den Adern erstarren macht, das Herabsinken der Spinnen auf seine Köpfe verkündet wird. »*Questa è la sera della libertà. Gli uomini liberi sono allegri!*« Von Spontaneität und Fröhlichkeit war jedoch nicht viel zu spüren. Und ich erkannte in dieser drohenden und didaktischen Stimme den unpersönlichen Akzent — er ist überall gleich — der Kommunistischen Partei wieder, so wie ich auch aus der Art, in der die Massenversammlung propagiert und organisiert worden war, ihre lenkende Hand herausgespürt hatte.

Ein junger Mann von der Öffentlichkeitsarbeit, frisch in Mailand, fuhr mich in einem Jeep herum und klärte mich freundlicherweise darüber auf, daß das Ereignis — der Vierzehnte Juli, der in Italien nie gefeiert worden war — als ein Versuch verstanden werden müsse, den Angriff Mussolinis auf Frankreich, den sogenannten ›Dolchstoß in den Rücken‹, wiedergutzumachen. »Was für Dinger tragen die denn da?« fragte er. Es war die phrygische Freiheitsmütze, die viele schlendernde Bürger an ihren Rockaufschlag oder ihre Bluse geheftet hatten. [. . .]

Es gibt in Mailand ein Moment von Vitalität, das in Rom nicht zu verspüren ist. Die jungen Leute, die im Untergrund gearbeitet und bei der Vertreibung der Deutschen mitgeholfen haben, sind vielleicht die einzige Gruppe in Italien voll wirklichen Tatendrangs und Begeisterung. Zwei Beispiele: Eine Rechtsanwältin, irgendwo aus der Nähe der österreichischen Grenze; in all den schwierigen Jahren hat sie sich politisch betätigt und gebildet, und nun strahlt sie in ihrer drahtigen und scharfsichtigen Art eine gewisse Hoffnung aus. Italien sei zwar jetzt kein großes Land mehr, sagt sie, aber immer noch groß genug, um sich für seine Zukunft einzusetzen. Ferner ein junger Mann, einer von Parris Stellvertretern, der durch seinen Kontakt zu diesem aufrechten und fleißigen Mann dessen Grundsätze angenommen hat und von ihm geschult worden ist. Als Junge, der unter dem Faschismus aufwuchs, war er Mitglied der faschistischen Jugendorganisation gewesen, und als Soldat hatte er am äthiopischen Krieg teilgenommen. Dann durchschaute er den ›Bluff‹ des Regimes. Während sich die Offiziere Medaillen holten, waren die Soldaten ohne Essen und Ausrüstung geblieben. Die Männer verbluteten an der Ruhr, weil kein Eis da war, das die Blutungen hätte stillen können. Später schloß er sich dem antifaschistischen Untergrund an und ging mit geheimen Aufträgen nach Deutschland, wo er sich als Spanier ausgab. Wo die Italiener mißtrauisch geworden wären, da waren die Deutschen, wie er feststellte, von phantastischer Leichtgläubigkeit. So habe ihm ein deutscher Offizier von einem neuen Sprengstoff erzählt. Eine Prise davon genüge, um einen ganzen Straßenzug in die Luft zu sprengen. Sie würden es über den Vereinigten Staaten ausstreuen, und dann würden die Vereinigten Staaten verschwinden. Die deutschen Frauen seien schrecklich dumm, besonders — fügte er mit einem entzückten Auge hinzu —, wenn sie verliebt wären. Aus ihnen hat er viele Informationen herausbekommen.

Was in der Zeit, während der sie durch Mussolini von der Außenwelt abgeschirmt waren, in der Sowjetunion oder in

England und Amerika passiert ist, davon haben diese Leute keine Ahnung; aber manche von ihnen setzen auf die Russen und andere auf die Amerikaner. Seit der Vertreibung der Deutschen hat nun unser amerikanischer Hauptbeitrag zur Sache der ›Befreiung‹ in einigen Lieferungen der UNRRA [United Nations Relief and Rehabilitation Administration] bestanden und darin, daß wir einer unserer Telefonvermittlungen den Namen ›Freiheit‹ gegeben haben. Und nachdem wir die Partisanen, solange sie uns noch nützlich waren, bewaffnet und unterstützt haben, nehmen wir ihnen nun die Waffen wieder weg, belegen sie mit einem politischen Redeverbot und werfen sie bei der kleinsten Schwierigkeit ins Gefängnis. Wahr ist, daß sich die Partisanen seit dem Abzug der Deutschen im Norden schlimmer und wohl ungerechtfertigter Bluttaten schuldig gemacht haben: sie sollen etwa zwanzigtausend Leute getötet haben. Trotzdem ist die Revolution der Italiener mehr als eine atavistische Vendetta, und ihre Dynamik, davon bin ich überzeugt, wird schwerlich zu drosseln sein. Nach Schätzungen der Alliierten Militärregierung sind die Partisanen nur zu sechzig Prozent entwaffnet: sie haben noch viele versteckte Depots, und wir können nicht wissen, um welche Mengen es sich handelt, da sie ja nicht nur über die Waffen verfügen, die sie dem Feind abgenommen, sondern auch über die, die wir ihnen gegeben hatten. Im übrigen haben sie ihre eigenen Methoden entwickelt, um die Stärke ihrer Organisation aufrechtzuerhalten.

Wie sie das taten, das konnte ich bald selber erfahren. Ich zerbrach mir immer noch den Kopf über das Problem der italienischen Ex-Gefangenen aus Deutschland, die von ihrem Protest gegen den Gefängnisausbruch hatten abgehalten werden müssen, und ich hatte bei einer Reihe von Leuten Erkundigungen eingezogen. Niemand schien Bescheid zu wissen. Langsam hatte ich deutlich den Eindruck, daß es da um etwas ging, was die Amerikaner nicht begriffen und was ihnen die Italiener auch nicht unbedingt preisgeben wollten. Als ich einen italienischen Journalisten danach fragte, den oben erwähnten jungen Mann, der anscheinend Bescheid wußte und bereit war, damit herauszurücken, wurden wir von einem Dritten unterbrochen; und als das andere Gespräch vorbei war, kehrte mein Freund ungeniert und heiter zum Ausgangspunkt unserer Unterhaltung zurück: »Und so hoffe ich, als Presseattaché nach Amerika zur Botschaft zu kommen.« Schließlich fand ich doch einen amerikanischen Korrespondenten, der lange Zeit in Italien gewesen war und sich sehr gut auskannte. Er hatte über das Problem nachgedacht. Es habe, sagte er, im letzten Monat eine ganze Reihe von Demonstrationen gegeben, die in keinem Verhältnis zu ihren Anlässen standen: Feste, Proteste, Streiks. Sogar die Unternehmer waren zu Streiks aufgerufen worden. Schließlich war er zu dem Schluß gekommen, daß die linken Parteien der regierenden ›Föderation‹ das Volk, das unter dem Faschismus nicht mehr an Massenaktionen gewöhnt war, systematisch organisieren und durch eine Reihe von Mobilisierungen für eine eventuelle Krise rüsten wollten. Diese Demonstrationen, sagte er, seien stets ausgezeichnet organisiert; doch sobald die alliierten Behörden eingriffen, wie im Falle des gerade abgewürgten Protestes, wurden sie einfach abgesagt. An einer Wiederholung der griechischen Katastrophe war keine der beiden Seiten interessiert.

Noch eine andere Frage stellte ich ihm, mit der ich es schon bei den alliierten Ämtern versucht hatte. Was war an der folgenden Bemerkung dran, die ich in der englischen liberalen Wochenzeitung *New Statesman and Nation* vom 16. Juni 1945 gefunden hatte? ›In einem enthüllenden Bericht hat der Sonderkorrespondent der *Times* unzweideutig festgestellt, daß die Alliierte Militärregierung sich geweigert hat, Beschlüsse der lokalen Befreiungskomitees [in Norditalien], die vor der Ankunft unserer Armee fast alle Industriebetriebe erfolgreich erobert und übernommen hatten, anzuerkennen. Unter der Drohung der Alliierten, Betrieben, die von Arbeiterräten verwaltet werden, Kohle und anderes Rohmaterial zu verweigern, sollen um der *Effizienz* willen Führungskräfte wie Valletta von Fiat, die aktiv mit den Deutschen kollaboriert hätten, wiedereingesetzt worden sein.‹ Der liebenswürdige Beamte, den ich zum Zeitpunkt der abgewehrten Demonstration aufgesucht hatte, sagte mir, über Valletta und Fiat in Turin wüßte er zwar nichts Genaues, aber er könne mir positiv sagen, daß derartige Dinge in Mailand nicht geschähen, wo man die Säuberung von faschistischen Funktionären ganz den Italienern überlasse. Der Journalist jedoch, der gerade aus Turin gekommen war, konnte mir bestätigen, daß in diesen Gesellschaften das alte Management geblieben ist. Zwar sitzt Valletta jetzt in einem Immobilienbüro, aber von dort aus leitet er die ganze Fabrik. »Ich war schockiert«, sagte mein Freund, »als ich entdeckte, daß das ganze Fiat-Kapital in den alten Händen lag.«

Aus Gesprächen in Mailand, darunter mit zweien unserer Spitzenleute, hatte ich den Eindruck gewonnen, daß unsere Politik im Grunde darauf hinauslaufe, die italienische Industrie so weit anzukurbeln wie nötig, um die Arbeitslosigkeit zu lindern und die Anziehungskraft der Linken zu schwächen, aber wiederum nicht so weit, daß sie — zumal da die Fabriken selber in ausgezeichneter Verfassung sind — für die englische Konkurrenz gefährlich werden könnte. Nach meiner Erfahrung dachten viele Italiener genauso.

Am Morgen vor meiner Abfahrt fuhr ich noch an zwei interessante Plätze, die ich zuvor nicht besucht hatte.

Im Gegensatz zu manchen Berichten ist der Ort, an dem die Leichen Mussolinis, seiner Geliebten und seiner engeren Mitarbeiter nach der Hinrichtung zur Schau gestellt wurden, nicht einer der großen Plätze, sondern eine kleine Straßenkreuzung in einem Arbeiterviertel. An einer Tankstelle hatte man sie mit den Füßen an dem Dach aufgehängt, unter dem die Autos halten; dort waren noch in groben schwarzen Buchstaben ihre Namen zu lesen. Die Tankstelle ist geschlossen und verlassen. Ab und zu kommt jemand vorbei und starrt sie an.

Hinter einem Schuttberg am anderen Ende der Stadt liegt das Refektorium von Santa Maria delle Grazie, in dem Leonardo sein *Letztes Abendmahl* malte. Daß das Bild schon vorher in einem schlechten Zustand war und durch die Bombardierungen nicht gelitten hat, ist oft gesagt worden. Immerhin ist der größte Teil des Gebäudes zerstört worden: nur noch das Gerippe der vier Mauern steht; man hat es in aller Eile überdacht. Das Wandgemälde ist, zusammen mit dem Fresko am anderen Ende — ebenfalls in schlechtem Zustand —, das einzige, was geblieben ist. Man kann es zwar noch erkennen, aber es müssen unglaublich viele Trümmer darauf gefallen sein. Heute jedenfalls ist das *Letzte Abendmahl* kaum mehr als ein Ölfleck — ein undeutlicher und unvollständiger Schatten, der allerdings in einer eigenartigen und durchdringenden Art seine Realität behauptet. Wie verblaßt sie auch aus der Nähe wirken mögen, aus der Entfernung eröffnen die drei offenen Fenster in der Wand hinter der Figur des Christus immer noch den Blick auf eine friedliche und von Licht schimmernde Landschaft. Das zarte Grün und Blau, halb erloschen, die schöne Darstellung einer offenen Hand verleihen der entblößten Stätte einen emphatischen Charakter, den wir trotz allem menschlich nennen wollen, weil er neue Kräfte schöpfen hilft und das Leben erhöht, auch wenn er in unsern Handlungen so wenig hervortritt und in dieser Dichte selten zur Geltung kommt.

Beide, der tote Tyrann und der lebendige Christus, sind heute in Italien entehrt.

EDMUND WILSON — Athen, August 1945

Ein pikantes, erregendes Gefühl, mit einem Armeetransporter von Neapel nach Athen zu fliegen! Unsere Flughäfen und Flugzeuge bilden eine Welt für sich, eine Ausweitung des amerikanischen Systems, das sich in dissonantem Kontrast über Europa gestülpt hat. Über dem blauen Ionischen Meer bekommt man eine nette Pappschachtel überreicht, die drei sorgfältig in Wachspapier eingewickelte Sandwichsorten enthält. Jede ist mit einem kleinen gedruckten Streifen versehen, auf dem die Füllung angegeben ist — Fleisch, Schmelzkäse oder Marmelade und Erdnußbutter —, damit man weiß, in welcher Reihenfolge man sie essen soll. Ferner gibt es ein hartgekochtes Ei mit Salz und Pfeffer nach Picknickart, ein Keks, eine kleine Schale mit aufgeschnittenen Pfirsichen und Birnen, dazu einen Mini-Papplöffel, eine Tüte Fruchtbonbons mit verschiedenen Geschmäckern und einen Pappbecher für das Trinkwasser.

Schaut man nach unten und betrachtet die ersten griechischen Inseln, so ist man über den Kontrast zu Italien, dessen dichtbebaute, ausgedörrte gelbe Felder gerade hinter einem liegen, überrascht. Das Land hier ist farbloser, reiner, nüchterner und macht einen zugleich wilden und alten Eindruck, der es von allem abhebt, was weiter westlich liegt. Das Meer ist absolut glatt, manchmal violett, manchmal blau, fließend wie Aquarellfarbe, stellenweise silbrig glitzernd. Die rundlichen und länglichen Inseln von verschiedenster Größe — Kleckse, rundbäuchige Flaschen und Konturen eines prallen Brathuhns — scheinen sich kaum aus dem Wasser zu erheben; sie treten wie Manschettenknöpfe hervor, oder sie liegen wie verstreute Fragmente eines Puzzles auf einer blauen Tischdecke herum. Die trockene Terrakotta dieser Inseln — ganz anders als der erdtiefe Lehmton, an den man sich in Italien gewöhnt hatte — hat fast die Farbe einer verkochten Leber, und die Vegetation erinnert an Flechten. Das Marmormuster an den gewundenen Stränden vermittelt ein sonderbar vertrautes Gefühl, das sich, wie man sofort erkennt, aus der Assoziation mit den Mustern der alten griechischen Vasen erklärt, die aus ebendieser Erde gemacht sind. Sogar auf den großen Inseln und dem Festland sind nur wenig bestellte Felder zu sehen, und selten erkennt man deutlich geschnittene Straßenbänder. Nach dem humanisierten Italien wirkt dieses Land gewaltig und geheimnisvoll. Langsam löst sich der Schleier des rehbraunen Vordergrunds in das ferne und heitere Blau der Berge auf. Das sind die ›schattigen Berge‹ Homers.

Beim Herabstoßen auf den Flughafen von Eleusis scheint man zwischen Wogen zu treiben, die mit ihrem trockengrünen Laub, dem fahlgrauen Stein und dem seltsam hellgelben Lehm nicht eigentlich Hügeln ähneln. Was Griechenland auszeichnet und von anderen Ländern unterscheidet, ist die besondere augenfällige Leichtheit der Substanz und das Fehlen starker Farben. Der allgemeine Eindruck bei der Landung auf dem heißen Flughafen ist der wohltuender Vereinfachung und sanfter Strenge.

Der Lastwagen holpert über die Heilige Straße, die von Eleusis zur Akropolis führt. Erregend zu sehen, daß sie auf Straßenschildern immer noch Hiera Hodos heißt. Die Lavendelberge von Salamis bilden einen passenden Kontrast zum strahlendblauen Wasser in der Tiefe. Über den niedrigen Dächern von Athen erhebt sich auf ihrem Felssockel die

Akropolis: erstaunlich, dramatisch, göttlich, und doch zugleich gespenstisch.

Das Hotel *Grande Bretagne,* das führende Speiserestaurant Athens, von den Briten als Quartier übernommen und auch Absteige durchreisender Amerikaner, hat eine völlig andere Atmosphäre als die italienischen Hotels. In Italien gehen die Portiers und Hotelsekretäre immer noch davon aus, daß sie die Touristen bedienen: sie verbeugen sich ständig, sind beim Suchen im Stadtplan behilflich. Aber im *Grande Bretagne* stimmt irgend etwas nicht. Zuerst bekommt man von einem schlitzäugigen Griechen zu hören, es seien keine anständigen Zimmer mehr frei und man möchte doch statt dessen ein Zimmer in seinem Haus nehmen, dessen Preis nur geringfügig über dem des Hotels läge. Wenn man dann darauf besteht, den zuständigen Feldwebel bei den Amerikanern zu sprechen, trifft man — ganz untypisch für die amerikanische Armee — auf einen unverschämten und gleichfalls schlitzäugigen Kerl, der auch eine Art Grieche zu sein scheint. »Hier kommen immer so viele Flaschen«, sagte er, »so viele Generale und hohe Offiziere, daß ich immer voll bin. Ich muß Sie in ein Zimmer mit zwei anderen Betten einquartieren.« Er hoffte wohl, daß ich mich für das private Zimmer entscheiden würde, aber ich wollte hierbleiben. Widerwillig besorgte er einen Burschen für mein Gepäck und brummelte erneut: »Immer so viele Flaschen.«

Das Dreibettzimmer kann nur von einem Maschinengewehr durchsiebt worden sein, dessen Kugeln den ganzen Eingang getroffen und mehrere Löcher in die Tür gerissen hatten. Eine der Kugeln war direkt über meinem Bett eingeschlagen und hatte den Putz aufgerissen. Die Fensterläden hingen schief, und auf dem Dach konnte man einen Wirrwarr von deutschem Stacheldraht und anderen Spuren des Nahkampfes erkennen. Das *Grande Bretagne* war ursprünglich von den Deutschen besetzt, die hier während des ganzen Krieges residiert haben; nachdem die Deutschen vertrieben waren, stand es den Briten zur Verfügung. Die unselige Demonstration der EAM (der Nationalen Befreiungsfront), bei der im letzten Bürgerkriegswinter die Polizei in die Menge feuerte, fand ausgerechnet auf dem Platz vor dem

Hotel statt; und während der Kampf tobte und die EAM die Briten eine Zeitlang in die Enge getrieben hatte, war das *Grande Bretagne* einer der wenigen Posten in Athen, den die Besatzer halten konnten. Wahrscheinlich stammten die Einschüsse in meiner Tür von einem EAM-Gewehr. Später, als die Royalisten gewonnen hatten, war Winston Churchill bei seiner hastigen Athenreise im *Grande Bretagne* abgestiegen, um dort seine Konferenzen abzuhalten. Einige der Partisanen brachten Dynamitladungen im Keller an und planten, den Ort in die Luft zu sprengen. Wie mir ein Sympathisant der EAM erzählte, hätten sie damit auf einen Schlag den Inspirator der monarchiefreundlichen Außenpolitik und die Exekutoren dieser Politik, General Scobie und Botschafter Leeper, ausgelöscht. Aber irgend jemand verriet den Plan, und die Drähte wurden noch rechtzeitig durchgeschnitten.

Die Angestellten des *Grande Bretagne,* viele von ihnen schon seit mehreren Jahren dabei, haben vieles durchgemacht. Ob sie nur mürrisch oder aber entmutigt und gelähmt sind, ist nicht genau herauszukriegen; jedenfalls haben sie, bis auf ein paar Ausnahmen bei den Kellnern, kein einziges englisches Wort gelernt. Nicht einmal Trinkgeld erwarten sie: kaum hat man einen von ihnen erwischt und um einen Gefallen gebeten, verschwindet er auf der Stelle. Griechische Besucher des Hotels beklagen sich über die rüde Behandlung durch das griechische Personal. [. . .]

Beim Spaziergang durch die Straßen hat man das Gefühl, daß Griechenland jetzt zu einem Land geworden ist, in dem es nur noch Besitzlose gibt. In Italien werden nach wie vor viele Waren produziert und verkauft — gestreifte Krawatten, rosa Seidenslips und Spitzenbüstenhalter, neue Bücher in hellen steifen Umschlägen, Parfüm, Konfekt und Kuchen —, und das verleiht den Geschäften in Mailand und Rom wieder einen gewissen Glanz. In Griechenland dagegen ist, abgesehen von Restbeständen alter Waren, die noch aus der Vorkriegszeit stammen müssen, nichts zu finden; selbst die Bekleidung ist rudimentär. Kein Make-up bei den Frauen auf den Straßen; nur schäbige, billige Fähnchen, meistens im landesüblichen Blau. Kein Mann mit Schlips, selbst wenn sein Hemdkragen zugeknöpft ist. In den besseren Restaurants bekommt man nur eine dünne Scheibe Fisch, einen Teller Tomaten, eine Flasche geharzten Wein und ein Stück Wassermelone. Anders als in Italien und England fahren die Leute hier nicht Rad; das hängt, wie ich erfuhr, nicht mit der Schwierigkeit zusammen, an ein Fahrrad zu kommen, sondern mit der Abneigung, ja Verachtung, die die Griechen schon immer dem Radfahren entgegengebracht haben. Anscheinend betrachten sie es als unter ihrer Würde. Im Unterschied zu den Römern und Neapolitanern haben die Athener jedoch Strom genug für die Beleuchtung. Sie verteidigten ihr Kraftwerk und haben es beim Abzug der Deutschen gerettet. Nach so vielen Städten mit düsteren, verdunkelten Straßen tut einem der Anblick von Athen, wie es zwischen den Hügeln, unter dem trockenen klaren Sommerhimmel glitzert, ausgesprochen gut.

Mein erster Eindruck von der Stadt war der eines dezimierten, erschöpften Lebens (obwohl die Bevölkerung durch den Zuzug aus den von den Deutschen zerstörten Dörfern zugenommen hat), als litte hier jede Unternehmung an notorischem Kräftemangel. Ausländer, die vor dem Krieg hier gewohnt haben, sagten mir jedoch, dieser Eindruck sei nur die halbe Wahrheit: Die Athener seien schon immer genügsam gewesen und hätten niemals viel Aufhebens von sich gemacht; da sie sich, wie mir eine russische Dame erklärte, immer schon mit *›une douce anarchie‹* begnügten, sei das fehlende organische Stadtleben nicht nur dem Krieg zuzuschreiben. Aber wie überall in Europa ist der kriegsbedingte Zerfall umfassend. Aus einer Bevölkerung von sieben Millionen in ganz Griechenland sind in den letzten fünf Jahren immerhin eine Million gestorben — davon sechshunderttausend durch Verhungern. Daß ich in der Stadt auf ganze Straßen stoßen würde, die genauso übel zugerichtet waren wie in London oder Mailand — von Kugeln zerfurchte und gesprenkelte Mauern und Schutthaufen von gesprengten Häusern —, hatte ich nicht erwartet. Die ELAS (die Griechische Volksbefreiungsarmee, der militärische Arm der EAM) hatte Polizeihauptquartiere und andere Bollwerke der Royalisten in die Luft gesprengt, und die Briten rächten sich mit Luftangriffen, Granatfeuer und Panzern, die noch mehr Straßen zerstörten.

Vor den Toren Herakleions, der Hauptstadt Kretas, liegt eine Ebene, die über zwei oder mehr Kilometer hinweg mit verbogenen und rostigen Trümmerteilen übersät ist, die von einer gigantischen Explosion herrühren müssen. Was hier passiert ist, habe ich nicht herausfinden können. Vielleicht sind es die Fetzen jenes deutschen Munitionsschiffes, das die Briten im Hafen in die Luft gesprengt haben. Hier ist so viel in die Luft geflogen, daß man die Trümmer für selbstverständlich hält. Immer wenn ich an die Insel zurückdenke, fällt mir diese Wüste ein. So zerfetzt ist dieser Ort, daß die Leute noch kaum mit dem Wiederaufbau begonnen haben; sie sind erst einmal mit dem Aufsammeln beschäftigt.

Als die griechischen und britischen Streitkräfte im Frühling 1941 von den Deutschen aus Griechenland vertrieben wurden, setzten diese Fallschirmjäger in Kreta ab, stießen dabei jedoch auf starken und unerwarteten Widerstand. Die Kampflust und Unabhängigkeit der Kreter hat eine lange Tradition. Fast in jeder Epoche ihrer Geschichte, die dreitausend Jahre zurückreicht, mußten sie sich gegen Invasoren wehren: nacheinander gegen die Achäer, Römer, Sarazenen, Venezianer und Türken. Und sie haben, trotz ihrer unzureichenden Ausrüstung, keinen Augenblick lang gezögert, die Deutschen anzugreifen. So mutig kämpften sie, daß die Briten die Hälfte ihrer Truppen abziehen konnten und die Deutschen genötigt waren, auf Kreta eine relativ starke Garnison von sechzigtausend Mann zu unterhalten. Eine Reihe von Vergeltungsmaßnahmen sollte die Kreter schließlich in die Knie zwingen. Ein schottischer Major, der als geheimer Verbindungsmann auf der Insel tätig war, hat mir die Methoden der Nazis beschrieben, so wie er sie aus seinem Versteck auf den Hügeln beobachtet hat. Um vier Uhr morgens kamen die Deutschen ins Dorf und trieben alle Bewohner auf dem Platz zusammen. Dann sortierten sie die waffenfähigen Männer aus und erschossen sie, gaben den Alten, Frauen und Kindern eine Stunde Zeit, um mit ihren Tieren zu verschwinden, und sprengten dann jedes einzelne Haus in die Luft. Auf diese Weise haben sie sechzig Dörfer ausgelöscht; in bestimmten Fällen töteten sie das Vieh, fällten die Olivenbäume und nahmen die Fischerboote weg. Durch einen ruinösen Tauschhandel — indem sie den besseren Teil der Orangenernte gegen ein bißchen Öl konfiszierten — hielten die Deutschen die Inselbewohner in extremer Armut. Und indem sie Kreta vom Rest der Welt abschnitten, zerstörten sie die Wirtschaft der Insel, die in der Hauptsache vom Export gelebt hatte. Durch diese Kämpfe und Racheakte haben die Kreter bei einer Bevölkerung von vierhundertundfünfzigtausend etwa zehntausend Leute verloren. Trotz alledem kann sich diese Gegend, die sich noch niemals unterworfen hat, rühmen, mit den Deutschen fertig geworden zu sein. Eine unbeugsame kretische Frau aus der Führungsgruppe des Widerstandes hatten sie nach Athen verschleppt, um sie dort umzudrehen und für den eigenen Dienst arbeiten zu lassen. Als man ihr sagte, man erwiese ihr damit eine Ehre, erwiderte sie, niemand könne einem Kreter eine Ehre erweisen. Und als schließlich nach dem Krieg ungefähr zwölftausend Deutsche auf Kreta gefangengenommen und in Steinbrüchen eingesetzt wurden, haben die Kreter aus Rache so viele Deutsche niedergeschossen, daß die Briten ihre Gefangenen von dieser Arbeit entbinden und ihnen erlauben mußten, ihre Waffen zu behalten; später wurden die Deutschen nach Ägypten verschifft.

Eine Fahrt durch Kreta kommt also der Besichtigung eines Schlachtfeldes gleich. Da wird man auf ausgemerzte Dörfer hingewiesen, deren graue Steinmauern bis zur Ununterscheidbarkeit an den grauen Gebirgsstein zurückgefallen sind; auf ein Tal, über das hinweg sich die Deutschen und Briten eines ihrer erbittertsten Gefechte geliefert haben; auf ein kleines weißes Schäferhaus, in dem die Deutschen die fähigsten Männer von Herakleion, Beamte, Rechtsanwälte, Ärzte, erschossen haben. Bei einer Fahrt durch Kreta — eine Eisenbahn hat es auf der Insel nie gegeben — verstärkt sich noch der Eindruck der Unordnung und des Chaos. Der einheimische Fahrer fährt den Wagen mit der ganzen Tollkühnheit der Kreter: wenn er auf den engen Straßen am Abgrund um die Kurven schlittert, weiß man nicht, was einem mehr auf die Nerven geht: die Angst, ob er die Kurve noch schafft, oder der schwindlige Blick nach unten aufs Meer mit seinen zerklüfteten Buchten und seinem blendenden

Blau. Plötzlich macht er eine Vollbremsung, bringt den Wagen gerade noch am Rande einer eingestürzten Brücke zum Stehen, biegt seitwärts in einen steil abgehenden felsigen Pfad ein und legt einige Bretter gerade so weit auseinander, daß er mit dem Wagen darüberfahren kann. Immer wieder kommen die Jeeps von diesen Straßen ab. Während meiner Zeit ereignete sich ein Unfall, bei dem einem UNRRA-Mann die Nase abgequetscht wurde. Im übrigen bewegt man sich fast überall an der Küste zwischen Minenfeldern, was für ständige Spannung sorgt. Die Strände und Küstengewässer sind noch mit Hunderten von Minen verseucht. Selbst beim Schwimmen in den angeblich gesäuberten Strandabschnitten muß man sich seinen Weg zwischen Flugzeugbomben und angetriebenen Seeminen bahnen. Die Kreter haben keine Angst vor diesen Biestern und scheinen sogar einen gewissen Geschmack an ihnen gefunden zu haben. So decken sich die Kinder mit kleinen Mengen von Kordit ein und lassen sie auf der Straße wie Feuerwerkskörper hochgehen. Männer und Jungen gehen ohne Detektoren auf Minensuche, wobei sie zum Entsetzen der Amerikaner und Briten an ihrer Technik festhalten, einfach so lange mit langen Stöcken auf den Boden zu schlagen, bis sie auf etwas Hartes stoßen, das sie untersuchen; wenn die Mine dabei hochgeht, um so schlimmer. Am Stadtrand von Herakleion hatte jemand sein Haus mit einem Zaun aus riesigen Luftbomben umgeben, die er mit der Spitze nach unten in den Boden gerammt und mit Draht zusammengebunden hatte. Als der britische Kommandeur von der Barrikade hörte, beschloß er, sich die Sache näher anzuschauen. Dabei entdeckte er, daß die Bomben schon zu ›bluten‹ angefangen hatten, d.h., daß die Chemikalien der Füllung schon durch den Mantel sickerten. Da es zu gefährlich war, die Bomben auch nur zu berühren, konnte der Zaun nicht entfernt werden. In den Städten werden der kochend heiße Vormittag und der lähmend stille Mittag zuweilen von einem dröhnenden Knall unterbrochen, dem niemand mehr Aufmerksamkeit schenkt.

In Kreta ist kein einziges Hotel geöffnet. Im Vorkriegsführer liest man von den Bequemlichkeiten des Hotels Minos; von ihm kündet aber nur noch ein Schild an einer ausgebrannten Ruine. In Herakleion und Chania war ich Gast bei den Leuten von der UNRRA. Ihrer Freundlichkeit sowohl in Italien als auch in Griechenland bin ich tief verpflichtet. Ihnen soll hier daher Anerkennung gezollt werden, um so mehr, als sie mit ihrer Hilfeleistung nirgendwo besser dastehen als in Kreta. Ihre Klagen sind überall die gleichen: daß sie nicht genug Nachschub bekommen (obwohl Griechenland besser versorgt ist als Italien) und daß ihre Organisation ein bürokratischer Albtraum ist. Beklemmend zu sehen, wie in einer der größeren Städte die Büros, die mit fähigen Leuten besetzt sind, nichts anderes tun können, als die Weiterleitung völlig unzureichender und immer wieder unterbrochener Lebensmittelströme in das große verwüstete Hinterland zu überwachen; oder wie ausgebildete Sanitäter, die nach Littoria oder an den Golf von Korinth geschickt werden, dort feststellen, daß die Sprühkommandos nicht angekommen sind; es bleibt ihnen nur übrig, die Gegend nach Moskitos, die die Malaria übertragen, abzusuchen, sie schließlich in großen Mengen nachzuweisen und dann wieder wegzufahren. Es ist jedoch eine angenehme Überraschung, wenn man sieht, daß sich in Europa die Vertreter verschiedener alliierter Mächte gemeinsam anstrengen, um das Leben wieder in Gang zu bringen. In den amerikanischen Militärkasinos hat jeder die Nase voll von Europa und redet von nichts anderem als der Heimkehr. Hier auf Kreta hingegen mußten sich die Leute von der UNRRA mit den örtlichen Bedingungen und Problemen wirklich auseinandersetzen und sich selbst eine Existenz aufbauen. Natürlich trampelt hie und da noch der professionelle Sozialarbeiter mit seiner eigentümlichen Begriffsstutzigkeit gegenüber Menschen wie der Elefant im Porzellanladen herum. Aber die Leiter des UNRRA-Hauses in Chania, in dem ich wohnte, ein Yankee aus Connecticut und seine Frau aus dem Mittleren Westen, waren guten Willens und flößten Vertrauen ein. Bei meinen Besuchen in mehreren Einrichtungen fiel mir die unterschiedliche Stimmung und Moral auf, die von den jeweiligen Leitern abhängt. Chania war einer der glücklichen Orte, wo Amerikaner und Briten gut miteinander auskamen und wo beide die Einheimischen respektierten. Der UNRRA-Arbeiter weiß jedoch nie ganz genau, was er in Europa zu tun hat. Wird er weitere Lieferungen bekommen? Wird die UNRRA einfach zugemacht? Wird sie für irgendwelche politische Zwecke instrumentalisiert werden? Ist es vielleicht schon soweit? Die Mitarbeiter selber sind zu absoluter Unparteilichkeit verpflichtet und müssen sich aus der Lokalpolitik heraushalten. In Kreta sind sie immer von Zänkereien umgeben, in die sie nicht eingreifen können und die sie auch nicht immer verstehen. Typisch für die Situation: Ein paar Nächte vor meiner Ankunft sollen die Leute von der UNRRA in Chania vom Lärm einer Verfolgungsjagd aufgeweckt worden sein, bei der jemand direkt vor ihrem Hauptquartier auf der Straße niedergeschlagen worden ist, ohne daß sie dem Vorfall jemals nachgegangen wären. Und immer droht die Hauptfrage, wieweit es unpolitischen Organisationen in der heutigen Welt möglich ist, für ihre internationale Hilfe von den nationalen Regierungen noch genügend Geld lockerzumachen. [...]

Die Stadt Anogeia auf der Spitze eines Berges nicht weit von Pseloreites (Berg Ida) ist die höchste Stadt in Kreta, etwa 850 Meter über dem Meeresspiegel. Neun Jahrhunderte soll sie alt sein, aber wahrscheinlich ist sie noch viel älter. Zu Kriegsbeginn lebten hier etwa viertausend Menschen. Als die Briten während der deutschen Besatzung einen der deutschen Generale kidnappten, verschleppten sie ihn nach Anogeia, wo ihn die Bevölkerung versteckte. Aus Rache sprengten die Deutschen die Stadt in die Luft, töteten jedoch nur dreiunddreißig Menschen, da es den anderen gelungen war, zu flüchten und sich monatelang in den Bergen zu verstecken.

Zum Jahrestag der Zerstörung der Stadt soll dort heute ein Gedenkgottesdienst abgehalten werden, und alle, der britische Kommandeur, die Führungsspitze der UNRRA, der Wohlfahrtsminister aus Athen, der Sohn von Venizelos und der Erzbischof von Kreta, haben ihr Kommen zugesagt. Ein englischer Major, der einen griechischen Brigadegeneral chauffieren soll, will mich mitnehmen. Pünktlich früh am Morgen erscheine ich am verabredeten Platz, wo der Major schon zur Stelle ist. Nach dem britischen Zeitplan müßten wir das ganze Unternehmen bis zum Mittag hinter uns haben und könnten rechtzeitig zu einem kleinen Nickerchen zurück sein. Aber die Briten haben nicht mit den Griechen gerechnet. Im griechischen Armeehauptquartier scheint alles bereit zu sein. Ich treffe dort den Brigadier, einen mageren, dunkeläugigen und grauhaarigen Mann, und seinen jungen Sohn, einen begeisterten Pfadfinder. Der hochgewachsene und schweigsame schottische General, Kommandeur der britischen Truppen in Kreta, schreitet in seinem Kilt die Treppen hoch, und die Arme der salutierenden griechischen Wachposten werden wie von magnetischen Kräften nach oben gerissen. Die griechischen Offiziere folgen ihm ins Haus. Wir warten eine Weile im Wagen, dann verschwindet auch der Major im Inneren. Sogleich schickt er jemanden hinaus: auch ich möge hereinkommen. Man sagt mir, es werde eine kleine Verzögerung geben, bis der griechische General seinen Kaffee ausgetrunken habe. Man führt mich in einen Raum, wo ich dem britischen Kommandeur und anderen vorgestellt werde, die alle darauf warten, daß der Brigadier sein Frühstück beendigt. Schließlich wird eine kleine Tasse türkischen Kaffees serviert. Der General trinkt sie in drei, vier Schlückchen aus; seine lässig-erfreute Miene ist gereizt und verbindlich zugleich. Dann gehen wir alle wieder hinaus.

»Eine halbe Stunde für nichts und wieder nichts verloren«, sagt mir der englische Major, bevor der General ins Auto steigt. Mit dem Major, einem jungen Mann aus Yorkshire, der Labour wählt, komme ich gut zurecht. Er erzählt mir eine Reihe interessanter Geschichten — vor allem über die Deutschen. Einmal mußte er einen deutschen Offizier chauffieren, der gerade gefangengenommen worden war. Als er merkte, daß der Mann am ganzen Körper zitterte und schreckensbleich war, sagte er ihm: »Sie haben allen Grund, sich zu fürchten. Gleich hier in der Nähe gibt es ein paar abgebrannte Dörfer.« Der Mann kam aber nur in ein Gefangenenlager. Ein anderer Deutscher hatte dem Major gesagt: »Wir hätten den Krieg gewinnen sollen.« — »Ich fragte ihn, warum er dieser Meinung war. ›Na, schauen Sie sich doch diese Leute an‹, sagte er. ›Sie sind minderwertig, ein niederträchtiges Pack.‹ Ich machte ihn darauf aufmerksam, daß die Deutschen nicht nur gegen die Griechen, sondern auch gegen Amerikaner und Russen und noch ein paar andere Völker Krieg geführt hätten. Aber er fuhr fort zu sagen: ›Wir hätten ihn gewinnen sollen.‹« Er erzählte mir auch die Geschichte eines englischen Offiziers, der einige griechische Pfadfinder zu einer Wanderung mitgenommen und dabei irrtümlicherweise die bulgarische Grenze überschritten hatte. Sofort waren sie von den Russen geschnappt worden, die die Jungens nach Griechenland zurückschickten, während sie den Offizier tagelang bei sich behielten und ausfragten. Als sie sich endlich davon überzeugt hatten, daß er tatsächlich nichts weiter im Sinn gehabt hatte als ein Picknick, ließen sie ihn gehen. Vorher sollte er jedoch ein Papier unterschreiben, wonach er nicht verhört worden sei. Da er sich weigerte, mußten sie ihn so laufen lassen. Dem Mann aus Yorkshire bereitete das einiges Kopfzerbrechen. Seine Haltung den Russen gegenüber ist typisch für die Engländer, eine Haltung, die sich im politischen Kurs der Tories gegenüber Griechenland auf die dümmste Weise widerspiegelt. Das traditionelle englische Streben nach einem europäischen Gleichgewicht stößt bei den Russen auf ungewohnte Schwierigkeiten. Für die ist es eine Sache, den Engländern in Jalta das Mittelmeer zu überlassen, doch was die örtlichen Kommunisten in Griechenland tun, steht offenbar auf einem anderen Blatt. Man kann also nie wissen. Für den Major hängt der sonderbare Empfang, den die russischen Alliierten dem Pfadfinder bereitet haben, mit der gewichtigeren Frage zusammen, wie weit man ihnen trauen könne — d.h. Menschen, die es ganz natürlich finden, einen Engländer wie einen Feind festzuhalten und ihn einen Meineid schwören zu lassen.

Bei der Durchfahrt durch die kleinen Dörfer werden wir mit Lorbeerblättern begrüßt, die kleine Mädchen durch die Wagenfenster werfen. Als die zerstörte und gefährliche Straße das Weiterfahren unmöglich macht, steigen wir aus und laufen. Der Pfad schlängelt sich zwischen Felsen steil den Berg hoch. »Der Brigadier«, sagt der Major zu mir, »legt ein tolles Tempo vor.« Und schon überholt uns mit schnellem und federndem Schritt der alte Mann mit seinen polierten Wickelgamaschen, aufrecht und mit funkelnden Augen. Auf diesen großen, unfruchtbaren, grauen Hügeln gibt es nichts zu sehen. Eine sonderbare kleine Pflanze mit purpurrotem Stengel und fahlen, wächsernen, duftlosen Blüten fällt mir auf. Es handelt sich um Asphodelen. Jetzt verschwindet der Pfad völlig, und wir müssen uns den Weg durch eine zerklüftete Steinlandschaft bahnen. Am Ende dieser Wegstrecke stoßen wir auf Männer, die mit Eseln auf uns gewartet haben. Höflich wartet der Brigadier ab, bis wir aufgestiegen sind. Man sitzt seitwärts und hält sich wegen der fehlenden Steigbügel an einem hölzernen Griff fest, der vorne aus dem Sattel ragt. Um die Balance zu halten, empfiehlt es sich, voraus auf den Pfad zu blicken statt nach unten in den Abgrund.

Nach etwa einer Stunde kommen wir in Anogeia (wie Anóya ausgesprochen) an, das hoch oben im kretischen Himmel thront und alles andere unter sich läßt. Die erste Schwierigkeit besteht darin, den Zustand, in dem Anogeia sich befindet, zu fassen. Das Dorf, das aus Gebirgssteinen erbaut worden ist, hat sich wieder in nackte Steine aufgelöst. Der Ehrgeiz der Deutschen war es gewesen, keine einzige Mauer stehen zu lassen. Wo noch der Keller eines Hauses stehengeblieben ist, sieht er einer minoischen Ruine zum Verwechseln ähnlich. Mit einer gewissen Rührung fällt einem der gute alte König Minos ein, ein Bürokrat, der sich damit begnügte, ein paar Jungfrauen und junge Leute den Bullen vorzuwerfen, und der ihnen dabei sogar noch eine sportliche Chance gab. Das einzige ausgesparte Gebäude ist die Kirche, aber nicht aus Ehrfurcht, sondern weil die Deutschen sie als Hauptquartier benutzten und weil sie vielleicht noch als Außenposten hätte dienen können. Bei unserem Einzug schütteln uns schmale, schwarzäugige Frauen, alle in Schwarz, mit Schals über dem Kopf, die Hände. An einem Platz steigen wir ab und setzen uns; Erfrischungen in Gestalt kleiner Wassermelonenscheiben und ein einfacher Ouzo, der in den Bergen als Raki bekannt ist, werden uns gereicht. Wir schütteln die Hände von Männern, deren Händedruck fürchterlich ist; ihre Finger scheinen aus Stein zu sein. Ihre Gesichter sind bärtig, ihre Hände schwarz, und sie haben stechende schwarze oder nußbraune Augen. Härtere und strengere Menschen als die Ziegenhirten dieses Bergdorfes habe ich in meinem Leben nicht gesehen. Das Leben hier ist so rauh, daß viele der Kinder sterben und nur die stärksten überleben. Kein Wunder, daß die Deutschen nicht mit ihnen fertig wurden.

Man hatte uns gesagt, daß der Gottesdienst um elf stattfinden solle, doch nun erfahren wir, daß er bis zur Ankunft des Wohlfahrtsministers aus Athen aufgeschoben werden müsse und daß das noch bis sechs dauern könne. »Das sieht ihnen ähnlich«, knurrt der Major. »Vor genau einem Monat ist er eingeladen worden.« Die Jahrestage, die diese Kreter dauernd feiern, versteht er nicht. »Wahrscheinlich richtet sie das auf«, gebe ich ihm zu bedenken. »Eher müßte es sie doch deprimieren«, erwidert er. »Es müßte sie immer wieder an ihre Toten erinnern und alles von neuem aufwühlen.«

Wir werden durch ein kleineres Zimmer, das mit den Knochenresten eines vergangenen Mahls bestreut ist, in einen Speiseraum geführt und zu einem homerischen Bankett geladen. Zuerst servieren sie Hammelfleisch auf großen Platten: einfach gebraten und in mundgerechte Stücke zerhackt. Man muß mit den Fingern essen und die Knochen auf den Boden werfen. Dazu gibt es Brot, gekochte Kartoffeln und köstliche Wassermelonen. Als die Melonen auf den Tisch kommen, denke ich, das ist der Abschluß, aber es geht weiter mit einer Delikatesse namens *kokoretsi.* Sie besteht aus den zerkleinerten Innereien des Schafes, die in einen Darm gestopft, um einen langen Spieß gewunden und gebraten werden. Das ist nicht immer nach dem britischen oder amerikanischen Geschmack, doch wäre es in Griechenland sehr unhöflich, die Gastfreundschaft nicht zu würdigen. Und so werden wir von zwei Seiten durch die Fenster mit aufmerksamen Augen verfolgt. »Es ist wichtig, bei solchen Gelegenheiten viel zu trinken«, sagt der Major, der neben mir sitzt. Aus großen Krügen füllen sie unsere Gläser mit nichtgeharztem, unverdünntem roten Wein nach, der mir immer besser schmeckt. Zu meiner anderen Seite sitzt ein Mann vom britischen Roten Kreuz, der ebenfalls aus Yorkshire kommt. Er ist noch nicht lange hier und spricht mit einem schweren Akzent. Er klärt mich über die lokalen Krankheiten auf: Krätze, Malaria usw.: »Angeblich sollen sie nie die Krätze gehabt haben, bevor die Deutschen kamen und alles schlechter wurde, aber ich weiß nicht recht; besonders sauber sind sie jedenfalls nicht.« Einmal sei ein junges

Mädchen mit einer Schwellung am Nacken zu ihm gekommen — »ein wirklich hübsches Mädchen mit schönem reichen Haar. Aber dann, als ich ihr Haar hochhob: schrecklich. Überall krabbelte es.« Wir werden jetzt gesprächig und kommen in Fahrt. Die Griechen sind äußerst liebenswürdig zu uns. Mein Gegenüber ist ein gutaussehender Alter, ein pensionierter Beamter, der mit seinem kurzen schneeweißen Bart, seinem milden Lächeln und seiner Tafelfreude aus dem heroischen Zeitalter zu stammen scheint. Mit dem abgetragenen, aber nichtsdestoweniger herzlichen Lächeln eines Mannes, der schon vieles durchgemacht hat und dennoch geistig rege geblieben ist, bietet uns der Brigadier immer neue Leckerbissen an.

Nach dem Essen mache ich ein paar Schritte durch das Dorf. Es gibt Esel, Hühner, Ziegen und Schweine, die sich an den Trümmersteinen kratzen, halbnackte Kleinkinder mit scharfen Augen. Obwohl ich vor der kretischen Gastfreundschaft gewarnt worden bin, halte ich an, um mir einen Wurf Ferkel anzuschauen, die in einem regelmäßigen Rhythmus trinken, der von dem ebenso regelmäßigen Grunzen der Mutter dirigiert zu werden scheint. Sofort werde ich in das davorstehende Haus eingeladen. Während man mir Brot und Wein anbietet, bekomme ich einen Einblick in die ärmliche Ernährungslage. Danach hüte ich mich, irgendein Haus länger ins Auge zu fassen, doch als ich kurz stehenbleibe, um mir die staubigen Hügel ringsherum anzusehen, schickt mir eine Frau unter der Tür ihre Tochter mit einem Stück Wassermelone entgegen. Man ist zwar dabei, das Dorf wiederaufzubauen, doch hausen die meisten nach wie vor in zugestopften und überdachten Erdgeschoßmauern. Ein getünchtes Zimmerchen in einer Ruine, Weinlaub über der Tür — sofort hat man den Eindruck einer einladenden und komfortablen Wohnung.

Bevor ich im Stehen einschlafe, schließe ich mich wieder der Gesellschaft an. Sie hat sich in ein Haus zurückgezogen, um der Sonne zu entfliehen. Alle sitzen zusammen auf Bänken. Einige dösen mit dem Kopf in der Hand. In dieser Haltung finde ich auch den schottischen Kommandeur. Als ihn jemand fragt, wie er sich fühle, gibt er zunächst keine Antwort. Dann erklärt er: »Ganz fürchterlich!« Alle lachen, um dann wieder in dumpfes Brüten zu verfallen. Dann und wann reicht man uns noch mehr Wassermelonen. Es scheint, als würde nun im Speiseraum ein zweites, ebenso großes Bankett zu Ehren des Sohnes von Venizelos stattfinden.

Erst nach einer gewissen Zeit erkenne ich, daß das Häuschen, in dem wir sitzen, den Dorfladen beherbergt. Wie wenig es hier doch zu kaufen gibt! Einen kleinen Behälter Getreide, ein paar Ziegel, ein paar Gefäße, ein bißchen knochiges Fleisch. Die Kinder haben glänzende, klare Augen; einige der Mädchen sind hübsch, aber, wie alles andere im Dorf, so schmal, sehnig und dunkelhäutig, daß man denken könnte, sie wären zusammen mit den dürren Bäumen aus dem Bergboden gewachsen. Ich führe einen Fingertrick mit meinem Taschentuch vor. In Athen hatte er nicht so gut geklappt, hier in Anogeia ist er ein voller Erfolg. Die Kinder durchschauen, was mir selten passiert, den Trick sofort und machen ihn mit den Fingern nach. Dann gehen sie und holen andere Kinder und rufen immer: »*Pontikos! Pontikos!*« In Gegenwart des ernsten Schotten jedoch habe ich das Gefühl, daß einmal genug sei.

Natürlich kommt der Wohlfahrtsminister nicht. Man wartet bis sechs Uhr auf ihn, dann setzt man sich in Bewegung. Auf einer Säule auf dem Platz sind die Namen der hundertundein Menschen eingeritzt, die bei den Kämpfen und Vergeltungsaktionen getötet worden sind. Das Wort *hoplitai* ist darauf zu erkennen, ein Wort, das bis auf Xenophanes zurückgeht. Hier haben die Witwen und hinterbliebenen Mütter den ganzen Tag gestanden und getrauert. Sie haben höchst ungewöhnliche Kränze aus Brotlaiben mitgebracht. Sie werden nun von jungen Mädchen in traditioneller Landestracht abgelöst: schwarze, goldbesetzte Blusen, rötliche Kopftücher mit Goldstickerei, silberne Halsketten und Kordeln aus Goldmünzen. Zwischen lorbeerumwundenen Stangen hängt im Hintergrund die blaue griechische Fahne. Die Prozession bewegt sich in einem abgezirkelten Raum: eine lange Reihe von schwarzen Priestern, an ihrer Spitze der Erzbischof von Kreta, ein ehrwürdiger und eindrucksvoller alter Mann mit einem ungeheuren und gepflegten Bart, der über seine gewölbte Robe wallt; der schottische General und die britische Delegation;

die UNRRA-Vertreter und der ganze Rest. Es gibt Litaneien, Ansprachen, Gebete; ein Chor singt. Immer noch sengt die Sonne; es ist schwer, auf den Beinen zu bleiben. Wir sehnen uns nach dem Ende und wissen doch, daß es noch lange dauern wird. Beim Bimmeln der Kirchenglocke unterbricht ein schreiender Esel die ehrfürchtige Stille. Als die toten Söhne und Väter erwähnt werden, erheben die Frauen ein Klagelied. Es ist ein traditionelles Lied, kein Wehgeschrei, doch scheint es den Major nervös zu machen, denn er grinst schwach, so als wollte er andeuten, daß dies nicht die englische Art sei, der Männer zu gedenken, die im Krieg gefallen sind. Der Bürgermeister spricht, dann der Schuldirektor, und die Rede des Schuldirektors, der offensichtlich ein EAM-Mann ist, ist so radikal, daß der Major, der ihr folgen kann, noch nervöser wird. »Noch eine Minute, und sie werden ihn ausbuhen«, flüstert er mir zu, aber die Menge läßt nur Sympathie erkennen. Venizelos, der Sohn, hält eine Ansprache — die Venizelos kommen aus Kreta. Dann werden unzählige Kränze niedergelegt. Auch der schottische General trägt einen großen Kranz herbei.

Unterdessen geht die Sonne unter. Die Amerikaner und Briten brechen schleunigst auf, um nicht bei Dunkelheit auf diesen elenden Straßen fahren zu müssen. »War das nicht furchtbar? Ich habe Sie gewarnt«, sagt der UNRRA-Mann aus Connecticut. »Selbst in dieser Art habe ich schon Besseres gesehen.« Er kann, genauso wie der Major, diesen düsteren Feiern nichts abgewinnen.

Doch auf dem Weg zu den Eseln, die uns zurücktragen sollen, muß der Brigadier aus Höflichkeit noch einmal anhalten, und wir müssen noch eine Runde Raki trinken. Als wir endlich wieder mit den Wagen losfahren, werden wir sofort von mehreren griechischen Lastwagen blockiert, die Leute aus Anogeia nach Hause fahren, aber aus irgendeinem Grunde an einer kleinen Siedlung angehalten und quer auf der Straße geparkt haben. Niemand kümmert sich um unsere Bemühungen, den Weg frei zu machen. Der Brigadier steigt selber aus, um nach dem Rechten zu sehen. Lange Zeit ist er verschwunden. Der Major wird allmählich rasend. Als wir endlich weiterfahren können, ist es fast dunkel, und wir werden von den Lastwagen behindert, die ständig vor uns herfahren und die wir auf der schmalen Straße nicht überholen können. Und dann, kurz nachdem wir sie endlich hinter uns gelassen haben, müssen wir zu unserem Entsetzen feststellen, daß wir in einen neuen Gottesdienst geraten sind. In einem Dorf am Fuße des Berges hat sich eine Menschenmenge um einen laternenbeleuchteten Katafalk versammelt, und der Erzbischof ist gerade dabei, seines Amtes zu walten. Ich bin nicht weniger als der Major darauf erpicht, weiterzukommen, und dränge ihn, die Menge einfach zu durchbrechen. Aber er weiß, daß der Brigadier verpflichtet ist dabeizusein und daß er wiederum an seiner Seite bleiben muß, und so parken wir und schließen uns der Menge an. Sie steht am Rande eines Grabes, in dem ein ausgeschmückter großer Sarg zu erkennen ist. Diesmal sind die Kränze aus plump geformten Kuchen mit Zuckerguß gemacht. Der Major flüstert mir zu, der Mann neben uns sei der Kopf des Widerstandes in dieser Region gewesen. Er trägt einen kleinen gekräuselten und spitzen schwarzen Schnurrbart und hält seinen Hut in der Hand. Er ist gut rasiert und einfach angezogen.

Doch diesmal ist die Zeremonie kurz, und wir sind am Ende angekommen. In dem schlechten Licht erkenne ich die nassen Wangen des Erzbischofs und die Tränen im Auge des Führers des Widerstandes: diese Tränen scheinen mir nicht gespielt zu sein. Nach der Nervenprobe dieses langen Tages bin ich, bei aller früheren Ungeduld, von der Szene betroffen und plötzlich peinlich berührt. Auch der Major ist bewegt, denn er lächelt nicht mehr und hat aufgehört zu rauchen. Eine kleine Kapelle spielt die griechische Nationalhymne und dann eine andere, martialischere, die, wie ich erfahre, die Hymne der Kreter ist.

So also haben die Alliierten des Brandes von Anogeia gedacht — nicht besonders feierlich oder kultiviert, aber dafür haben wir bei diesem Ausflug in die Berge unseren ganzen guten Willen aufgebracht.

Edmund Wilson — Neapel, August 1945

Im letzten Frühjahr habe ich das ausgebombte Viertel der Stadt besucht, das vom Hafen ein gutes Stück hineinreicht:

unförmige Gebäudereste, die wie eingestürzte Sandburgen aus den Schuttbergen herausragen, schmutzige Kinder, die im Dreck der ungepflasterten Straßen ohne Licht und Polizei spielen, Metzgerläden mit schauerlichem Fleisch, halb verwüstete Schreine. Nachdem ich nun genug von Ruinen habe, mache ich einen großen Bogen um sie. Doch das Elend ist überall in der Stadt. Wohin man auch geht, stößt man auf die kleinen, zerlumpten Straßenjungen. Wenn sie vom Betteln oder vom Strich zu müde geworden sind, legen sie sich auf der Bordkante vor den Häusern oder auf dem Trittbrett geparkter Autos schlafen. Und wer die Pubertät hinter sich gelassen hat, scheint nur noch mit Kindermachen beschäftigt zu sein: die Stadt ist voll von schwangeren Frauen und von Frauen mit erbärmlichen kleinen Kindern, deren Gesichtshaut offen oder rosa gefleckt ist. Manchmal scheinen mir die Neapolitaner sowenig mit Menschen zu tun zu haben wie die kleinen Polypen, Krabben und Mollusken, die die Flut an den Strand schwemmt.

Dennoch ist das Leben hier üppig und pompös. Noch im Tod triumphiert es über das Fleisch. Noch nie sah ich eine Stadt, in der Beerdigungen eine so große Rolle spielen. Wo viel gezeugt wird, muß auch viel gestorben werden. Der Tod wird zum Fest. Stets sieht man die Leichenwagen in den Straßen. Es gibt billige schwarze, mit Blumen überladen, und billige weiße, die wie Pasteten aussehen, aber auch teurere, mit Kronen verzierte, die an Weihnachtsbaumschmuck erinnern. Sogar einen großartigen schwarzen Wagen sah ich, der von acht schwarzen Pferden gezogen wurde. Mit seinen kronenartigen Ecklaternen, seinen spiralförmigen Säulen und reichen Gagatschnitzereien ähnelte er einem luxuriösen Bett der Renaissance. [...]

Nachts, in der stickigheißen Luft des August, war die Via Roma die Fahrrinne für einen dichten Verkehr von Frauen und von Soldaten, die nach Frauen Ausschau hielten. Eines Abends sprach ich ein sehr schönes Mädchen an, fast das einzig wirklich schöne, das ich gesehen hatte. Sie war gut gekleidet und hatte ein unschuldiges Gesicht. Wäre sie nicht zu dieser Stunde allein in der Via Roma herumgelaufen, hätte man sie für eine ehrbare Person gehalten. Durch ihren Typus — blondes Haar, braune Augen und helle Haut — fiel sie unter den Neapolitanern auf; später erfuhr ich, daß sie keine Italienerin, sondern halb Polin und halb Deutsche war. Sie nahm mich sofort zu ihrem Arbeitsplatz mit, der sich in der verbotenen Zone auf dem Hügel über der Via Roma befand. An jeder Abzweigung von der Hauptstraße stand ein Sperrschild für das Militär. Warum, verstand ich sofort, als ich das Viertel zum erstenmal betrat. Das kleine Mädchen — das seinen Namen als Giannetta angegeben hatte — führte mich am Arm durch die verkommensten und finstersten Straßen, die ich jemals gesehen habe. Durch ein Labyrinth von Steintreppen und Sackgassen — eine Welt für sich, die nicht nur für das Militär gesperrt, sondern auch in ihrem Verfall von der Außenwelt abgeschlossen war — kamen wir zu einem alten, stinkenden Haus, dessen dunkles und höhlenartiges Treppengewölbe von weggekipptem Schmutzwasser oder von einem Leck in der Wasserleitung triefte.

Hier hatten sich Giannetta und drei oder vier andere Mädchen von einer alten Frau zwei häßliche Zimmer gemietet. Nicht ohne Beklemmung trat ich ein. Als ich jedoch in einem kleinen Warteraum, der auch als Eßzimmer und Küche diente, auf einen schweigsamen amerikanischen MP stieß, der da unverrückbar saß, war ich beinahe beruhigt. Anstatt die GIs aus der Sperrzone herauszuhalten, traten die MPs anscheinend als Beschützer dieser Mädchen auf und wurden von ihnen dafür in Naturalien oder Gewinnbeteiligung bezahlt. Diesen Verdacht hat mir ein Amerikaner bestätigt, der sich lange in Neapel aufgehalten und dabei einen Einblick in das System gewonnen hat. Wenn ein Kunde Schwierigkeiten machte oder sonstwie unangenehm auffiel, holte Giannetta sofort die MP und ließ ihn rausschmeißen. Dafür, daß er überhaupt in diesem Quartier aufgegriffen worden war, konnte man ihm immer Arrest androhen.

Zuerst sagte Giannetta, sie sei siebzehn, und sie sah auch nicht älter aus. Später machte sie neunzehn draus. Und als sie mir eines Tages ihren Paß zeigte, sah ich, daß sie zweiundzwanzig war. Sie war bereits einmal verheiratet gewesen und hatte sich von ihrem Mann getrennt. Wie sie gestand, hatte sie ihn betrogen, doch dann sei auch er ihr untreu geworden. Sie war erst vor kurzem von Rom nach Neapel gezogen, wobei sie ihren Status — sie lächelte verschlagen, als ich sie daraufhin ansprach — als *casalinga* angab; denn in Neapel wurde jetzt offensichtlich das große Geld gemacht. Da sie dreihundert Lire verlangte, mußte sie zwischen sechzig und hundertfünfzig Dollar am Tag verdienen. Um vor dem Weggang der Amerikaner noch möglichst viel zusammenzusparen, stürzte sie sich in Überstunden. Als ich sie eines Nachmittags besuchte, um sie zum Essen und Theater einzuladen, sagte sie mir, daß sie darauf nur zu dem bekannten Einheitstarif eingehen könne. Ein reiner Unterhaltungsabend bedeute ein Ausfall von mehreren hundert Lire. Wenn ich sie außerhalb der Arbeit haben wolle, müßte ich sie trotzdem stundenweise bezahlen, genauso, als ginge ich mit ihr ins Bett. Während ich mich in dem kleinen Vorzimmer mit ihr unterhielt, konnte ich im Zimmer dahinter einen Soldaten in voller Kleidung ausgestreckt auf dem Bett liegen sehen. Aber Giannetta hatte noch andere Sorgen und rannte mitten im Gespräch auf den Balkon hinaus, um eine Straßenschlägerei zu beobachten. Das gab der ganzen Sache einen kindlichen Anstrich. Noch fehlten ihr die Kennzeichen der professionellen Hure. Statt dessen trug sie eine mädchenhafte Offenheit und Fröhlichkeit zur Schau, und das war auch der Grund, warum sie bei den Soldaten, die ich manchmal reihenweise auf der Bank im Vorzimmer sitzen sah, so stark begehrt war.

Zum Ausgehen war sie mir zwar zu teuer gewesen, doch ließ ich es mir nicht nehmen, ein- oder zweimal bei ihr vorbeizuschauen. Ich lernte auch ihre Halbschwester kennen, die nicht schön war, aber dafür sensibler schien: auch sie sah nicht wie eine Prostituierte aus. Es war seltsam, hinter den Kulissen jenes Gewerbes zu sitzen, das doch mit dem Zauber Geschäfte macht. Denn ein Mann, jedenfalls ein Amerikaner, erwartet sich von einer Frau — auf welcher geschäftlichen Basis auch immer — einen Hauch von Romantik und Leidenschaft, und die Frau muß ihm darin entgegenkommen. Nichts hat mir den Unterschied zwischen dem männlichen und dem weiblichen Standpunkt in dieser Frage so deutlich gemacht wie die Begegnung mit diesen Mädchen in Neapel, die, nachdem sie für eine gewisse Zeit mit ihren Kunden im Zimmer nebenan verschwunden waren, die abgebrochene Unterhaltung wiederaufnahmen und über das Vorgefallene lachten oder es ganz pragmatisch, als ginge es um reine Marketingprobleme, diskutierten. Daß sie dabei manchmal nur halb angezogen waren, machte sie nicht im geringsten befangen, noch hatte es den Zweck, mich zu erregen. Und doch haben sie männliche Erwartungen geweckt, eine Aura des Geheimnisses geschaffen und, selbst in dieser unsäglichen Höhle, ihren Kunden den einen oder anderen magischen Augenblick geschenkt.

Auf italienisch klang Giannetta ganz nett, aber wehe, wenn sie ins Amerikanische verfiel! Das Blut stockte einem, wenn man ihr zuhörte. Von ihren Kunden hatte sie nur die härteste Sprache gelernt: einen Jargon von männlichen Idiomen und Obszönitäten, der aus ihrem schönen kleinen Mund schrecklich klang. Außer ihrer Kampagne zur Insektenvertilgung haben die Amerikaner den Italienern nur die schlimmsten Segnungen ihrer Gesellschaft mitgebracht. In der Armee war das Gangstertum verbreitet; die römische Polizei hatte diesen Sommer große Mühe, eine Bande von amerikanischen Deserteuren auszuheben, die seit Monaten Überfälle und mehrere Morde verübt hatte. Ich fand es beunruhigend, in Neapel zwielichtige Italiener in Kleidern zu sehen, die sie nur den GIs gestohlen oder abgekauft haben konnten. In der Via Roma hatten sich die neapolitanische und die amerikanische Unterwelt zusammengetan, und nur die Rangabzeichen unterschieden die eine von der andern.

NORMAN LEWIS Neapel, 24. Oktober 1945

Die Würfel sind gefallen. Heute bekam ich den Befehl, meine Sachen zu packen, um sofort nach Taranto zu fahren. Dort soll ich mich auf der *Reina del Pacifico* nach Port Said einschiffen, wo ich 3000 russische Soldaten, die mit den Deutschen gekämpft hatten und zu den Partisanen übergegangen waren, aufnehmen soll. Offenbar sollen sie diskret über das Rote Meer, den Persischen Golf und Korramschar im Iran in die Sowjetunion zurückgeführt werden. Die Instruktionen sind wie üblich vage, ja rätselhaft. So heißt es im Befehl des Hauptquartiers: ›Sie werden so lange abkommandiert wie nötig‹, aber die zu erfüllenden Aufgaben sind nicht genau definiert.

Ich habe das Gefühl, daß mein Aufenthalt in Neapel seinem Ende zugeht. Bestärkt werde ich in dieser Vermutung durch eine Bemerkung des Sicherheitsoffiziers, wonach es sehr wahrscheinlich sei, daß ich nach Erledigung dieses Auftrags an der Ostfront als Verbindungsmann zu den Russen eingesetzt werde.

Mir bleiben also nur noch ein paar Stunden, und es fehlt mir die Zeit, meinen Freunden, die in den verschiedensten Städten verstreut wohnen, Lebewohl zu sagen. Keine Zeit für ein letztes Gläschen Marsala mit dem durchtriebenen *sindaco* oder dem machiavellistischen Polizeichef, die mir doch bei allen Unzulänglichkeiten immer ihre Gastfreundschaft gewährt haben. Keine Zeit für einen letzten Muckefuck im *Gran Caffè* in der Galleria, um einigen Mädchen Lebewohl zu sagen, die fast zum Inventar dieses Platzes gehörten und die mir nicht böse sein werden, weil ich ihnen bei der Verheiratung mit alliierten Soldaten nicht helfen konnte. Mir wird bewußt, daß ich zum letztenmal bei *Zi* Teresa gegessen habe und daß ich nie wieder die knorrige Pfote dieser alten Tante schütteln werde, wie sie hinter der Vitrine mit Tintenfischen und Krabben sitzt und den Klang ihrer Kassenklingel aus der Katzenmusik ihrer Haustroubadoure herauszuhören versucht. Es bleibt nicht einmal eine halbe Stunde für einen Sprung auf den Vomero, um einen letzten Blick über die Gärten der Villa Floridiana hinunter auf die große graue und rote Stadt zu tun, ein Panorama, das aus dieser Entfernung den gänzlich trügerischen Eindruck einer würdevollen Ruhe vermittelt; oder für eine letzte Betrachtung des schlummernden Vesuv, dessen Umriß sich seit seinem letzten Ausbruch so verändert hat.

Statt dessen muß ich in einem Vorgeschmack der kommenden Nostalgie mit dem haushalten, was ich vor Augen habe. Während ich im Schlafzimmer meine Sachen packe, versuche ich, mir alle Einzelheiten der Piazza einzuprägen. Ein letztes

Mal bewundere ich die Statuen: Proserpina — ihr Hintern ist vom stürmischen Maschinengewehrfeuer eines Tommys etwas abgeblättert —, die von Pluto entführt wird; Herkules im Clinch mit der Hydra. Im Hintergrund sehe ich das Meer gegen den anthrazitfarbenen Strand anstürmen.

Zurück ins Büro, um meine Papiere zu sammeln und den Tagesbericht zu schreiben. Beim Anblick so vieler angefangener Projekte, die jetzt nicht mehr abgeschlossen werden können, befällt mich etwas Traurigkeit. Eine Bewegung in einem Fenster auf der anderen Straßenseite lenkt mich ab; ich blicke auf und sehe eine Frau — Giulietta —, die sich unter dem Vorwand, sich zu waschen, einen Augenblick halbnackt zwischen den Fensterläden zeigt — ein vertrauter Anblick, den wir als ein kleines Opfer an den Gott der Fruchtbarkeit zu würdigen gelernt haben. Mit dem Schrei eines Muezzins, der seine Gläubigen zum Gebet ruft, geht unten auf der Straße ein Besenverkäufer vorbei. Das Abendessen wird schon vorbereitet, und der Geruch der guten Küche verdrängt für einen Moment den der Kanalisation. Ein letztes Mal schaue ich in die Augen der riesen- und rätselhaften Frauenstatuen neben dem Eingang zum Calabritto-Palast und in den Hof, wo ein kleines Kind in den Rachen eines steinernen Löwen pißt.

Wenn alles für die morgige Abfahrt um 6.30 Uhr an der Stazione Centrale bereit ist, werde ich vielleicht noch ein bißchen Zeit finden, um wenigstens bei Lattarullo, meinem treuesten neapolitanischen Verbündeten, vorbeizuschauen. Zuerst wird er von der Nachricht überwältigt sein, doch dann, wieder gefaßt, wird er flüstern: »Ich habe was Schönes für Sie.« Beschreiben wird er es als *caccia* — Wildbret —, doch wird es sich um eine muskulöse Stadttaube handeln, die sich im Netz eines Daches verfangen hat. Er wird hinausspringen, um das Nachbarsmädchen zu suchen, das die Taube in Knoblauch und Kräutern schmoren und auf einem großen geerbten Tablett servieren wird. Wenn es Zeit ist zum Gehen, wird er meine Hand nehmen und sagen: »Morgen früh werde ich am Bahnhof sein, um Sie zu verabschieden«, und ich weiß, daß er wie versprochen dasein wird, in der würdevollen Garderobe eines *ziu di Roma*, wie es sich zu einem solchen Anlaß gehört.

JANET FLANNER Paris, 20. Oktober 1945

Ächzend und in einer flockigen Wolke von Rost setzt sich ein Getriebe, das lange stillgestanden hat, wieder in Bewegung und bewirkt eine allmähliche Verbesserung der Verhältnisse. Doch wie General de Gaulle kürzlich mit Strenge gesagt hat, wird das französische Volk ganze fünfundzwanzig Jahre brauchen — »eine ganze Generation verbissener Arbeit« —, um Frankreich überhaupt wieder lebensfähig zu machen. Nach Ansicht des Generals ist es kaum vorstellbar, daß die gigantische Aufgabe der Wiederherstellung des Landes vor 1975 abgeschlossen sei, und Europa, wie immer es politisch dann aussehen möge, werde wohl vor dem Jahre 2000 weder seine Verluste an Menschen und Städten noch die Erinnerung an seine verlorene Schönheit verwunden haben ...

JANET FLANNER Paris, 5. Dezember 1945

Vor zwei Wintern waren die Läden in Paris zu Weihnachten leer. Im letzten Winter konnte man das wenige, das sie zeigten, nicht kaufen. In diesem Winter sind sie voll, allerdings nur in gewissen Vierteln und nur für die vollen Brieftaschen gewisser Neureicher. Im Faubourg St. Honoré liegt hinter Glas der Luxus und kann ohne Bezugschein gekauft werden: weiche Damen- und Herrenpullover, pelzgefütterte Handschuhe und traumhafte Seidennachthemden zu alptraumhaften Preisen. In den Schaufenstern des Warenhauses Au Printemps, das schräg gegenüber unserem bekanntesten Marketenderladen liegt, sind zum erstenmal seit fünf Jahren wieder die traditionelle mechanische Puppenstube und die lebenden Clowns in Aktion; sie erfordern das alte traditionelle Polizeiaufgebot mit Absperrseilen, um den Ansturm der fassungslos staunenden französischen Kinder zu bewältigen. Die Kleinsten starren schweigend auf das erste Spielzeug ihres Lebens. Nur wer Spielzeug noch von früher kennt, jauchzt vor Wiedersehensfreude laut auf. Paris hat sich verändert und wird wohl nie wieder so werden, wie es einmal war. Dennoch macht es unter entmutigenden Bedingungen erste Anstrengungen. Jedenfalls ist Weihnachten ein Fest der Besinnung, wie wenig es heute auch mit dem Frieden auf Erden zu tun haben mag. [. . .]

Europa, das seit sechs Jahren Krieg führt und von Krieg überzogen wird, ist bankrott, will es aber nicht wahrhaben. Doch sprechen die Papiergeldwährungen eine deutliche Sprache. In Budapest wird der Dollar inoffiziell zu vierundzwanzigtausend Pengö notiert. Französische Bauern weigern sich, Goldmünzen, einschließlich amerikanischer Zehndollarstücke, anzunehmen. Gold ist als harte Währung so lange außer Kurs gewesen, daß heute niemand mehr weiß oder wissen will, wieviel es eigentlich wert ist. Heute wollen die Bauern bündelweise Papiergeld. Das ist typisch für die Zeit. Industrien wollen mehr Geld, um Waren herzustellen, Regierungschefs wollen mehr Geld zum Regieren, Kinder plappern von Tausendfrancs- oder Tausendlire- oder Tausendmarkscheinen. In gewisser Weise hat der Krieg, der so vieles zerstört hat, auch etwas geschaffen: nämlich die klare, nackte und nicht zuletzt ehrliche Tatsache, daß das Wichtigste auf Erden für den Menschen heute das Geld ist.

Alfred Döblin — Südwestdeutschland, Ende 1945

Ein Haupteindruck im Lande, und er löst Ende 1945 bei dem, der hereinkommt, das größte Staunen aus, ist, daß die Menschen hier wie Ameisen in einem zerstörten Haufen hin und her rennen, erregt und arbeitswütig zwischen den Ruinen und ihr ehrlicher Kummer ist, daß sie nicht sofort zugreifen können, mangels Material, mangels Direktiven.

Die Zerstörung wirkt auf sie nicht deprimierend, sondern als intensiver Reiz zur Arbeit. Ich bin überzeugt: Wenn sie die Mittel hätten, die ihnen fehlen, sie würden morgen jubeln, nur jubeln, daß man ihre alten, überalterten, schlecht angelegten Ortschaften niedergelegt hat und ihnen Gelegenheit gab, nun etwas Erstklassiges, ganz Zeitgemäßes hinzustellen.

Das Menschengewimmel in einer volksreichen Stadt wie Stuttgart. Durch Zuwanderung von Flüchtlingen aus anderen Städten und Gegenden noch mehr geworden, bewegten sich hier die Menschen, auf der Straße zwischen den fürchterlichen Ruinen, wahrhaftig, als wenn nichts geschehen wäre und als wenn die Stadt immer so aussah. Auf sie jedenfalls wirkt der Anblick der zerbrochenen Häuser nicht.

Und wenn einer glaubt oder früher geglaubt hat, das Malheur im eigenen Lande und der Anblick einer solchen Verwüstung würde die Menschen zum Denken bringen und würde politisch erzieherisch auf sie wirken, — so kann er sich davon überzeugen: er hat sich geirrt. Man sagt mir und zeigt mir bestimmte Häusergruppen und konstatiert: das war dies Bombardement und das war jenes, und man schließt gewisse Episoden an. Und das ist alles. Es erfolgen darauf keine besonderen Mitteilungen, und bestimmt werden keine weiteren Überlegungen angestellt. Man geht an seine Arbeit, steht Schlange hier wie überall nach Lebensmitteln.

Schon gibt es da und dort Theater, Konzerte und Kinos und ich höre, alle sind stark besucht. Die Elektrischen fahren, grauenhaft voll wie überall. Man ist praktisch und hilft sich. Man kümmert sich um das Heute und Morgen in einer Weise, die den Nachdenklichen schon beunruhigt.

Man hat (eine kluge Idee der gegenseitigen Hilfe) Tausch-Ring-Geschäfte eingerichtet. Das ist eine Vereinigung von Firmen der wichtigsten Branchen, also der Schuh-, Möbel-, Kleider- etc. -Branchen. Man zahlt mit einem Tauschobjekt, das man besitzt und erhält in einem anderen Geschäft das gesuchte Objekt, falls es vorhanden ist.

Das flache Land sieht gepflegt aus. Wüst sind nur die Städte. Und wie wüst. Man hat draußen in Amerika im Kino Bilder von diesen Städten gesehen. Man kann durch die Straßen vieler Städte spazieren, der Damm und oft auch der Fußsteig ist freigemacht. Man stellt dann rechts und links etwas fest, was früher Häuser waren, sich aber dem Blick jetzt als geöffnete Steinkasten ohne Deckel präsentiert. Diese Steinkasten sind verschieden gespalten und geöffnet worden. Manche stehen noch mit allen vier Wänden, aber in der Mitte ist nichts, unten liegt ein Schutthaufen. Manchmal ist ein ganzer Kasten seitlich umgeknickt oder nach innen gefallen. Manchmal steht die Vorder- und Hinterwand, aber die Seiten fehlen. Und recht oft steht überhaupt nichts, was einem

Haus ähnelt, und da wo sich wahrscheinlich früher ein kräftiges Gebäude hinstellte, wölbt sich jetzt ein breiter Steinhügel, aus dem verbogene Eisenträger, Fensterrahmen und Türen ragen. Man entdeckt da auch manchmal verbogene Heizkörper, zerquetschte Eimer und Leitungsröhren.

Der Schutt birgt auch viele Leichen. Da liegen sie und machen die Straßen furchtbar still. Viele Menschen sind in ihren Wohnungen überrascht worden und wurden in den zusammenstürzenden Häusern, in den unzulänglichen Kellern erschlagen und sind erstickt. Es sind auch viele verbrannt. Was die Bombe mit ihrer Sprengkraft verschonte, fraß das vom Phosphor genährte Feuer. Manchmal ist das Pflaster aufgerissen, als wenn sich der Boden gehoben hätte. Fast überall aber hat man schon die brauchbaren Ziegelsteine ausrangiert und sauber an den Hauswänden aufgestapelt. Sie warten auf neue Verwendung. Denn wie ich schon sagte, hier lebt unverändert ein arbeitsames, ein ordentliches Volk. Sie haben, wie immer, einer Regierung, so zuletzt dem Hitler pariert, und verstehen im großen und ganzen nicht, warum Gehorchen diesmal schlecht gewesen sein soll. Es wird viel leichter sein, ihre Städte wieder aufzubauen als sie dazu zu bringen, zu erfahren, was sie erfahren haben und zu verstehen, wie es kam.

Den unmittelbaren Eindruck eines Strafgerichts erhält man in einer Stadt wie Pforzheim. Diese existiert eigentlich nicht mehr. Sie ist rasiert, wegradiert. Da steht Häuserskelett neben Häuserskelett und hinter dem Skelett eine chaotische Schuttmasse. Hier kommt es einem vor, als ob man durch eine Filmstadt geht, Kulissen, Staffagen und Vordergrundbauten, — eine tote, verlassene Stadt. Aber wer schärfer hinblickt und sich länger aufhält, stellt zu seinem Erstaunen fest, daß sich sogar hier unterirdisch Leben regt.

Wenn sich in einer halbzerstörten Stadt die Menschen mit Rucksäcken, Taschen, mit Plunder beladen durch solche Straßen bewegen, so wirken sie, so wirkt das Ganze gespenstisch. Ich sah oft Menschen auf die Ruinenhügel steigen. Was wollten sie da? Etwas suchen, graben? Sie hatten Blumen in der Hand. Auf dem Hügel hatten sie Kreuze und

Tafeln errichtet. Es waren Gräber. Da legten sie die Blumen hin, knieten und sprachen Gebete.

JANET FLANNER — Paris, 3. Januar 1946

Am Neujahrstag war in diesem Jahr zwar mehr Essen auf dem Teller als im vergangenen, dafür aber noch weniger Hoffnung in den Herzen. Vor einem Jahr waren die Mägen noch leer, und in den Köpfen brannte nicht nur der Hunger, sondern die verzweifelte Vorstellung von einer kommenden besseren Welt. Die drei wichtigsten Dinge seit dem 1. Januar vergangenen Jahres sind Desillusionierung, Geldabwertung und General de Gaulles fortbestehende Macht; alles normale, zeitgemäße Erscheinungen. In Frankreich hat das Unnormale heute wenig Chancen.

Um das Maß der Überraschung bei der Pariser Bevölkerung voll zu machen, füllten sich die Läden während der Weihnachtszeit mit allen erdenklichen Sachen, nur nicht mit dem Geld, für das man sie hätte kaufen können. Neben Diamantarmbändern sah man unelegante Mokassins aus Kaninchenfell — sie kosten den Wochenlohn einer Näherin — für die ungeheizten, eisigen Wohnungen. Zum erstenmal seit 1939 gab es wieder Pampelmusen zu einem Preis, für den ein Arbeiter vier Tage arbeiten muß. Die Metzgerläden waren wieder wie in alten Zeiten mit ganzen Opferlämmern dekoriert, marmorweiß vor Fett und offiziell so teuer, daß die Metzger gedroht haben, sie würden ihre Läden schließen und den Fleischhandel an die Regierung zurückgeben, die ja auch das Brot wieder rationiert hat. Vor den Wahlen im Oktober hatte die Regierung de Gaulle das Brot freigegeben und auf solche Weise Brotmarken gegen Stimmen getauscht — ein hübscher politischer Schachzug, der dem General etliche Abgeordnete eingebracht hat; nur müssen diese nun leider mit der jetzigen Weizenknappheit fertig werden. Nach der erneuten Rationierung gibt es pro Kopf und Tag nur drei Scheiben mehr als unter den Deutschen im Jahre 1942, und das war für die ärmeren Franzosen, die praktisch nur von Brot leben, die schlimmste Zeit. In ganz Europa sind die Regierungen so etwas Ähnliches wie ausgeplünderte, schäbige und mit Speiseresten bekleckerte Oberkellner geworden; nervös fummeln sie an ihren Speisekarten herum, auf denen steht, was ihr Volk als nächstes essen wird, und fragen sich, mit welchem Geld und mit welcher Politik die Rechnung bezahlt werden soll.

Max Frisch — München, April 1946

München muß herrlich gewesen sein. Man spürt es noch; die grünen Inseln überall, Alleen und Parke, man denkt an goldene Herbste darin, heiter und leicht, an Dämmerungen nach einem sommerlichen Gewitter, wenn es nach Erde riecht und nassen Blättern. Ein großer Zug ist überall in dieser Stadt, eine Lebensfreude, die aus dem Süden heraufklingt; eine fast italienische Helle muß ihre Architektur umspielt haben —

Sonderbar anzusehen:

Ein Eroberer zu Pferd, der immer noch in die Leere eines vergangenen Raumes reitet, stolz und aufrecht auf einem Sockel von Elend, umgeben von Stätten des Brandes, Fassaden, deren Fenster leer sind und schwarz wie die Augenlöcher eines Totenkopfes; auch er begreift noch nicht. Aus einem Tor, das unter grünenden Bäumen steht, kommt eine erstarrte Kaskade von Schutt; es ist ein Tor von bezauberndem Barock, anzusehen wie ein offener Mund, der erbricht, der mitten aus dem blauen Himmel heraus erbricht, das Innere eines Palastes erbricht — und die bröckelnden Schwingen eines Engels darüber, einsam wie alles Schöne, fratzenhaft; das Schweigen ringsum, das Erstorbene, wenn es von der hellichten Sonne beschienen wird, das Endgültige. *Death is so permanent.*

Neger mit einem Mädchen, sie liegen an der Isar; der Neger döst gelassen vor sich hin, pflanzenhaft, während die kleine Blonde sich über ihn beugt, trunken, als wären vier Wände um sie —

Auch die Liebfrauenkirche ist ein offener Raum mit schwirrenden Vögeln darin. Wie ein Gast steht ein einzelner Pfeiler in der Mitte, wie ein Heimkehrer, der sich umschaut; irgendwo sieht man Ansätze eines Gewölbes, Fetzen einer Malerei, die an die Sonne kommt. Das Dach ist ein schwarzes Gerippe. Und auch hier sieht man wieder auf der andern Seite hinaus: Kamine sind stehengeblieben, eine Badwanne ganz in der Höhe, eine Wand mit verblaßten Tapeten, dazu die schwarzen Ornamente von Brand, die Zungen von Ruß, die Fenster voll Ferne und ziehendem Gewölk, voll Frühling. Oft blickt man von einer Straße in die andere hinüber, wenn auch durch ein Netz von rotem Rost; Reste einer niederhängenden Decke. Es ist eine Durchsicht, der kaum ein Haus widersteht; nur wenn man eine Straße hinunterschaut, gibt es nochmals den Anschein, wie es war, und man meint, nun habe man eine erhaltene Straße gefunden. Aber auch hier, wenn ich weitergehe, klafft es wieder nach beiden Seiten, und fast überall bleibt es das gleiche Bild, eine Stadt, aber geräumig und schütter wie ein Herbstwald. Wäre es ein Erdbeben gewesen, ein Werk der blinden Natur, man könnte es ebenso wenig begreifen; aber man könnte es hinnehmen ohne Begreifen —

Odeonsplatz:

Ein Krüppel bietet die ersten Spielsachen feil, Affen aus Stoff, die man über die menschliche Hand stülpen kann . . .

Morgen ist Ostern.

MAX FRISCH

Frankfurt, Mai 1946

Wenn man in Frankfurt steht, zumal in der alten Innenstadt, und wenn man an München zurückdenkt: München kann man sich vorstellen, Frankfurt nicht mehr. Eine Tafel zeigt, wo das Goethehaus stand. Daß man nicht mehr auf dem alten Straßenboden geht, entscheidet den Eindruck: die Ruinen stehen nicht, sondern versinken in ihrem eigenen Schutt, und oft erinnert es mich an die heimatlichen Berge, schmale Ziegenwege führen über die Hügel von Geröll, und was noch steht, sind die bizarren Türme eines verwitterten Grates; einmal eine Abortröhre, die in den blauen Himmel ragt, drei Anschlüsse zeigen, wo die Stockwerke waren. So stapft man umher, die Hände in den Hosentaschen, weiß eigentlich nicht, wohin man schauen soll. Es ist alles, wie man es von Bildern kennt; aber es ist, und manchmal ist man erstaunt, daß es ein weiteres Erwachen nicht gibt; es bleibt dabei: das Gras, das in den Häusern wächst, der Löwenzahn in den Kirchen, und plötzlich kann man sich vorstellen, wie es weiterwächst, wie sich ein Urwald über unsere Städte zieht, langsam, unaufhaltsam, ein menschenloses Gedeihen, ein Schweigen aus Disteln und Moos, eine geschichtslose Erde, dazu das Zwitschern der Vögel, Frühling, Sommer und Herbst, Atem der Jahre, die niemand mehr zählt —

In einer Anlage, als ich erwache und die Augen aufmache: die spielenden Kinder, die mich geweckt haben, ihre Kleidchen, ihre sehr dünnen Gesichter und der Gedanke daran, daß sie noch nie eine ganze Stadt erblickt haben, dann der Gedanke, daß sie nichts dafür können: weniger als irgendeiner von uns. Zuzeiten ist es das einzige, was außer Zweifel steht; Zuversicht und Auftrag. Über die dringende Hilfe hinaus, die sie vor dem Hunger retten muß so wie alle andern Kinder, geht es vor allem darum, daß sie keine Verdammten sind, keine Verfemten, gleichviel, wer ihre Väter und ihre Mütter sein mögen; wir schulden ihnen mehr als Erbarmen: wir dürfen sie nicht einen Augenblick lang anzweifeln, oder es wird unsere Schuld, wenn sich alles wiederholt.

Am Bahnhof:

Flüchtlinge liegen auf allen Treppen, und man hat den Eindruck, sie würden nicht aufschauen, wenn mitten auf dem Platz ein Wunder geschähe; so sicher wissen sie, daß keines geschieht. Man könnte ihnen sagen, hinter dem Kaukasus gebe es ein Land, das sie aufnehmen werde, und sie sammelten ihre Schachteln, ohne daß sie daran glaubten. Ihr Leben ist scheinbar, ein Warten ohne Erwartung, sie hangen nicht mehr daran; nur das Leben hangt noch an ihnen, gespensterhaft, ein unsichtbares Tier, das hungert und sie durch zerschossene Bahnhöfe schleppt, Tage und Nächte, Sonne und Regen; es atmet aus schlafenden Kindern, die auf dem Schutte liegen, ihren Kopf zwischen den knöchernen Armen, zusammengebückt wie die Frucht im Mutterleib, so, als wollten sie dahin zurück.

Heute, als ich in die Stadt will, stehe ich plötzlich vor einem Stacheldraht, der sich um das ganze Quartier zieht; ein Geschenk der Nacht. Ein paar feldgraue Gefangene, die unter Aufsicht arbeiten, verknüpfen gerade noch die letzten Rollen; daneben stehen die Wachen mit Gewehr. Überall andere Gerüchte, Erregung und Erbitterung, Schweigen vor den Panzerwagen, Maschinengewehre mit blanken Gurten —.

Der junge amerikanische Offizier:

»Wenn mir einer an die Gurgel springt und ich schlage ihn zu Boden, so tue ich es nicht, weil ich mich als seinen Lehrmeister betrachte, weil ich mir einbilde, ich könnte ihn ändern, oder weil ich ihm beweisen will, daß ich selber keine Fehler habe — sondern ich tue es, damit er mich nicht erwürgt.«

Noch einmal habe ich den Mann gesucht, dem ich Grüße und anderes bringen sollte; die Adresse, die genaue, führt mich auf ein Podest, wo es plötzlich keine Stiegen mehr gibt, und wenn man hinaufschaut, ist es wieder die Bläue mit ziehenden Wolken darin. Es riecht nach Aborten, die vermutlich keinen Anschluß mehr haben, aber benutzt werden; offenbar ist die Ruine doch bewohnt. Einmal klopfe ich an eine Türe, und da sich niemand meldet, drücke ich auf die verstaubte Klinke, öffne und sehe neuerdings auf die Straße hinaus; eine Runse von Schutt, Balken darin, und da ich es betrachtet habe, ziehe ich die Türe wieder zu, versuche es bei der nächsten, wo wirklich jemand erscheint, ein älterer Herr, der mich mit Formen empfängt, die den Gestank vergessen lassen. Leider hat er keine Ahnung; nicht einmal den Namen kennt er —.

Später wieder an die Isar.

Das Gefühl, daß es nie stimmt, wenn wir von ganzen Völkern sprechen, und daß alle Einsichten, die man in dieser Art verallgemeinert, mehr Unheil stiften als anderes — wo könnte es wacher sein als in der Nähe einer jungen Frau, die ein Kind erwartet, in der Gegenwart eines Geschöpfes, das überhaupt noch ohne Gesicht ist? Leider verraten meine Schuhe und meine Aussprache, daß ich aus der Schweiz komme; immerhin ergibt sich ein Gespräch; gelegentlich erzählt sie von Frankreich, wo sie zwei Jahre mit der Wehrmacht weilte, erzählt wie von einer Ferienreise, im Ton: Das war noch ein Leben. Da ich schweige, bricht sie ab, und kurz darauf folgen ihre bitteren Worte über die Besatzung, die eben im Jeep vorbeirast, über die Amerikaner ganz allgemein, die sie als Barbaren bezeichnet. Da ich ihr nicht beistimme, scheint sie ein wenig erschrocken; kurz darauf erhebt sie sich, schroff und ohne Gruß, wie man einen Angeber verläßt.

Auf einer Wiese, draußen in der Isar, spielen sie Fußball, alle mit bloßem Oberkörper. Andere sitzen am Ufer, reihenweise wie die Möwen. Werktag. Sogar die Zeit erscheint wie Ramsch; ohne Eigentümer wie der Helm, den ich in einem Trichter mit Schutt und verrosteten Büchsen finde. Was soll man schon sehen daran! Er ist leer, und die Form, die ich in der Hand habe, kennen wir von hundert Bildern, die jahrelang an unseren Kiosken hingen und gekauft wurden, jahrelang mit lachenden und singenden Siegern darin —

Eine alte Frau mit einem Bein.

Endlich gebe ich die Büchsen, die einem Verschollenen bestimmt waren, und hoffe, daß der Spender, ein Flüchtling, einverstanden wäre.

STIG DAGERMAN — Deutschland, Herbst 1946

Im Herbst 1946 fiel das deutsche Herbstlaub nach der berühmten Churchillrede von einem bevorstehenden Laubfall zum dritten Mal. Es war ein düsterer Herbst mit Regen und Kälte, Hungerkrisen im Ruhrgebiet und Hunger ohne Krisen im Rest des alten Dritten Reiches. Den ganzen Herbst über trafen Züge mit Ostflüchtlingen in den Westzonen ein. Abgerissene, hungrige und unwillkommene Menschen drängten sich in dunklen, stinkenden Bahnhofsbunkern oder in den hohen, fensterlosen Riesenbunkern, die wie rechteckige Gasometer aussehen und sich in zusammengebrochenen deutschen Städten wie gewaltige Monumente der Niederlage erheben. Trotz ihres Schweigens und ihrer passiven Unterwerfung drückten diese äußerlich bedeutungslosen Menschen diesem deutschen Herbst einen Stempel dunkler Bitterkeit auf. Bedeutungsvoll wurden sie dadurch, daß sie kamen und niemals aufhörten zu kommen, und durch die Zahl, in der sie eintrafen. Bedeutungsvoll wurden sie nicht trotz ihres Schweigens, sondern vielleicht gerade deswegen, denn nichts, was man sagt, kann so mit Drohung geladen sein wie das Ungesagte. Ihre Anwesenheit war verhaßt und willkommen, verhaßt, weil die Ankömmlinge nichts außer Hunger und Durst mitbrachten, willkommen, weil sie mit ihrer Ankunft Mißtrauen nährten, das man gern aufbringen, Argwohn, den man gern hegen, und Mutlosigkeit, von der man gern besessen sein wollte.

Wer von denen, die diesen deutschen Herbst selbst erlebt haben, wollte übrigens behaupten, dieses Mißtrauen sei unberechtigt und diese Mutlosigkeit unmotiviert gewesen? Man kann ohne weiteres sagen, daß diese niemals versiegenden Flüchtlingsströme, die das deutsche Tiefland von den Gegenden um den Niederrhein und die untere Elbe bis zu den stürmischen Hochplateaus um München überschwemmten, eines der wichtigsten innenpolitischen Ereignisse in diesem Land ohne Innenpolitik darstellten. Ein anderes innenpolitisches Ereignis von etwa gleicher Bedeutung war der Regen, der in den bewohnten Kellern des Ruhrgebiets zwei Fuß hoch stand.

(Man wacht, falls man überhaupt geschlafen hat, in einem Bett ohne Decken frierend auf und geht durch knöcheltiefes, kaltes Wasser zum Ofen und versucht, nasse Zweige von einem zerbombten Baum in Brand zu stecken. Irgendwo im Wasser hinter einem husten früh erwachsene und tuberkulöse Kinder. Hat man endlich Feuer in diesem Ofen, den man unter Gefahr für das eigene Leben aus einer einstürzenden Ruine gerettet hat und dessen Besitzer seit ein paar Jahren einige Meter tiefer begraben liegt, zieht der Rauch in den Keller, und die schon Hustenden husten noch mehr. Auf dem Ofen steht ein Topf mit Wasser — Wasser gibt es genug —, und man beugt sich über das Wasser auf dem Boden und hebt Kartoffeln auf, die auf dem unsichtbaren Kellergrund liegen. Der im knöcheltiefen kalten Wasser Stehende gibt diese Kartoffeln in den Topf und wartet, daß sie allmählich eßbar werden, obwohl sie schon gefroren waren, als man das Glück hatte, sie zu ergattern.

Ärzte, die ausländische Journalisten über die Eßgewohnheiten dieser Familien informieren, bezeichnen das, was sie in jenen Töpfen kochen, als unbeschreiblich. In Wirklichkeit ist es nicht unbeschreiblich, ebensowenig wie ihre ganze Art der Existenz unbeschreiblich ist. Das namenlose Fleisch, das sie sich auf die eine oder andere Art beschaffen können, oder das schmutzige Gemüse, das sie Gott weiß wo aufgetrieben haben, ist nicht unbeschreiblich, es ist äußerst unappetitlich, das Unappetitliche aber ist nicht unbeschreiblich, bloß unappetitlich. Ebenso kann man dem Einwand begegnen, die Leiden, die die Kinder in jenen Kellerbassins durchmachen müssen, seien unbeschreiblich. Falls man es will, lassen sie sich ganz ausgezeichnet beschreiben, und zwar so, daß der im Wasser am Ofen Stehende diesen ganz einfach sich selbst überläßt und zum Bett mit den drei hustenden Kindern geht und ihnen befiehlt, sich sofort zur Schule zu scheren. Rauch, Kälte und Hunger sind in diesem Keller, und die Kinder, die völlig bekleidet geschlafen haben, gehen hinein in das Wasser, das ihnen fast bis zum Schaft der löchrigen Schuhe reicht, durch den dunklen Kellergang, wo Leute schlafen, die dunkle Treppe hinauf, wo Leute schlafen, hinaus in den kalten, feuchten, deutschen Herbst. Es dauert noch zwei Stunden, bis die Schule beginnt, und die Lehrer erzählen ausländischen Besuchern von der Unbarmherzigkeit der Eltern, die ihre Kinder auf die Straße jagen. Man könnte jedoch mit diesen Lehrern darüber streiten, was in diesem Fall Barmherzigkeit hieße. Der Nazi-Aphoristiker meinte, die Barmherzigkeit des Henkers liege im schnellen, oder war es der sichere, Hieb. Die Barmherzigkeit dieser Eltern besteht darin, ihre Kinder aus dem Wasser drinnen in den Regen draußen, aus der rauhen Kellerfeuchte in das Schmuddelwetter der Straße zu schicken.

Natürlich gehen sie nicht zur Schule, zum einen, weil die Schule noch nicht geöffnet ist, zum anderen, weil ›zur Schule gehen‹ nur einer der Euphemismen ist, wie sie die Not für jene, die die Sprache der Not sprechen müssen, zu

Hunderten schafft. Sie gehen stehlen oder versuchen sich durch die Technik des Diebstahls oder eine unschuldigere, falls die existiert, etwas Eßbares zu beschaffen. Man könnte den ›unbeschreiblichen‹ Morgenspaziergang dieser drei Kinder bis zu dem Glockenschlag, mit dem die Schule wirklich anfängt, beschreiben und sodann eine Reihe ›unbeschreiblicher‹ Bilder von ihrem Treiben auf den Schulbänken wiedergeben, von den Schiefertafeln, vor die Fenster genagelt, um die Kälte auszusperren, die aber zugleich das Licht aussperren, weshalb den ganzen Tag eine Lampe brennen muß, eine Lampe mit so schwachem Licht, daß man den Text, den man abschreiben soll, nur mit äußerster Anstrengung lesen kann, von der Aussicht vom Schulhof, so beschaffen, daß er auf drei Seiten von zirka drei Meter hohen Trümmerhaufen internationalen Typs umgeben ist, Trümmerhaufen, die zugleich als Schultoiletten dienen.

Ebenso wäre es am Platze, die ›unbeschreiblichen‹ Tätigkeiten zu beschreiben, mit denen die in ihrem Wasser Daheimgebliebenen ihren Tag ausfüllen, oder die ›unbeschreiblichen‹ Gefühle, die eine Mutter von drei hungrigen Kindern erfüllen, wenn die sie fragen, warum sie sich nicht anmalt wie Tante Schulze und dann von einem alliierten Soldaten Schokolade und Konserven und Zigaretten bekommt. Und die Aufrichtigkeit und der moralische Verfall in diesem wassergefüllten Keller sind so ›unbeschreiblich‹, daß diese Mutter antwortet, nicht einmal Soldaten der Befreiungsarmee seien so barmherzig, sich mit einem schmutzigen, ausgelaugten und rasch alternden Körper zu begnügen, wenn die Stadt voll von jüngeren, kräftigeren und saubereren Körpern ist.)

Zweifellos war dieser herbstliche Keller ein innenpolitisches Ereignis von größtem Gewicht. Ein weiteres solches Ereignis waren Gras, Büsche und Moos, die auf den Trümmerhaufen zum Beispiel in Düsseldorf oder Hamburg gediehen (das dritte Jahr hintereinander geht Herr Schumann auf dem Weg zu seinem Arbeitsplatz bei der Bank an den Ruinen des Nachbarblocks vorüber, und jeden Tag streitet er mit seiner Frau und seinen Arbeitskollegen darüber, ob dieses Grün als Fortschritt oder als Rückschritt anzusehen ist). Die weißen Gesichter von Leuten, die seit vier Jahren im Bunker wohnen und so verblüffend an Fische erinnern, wenn sie zum Luftschnappen an die Oberfläche kommen, und die auffallend roten Gesichter gewisser Mädchen, die ein paarmal im Monat mit Schokoladentafeln, einer Schachtel Chesterfield, Füllfederhaltern oder Seifenstücken begünstigt werden, waren zwei weitere, leicht festzustellende Tatsachen, die diesem deutschen Herbst ihren Stempel aufdrückten, so wie sie natürlich auch den vergangenen deutschen Winter, das Frühjahr und den Sommer gekennzeichnet hatten, wenn auch in etwas geringerem Ausmaß, da sich die Situation durch die unaufhörlich eintreffenden Ostflüchtlinge ständig verschlechterte.

Aufzählungen sind natürlich immer trist, vor allem, wenn man Tristes aufzählt, in besonderen Fällen können sie freilich trotzdem nötig sein. Will man einen Kommentar wagen zu den mit Selbstverachtung gemischten Gefühlen, von Bitterkeit gegenüber den Alliierten, von Apathie, von einer allgemeinen Neigung zu Vergleichen zum Nachteil der Gegenwart, die zweifellos dem Besucher in diesem traurigen Herbst entgegenschlugen, muß man sich einige konkrete Ereignisse und physische Gegebenheiten vergegenwärtigen. Es ist wichtig, sich zu erinnern, daß Äußerungen, die auf Unzufriedenheit und sogar Mißtrauen gegenüber dem guten Willen der siegreichen Demokratien hindeuteten, nicht im luftleeren Raum oder auf der Bühne eines Theaters mit ideologischem Repertoire fielen, sondern in absolut augenfälligen Kellern in Essen, Hamburg oder Frankfurt am Main. Zum herbstlichen Bild der Familie im wassergefüllten Keller gehört nämlich auch ein Journalist, der, vorsichtig auf ausgelegten Planken balancierend, die Familienmitglieder zu ihren Ansichten über die neugestartete deutsche Demokratie interviewt, nach ihren Hoffnungen und Illusionen fragt — und vor allem: fragt, ob es der Familie unter Hitler besser gegangen sei. Die Antwort, die der Besucher hierbei erhält, hat zur Folge, daß er sich mit einer Verbeugung des Zornes, des Ekels und der Verachtung hastig aus dem übelriechenden Raum zurückzieht und in seinem angemieteten englischen Automobil oder amerikanischen Jeep Platz nimmt, um eine halbe Stunde später in der Bar des Pressehotels bei einem

Drink oder einem guten Glas echten deutschen Bieres eine Betrachtung zum Thema ›In Deutschland lebt der Nazismus weiter‹ zu schreiben.

Das Bild vom geistigen Zustand in diesem Deutschland des dritten Herbstes, das dieser Journalist und viele andere Journalisten oder ausländische Besucher generell an die Welt weitervermittelten, womit sie dazu beitrugen, es zum Eigentum dieser Welt zu machen, war auf seine Art natürlich richtig. Man fragte Kellerdeutsche, ob es ihnen unter Hitler besser gegangen sei, und diese Deutschen antworteten: Ja. Man frage einen Ertrinkenden, ob es ihm besser gegangen sei, als er oben auf dem Kai stand, und der Ertrinkende antwortet: Ja. Man frage jemanden, der bei zwei Scheiben Brot am Tag hungert, ob es ihm besser gegangen sei, als er bei fünf hungerte, und erhält zweifellos die gleiche Antwort. Jede Analyse der ideologischen Position des deutschen Volkes in diesem schweren Herbst, der natürlich in die Gegenwart hineinreicht, da weiterhin jene verschärften Formen von Not und Elend herrschen, die ihn kennzeichneten, ist von Grund auf unrichtig, wenn sie nicht zugleich ein ausreichend scharfes Bild des Milieus, der Lebensweise vermittelt, wozu die Analysierten verurteilt sind. Ein anerkannter französischer Journalist forderte mich in bester Absicht und im Interesse der Objektivität auf, deutsche Zeitungen zu lesen statt mir deutsche Wohnungen anzusehen oder in deutschen Töpfen zu schnüffeln. Liegt darin nicht etwas von jener Einstellung, die einen großen Teil der Weltmeinung prägt und die den jüdischen Verleger Mr. Victor Gollancz aus London dazu brachte, nach seiner Deutschlandreise im Herbst 1946 ›die Werte des Westens bedroht‹ zu sehen, Werte, die im Respekt vor der Persönlichkeit bestehen, selbst wenn diese Persönlichkeit unsere Sympathie verwirkt hat, und aus Mitleid, das heißt der Fähigkeit, auf Leiden reagieren zu können, mag dieses Leiden nun unverschuldet oder verschuldet sein.

Man hört die Stimmen, die sagen, früher sei es besser gewesen, doch man isoliert sie von dem Zustand, in dem sich ihre Besitzer finden, und hört sie, wie man eine Stimme aus dem Äther hört. Man nennt das Objektivität, weil es einem an Phantasie fehlt, sich diesen Zustand vorzustellen, ja man würde aus Gründen des moralischen Anstands eine solche Phantasie sogar ablehnen, da sie an unverdientes Mitleid appelliere. Man analysiert; in Wirklichkeit ist es Erpressung, wenn man die politische Einstellung des Hungernden analysiert, ohne zugleich den Hunger zu analysieren. [. . .]

Wenn alle anderen Tröstungen verbraucht sind, muß man eine neue Art von Trost finden, auch wenn er absurd ausfällt. In deutschen Städten kommt es häufig vor, daß der Fremde von Leuten um die Bestätigung gebeten wird, gerade ihre Stadt sei die allerverbrannteste, allerzerschlagenste und zusammengebrochenste von ganz Deutschland. Es geht nicht darum, in der Trübsal Trost zu finden, die Trübsal selbst ist zum Trost geworden. Dieselben Leute sind verstimmt, wenn man ihnen sagt, man habe anderswo Schlimmeres gesehen. Und vielleicht hat man kein Recht dazu; jede deutsche Stadt ist am schlimmsten, wenn man in ihr leben muß.

Berlin hat seine amputierten Kirchtürme und seine endlosen Zeilen zerschmetterter Regierungspaläste, deren enthauptete preußische Kolonnaden ihre griechischen Profile auf den Trottoirs ruhen lassen. In Hannover sitzt König Ernst August vor dem Bahnhof auf Deutschlands einzigem fetten Pferd und ist praktisch als einziger ohne Kratzer davongekommen in einer Stadt, in der es einmal Wohnungen für vierhundertfünfzigtausend Menschen gegeben hat. Essen ist ein Albtraum aus nackten, frierenden Eisenkonstruktionen und aufgerissenen Fabrikmauern.

Die drei Kölner Rheinbrücken sind seit zwei Jahren versunken, und der Dom steht düster, rußig und einsam mitten in einem Trümmerhaufen, mit einer Wunde aus frischen, roten Ziegeln in der Seite, die in der Dämmerung aussieht, als blute sie. Die kleinen drohenden schwarzen Türme aus dem Mittelalter sind in die Nürnberger Wallgräben gestürzt, und in den rheinischen Kleinstädten ragt aus zerbombten Fachwerkhäusern das Gerippe. Und doch gibt es eine Stadt, die für die Besichtigung einer Ruine Geld verlangt: das verschonte Heidelberg, dessen schöne alte Schloßruine in der Zeit der Ruinen wirkt wie eine teuflische Parodie.

Abgesehen davon ist es überall am schlimmsten — vielleicht. Ist man aber auf Rekorde erpicht, will man Experte für Ruinen werden und wünscht man sich eine Übersicht über das, was eine ausradierte Stadt an Ruinen zu bieten hat, möchte man nicht eine Stadt, sondern eine Landschaft aus Ruinen sehen, öder als eine Wüste, wilder als ein Gebirge und ebenso phantastisch wie ein Angsttraum, kann dem vielleicht nur eine deutsche Stadt genügen — Hamburg.

Es gibt in Hamburg ein Gebiet, das einmal ein Stadtteil war, mit geraden, breiten Straßen, Plätzen und Grünanlagen, fünfstöckigen Häusern mit Rasenflächen davor, mit Garagen, Kneipen, Kirchen und Bedürfnisanstalten. Es beginnt an einer S-Bahnstation und reicht ein Stück über die nächste hinaus.

Man fährt eine Viertelstunde mit der Bahn und hat ununterbrochen Aussicht auf etwas, das aussieht wie eine riesige Müllkippe für kaputte Hausgiebel, freistehende Hauswände mit leeren Fensterhöhlen, die mit weitoffenen Augen auf den Zug herabstarren, undefinierbare Hausreste, hoch und kühn gemeißelt wie Siegesdenkmäler oder klein wie mittelgroße Grabsteine, mit breiten schwarzen Brandrauchspuren.

Rostige Träger ragen aus den Trümmerhaufen wie die Steven vor langer Zeit gesunkener Schiffe. Meterschmale Pfeiler, die ein künstlerisches Schicksal aus eingestürzten Häuserblocks herausgeschnitten hat, erheben sich aus weißen Bergen zerbrochener Badewannen oder grauen Bergen aus Stein, zermahlenen Ziegeln und verschmorten Heizkörpern. Sorgsam behandelte Fassaden stehen da, ohne irgend etwas, dem sie Fassade sein könnten, wie Bühnenbilder für Theatervorstellungen, die nie zustande kamen.

Alle Figuren der Geometrie sind in dieser drei Jahre alten Variante von Guernica und Coventry vertreten: regelrechte Quadrate aus Schulwänden, kleine oder große Dreiecke, Rhomben und Ovale aus den Außenmauern der riesigen Mietskasernen, die sich noch im Frühjahr 1943 zwischen den Stationen Hasselbrook und Landwehr erhoben.

Diese ungeheure Wildmark durchfährt der Zug bei normaler Geschwindigkeit in ungefähr einer Viertelstunde, und während dieser Zeit entdecken mein schweigender Cicerone und ich vom Zugfenster aus nicht einen Menschen in diesem Gebiet, das einmal eines der dichtestbevölkerten von Hamburg war. Der Zug ist voll wie alle deutschen Züge, außer uns beiden aber sieht kein Mensch aus dem Fenster, um einen Eindruck von Europas vielleicht schauerlichstem Ruinenfeld zu erhaschen, doch als ich aufschaue, begegnen mir Blicke, die sagen: ›Der ist nicht von hier.‹

Der Fremde verrät sich sofort durch sein Interesse für Ruinen. Immun zu werden dauert seine Zeit, aber man wird es. Mein Cicerone ist es schon lange, an der Mondlandschaft zwischen Hasselbrook und Landwehr aber hat sie ein rein persönliches Interesse. Sie hat dort sechs Jahre lang gewohnt, die Gegend aber nicht mehr wiedergesehen, seit in einer Aprilnacht 1943 der Bombensturm über Hamburg zog.

In Landwehr steigen wir aus. Ich erwarte, daß nur wir den Zug verlassen, doch das ist nicht so. Außer Touristen haben auch andere Grund, hierherzukommen, es wohnen Menschen hier, auch wenn man das vom Zug aus nicht sieht. Ja, man sieht es selbst von der Straße kaum. Wir gehen eine Weile auf den ehemaligen Trottoirs ehemaliger Straßen und suchen nach einem ehemaligen Haus, das wir nicht finden. Wir weichen entstellten Überresten aus, die sich bei näherer Untersuchung als ausgebrannte, rücklings in den Trümmern liegende Autos erweisen. Durch die klaffenden Löcher sehen wir in zerstörte Häuser, in denen sich die Träger wie Luftschlangen durch die Stockwerke nach unten winden. Wir stolpern über Wasserrohre, die sich aus den Ruinen schlängeln. Wir bleiben vor Häusern stehen, deren Außenwand weggerissen wurde, wie in einem dieser beliebten Dramen, in denen der Zuschauer das Leben auf verschiedenen Ebenen gleichzeitig verfolgen kann.

Hier aber hält man selbst nach Andenken menschlichen Lebens vergeblich Ausschau. Nur die Heizkörper klammern sich noch an die Wände wie große verschreckte Tiere, sonst ist alles Brennbare verschwunden. An diesem Tag geht kein Wind, ist es jedoch windig, klappert er mit den Heizkörpern, und der ganze totenstille ehemalige Stadtteil ist von einem seltsam hämmernden Geräusch erfüllt. Dann kommt es manchmal vor, daß ein Heizkörper sich plötzlich löst und hinunterstürzt und jemanden tötet, der dort unten in den Eingeweiden der Ruine nach Kohlen sucht.

Kohlen suchen — dies ist einer der Gründe, weshalb in Landwehr Leute aussteigen. Eingedenk des verlorenen Schlesiens, dem Verlust des Saarlandes entgegensehend und mit einem Ruhrgebiet, dessen Stellung alles andere als unumstritten ist, sprechen sarkastische Deutsche von den Ruinen als einzigen deutschen Kohlegruben.

Diejenige aber, mit der ich ein Haus suche, das es nicht gibt, ist nicht so sarkastisch. Sie ist eine deutsche Halbjüdin, die den Terror und den Krieg überstanden hat, indem sie sich so unsichtbar wie möglich machte. Sie lebte in Spanien, bis Franco ihr den Aufenthalt unmöglich machte, und kehrte nach dem Franco-Sieg nach Deutschland zurück. Sie wohnte in der Nähe von Landwehr, bis das Haus von englischen Bomben zertrümmert wurde. Eine elastisch bittere Frau, die bei der Bombardierung von Hamburg Hab und Gut verloren hat, Glaube und Hoffnung aber bei der von Guernica.

Wir gehen über diesen endlosen, unordentlichen Friedhof, auf dem jeder Orientierungsversuch hoffnungslos ist, weil es nichts gibt, das ein ausgelöschtes Viertel von einem anderen unterscheidet. An irgendeiner übriggebliebenen Wand hängt höhnisch ein Straßenschild, von einem ganzen Haus steht nur noch die Einfahrt, gekrönt von einer sinnlosen Nummer. Die Schilder früherer Obst- und Fleischerläden ragen wie Grabinschriften aus den Trümmern, im Haus nebenan aber schimmert aus einem Keller plötzlich eine Kerze.

Wir sind in eine Gegend gekommen, die das Glück hatte, daß ihre Keller verschont blieben. Die Häuser sind eingestürzt, die Kellerdecken aber haben standgehalten, und dies bedeutet für Hunderte von ausgebombten Familien ein Dach über dem Kopf. Durch die kleinen Fenster sehen wir in diese kleinen Zimmer, nackte Zementwände, ein Ofen, ein Bett, ein Tisch, bestenfalls ein Stuhl. Kinder sitzen auf dem Boden und spielen mit einem Stein, auf dem Ofen steht ein Topf. In der Ruine darüber flattert an einer Leine, die zwischen einem verbogenen Wasserrohr und einem heruntergestürzten Eisenträger gespannt wurde, weiße Kinderwäsche. Durch die

Risse zerfallender Mauern entweicht der Rauch aus den Öfen. Vor den Kellerfenstern warten leere Kinderwagen.

Auf dem Grund einer Ruine haben sich auch ein Zahnarzt und ein paar kleine Lebensmittelläden eingerichtet. Überall, wo es noch eine Handvoll Erde gibt, baut man Rotkohl an.

»Die Deutschen sind jedenfalls ein tüchtiges Volk«, sagt mein Cicerone und schweigt.

Jedenfalls. Es hört sich an, als ob sie es bedauert.

Etwas weiter unten in der Straße steht mit surrendem Motor ein englisches Lastauto. Ein paar englische Soldaten sind abgestiegen und machen brabbelnd Kniebeugen vor ein paar Kleinkindern.

»Die Engländer sind jedenfalls nett zu Kindern«, sagt sie jetzt. Es hört sich an, als ob sie auch das bedauert.

Als ich sie aber wegen des Verlustes ihres Heims bedauern will, ist sie eine der ganz wenigen, die sagen:

»Angefangen hat es in Coventry.«

Die Replik klingt fast zu klassisch, um echt zu wirken, doch in ihrem Fall ist sie echt. Sie weiß, was im Krieg alles geschehen ist, und trotzdem, oder vielleicht gerade deshalb, ist ihr Fall so tragisch.

Es gibt in Deutschland nämlich eine große Gruppe aufrichtiger Antifaschisten, die enttäuschter, heimatloser und besiegter sind als alle Nazimitläufer, enttäuscht, weil die Befreiung nicht so radikal ausfiel, wie sie sie sich vorgestellt hatten, heimatlos, weil sie sich weder mit der deutschen Unzufriedenheit solidarisieren wollten, in deren Ingredienzen sie allzuviel versteckten Nazismus zu erkennen meinen, noch mit der alliierten Politik, deren Nachgiebigkeit den alten Nazis gegenüber sie mit Bestürzung beobachten, und schließlich besiegt, weil sie bezweifeln, daß sie als Deutsche Aktien am alliierten Endsieg besitzen könnten, während sie gleichzeitig durchaus nicht so überzeugt sind, als Antinazis keinen Anteil an der deutschen Niederlage zu haben. Sie haben sich selbst zu völliger Passivität verurteilt, weil Aktivität Zusammenarbeit mit jenen zweifelhaften Elementen hieße, die sie in zwölf Jahren Unterdrückung hassen gelernt haben.

Diese Menschen sind die schönsten Ruinen Deutschlands, bis auf weiteres aber sind sie ebenso unbewohnbar wie die eingestürzten Häusermassen zwischen Hasselbrook und Landwehr, die in der feuchten Herbstdämmerung scharf und bitter nach erloschenen Bränden riechen. [...]

Sink ein bißchen! Versuch ein bißchen zu sinken! Falls das Sinken eine Kunst ist, gibt es welche, die sie schlechter oder besser beherrschen. In Deutschland gibt es schlechte Beherrscher, die meinen, sie hätten so wenig, für das es sich zu leben lohne, daß nur das Gefühl, noch weniger hätten sie, für das zu sterben lohne, sie am Leben erhält. Doch es gibt auch überraschend viele, die bereit sind, alles hinzunehmen, wenn sie nur überleben.

Vor dem Berliner Bahnhof Zoo sitzt sonntags ein zerlumpter blinder alter Mann, der auf einer kleinen transportablen Orgel schrille Psalmen spielt. Barhäuptig sitzt er in der Kälte und lauscht trübsinnig in seine zerschlissene Mütze hinein, die auf dem Trottoir liegt, doch die deutschen Münzen haben einen schwachen, stummen Klang und fallen selten in die Mützen der Blinden. Natürlich wäre es noch besser, er würde nicht Orgel und vor allem keine Psalmen spielen. An Werktagsnachmittagen, wenn die Berliner mit ihren kleinen quietschenden Handwagen vorüberziehen, nach einem weiteren Tag Hamstertour nach Kartoffeln oder Holz in den eher verschonten Vororten, hat der Blinde die Orgel gegen einen Leierkasten ausgetauscht, und die Münzen fallen reichlicher, sonntags aber hält er mit sturem, unwirtschaftlichem Idealismus an seiner alten, winselnden Reiseorgel fest. Sonntags kann er seinen Leierkasten nicht akzeptieren. Er hat noch ein Stück zu sinken.

Auf den Bahnhöfen aber kann man Menschen begegnen, die ungefähr alles durchgemacht haben. Die großen deutschen Bahnhöfe, diese einstigen Schauplätze der Modenschauen des Abenteuers, bergen zwischen ihren narbigen Mauern und unter ihren geborstenen Dächern einen großen Prozentsatz der ganzen Hoffnungslosigkeit. Bei Regenwetter ist der Fremde stets aufs neue erstaunt, wenn er sieht und hört, wie der Regen durch die Wartesaaldächer pladdert und zwischen den Bänken Seen bildet. In diesem disziplinierten Chaos wirkt das wie eine kleine Revolution. Nachts stößt er leicht überrascht in den Betontunneln auf Flüchtlinge, Flüchtlinge aus Ost oder Süd, die sich an den nackten Wänden auf dem nackten Boden ausgestreckt haben und tief schlafen oder zusammengekauert zwischen ihren armseligen Bündeln hockend auf einen Zug warten, der sie zu einem anderen ebenso hoffnungslosen Bahnhof bringen soll.

Die Untergrundstationen der größten Städte sind besser davongekommen. Sie sind unansehnlich, aber unbeschädigt. Die U-Bahnstationen in Berlin riechen nach Nässe und Armut, aber die Züge verkehren schnell und sicher wie in Friedenszeiten. Man dreht sich nicht um nach den ausländischen Soldaten, die mit gutgekleideten, aber schlecht geschminkten deutschen Mädchen, die bereits perfekt weinerliches Amerikanisch oder konziliantes Englisch sprechen, über die Bahnsteige flanieren. Viele dieser Mädchen lehnen sich in den Zügen an die Türen und versuchen mit herausfordernden Blicken so viele Augen wie möglich auf sich zu ziehen, und mit ihrem englischen Soldaten unterhalten sie sich darüber, daß die Leute hier keine Lebensart haben, andere stützen ihren betrunkenen amerikanischen Freund, und ihre Augen sagen: Was soll ein armes Mädchen machen? In den Abteilen vermischt sich der Rauch ihrer alliierten Zigaretten mit dem der deutschen, die bitter und stickig riechen und den U-Bahnzügen den hartnäckigen Geruch nach Schmutz und Armut geben. Wenn aber die U-Bahn in das scharfe Tageslicht hinauffährt, haben auch diese Mädchen Gesichter mit Hungerschatten. Und selten kommt es vor, obwohl auch dies vorkommt, daß einer sagt: Das ist die Zukunft Deutschlands! Ein besoffener, pickliger amerikanischer Soldat und ein deutsches Mädchen, das auf den Strich geht!

Es kommt selten vor, weil die Not es einem abgewöhnt, auf Kosten anderer moralisch zu sein. Es ist falsch, was ein wohlgenährter Feldgeistlicher aus Kalifornien im Nordexpreß sagte, während er sich über sein Beefsteak beugte, Deutschland sei ein Land, dem Moral völlig abgehe. Es ist bloß so, daß im Deutschland der Not die Moral eine völlig andere Dimension angenommen hat, was dazu führt, daß ungeübte Augen ihre Existenz überhaupt nicht wahrnehmen. Diese neue Moral macht geltend, es gebe Umstände, unter denen Stehlen nicht unmoralisch sei, weil Diebstahl unter diesen Umständen in erster Linie auf eine gerechtere Verteilung dessen, was vorhanden ist, hinausläuft und nicht darauf, einen anderen seines Eigentums zu berauben, ebensowenig seien Schwarzhandel und Prostitution unmoralisch, wenn sie das einzige Mittel zum Überleben sind. Dies heißt selbstverständlich nicht, daß alle stehlen, daß alle auf dem Schwarzmarkt handeln oder sich prostituieren, sondern daß man es in der Realität, und sogar in bestimmten jungkirchlichen Kreisen, für verwerflich hält, zu hungern oder seine Familie hungern zu lassen anstatt etwas normalerweise Verwerfliches zu tun, um zu überleben. In Deutschland begegnet man dem Verbrechen aus Not mit größerer Toleranz als anderswo; dies ist eine Seite dessen, was alliierte Feldgeistliche als Mangel an Moral bezeichnen. Zu sinken ist verzeihlicher als unterzugehen.

Eines Nachmittags, als es dunkel wird und in Berlin Stromsperre herrscht, lerne ich in der Dämmerung auf einem Bahnhof, an dem die dunklen Züge nach Potsdam vorbeirattern, eine junge polnische Lehrerin kennen. Sie hat einen siebenjährigen Jungen, der sich kindlich für ein Eisenbahnunglück interessiert, das sich zwei Jahre zuvor am Rande des Bahngeländes ereignet hat. Neben den Gleisen liegen Personenwagen mit zerschmetterten Dachhauben, ein ausgebrannter D-Zugwagen ist in das verrostete Skelett eines zertrümmerten Schlafwagens gestürzt, zwei Güterwagen lehnen trotzig auf ihren Kanten, aus den Trümmern ragen Leichenteile der Fahrgestelle.

Bei der Einfahrt nach Berlin wimmelt es an der Strecke von alten, verrosteten Eisenbahnunglücken. An jeder Station ist der Bahnsteig schwarz vor Menschen, Leute mit Rucksäcken, mit Reisigbündeln, kleinen Handwagen und in Papierfetzen gewickelten Kohlköpfen drängen sich durch die Türen, und irgend jemand schreit zwischen zwei Bahnhöfen ununterbrochen vor Schmerz. Zwei Frauen streiten sich unablässig um eine Bagatelle. Getretene Hunde winseln, und auf einer Bank sitzen, von einer kleinen Mauer ängstlichen Respektes umgeben, schweigend zwei russische Offiziere.

In kurzen Sätzen, die ständig durch das Gedränge an neuen Bahnhöfen oder durch neue Flüche von Leuten mit großen

Rucksäcken unterbrochen werden, erfahre ich nach und nach, wie es ist, wenn man sehr allein in Berlin lebt. Die polnische Lehrerin hat ihren Mann in Auschwitz verloren und 1945 zwei Kinder bei der großen Panik auf dem Weg von der polnischen Grenze nach Berlin, sie hat nur noch den Jungen. Aber trotzdem hat sie, als die Lampen eingeschaltet werden, ein friedvolles Gesicht, und als ich sie frage, was sie treibt, flüstert sie mir lächelnd ins Ohr: Geschäfte! In einem kleinen polnischen Dorf hat sie einmal Hamsun und Strindberg gelesen, aber »jetzt ist alles vorbei«.

Was aber bedeutet ›Geschäfte‹? Wir unterhalten uns eine Zeitlang über die Sehnsucht, weil alle, die gezwungen sind, in Deutschland zu bleiben, sich dorthin sehnen, wo sie nicht sind, falls sie nicht zu alt sind, um Sehnsucht empfinden zu können, oder der krampfhaften Mode anhängen, zu meinen, sie hätten eine Aufgabe. Die polnische Lehrerin sehnt sich nach Schweden oder Norwegen. Zu Hause hat sie ein Bild, vor dem sie sich immer sehnt. Es zeigt einen norwegischen Fjord — oder die Donau in Siebenbürgen. Ob ich mit zu ihr nach Hause kommen wolle, um ihr zu sagen, was von beidem, damit sie sich nicht mehr in die falsche Richtung sehnen muß?

Von der U-Bahnstation muß man durch viele dunkle Straßen gehen. Neulich ist Wahl gewesen, und an den Ruinenmauern hängen noch die großen Plakate. Die der Sozialdemokraten: Wo die Angst, ist keine Freiheit. Ohne Freiheit keine Demokratie. Die der Kommunisten: Die Jugend gehört uns. Die der CDU: Christentum. Sozialismus. Demokratie. Die CDU ist ein Chamäleon und gewann in Hamburg mit Hilfe ihrer stramm antimarxistischen Propaganda, während sie in Berlin mit einem ebenso emsigen Gebrauch des Wortes Sozialismus zu gewinnen versuchte.

»Aber was heißt eigentlich Geschäfte?«

Wird es geflüstert, bedeutet es Schwarzmarkt, sagt man es laut, Geschäfte im allgemeinen. Sie hat eine Zweizimmerwohnung für sich allein, ganz oben in einem Haus, dessen Dach in die Luft geflogen ist. Auf der Treppe stehen schon Wartende: einer, der eine Uhr loswerden will. Ein anderer, der plötzlich das Bedürfnis nach einem Orientteppich verspürte. Eine alte Dame, fein wie Porzellan, der irgend etwas zu essen lieber ist als ihr gediegenes altes Tafelsilber. Den ganzen Abend läutet es an der Tür, und das große Zimmer ist voller Leute, die sich leise und erregt über Porzellan, Uhren, Pelze, Teppiche und phantastische Summen in Mark unterhalten. Ich sitze in einem kleinen Zimmer nebenan und versuche mit dem schweigenden Jungen zu sprechen, sieben Jahre ist er, aber er hat Augen, die mindestens zehn Jahre älter sind. Das Bild stellt eine absolut anonyme Landschaft dar. Ich trinke Tee mit seltenem weißem Zucker. In einer Pause kommt die Lehrerin herein und sagt, daß sie das alles abscheulich findet.

»Früher bin ich so schüchtern gewesen, daß ich mich kaum getraut habe, den Mund aufzumachen. Jetzt fahre ich ganze Tage herum und versuche bei den Leuten Gold und Silber aufzutreiben. Glauben Sie nicht, ich tue das gern. Aber man muß doch auch hier von etwas leben. Wenn man leben will, muß man sich an alles gewöhnen.«

Ja, natürlich muß man leben, und natürlich muß man sich an alles gewöhnen. Ihr Kompagnon, ein vor kurzem heimgekehrter Soldat, kommt herein und leistet mir eine Weile Gesellschaft. Er ist in Italien gewesen und hat eine entstellte Stirn, als Erinnerung an die erste Landung der Alliierten in Sizilien, und einen Granatsplitter in der Brust, als Souvenir von der Belagerung Monte Cassinos. Auf den Vorwurf, er sei Schwarzhändler, antwortet er:

»Ich bekomme fünfundvierzig Mark Unterstützung im Monat. Das reicht für sieben Zigaretten.«

Fragt man ihn, ob er Nazi gewesen sei, antwortet er, daß er sieben Jahre im Krieg war, und hält dies als Antwort für ausreichend. Fragt man ihn, ob er gewählt habe, antwortet er, das hat er getan, aber das ist sinnlos. Und welche Partei? CDU? Nein, er ist nicht religiös. KPD? Nein, er hat Freunde, die in russischer Kriegsgefangenschaft waren. Also die Sozialdemokraten, weil sie ihm am gleichgültigsten sind.

Doch er hat nicht nur Erinnerungen an Nettuno und Monte Cassino, er erinnert sich auch an ein freundliches Berlin, so wie es früher war. Er hat noch Humor. Er erzählt einen Witz, den Witz von den vier Berliner Besatzern, die einen Teich besitzen, in dem jeder einen Goldfisch hat. Der Russe fängt den Goldfisch und ißt ihn auf. Der Franzose fängt ihn und wirft ihn weg, nachdem er ihm die schönen Flossen entfernt hat. Der Amerikaner stopft ihn aus und schickt ihn als Andenken nach Hause in die USA. Der Engländer benimmt sich am merkwürdigsten: er fängt den Fisch, hält ihn in der Hand und streichelt ihn, bis er tot ist.

Dieses frierende, hungernde, im Geheimen feilschende, schmutzige, unmoralische Berlin hat noch Humor, es vermag noch die Freundlichkeit aufzubringen, einsame Fremde nach Hause zum Tee einzuladen, es besitzt noch Menschen wie jene polnische Lehrerin und jenen Soldaten, die zwar von Verbotenem leben, paradoxerweise aber trotzdem Lichtpunkte in einem großen Dunkel sind, weil sie Mut genug haben, mit offenen Augen zu sinken.

Und als ich dann abends mit der eigentümlich riechenden U-Bahn nach Hause fahre, sitzt ein betrunkener englischer Soldat zwischen zwei verlebten Blondinen mit starrem Lächeln, das wirkt, als sitze es auf den falschen Gesichtern. Er streichelt sie beide, aber als er dann allein aussteigt, fällt das Lächeln hastig aus ihren Gesichtern, und sie fangen einen ordinären, humorlosen Streit an, der sich über drei Stationen hinzieht, während es vor Hysterie nur so dröhnt. Niemand kann weniger Goldfisch sein als diese beiden.

Güterzüge haben heute auf deutschen Bahnstrecken in der Regel Vorrang. Dieselben Leute, die angesichts der Tatsache, daß die Besatzungsmacht ein paar Bankreihen im Stadttheater abonniert hat, verbittert behaupten, man habe die Deutschen zu einem Volk dritter Klasse degradiert, sitzen in den eiskalten Abteilen der armseligen Personenzüge und deuten die neue Zugordnung symbolisch. Und natürlich muß man lernen zu warten: Gewisse Güterzüge werden für wichtiger gehalten als vollbesetzte Personenzüge, die von frierenden Menschen mit leeren oder gerade gefüllten Kartoffelsäcken überquellen.

Doch es gibt verschiedene Arten von Güterzügen. Es gibt Güterzüge, die man für so unwichtig hält, daß man sie an Eisenbahnknotenpunkten auf Abstellgleise schiebt, vergißt oder vernachlässigt und ein paar Tage stehenläßt, ehe man sie weiterschickt. Diese Züge kommen im allgemeinen unangemeldet aus der Nacht, und Aufsichtsbeamte und Eisenbahndienststellen bringen ihnen jenen respektvollen Widerwillen entgegen, der dem ungebetenen Gast stets begegnet. Indes erscheinen diese unwillkommenen Güterzüge mit quälender Hartnäckigkeit wie Fliegende Holländer auf den Bahnhöfen, und die Bahnhofsbeamten schicken sie weiter auf die Strecke, wenn die zufälligerweise gerade frei ist.

Bedenken und Widerwille der Eisenbahnbeamten sind durchaus verständlich. Diese unwillkommenen Güterzüge sind keine repräsentativen Züge, sie sind noch nicht einmal für den deutschen Nachkriegsverkehr repräsentativ. Sie bestehen aus Waggons, die in normalen Zeiten ausgemustert würden, nun aber zusammengekoppelt und mit kleinen Hinweisschildern versehen sind: Wagen zum Transport empfindlicher Güter nicht geeignet, kein Nässeschutz. Was heißt, daß es durch das Dach regnet und der Wagen darum nur zum Transport von Gegenständen verwendet werden darf, die nicht rosten oder sonstwie Schaden erleiden können, wenn sie mit Wasser getränkt werden, oder die ganz einfach als so wertlos gelten, daß es unwichtig ist, ob sie beschädigt werden, Dinge also, deren Diebstahl sich mit Sicherheit nicht lohnt, sowenig wie ihretwegen Güterzüge einzusetzen, die Aufmerksamkeit und Vorrang beanspruchen, wenn von der Strecke ihre Ankunft gemeldet wird.

Unter einem kalten grauen Duschregen steht ein solcher Zug in einem Bahnhof in Essen. Es ist ein Zug mit neunzehn Waggons, der seit einer Woche hier im Regen abgestellt steht. Die Lok wurde abgekoppelt, und das Interesse, das man eingetroffenen Güterzügen ansonsten entgegenbringt, läßt sich in diesem Fall nicht feststellen. Und trotzdem enthält dieser verlassene, ausgehungerte Güterzug etwas, das von großem Interesse für die Stadt Essen sein müßte: Ein paar hundert Einwohner, die man, als über der Ruhr die ersten alliierten Bombenteppiche ausgelegt wurden, nach Bayern evakuiert hatte, sind mit diesem Zug in ihre Heimatstadt, oder besser gesagt zum Bahnhof ihrer Heimatstadt, zurückgekehrt, da man sie nicht weiterläßt.

Alle Deutschen wissen, daß für die meisten größeren deutschen Städte ein ›Zuzugsverbot‹ besteht, das heißt ein Einreiseverbot, das zwar erlaubt, in jeder beliebigen deutschen Stadt zwischen den Ruinen spazierenzugehen, jedoch verbietet, sich dort Arbeit zu suchen, dort zu essen oder zu wohnen. Auch den bayerischen Behörden ist das bekannt, ihr Wissen hindert sie jedoch nicht, mit einer Frist von fünf Tagen jene evakuierten Nicht-Bayern auszuweisen, die sich in der vom Krieg verschonten bayerischen Provinz befanden. Jene nicht wasserdichten Güterzüge werden auf bayerischen Bahnhöfen zusammengestellt, die Ausgewiesenen werden in den Waggons verstaut, die, von Boden, Dach und Wänden abgesehen, keinerlei Komfort aufweisen, und sobald die Strecke frei ist, schickt man die Züge in Richtung Nordwesten.

Vierzehn Tage später erreicht der Zug den Bestimmungsort, dem diese Ankunft zunächst unbekannt ist und der später an ihr nicht interessiert ist. Während der vierzehn Tage, in denen der Zug unterwegs war, wurde seinen Fahrgästen von Amts wegen keinerlei Verpflegungsmöglichkeit geboten, die Heimatstadt aber bringt ihnen ein wenig Wohlwollen entgegen und lädt sie einmal am Tag in einem kleinen Schuppen neben den Gleisen zu einem Teller magerer Suppe ein.

Man fühlt sich beklommen und widerwärtig, wenn man, ohne helfen zu können, an einen solchen Ort kommt. Das Bahnhofsgelände ist seit einigen Jahren verschwunden, und verbogene Schienen winden sich wie Schlangen hinter dem einzigen reparierten Gleis, auf dem dieser einsame Güterzug steht. Wegen des Dauerregens steht auf dem geborstenen Bahnsteig der Matsch. Einige Fahrgäste des Zuges streifen an den Waggons entlang, deren Luken halb geöffnet sind für einen grauen Tag. Ich bin mit einem jungen Arzt vom Gesundheitsamt hierhergekommen, der die schmerzliche Pflicht hat festzustellen, daß der Gesundheitszustand der Zugbewohner schlecht ist, und ihnen mitteilt, daß die Stadt dagegen leider nichts unternehmen kann.

Bei den Hungernden im Zug weckt seine Ankunft indessen unnötig Hoffnungen. Eine alte Frau beugt sich über ein rostiges Ofenrohr hinweg ins Freie und ruft nach uns. Es stellt sich heraus, daß sie eine zweijährige Enkelin hat, die dort drinnen im Dunkeln in einem Bett liegt. Das Mädchen ist, außer wenn es hustet, völlig still. Die Armut des Güterwagens: an der einen Wand ein kaputtes Bett, in einer Ecke aufgetürmt ein Haufen Kartoffeln (der einzige Proviant auf dieser Reise ohne Ziel), in einer anderen Ecke ein Berg schmutziges Stroh, auf dem drei Personen schlafen, sanft eingehüllt vom beruhigenden blauen Rauch, der aus dem defekten, aus einer Essener Ruine geborgenen Ofen steigt. Zwei Familien mit insgesamt sechs Personen wohnen hier. Anfangs waren es acht, zwei jedoch sprangen unterwegs irgendwo ab und sind nie mehr wiedergekommen. Natürlich kann Doktor W. das Mädchen hochheben und fragen, wie es steht, er könnte sie in den Feuerschein der Ofenklappe tragen und konstatieren, daß eine unverzügliche Aufnahme ins Krankenhaus sich nicht vermeiden läßt, dann aber müßte er auch darüber informieren, daß es in den Krankenhäusern ohnehin keinen Platz gibt und daß die Bürokratie der Stadtverwaltung wie üblich erheblich langsamer ist als der Tod.

Als die Großmutter den jungen Arzt bittet, irgend etwas zu tun, muß er darum zuerst die Zähne zusammenbeißen, schlucken und sagen, er sei nicht hierhergekommen, um ihnen zu helfen, sondern um einem schwedischen Journalisten zu zeigen, »wie nett man heutzutage in deutschen Zügen reist«. Ein junger Bursche in einer abgetragenen Marineuniform, der rücklings im Stroh liegt, lacht ausgelassen über diesen Witz.

Das Gerücht unserer Ankunft hat sich indessen im ganzen Zug verbreitet, und draußen im Regen stehen ungeduldig wartend Kinder und Alte und überstürzen uns mit einer Flut von Fragen. Irgendeiner hat gehört, der Zug werde wieder auf die Strecke geschickt, und diesmal hätte noch nicht einmal der Lokführer eine Ahnung, wohin es gehe. Einer bittet den Doktor inständig, dafür zu sorgen, daß man den Zug unverzüglich aufs Land fährt, wo die Fahrgäste selbst einen Weg finden könnten, um zurechtzukommen.

»Zu den Bauern«, zischt einer empört, »wir haben von unseren Bauern die Nase voll!«

Ein anderer hat eine kranke Mutter, die ausgehungert und hustend im Stroh liegt — doch was nutzt ein Besuch bei ihr, da man nur ein paar tröstende Worte statt Medizin hat. Eine junge, sympathische Familie reicht ein kleines Baby aus der Türöffnung herab und bittet mich, es einen Augenblick zu halten. Es handelt sich um einen kleinen Einjährigen, dessen Augen von der Zugluft im Güterwagen entzündet sind; die Eltern sind stolz und besorgt zugleich. Der Mann legt Wert darauf, mich wissen zu lassen, daß allen Reisenden im Zug bewußt ist, wo die Verantwortung liegt, daß letztlich Hitler und kein anderer schuld ist, obwohl die Behörden unten in Bayern, dem am wenigsten betroffenen Teil des Deutschen Reiches, sich weniger rücksichtslos hätten verhalten und wenigstens den Essener Behörden mitteilen können, daß ein Zug zu erwarten ist.

»Die Herren schalten und walten, aber die Leidtragenden sind wir«, sagt eine rüstige alte Frau aus dem Wagendunkel.

Überhaupt ist die Stimmung trotz der Schwierigkeiten gut. Das Bewußtsein, nicht allein leiden zu müssen, hat zu freudigem Zusammenhalten geführt, das unter anderem Ausdruck in Galgenhumor findet. Auf den Waggonwänden stehen Kreideparolen: die alte Anschlußparole ›Heim ins Reich‹ in ironischem Zusammenhang, oder ›Wir danken dem Herrn Hoegner für die freie Fahrt‹ (Bayerns sozialdemokratischem Ministerpräsidenten) — oder die Zeichnung einer Ochsenfuhre mit dem Text ›Jetzt können die bayerischen Bauern ihren Mist allein fahren‹. Und überall jenes famose Schild, daß der Wagen undicht ist. Ärgerlich schlägt der Doktor mit dem Handschuh dagegen.

»Zum Gütertransport taugt er nicht mehr. Bloß für Menschen.« Und noch bitterer:

»Das muß man sich vorstellen, Landsleute, die Landsleute ausweisen. Deutsche gegen Deutsche. Das ist an allem das Furchtbarste.«

Der Umstand an sich, daß für die Absendung des Transportes Deutsche verantwortlich sind, scheint ihn mehr zu betrüben als der Zustand des Transportes. Dieser junge Arzt ist ein konservativer Antifaschist, der notfalls sogar den Nazismus aus der Perspektive der nationalen Notwendigkeit betrachten kann. Als er über die Besetzung Norwegens redet, wohin er nach bestandenem Examen als Militärarzt kam, erzählt er von wundervollen Skiausflügen und norwegischen Berghütten im Mondschein. Wenn man ihn so reden hört, erhält man den Eindruck, Deutschland hätte Norwegen wegen des Wintersports besetzt. Und trotzdem kommt man nicht umhin, Doktor W. für einen auf seine Art achtbaren Menschen zu halten.

Heute ist er jedenfalls hinreichend vorgebildet und hinreichend ehrlich und akzeptiert sogar eine loyale Zusammenarbeit mit der Militärregierung, um die Verhältnisse in Essen zu sanieren. Aber ihn, wie auch viele andere junge Leute aus den bessergestellten Klassen, die nicht im nazistischen, sondern im Geiste eines idealistischen Nationalismus erzogen wurden — eines Nationalismus, der im Falle des Sieges anständige Rücksichtslosigkeit und bei einer Niederlage loyale Würde vorsieht —, trifft das Erlebnis, daß Deutsche in Deutschland gegen Deutsche rücksichtslos sein können, wie ein furchtbarer Schock.

Möglicherweise befindet sich das Land in einer für Deutschland einzigartigen Situation: Die Gegensätze zwischen den großen Interessengruppen innerhalb der Bevölkerung sind so scharf, daß sie den reaktionären Kräften in gewisser Hinsicht die Operationsbasis nehmen, von der aus sie Propaganda für eine effektive neonationalistische Politik betreiben könnten. Die Fahrgäste dieses Zuges hassen die bayerischen Bauern und die Bayern generell, und das relativ wohlhabende Bayern seinerseits sieht mit milder Verachtung auf das übrige hysterische Deutschland herab. Die Bevölkerung der Städte beschuldigt die Bauern, sie ließen Lebensmittel auf dem Schwarzmarkt landen, und die Bauern behaupten andererseits, die Städter reisten auf dem Land herum und plünderten sie aus. Die Flüchtlinge aus dem Osten sprechen erbittert von den Russen und Polen, gelten jedoch selbst als Eindringlinge und leben letztlich mit der Westbevölkerung auf Kriegsfuß. Die gedrückte Atmosphäre verbindet sich mit feindseligen Stimmungen, die bislang noch zu unformuliert sind und sich darum lediglich in vereinzelten Gewalttaten Luft machen.

Im Zug gibt es zahlreiche Leute, die in der Stadt waren und ihre früheren Wohnungen von Fremden besetzt gefunden haben. Jetzt sitzen sie auf dem Stroh und sind verbittert, und auf dem Bahnsteig zanken sich zwei alte Frauen darüber, ob Hitler tatsächlich lebt, wie man in Westdeutschland munkelt.

»*Der* Schweinehund«, sagt die ältere und abgerissenere von beiden und macht mit der Hand eine Messerbewegung an den Hals, »wenn wir den nur hier hätten!«

Währenddessen sind Vertreter des Schwedischen Roten Kreuzes mit Trockenmilch für alle Zugkinder unter vier Jahren angekommen. Wir suchen den Zug ab, begleitet von einer schweigenden Schar, die erheblich älter ist, sich aber dennoch eine Zeitlang Hoffnungen macht. Jemand schiebt eine geschlossene Waggontür auf, und ein zerlumpter weißbärtiger Patriarch taucht aus dem Dunkel auf.

»Nein, hier sind keine Kinder«, stammelt er, »hier sind nur meine Frau und ich. Wir sind fast achtzig. Wir wohnen hier. So ist unser Los.«

Und er schließt würdevoll die Tür. In einem anderen Wagen aber in einem Rollstuhl ein Mädchen, das unter einem Schock leidet. Die vorüberhuschenden Uniformen müssen irgendeine furchtbare Erinnerung in ihr wecken, denn plötzlich schreit sie auf, mit einem unheimlich grellen Schrei, der jäh zerspringt, und das Mädchen beginnt zu winseln wie ein Hund. Ein Platzregen geht nieder, und barfüßige Jungen laufen still auf dem Bahnsteig herum. Der Rauch aus den Ofenrohren, die aus den Türen hängen, breitet langsam seine Schleier über den verlassenen Bahnhof. Wie eine graue Wolke aus Blei und nasser Kälte liegt die ganze Hoffnungslosigkeit des Ruhrgebiets über unseren Köpfen, und wer nicht daran gewöhnt ist, möchte fast schreien. Jemand hebt den Rollstuhl des hysterischen Mädchens herunter und fährt mit ihr auf dem Bahnsteig umher. Rundherum, immer rundherum, im Regen und im Matsch. [...]

Knapp ist im Nachkriegsdeutschland die Freude; an Vergnügungen aber herrscht kein Mangel. Die Kinos spielen praktisch den ganzen Tag bis zum Abend bei vollem Haus und haben Stehplätze eingeführt, um den Andrang zu bewältigen. Auf dem Programm stehen alliierte Kriegsfilme, während zugleich amerikanische Militarismusexperten mit dem Vergrößerungsglas nach militaristischen Tendenzen in der deutschen Literatur suchen. Die Theater dürften das beste Repertoire Nordeuropas und das hungrigste Publikum der Welt besitzen, und die Tanzsalons, in denen die alliierte Militärpolizei aus hygienischen Gründen allabendlich zweimal Razzien veranstaltet, sind überfüllt. Aber Vergnügungen sind teuer. Theaterkarten kosten billige Zeit und teures Geld. Gratisvergnügen sind selten, und man muß sie mitnehmen, wo sie sich bieten.

In der amerikanischen Zone ist es vielerorts ein recht populäres Vergnügen, einer Spruchkammersitzung beizuwohnen. Der Mann mit dem knisternden Butterbrotpäckchen, der mit nie erlahmendem Interesse verfolgt, wie vor seinen selten ermüdenden Augen Prozeß um Prozeß abrollt, gehört zu den Stammkunden in den nackten Gerichtssälen halbzerbombter Justizpaläste, die noch nicht einmal einen Anflug jener sadistischen Eleganz beibehalten haben, mit der sich die Gerechtigkeit ansonsten zu umgeben pflegt. Es wäre falsch, wollte man glauben, der Mann mit dem Butterbrotpäckchen fühle sich zum Gericht gezogen, um einen späten Triumph der definitiven Gerechtigkeit zu genießen. Wahrscheinlicher ist, daß es sich bei ihm um einen Theaterenthusiasten handelt, der gekommen ist, um seinen Bedarf an dramatischer Kunst zu stillen. Eine Spruchkammersitzung ist, wenn sie gut ist, das heißt, wenn alle Mitwirkenden ausreichend interessant sind, ein Stück ausgezeichnetes, spannendes Theater, mit seinen raschen Wechseln zwischen Vergangenheit und Gegenwart, seinen nie endenden Zeugenverhören, in denen keine einzige kleine Handlung seitens des Angeklagten in den betreffenden zwölf Jahren als so unwichtig gilt, daß sie vernachlässigt werden kann — der pure, angewandte Existentialismus. Die Atmosphäre aus Traum und Unwirklichkeit, in der sich die Untersuchung der bedauerlichen oder furchtbaren Erinnerungen einer ganzen Nation abspielt, vermittelt noch eine andere literarische Assoziation. Man glaubt sich in diesen Gerichtssälen in die phantastische Gerichtswelt von Kafkas *Prozeß* versetzt angesichts der halb zugemauerten Fenster, der völlig nackten Wände, der kalten Glühlampen und armseligen, bombenbeschädigten Möbel und des Schauplatzes hoch oben unter dem defekten Dach, als illustriere die Wirklichkeit die trostlosen Bodenkammern, in denen der ›Prozeß‹ abrollt.

Es charakterisiert die Situation, daß eine im Grunde so ernste Angelegenheit wie die Entnazifizierung in erster Linie tatsächlich ein Ereignis für Theaterrezensenten ist. Doch für einen Fremden haben natürlich auch die kurzen Prozesse, die in der Regel in, wenn es hoch kommt, einigen Stunden abgewickelt sind, ein spezielles Interesse, da sie mit seltener Schärfe ein Bild der Verhältnisse in der Hitlerzeit, der Beweggründe derer, die Nazis, und des Mutes derer, die es nicht wurden, entwerfen. Aus den Zeugenverhören steigt häufig ein kalter Hauch aus der Zeit des Schreckens empor; ein Stück Geschichte, das bis dahin unsichtbar geblieben war, lebt für kurze, aufgeladene Minuten wieder auf und läßt die Luft im Gerichtssaal gleichsam erzittern. Für einen, der die Zeit der Eidechsen nicht miterlebt hat, besitzen diese Gerichtsverhandlungen ein grauenhaftes dokumentarisches Interesse — als Instrument der Entnazifizierung sind sie allerdings unbrauchbar; hier muß man einer einhelligen deutschen Meinung recht geben.

Es herrscht nämlich rührende Einigkeit über das Lächerliche, ja Ärgerniserregende der Entnazifizierungsmethode. Die ehemaligen Nazis sprechen verdrossen von einer barbarischen Kollektivbestrafung. Andere meinen, einige hundert Mark Strafe seien zwar nicht die Höhe der Barbarei, halten es aber für Energievergeudung, diesen Riesenapparat für kleine Pgs zu betreiben und die großen laufen zu lassen. Außerdem trägt die Fließbandtechnik unwillkürlich dazu bei, das Entnazifizierungsprinzip selbst mit einem gefährlichen Zug von Lächerlichkeit zu versehen. Typisch für die Einstellung ist, daß die Kommunisten sich in ihrer Wahlpropaganda mit einer Travestie auf Falladas *Kleiner Mann — was nun?* an die kleinen Nummern der Nazipartei wenden und deren Unzufriedenheit mit der Entnazifizierung einzufangen versuchen. Nach gängigem Sprachgebrauch heißt es übrigens nicht mehr Spruchkammer, sondern abwechselnd Bruchkammer oder Sprüchekammer.

Aber wie man sieht, kann das Geschwätz für jemanden, der ein wenig von der Wirklichkeit dieser zwölf Jahre Geschichte wissen will, auch von Interesse sein. Der Tag beginnt mit einem kleinen Volksschullehrer und endet mit einem korrupten Nazifunktionär. Schauplatz ist Frankfurt am Main, wo die Sprüchekammer ausnahmsweise besser ist als ihr Ruf. Das liegt natürlich daran, daß es dort Richter gibt, die sich ihrer Tätigkeit nicht schämen, die nicht jedes Wort unter symbolischen Verneigungen vor dem Angeklagten wählen.

Der Volksschullehrer ist als Minderbelasteter angeklagt, er war Mitglied der SA, hat aber sonst wenig Aufhebens von sich gemacht. Ein kleiner, blasser, gewandter Mann, der auf alle Fragen anständig wie in der Sonntagsschule antwortet. Er erzählt von seiner armen, traurigen Kindheit und daß er sich immer danach sehnte, Volksschullehrer zu werden. Er war schon auf dem besten Wege, als die Nazis kamen und er sich vor die bittere Entscheidung gestellt sah: pflichtschuldigst Mitglied irgendeiner Naziorganisation zu werden und seinen Traum in Erfüllung gehen zu lassen oder seine Zukunft abzuschreiben.

»Ich habe mich unter großen Zweifeln und nach langen Unterhaltungen mit meinem Vater entschieden, einer solchen Organisation beizutreten.«

»Aber warum gerade der SA?«

»Weil die SA nach meiner Meinung die harmloseste war.«

»›Die Straße frei den braunen Bataillonen‹, nennen Sie das harmlos?« fragt der Richter.

Doch der Betreffende hat sechs Zeugen für seine Unschuld, Zeugen, die beteuern, sie hätten von ihm niemals Nazigedanken gehört, Zeugen, die bestätigen, er hätte ausländische Sender gehört (alle Angeklagten haben das getan), jüdische Zeugen, die erlebt haben, daß er sich freundlich gegenüber Juden verhalten hat (alle Angeklagten haben derartige Zeugen; sie kosten ein paar hundert Mark das Stück), und einen Rektor, der zwar niemals in einer seiner Stunden war, trotzdem aber merkwürdig gut über sie informiert ist, und zu guter Letzt ein kleines Mädchen von der Bibliothek des Lehrerseminars, die berichtet, der Angeklagte sei wahrheitsliebend, aufopfernd, pflichtbewußt, mit Büchern sorgfältig, zu Kindern und Hunden nett, und als der Richter mitteilt, dies gehöre nicht hierher, bekommt sie einen kleinen Heulanfall. Der gewichtigste Grund für den Freispruch des Lehrers indessen ist, daß er noch ein Jahr, nachdem man jede kirchliche Arbeit als kompromittierend erklärt hatte, einen Kirchenchor dirigierte. Sogar der Ankläger plädiert für ihn, und die Sache ist klar.

Es folgen zwei typische Bagatellfälle, denen der Mann mit dem Butterbrotpäckchen ein zerstreutes, enttäuschtes Interesse entgegenbringt; Prozesse, die ebensohäufig sind wie die Namen der Angeklagten: Müller und Krause. Herr Müller war in seinem Betrieb Vertreter der glücklosen nationalsozialistischen Gewerkschaftsbewegung, der die Nazis mit ungewöhnlich geringem Erfolg einige Jahre lang Leben einzuhauchen versuchten, und die Zeugen bestätigen, daß er, wie auch immer, nicht mit Hilfe von Drohungen agitiert hat. Zweimal aber hat er Gewerkschaftsuniform getragen, davon einmal am Geburtstag des Herrn. Außerdem hat er selbstverständlich ausländische Sender gehört und ist nett zu einer jüdischen Familie gewesen. Das gibt zweitausend Mark Geldbuße. Die Uniform wird beschlagnahmt, außerdem muß der Angeklagte einen Anzug und ein Paar Schuhe abgeben.

Herr Krause hat ausländische Sender gehört und hatte einen jüdischen Cousin. Herr Krause, der erst 1940 Parteimitglied wurde, ist ein kleiner hustender Buchhalter mit nervöser Brille, die unaufhörlich zwischen Nase und Tisch hin und her wandert, Herr Krause besitzt sechzehn lange Bestätigungen von der Bankleitung, von Bankkollegen, von Nachbarn, von einem Arzt, der ihn behandelt hat, von einem Rechtsanwalt, der seine Scheidung betrieben hat. Herr Krause verliest sie alle mit nasaler, einschläfernder Stimme, während das Gericht langsam einnickt, und nur ein Butterbrotpapier raschelt ganz hinten im Saal.

Warum ist Herr Krause 1940 Nazi geworden?

Die Bescheinigungen besagen, daß dies die Folge eines Scheidungsverfahrens war, das 1930 eingeleitet wurde und sich vom Einbruch des Nationalsozialismus nicht aufhalten ließ, sondern weiterlief. 1939 hatte es Herrn Krause arm und magenleidend gemacht. 1940 an den Rand der Verzweiflung getrieben und bei Beförderungen übergangen, zugunsten von Kollegen mit Parteimitgliedschaft, beschloß Herr Krause, den unangenehmen Schritt zu tun.

Hier unterbricht ihn der Richter:

»Das lag nicht etwa daran, daß gerade in jenem Jahr Frankreich besiegt wurde, Herr Krause, und daß Sie es für am geschicktesten hielten, dem Sieger Ihre Sympathie zu bekunden, zumal Ihnen dies eine Stellung mit entschieden höherem Lohn gesichert hätte?«

Nein, natürlich nicht. Herr Krause ist kein Nutznießer, Herr Krause wollte von keinem Scheinsieg profitieren. Scheinsieg, ja, selbstverständlich hörte man ausländische Sender. Außerdem wurde Herr Krause zwar befördert, mußte seinen Dienst aber in einer Bank an der Ostfront versehen — »und, Herr Richter, das für einen Mann mit meinem schlechten Magen . . .« Nein, Herr Krause war nur arm und krank, und irgend etwas mußte geschehen, damit eine Katastrophe verhindert wurde. Im übrigen wird auf die sechzehn Bescheinigungen verwiesen.

Unterdessen blättert der Verteidiger in einer dicken Verordnung. Mit triumphierendem Lächeln bittet er schließlich ums Wort. Vielleicht ist es aus den Bescheinigungen nicht hervorgegangen, aber Herr Krause ist in der Tat noch immer bei derselben Bank beschäftigt, die heute für die Besatzungsmächte tätig ist, und nach den Entnazifizierungsgesetzen können bei der Militärregierung beschäftigte Deutsche nicht des Nazismus angeklagt werden.

»Oder ist es anzunehmen, Herr Richter, die Amerikaner hätten einen Verdächtigen in ihren Diensten, und noch dazu auf einem so wichtigen Posten?«

Es wird still im Gerichtssaal, und aus der Totenstille senkt sich ein Zensurstreifen herab und legt sich sanft über die Verhandlung. Herr Krause wird hastig freigesprochen, ein kleiner, nervöser, demütiger, allzeit diensteifriger Pinneberg mit Scheidung und schlechtem Magen, der die Brille auf die Nase zwängt, seine sechzehn maschinegeschriebenen Bescheinigungen einsammelt und sie in seine glänzende Mappe stopft, ein kleiner, netter, gebückter Mann, der sich vor Richter, Beisitzern, Verteidiger und Ankläger verbeugt und dann aus dem Saal eilt, 1947 ebenso besorgt, zu spät zu seinem Dienst bei der Bank zu kommen, wie er es 1924, 1933 und 1940 gewesen ist — und 1942 in der Nähe von Stalingrad.

Dann aber kommt Herr Sinne, und das ist kein netter Mann. Herr Sinne ist dreiundsiebzig Jahre alt; gebrechlich, weißhaarig und mit kleinem, puppenartigem Kopf sieht er beinahe aus wie ein pensionierter Engel. Aber Herr Sinne ist kein Engel, Herr Sinne ist als Aktiver angeklagt. Er ist Blockwart in Frankfurt gewesen, und keinerlei Bescheinigungen, daß er nett zu Juden war oder einen englischen Sender gehört hat, können ihm helfen. Das Gericht hat Beweise, daß Herr Sinne gesagt hat: Mein Block wird judenfrei sein. Das Gericht hat Zeugen, die aussagen, daß Herr Sinne den Ladenbesitzern seines Blocks gedroht hat, sie höheren Orts zu melden, falls sie es wagen sollten, Lebensmittel an jüdische Kunden zu verkaufen. Erst nach Geschäftsschluß hatten sich die jüdischen Zeugen durch die Hintertür zum Einkaufen in die Geschäfte schleichen können. Eine Zeugin hat Herrn Sinne häufig am Briefschlitz einer jüdischen Familie lauschen sehen. Der Sohn eines Herrn Meyer, dessen Balkon vom Fenster Herrn Sinnes einzusehen war, hatte dort eines Abends mit einem jüdischen Mädchen gestanden. Am nächsten Tag bekam Herr Meyer von Sinne den Wink, auf seinem Balkon dürften sich keine Juden aufhalten.

Währenddessen sitzt Herr Sinne da und läßt seine Eichhörnchenaugen zwischen den Zeugen hin und her fahren, und vielleicht ist es eine optische Täuschung, plötzlich aber meint man, Herr Sinne werde von einer Haut aus kaltem Grauen umgeben; dieser ausgemergelte Greisenkörper strahlt eine Todeskälte aus, die dem Zuhörer auf zehn Meter Entfernung Frostschauer durch den Körper jagt.

Einer der jüdischen Zeugen sagt aus:

»In Herrn Sinnes Block hat ein hoher Parteifunktionär gewohnt, aber es ist typisch, daß wir vor ihm nie Angst gehabt haben. Vor Herrn Sinne aber haben wir alle Angst gehabt. Herr Sinne gehörte nicht zu den Spitzennazis, aber Herr Sinne war eines dieser stillen, treuen, entsetzlich effektiven Rädchen, ohne die die Nazimaschinerie nicht einen Tag lang funktioniert hätte.«

Herr Sinne steht langsam auf.

»Sie haben mich jeden Tag so freundlich gegrüßt, Herr Cohn«, sagt er weinerlich, »ich habe nie den Eindruck gehabt, als wenn Sie sich über irgend etwas zu beschweren hätten.«

»Herr Sinne«, sagt der Richter milde. »Ich bin überzeugt, daß viele Leute Sie höflich gegrüßt haben, weil sie Angst vor Ihnen hatten, Herr Sinne.«

»Vor mir Angst? Vor einem kranken alten Mann?«

»Sehen Sie sich das Gesicht dieses Greises an«, ruft der Verteidiger pathetisch aus, »kann das jemandem Schrecken einjagen?«

Eine der Zeuginnen bekommt einen hysterischen Anfall.

»Denken Sie lieber an die Gesichter der alten Juden in Herrn Sinnes Block«, schreit sie.

Herr Sinne erklärt, alles sei erlogen, der Balkon des Erwähnten ist von seinem Fenster nicht zu sehen, er hat nie gesagt, der Block soll judenfrei werden, und er hat niemandem verboten, in den Geschäften des Blocks einzukaufen. Der Prozeß wird um eine Woche vertagt, dann sind die Ladenbesitzer als Zeugen geladen, und einsam, den Blick auf ein Ziel in der Vergangenheit gerichtet, geht Herr Sinne seines Wegs, die kindliche, dreiundsiebzigjährige Stirn hochmütig gegen die Verachtung erhoben, die hinter ihm summt.

Der Fall Walter ist simpel, aber interessant. Walter selbst ist ein Hüne mit einem Klumpfuß, und als er hereinkommt, wirft er sofort seinen Stock auf den Tisch und bezichtigt die Regierung von Hessen der Korruption, der Richter aber bringt ihn brutal zum Schweigen. Walter war Angestellter einer Nazikommission und ist als Denunziant angeklagt, das Interessanteste freilich ist, daß er 1946 noch immer in dieser Kommission sitzt und sich leisten konnte, 1946 in Hessen einen Bauernhof zu kaufen. Angezeigt hat ihn Herr Bauer, ein dicker, dummer Pferdehändler, der im Land des Hungers keinen Augenblick gehungert zu haben scheint. Es stellt sich rasch heraus, daß die Beweggründe des Pferdehändlers nicht so edel sind, wie man hätte glauben können. Die beiden Herren sind sich ganz schlicht wegen einer schwarzen Partie Hafer in die Haare geraten, die an einen ungenannten amerikanischen Major veräußert worden war, dessen Existenz die Zeitungsberichte am folgenden Tag wie erwartet mit keinem Wort erwähnen. Also hat sich der Pferdehändler plötzlich daran erinnert, daß sein Konkurrent Nazi gewesen ist, und hat ihn angezeigt. Der Prozeß wird wegen Mangels an Beweisen vertagt, aber der Richter kann sich nicht verkneifen, gegenüber dem Pferdehändler sarkastisch zu bemerken:

»Mit den früheren Herren hatte man leichteres Spiel, oder?«

Der Pferdehändler aber antwortet gelassen:

»Mit den neuen klappt's auch, Herr Richter.«

Und das hat, genau so, wie es gesagt wurde, seine Richtigkeit, ebendies ist das Hoffnungslose, Idiotische, Tragische, daß es auch mit den neuen Herren in Kommissionen und beschlußfassenden Organen klappt für einen, der prinzipienlos genug ist und der die Kunst beherrscht, sich jedes Mäntelchen umzuhängen. Die Naziopfer haben es schwerer, für sie gibt es überall Hindernisse. Sie haben bei der Eisenbahn ein Anrecht auf einen Sitzplatz und in Warteschlangen Vorrang, aber sie würden nie auch nur davon träumen, diese Rechte zu beanspruchen; für die Herren Walter und Bauer aber hat eine Vorsehung, die häufig amerikanischer Nationalität ist, für rettende Versenkungen auf der kläglichen Bühne der Entnazifizierungsgerichtshöfe gesorgt.

Schneller als vieles andere heilen die Wunden der Wälder. Zwar steht zwischen den Eichen hie und da eine arbeitslose Kanone mit geborstenem Rohr und glotzt verlegen und verdrossen zu Boden. An den Böschungen liegen die Schalen kleiner ausgebrannter Autos wie riesige Konservendosen. In diesen mit dem größten Ehrgeiz der Welt in Ordnung gehaltenen Wäldern sind nachlässige Riesen-Camper unterwegs gewesen. Trotzdem ist der Krieg aber schonend umgegangen mit den Bäumen und den kleinen Dörfern, die die Bombenangriffe auf die Großstädte in den Nächten wie rotes Nordlicht erlebten und das Zittern der Erde spürten und Türen und Fenster schlagen hörten. Aus Versehen kostete das hie und da freilich einmal ein Haus, und hierauf konzentriert sich die lokale Tragödie. In dem kleinen Dorf an der Weser wurde an einem Frühlingsmorgen mitten in der Sprechstunde das Haus eines Zahnarztes getroffen, und der Arzt, die Sprechstundenhilfe und dreißig Patienten kamen ums Leben. Und draußen im Garten ging wartend ein Mann auf und ab, während seiner Tochter drinnen im Haus ein

Zahn gezogen wurde, und im Wartezimmer saßen die Frau und die Mutter des Mannes, die das Mädchen ebenfalls zum Zahnarzt begleitet hatten, damit sie keine Angst hatte. Der Mann überlebte wie durch ein Wunder, aber er verlor seine ganze Familie, und seit zwei Jahren geht er jetzt durch das Dorf wie ein wandelnder Gedenkstein an den Zweiten Weltkrieg — der für den Ersten Weltkrieg steht in einem kleinen Hain zwischen dem Weserufer und dem ersten Haus des Dorfes und ist nach wie vor der Stolz des Ortes.

Auch die kleinen Dörfer hatten Zeit, ihre Wunden zu heilen. Die Ruine des Zahnarzthauses ist beseitigt, aber es kommt vor, daß man nach dem sonntäglichen Kinobesuch an der Brandstätte vorbeispaziert und sich sonntäglich darüber unterhält, wie das damals gewesen ist, und daß man zum Brückenkopf geht und in das Herbstwasser schaut, das um die Stümpfe der Brückenpfeiler schäumt. Die Brücke war ungefähr fünf nach zwölf von hysterischen SS-Jüngelchen gesprengt worden. Die verhaßte Erinnerung an sie lebt in der Gegend noch fort. Oh, sie haben gew-ü-ü-ü-tet, ja, fast noch schlimmer als die Polen.

Durch die Dorfstraße war zwei Tage lang die Niederlage gelaufen: zerlumpte, dreckbeschmierte Wehrmachtssoldaten, zu Fuß oder auf Fahrrädern, und schluchzend und durch den Morast der Niederlage stolpernd am Ende dieses Zuges die Jungen und die alten Männer vom Volkssturm. Von den Siegern erinnert man sich vor allem an die schneidigen Schotten, von denen ungefähr ein Dutzend am Hang des Weserufers begraben liegt, unter weißen Kreuzen, die im naßkalten Herbstwetter ausschlagen wie die Frühlingsblumen. In den Fluren der kalten, überbelegten Häuser spielen die Dorfkinder mit schäbig gekleideten Flüchtlingskindern aus der Ostzone oder dem Sudetenland. Die Kinder des Dorfes schlafen morgens lange, um den Magen zu überlisten, daß er eine Mahlzeit, die sie nicht bekommen können, überschläft. Zeigt man ihnen ein Bilderbuch, beraten sie sich unweigerlich darüber, wie man die darin enthaltenen Figuren oder Tiere totschlagen kann. Kleine Jungen, die miterlebt haben, wie man zweimal ausgebombt wurde, und die noch nicht richtig sprechen können, sprechen das Wort ›totschlagen‹ mit einer grausigen Genauigkeit aus. Innerhalb eines Jahres hat sich die Bevölkerung dieses Weserdorfes ungefähr verzehnfacht, und ständig treffen neue Einwohner in diesen kleinen Klinkerhäuschen ein, die von Haß, Neid und Hunger der Zusammengepferchten bereits entzündet sind. In einem Schuppen, dessen Fensterscheiben statt aus Glas aus Butterbrotpapier bestehen, wohnt Henry, ein Junge aus dem Sudetenland, der während des Krieges ein Stück seines Beines auf der Ostsee verloren hat; sein Herz dagegen hat er kürzlich an die Engländer verloren, bei denen er arbeitet. Sein englischer Major hat ihm eine Uhr geschenkt, und nachts, wenn es zum Schlafen zu kalt ist, liest er Edgar Wallace in der Originalsprache. In einem anderen eiskalten Raum darf nachts ein deutsch-ungarisches Mädchen schlafen, tagsüber hilft sie bei der Familie des Dorfarztes oder streift am Südufer der Weser umher und hat Sehnsucht nach Budapest. Zweimal hat sie versucht, sich mit Schlaftabletten das Leben zu nehmen. Jetzt warten alle im Haus auf das dritte Mal.

Wenn man aus den Städten mit ihren blutenden Ruinen kommt, sehen die Dörfer gesund und die Wälder unversehrt aus, aber diese Gesundheit ist trügerisch. In einem kleinen Dorf in der Nähe von Darmstadt wohne ich ein paar Tage bei einer evakuierten Familie auf einem verfallenen Bauernhof ohne Land und ohne Vieh. Auf dem Weg dorthin kommt man durch ein kleines Eichenwäldchen, das sich an einer sanften, blauen Höhe emporzieht. Den Hügel durchschneidet ein Hohlweg aus der Römerzeit. Die Gegend wimmelt von verlassenen Mühlen an romantisch tosenden Bächen. In einem Graben liegt die zerfledderte Kartothek eines ehemaligen Wehrmachtslagers, aber andere Erinnerungen an den Krieg sind nicht zu entdecken. Und als wir eines Abends in der Küche sitzen und uns unterhalten, klopft es an die Tür, und ein kleiner verschwitzter Junge mit Apfelbäckchen kommt in die Küche und will mit dem Kind des Hauses spielen, einem kleinen mageren Mädchen von fünf Jahren, das zwei Jahre lang fast jede Nacht im Keller verbracht hat. Fragt man sie, ob sie als Ersatz für ihr altes Seppelchen, das ebenso viele kalte Kellernächte durchgemacht hat wie sie, eine Puppe zu Weihnachten möchte, antwortet sie, sie will lieber ein Brot mit richtig dick Butter drauf. Doch davon kann man nur träumen. Wenn sie einmal sehr lieb gewesen ist, bekommt sie ein Margarinebrot mit Zucker, und auch von einem solchen Brot kann man träumen. Der Junge aber, der hereingekommen ist, macht nicht den Eindruck, als müsse er vergeblich von echten Butterbroten träumen.

»Hänschen hat dicke Backen«, sagt jemand, und Hänschen lächelt zufrieden, und in der rechten Hand hält der kleine Hans ein großes Gänsefettbrot. Pathetisches Aufeinandertreffen von zweierlei belegten Broten, von zweierlei Deutschland: dem armen und ehrbaren und dem wohlhabenden und suspekten. Der Vater des kleinen Hans war Ankläger bei einem Nazigerichtshof, jetzt hat er sich vom Blut zurückgezogen und ist zum Boden übergegangen. Er hat — wohlgemerkt nach dem Zusammenbruch — den größten Hof im Dorf gekauft und kommt hundertmal besser zurecht als die ehemaligen Konzentrationslagerinsassen, die man in dieser Gegend in baufälligen Wochenendhäusern untergebracht hat.

Verbittert? Ja, natürlich ist man verbittert, aber auch das nützt nicht viel. Abends sitzen wir vor dem Herd und unterhalten uns über das, was passiert ist, und das, was passiert. Dort sitzt ein Kommunist, dem auf alle Zeit neun Jahre Buchenwald auf die Stirn und um Mund und Augen geschrieben stehen. Er trauert um die verlorene Revolution, um den gewaltsamen Umsturz, der sein reinigendes Feuer durch Deutschland getragen und binnen eines Augenblicks alle Nazi-Verunreinigungen ausgebrannt hätte, die heute wuchern dürfen und Deutschland noch unzufriedener, unglücklicher und zerrissener machen. Er meint, die Voraussetzungen habe es gegeben, und im April 1945 sei die Stimmung für eine kurze, aber intensive Abrechnung gut gewesen. Die hinter die Grenzen zurückgeworfenen Soldaten waren verbittert über das Hitlerregime, sie hätten alles getan, um mit ihm abzurechnen. Die Massen in den Konzentrationslagern waren bereit, sich auf ihre Peiniger zu stürzen, und in den zerbombten Großstädten gab es das ganze Frühjahr 1945 hindurch starke antifaschistische Aktionsgruppen, die lokale Bürgerkriege gegen die Nazis führten. Und wieso ist daraus nichts geworden? Na, weil die kapitalistischen Siegernationen des Westens keine antifaschistische Revolution haben wollten. Die Siegerarmeen isolierten vielmehr die revolutionären Gruppen in Deutschland, statt daß sie einen schützenden Kanonenring um Deutschland gelegt hätten und die Deutschen mit dem Verhaßten selbst hätten abrechnen lassen. Die revolutionären Massen in den Konzentrationslagern wurden nicht auf einmal nach Hause entlassen, sondern in kleinen, ungefährlichen Gruppen, die Soldaten wurden in sehr kleinen Kontingenten freigelassen, und die Widerstandsgruppen in den Städten, die bereits vor Kriegsende mit einer oft strengen Entnazifizierung begonnen hatten, wurden von den Alliierten entwaffnet und durch die Spruchkammern ersetzt, die zulassen, daß sich Nazi-Staatsanwälte Bauernhöfe kaufen und daß antifaschistische Arbeiter verhungern.

Diese Theorie, die nicht nur die Kommunisten vertreten, ist sehr bestechend, und sie zeigt unter anderem einen sehr interessanten Aspekt der kommunistischen These von einer Einheit der deutschen Arbeiterparteien. Voraussetzungen für eine solche Einheit auf rein antinazistischer Basis lagen in den Tagen des Zusammenbruchs zweifellos vor, aber die ersehnte Volksfront, die mancherorts tatsächlich zustande kam, zerbrach nach kurzer Zeit. Ihre bürgerlichen Mitglieder verweigerten die Zusammenarbeit mit den Arbeitern, und zwischen Sozialdemokraten und Kommunisten kam es zu einem Schisma. Die Kommunisten, die bei jeder erdenklichen Gelegenheit aus leicht verständlichen taktischen Gründen ihren Charakter als deutsche Partei betonen, aber alle Kriegsgefangenen, die aus der Sowjetunion kommen, für antirussische Propagandisten halten (obwohl diese an ihrer Magerkeit unschuldig sind), betrachten diese Entwicklung als ein deutsches Unglück. Es gibt aber zahlreiche deutsche Antinazis, die sich einen anderen Ausgang gewünscht hatten, die diese Einheit ohne Freiheit, zu der die Kommunisten einladen, ablehnen und bedauern, daß der antinazistische Enthusiasmus des Frühjahrs 1945 nichts anderes zustande brachte als jenes System aus Parteiengezänk und Ohnmacht gegenüber der Reaktion, das schließlich siegte. Der zwölf Jahre alte Traum von einer Revolution starb, und die Männer von Weimar standen wieder auf.

Daher ist man verbittert, desillusioniert und ohne Hoffnung. Verbittert wegen der zweierlei belegten Brote und wegen vieler anderer lebenswichtiger Bagatellen. Eine Zeitlang stehen wir in der Abenddämmerung vor dem Haus und betrachten das Habichtsprofil der Burg Frankenstein oben im Bergnebel. Wir betrachten den Wald, durch den ich tags zuvor gekommen bin, und einer der Freunde sagt, noch nicht einmal dieser Wald ist so unschuldig, wie er aussieht. Im April 1945 hat man dort widerspenstige kleine Jungen aufgehängt, die aus dem Volkssturm nach Hause zu Mama geflohen waren. Der kleine Hans mit den dicken Backen hat sein Brot verzehrt und spielt zwischen den Eichen mit der kleinen mageren Fünfjährigen. Der Staatsanwalt, der Bauer geworden ist, fährt mit der letzten Holzlast dieses Tages aus seinem Wald nach Hause. Diejenigen, zu deren Verurteilung er zwei Jahre zuvor beigetragen hat, grüßt er heute freundlich. Er salutiert sogar mit der Peitsche. Ach, du amerikanische Ironie! — ein Nazijurist holt Holz aus jenem Wald, in dem Nazis vor bald zwei Jahren Kinder aufgehängt haben. Und hoch über unseren Eichen, fast oben am Frankenstein, ertönen hart und scharf Schüsse. Es sind die Amerikaner, sie liegen auf der Anhöhe über dem Wald der Gehängten und schießen mit der Siegesmunition auf Wildschweine.

»Amerika.«

»Bitte?«

»Amerika!«

»Amerika?«

»Jawohl.«

Und es gibt keinen Zweifel. Der Junge will nach Amerika, und was soll man dagegen machen. Nur den Kopf schütteln und hilflos zu den Eisenwolken im Dunkel des kaputten Daches hoch über uns aufsehen. Doch der Junge, der möchte, daß ich ihm hinüber nach Amerika helfe, beugt sich schnell über meinen kleinen amerikanischen Koffer und fährt ihm spöttisch über den Rücken.

»Du arbeitest bei den Amis!«

»Nein.«

»Doch!«

Auf dem süddeutschen Bahnhof weht starker Wind. Flüchtlinge aus dem Osten vertreten sich zwischen ihren grauen Bündeln die Beine. Müde Kriegsgefangene in langen französischen Mänteln mit einem großen PG (*prisonnier de guerre*) auf dem Rücken, nach Jahren in Frankreich auf dem Weg nach Hause, wanken in der kalten Dunkelheit hin und her. Auf den Pfeilern des Bahnsteigdaches fahnden große rote Plakatanschläge nach einem flüchtigen polnischen Mörder, einem ehemaligen Wächter in einem Konzentrationslager, einhundertsechzig Zentimeter groß und mit einer Pistole bewaffnet. An den Mauern des Bahnhofsgebäudes suchen Eltern mit schön geschriebenen Anschlägen ihre an diversen Fronten vermißten Kinder. Ein Astrologe aus der Nähe von Nürnberg verspricht, sie herbeizuschaffen, wenn man ihm zwanzig Mark mit der Post schickt. Auf großen Plakaten warnt eine junge Frau, deren Totenschädel schwach durch die Maske des Gesichts schimmert, vor Geschlechtskrankheiten. Man muß lernen, in jeder Frau, der man begegnet, den Tod zu sehen. Das Diagramm der Geschlechtskrankheiten weist eine unheilverkündende Kurve auf, die seit Juli 1945 in einem entsetzlich steilen Winkel ansteigt, demselben Monat, in dem sich die alliierten Soldaten zu akklimatisieren begannen. Auf dem gegenüberliegenden Bahnsteig grölen betrunkene amerikanische Soldaten jeder einen anderen Schlager, sie balgen sich, und in der kalten Stille hört sich das Klatschen ihrer Handschuhe an wie ein Trommelschlag. Einer von ihnen stolpert fluchend über einen Karren. Ein paar Mädchen in ihrer Gesellschaft kichern schrill auf deutsch. *Thanksgiving Day.*

Ob ich für die Amerikaner arbeite? Ich erkläre dem Jungen im ausgemusterten Soldatenrock und mit der zusammengedrückten, tief in die Stirne gezogenen Soldatenmütze, einer Mütze der Niederlage, alles. Er wird lebhaft und rücksichtslos und sagt, ich muß ihm helfen. Er betrachtet das amerikanische Köfferchen wie eine Offenbarung, ein Siegerköfferchen mit feistem Bauch und blitzenden Beschlägen. Er beugt sich darüber und berichtet von sich. Erzählt, daß er sechzehn ist und Gerhard heißt. In der Nacht zuvor ist er aus der russischen Zone geflohen, konnte mit einem Zug über die Grenze kommen, ohne aufgehalten zu werden. Ist nicht geflohen, weil die Verhältnisse in Luthers Geburtsstadt so unerträglich gewesen wären, sondern weil er von Beruf Mechaniker ist und nicht gezwungen werden wollte, freiwillig nach Rußland zu fahren. So ist er hergekommen, ohne Geld, ohne einen Menschen, den er aufsuchen könnte, ohne auch nur ein Dach über dem Kopf zu haben.

»In Deutschland ist nix mehr los.«

Ich leihe ihm Geld für eine Fahrkarte nach Hamburg. Wenigstens nach Hamburg will er, er hofft, daß es in Hamburg Schiffe nach Amerika gibt, Schiffe, auf die man hoffen kann. Er verschwindet, um die Fahrkarte zu kaufen, und wenn er wollte, könnte er einfach abhauen, den großen Geldschein nicht wechseln, sondern einfach in der Dunkelheit vor dem Bahnhof verschwinden. Das wäre normal gewesen, normaler als alles andere. Doch der Junge, der nach Amerika will, kommt wirklich zurück, und als der Zug hereingeschoben worden ist, kämpfen wir gemeinsam um einen Platz in diesem kalten, kohlenschwarzen Zug, einem typischen deutschen Nachkriegszug, wenn auch mit ungewöhnlich intakten Fenstern und Abteilen mit Sitzbänken. Andere deutsche Züge sind auch tagsüber dunkel, weil man vor die leeren Fensterhöhlen Holzplatten genagelt hat. Wenn man es hell haben möchte, kann man in Abteilen sitzen, wo es keine Platten gibt, aber dort ist es kälter, und es regnet hinein.

Eifrige, unsichtbare Hände schieben einen in dieses nächtliche Abteil. Im Dunkeln spielen sich kleine, aber verbitterte wortlose Handgemenge ab, getretene Kinder schreien, zahllose Füße schieben die sperrigen Säcke der Flüchtlinge zur Seite. Das dunkle Abteil ist voll, doch es kann noch voller werden. Nicht zu glauben, wie viele Menschen auf diesen paar Quadratmetern Platz haben. Erst als es so voll ist, daß es weh tut, wird die Tür geschlossen, im ganzen Zug hört man das Zuschlagen von Türen und die verzweifelten Stimmen jener, die zu spät gekommen sind und noch eine Nacht in den Ruinen dieser Stadt verbringen müssen, statt in andere zu kommen.

Wir stehen in einem Abteil für acht Personen, aber wir sind fünfundzwanzig. Fünfundzwanzig in einem Abteil für acht, was heißt, daß es keine Rolle spielt, ob die Heizung eingeschaltet ist. Schon bevor sich der Zug in Bewegung setzt, rinnt einem der Schweiß herunter. Platz für zwei Füße hat man nicht, man muß auf einem Fuß stehen, fällt aber trotzdem nicht um, man bräuchte zum Stehen überhaupt keinen Fuß und fiele trotzdem nicht um, weil man zwischen anderen schwitzenden Körpern festsitzt wie in einem Schraubstock. Bewegt man sich, tut man einem anderen weh. Auch die Toiletten sind voll besetzt, für diese Nacht ist die Tür geschlossen, aber das macht nichts, man kann sie ohnehin nicht erreichen.

Endlich fährt der Zug ab, nervös rucken die Wagen an, und bereits die bloße Tatsache, daß man sich endlich in Bewegung setzt, ist eine Wohltat für den Rücken, die Arme und den Bauch, alles, was in diesem Schraubstock steckt. Langsam passieren wir eine bombenbeschädigte Brücke, erst vor kurzem wurde sie, nach anderthalb Jahren Frieden, wieder notdürftig instand gesetzt. Es handelt sich um keine Propagandabrücke, wie sie in deutschen Wochenschauen immer eingeweiht werden, wo unter Beteiligung eines Vertreters der Militärregierung, eines Bürgermeisters und einer Schere eine Schnur durchschnitten wird, was, wie alle Bürgermeister sagen, zur besseren Verständigung zwischen Deutschen und Alliierten beiträgt. Gehässige Menschen behaupten, es seien stets dieselbe Brücke und dieselbe Schere. Aber verschiedene Bürgermeister.

Die letzten Lichter der Stadt fallen durchs Fenster und beleuchten Gerhard, der im Entern deutscher Züge geübter ist als ich und darum einen Fensterplatz hat, das Licht erhellt eine ganze Reihe müder grauer Gesichter: erschöpfte Hausfrauen, die aufs Land wollen, um in den Dörfern Kartoffeln zu hamstern; Kriegsgefangene in ihren Mänteln, die aus Lyon kommen und die, als es auf der Brücke sehr langsam geht, sagen, wenn sie fünf Jahre gewartet hätten, um nach Hause zu kommen, könnten sie die paar Stunden auch noch warten. Außerdem gibt es viele Leute ohne klar erkennbare Existenz: Schwarzmarkthändler und andre, die von Stadt zu Stadt fahren und von denen nur Gott weiß, wovon sie leben.

Verschwitzt, leicht erregbar und noch nicht so erschöpft, daß uns nichts mehr reizen könnte, fahren wir weiter durch die dichte Dunkelheit. In dieser Dunkelheit aber ereignet sich plötzlich etwas Seltsames. In Deutschland gibt es eine Art Nottaschenlampen, deren Boden man ständig drücken muß, um ein gelbliches, stoßweise kommendes Licht zu erhalten, und die Lampe summt wie eine Hummel, während sie unwillig ihr Licht abgibt. In der Dunkelheit summt unten bei einer Sitzbank also plötzlich eine solche Lampe auf, und jeder, dem dies möglich ist, schaut hin und sieht, daß sie eine Handfläche beleuchtet, die Hand einer jungen Frau, und auf dieser Hand liegt ein Apfel. Ein großer, grüner, saftiger Apfel, einer der größten Äpfel Deutschlands. Es wird ganz still im Abteil, und das ist wegen des Apfels, es gibt sowenig Äpfel in Deutschland. Und der Apfel liegt auf der Hand und kann nicht anders, dann aber verlöscht die Lampe, und in der atemlosen dunklen Stille hört man das entsetzlich klare Geräusch eines Bisses, die junge Frau hat in ihren Apfel gebissen. Wieder summt die Lampe, und da liegt der Apfel wie zuvor deutlich beleuchtet auf der Hand. Sie leuchtet den Biß sorgfältig ab, prüft ihn im Schein der Lampe, ein ausgezeichneter Biß ist das, ein Biß, der hungrig macht. Und es ist entsetzlich, solange es diesen großen Apfel und dieses endlose Schweigen gibt. Die junge Frau mit ihren guten Zähnen, die das ganze Abteil kennt, beleuchtet jedesmal, wenn sie hineingebissen hat, ihren Apfel, und vielleicht will sie feststellen, wie leicht sich die Materie besiegen läßt.

Doch bevor der Apfel aufgegessen ist, hat uns die Apathie umschlungen. Wie Tote hängen wir aneinander, lehnen uns gegen fremde Schultern und dämmern in diesem stickigen, nach Schweiß und verdorbener Luft stinkenden Raum vor uns hin. Damit sie bis zu ihrer Umsteigestation wach bleiben, unterhalten sich die drei Kriegsgefangenen leise und unnatürlich aufgeregt über eine Torte, eine große, herrliche französische Torte, die einer von ihnen während der Besatzungszeit in Paris gegessen hat. Er versucht sich an diese Torte zu erinnern, an die Dicke ihrer Sahneschicht, ob in jenem Loch in der Mitte Cognac oder Arrak gewesen ist, ob er sie mit dem Messer oder dem Löffel oder mit beidem gegessen hat.

Gegen Morgen hält der Zug auf einem großen, leeren, hellerleuchteten Bahnhof. Kein Laut ist zu hören und auch nicht ein Mensch zu sehen. Es ist wie in einem Traum. Plötzlich aber hallen die Bahnhofsmauern wider von einem Befehl, den ein Lautsprecher ausstößt. Paßkontrolle, Gepäckkontrolle. Alle Reisenden haben den Zug mit Gepäck und allem zu verlassen. Nach einiger Wartezeit auf dem Bahnsteig von Eichenberg, der Grenzstation zwischen dem deutschen England und dem deutschen Amerika, erscheinen einige lange amerikanische Soldaten. Sie kauen Kaugummi, gehen umher und kicken gegen Koffer und prüfen Ausweise. Gerhard ist nervös, er hat seinen Paß leicht verändert und sich als Landarbeiter statt als Mechaniker bezeichnet, um die Russen zu täuschen, aber alles geht gut.

Bis Hannover stehen wir dann an einem Fenster und unterhalten uns über sein Leben. Er sei froh, sagt er, daß der Krieg so ausgegangen ist, jetzt brauche er nicht mehr jeden Sonntag mit der HJ zu marschieren, aber trotzdem, sagt er, war sein Dienst im Krieg *prima, ganz prima*. Er war Mechaniker auf einem Flugplatz in Holland und behauptet, diese Zeit könne er nie vergessen. Aber jetzt will er weg, »wenn man jung ist, kann man nicht in Deutschland bleiben«.

Noch bevor es richtig hell ist, spielen sich auf den Unterwegsbahnhöfen dramatische Szenen ab. Der Zug ist schließlich nach wie vor überfüllt, auf diesen Bahnhöfen aber stehen verzweifelte Menschen, die ein ebenso großes Recht zu reisen haben wie wir. Eine verzweifelte Frau läuft von Abteilfenster zu Abteilfenster und schreit, sie müsse zu einem Sterbefall, aber noch nicht einmal, wer zu einem Sterbefall muß, kommt in diesen Zug, es sei denn, er hätte genug Kraft, sich hineinzuzwängen. Ein großer, kräftiger Mann drängt sich in unser Abteil, er boxt mit einem in der Türöffnung Stehenden, und er boxt besser, und auf diese Weise, die einzige Weise, kommt er herein.

Hinter Hannover, wo viele ausgestiegen sind, stehen draußen Leute mit gefüllten Kartoffelsäcken. Sie schleifen den Stehenden die Säcke über die Füße und riechen nach Erde und Herbst. Wenn sie die Säcke in die Gepäcknetze heben, rieselt aus diesen Säcken Erde auf die Köpfe der Sitzenden. Sie wischen sich den Schweiß von der Stirn, Männer und Frauen, und erzählen von einer Tragödie, einer Kartoffeltragödie, die sich gerade zugetragen hat.

Eine Frau aus Hamburg war mit vier leeren Säcken und einem Handwagen nach Celle gefahren, und nach vier Tagen unaufhörlicher Anstrengungen war es ihr gelungen, durch Bettelei bei den Bauern um Celle hatte sie ihre Säcke gefüllt, und unter Aufbietung all ihrer Kräfte hatte sie sie glücklich zum Bahnhof geschleppt. Als sie dort ankam, strahlte ihr Gesicht vor Zufriedenheit. Sie wischte sich den Schweiß von der Stirn und schmierte statt dessen Erde darauf. Es war ihr gelungen. Sie hatte geschafft, was nicht viele konnten oder schafften: Sie hatte für ihre hungernde Familie einen ganzen Wintervorrat Kartoffeln zusammengehamstert. Sie steht also auf dem Bahnhof von Celle und ist zufrieden mit sich und ihren vier Tagen und denkt daran, welche Freude ihr entgegenschlagen wird, wenn sie nach Hause kommt. Sie weiß noch nicht, daß sie ein Sisyphos ist, der seinen Stein auf den Gipfel gerollt hat, gleich wird er kippen und in der Tiefe verschwinden. Sie hat ihre Säcke und ihren Handwagen und ihre starken Hände, aber sie kann in keinen Zug hineinkommen. Mit vier Säcken Kartoffeln kommt man in keinen deutschen Zug. Vielleicht mit zweien, wenn man kämpft. Sie steht den ganzen Tag da und wartet auf diesen leeren Zug, den Zug, in dem Platz ist für ihren ganzen Besitz, aber ein solcher Zug kommt nicht, und Erfahrene sagen ihr, so ein Zug komme auch an keinem anderen Tag, ein solcher Zug komme überhaupt nie. Sie verzweifelt mehr und mehr. Sie muß um jeden Preis nach Hause, sie ist schon viel zu lange weg gewesen, und von Celle nach Hamburg kann sie nicht zu Fuß gehen. Jetzt befindet sie sich irgendwo in unserem Zug, eine verbitterte und hoffnungslos müde alte Frau, mit einem Sack Kartoffeln im Gepäcknetz, die anderen und ein wertvoller Handwagen sind auf dem Bahnhof von Celle. Das Abteil ist voller Kartoffeln, es riecht nach feuchtem Herbst, und auf den Bahnhöfen unterwegs sind die Bahnsteige schwarz von Menschen, die herein wollen. Einer kommt und berichtet, sie säßen jetzt schon auf den Puffern. Ein wenig später stampfen frierende Füße auf das Dach, ja, sogar auf dem Dach reist man schon. Im Abteil wird es unerträglich heiß. Ich teile meine vertrockneten Brote mit Gerhard. Jemand schiebt das Fenster herunter, und von irgendwo draußen kommt wie in einem surrealistischen Film eine kleine Hand und legt sich auf die Scheibe. Ein vor mir stehender Junge zweifelt daran, daß es sich dabei um eine echte Hand handelt, ein anderer wettet aber mit ihm um eine Alliiertenzigarette, daß dem so ist. Der Zweifler streckt seine eigene Hand aus und berührt diese unwirkliche Hand, er drückt sie, und es ist tatsächlich eine richtige Hand. Eine Frau, die sich auf dem Trittbrett zusammenkauert, hält sich damit an der Scheibe fest.

In der Lüneburger Heide fällt der erste Schnee dieses Herbstes, und die Menschen kommen vom Dach und von den Puffern und flehen, hereinkommen zu dürfen, sie sind weiß wie Baumwolle. Es dämmert wieder, und im Abteil tauschen ein paar Schwarzhändler mit nörgeligen Mienen Zigarren und Vertraulichkeiten aus. Als wir uns Hamburg nähern, wird Gerhard nervös. Er glaubt jetzt nicht mehr an Amerika. Amerika, daran konnte man 24 Stunden lang, auf der Fahrt nach Hamburg, glauben. Er weiß, es gibt keine Schiffe, aber eingestanden hat er sich das noch nicht. Darf er nicht mit nach Schweden kommen? Und man kann nur hinaufsehen zu den lehmigen Kartoffelsäcken im Gepäcknetz und kann nichts antworten, nur schweigen und ein schlechtes Gewissen haben.

Mit fast vier Stunden Verspätung, oder zweihundertdreißig Minuten, wie es in der Sprache der Inflation heißt, erreichen wir Hamburg. Es schneit, es ist kalt und es stürmt. Es schneit auf Ruinen und schmutzige Ziegelhaufen und auf die Mädchen von der Reeperbahn, die nach Essen, aber nicht nach Liebe hungern. Es schneit auf die trägen Kanäle, in denen unter einer fetten Ölschicht gesunkene Kähne liegen und sich ausruhen. Wir, Gerhard und ich, gehen ein Stück durch die Kälte. Dann, vor dem Hotel mit dem Schild ›*No German civilians*‹, müssen wir uns trennen. Ich werde durch die Drehtür gehen und in einen Speisesaal treten, mit Gläsern und weißen Tischdecken und einem Podium für das Orchester, das abends aus *Hoffmanns Erzählungen* spielt. Ich werde in einem weichen Bett und in einem geheizten warmen Zimmer mit fließend warm und kalt Wasser schlafen. Gerhard Blume aber geht weiter durch die Hamburger Nacht. Noch nicht einmal zum Hafen geht er. Und dagegen kann man nichts tun. Kein verfluchtes bißchen.

MAX FRISCH — Nürnberg, März 1947

Kinder an den Bahndämmen, besonders wo die Züge wegen Zerstörungen etwas langsamer fahren; sie warten, daß wir etwas Eßbares hinauswerfen. Das Peinliche, es zu tun, wenn andere es sehen. Warum eigentlich? Auch Frauen, die an einer Barriere stehen oder auf freiem Feld; ohne Gebärde, stumm, graublaß und hager. Die Verlumpung erreicht einen Grad, den ich bisher nur in Serbien gesehen habe. Sechs Schienenarbeiter teilen sich in die Brote, die unsere tschechischen Freunde gestrichen haben. Wir sind froh, nichts mehr zu haben, nicht mehr unterscheiden zu müssen. Krach auf dem Bahnsteig; jemand hat Zigaretten geworfen. Der Jüngling, der sie gewinnt: Schwindsucht, Wehrmachtsmütze, Schwarzhandel, Faustrecht, Syphilis.

JANET FLANNER — Warschau, 22. Mai 1947

Warschau ist die am sorgfältigsten hergestellte große Ruine Europas. Diese besondere Auszeichnung wurde der Stadt im Sommer und Herbst 1944 zuteil, als sie zur Strafe für ihren Aufstand von den Deutschen Block für Block, Haus für Haus gesprengt wurde. Bis dahin waren ihr durch den Blitzkrieg und die nachfolgenden Stukas nur Schäden von der Größenordnung Londons erwachsen. Die meisten der heute sichtbaren Ruinen Warschaus sind das Ergebnis dieser methodischen Zerstörungsarbeit der rachsüchtigen Nazis, denen es weder an Pedanterie noch an Dynamit fehlte.

Mehr als die Einwohner irgendeiner andern Hauptstadt des Kontinents haben die Warschauer unter Krieg, Aufstand, Deportation, Zerstörung und politischer Revolution gelitten. Unerhörte Dramen haben ihr Leben über das Maß des Erträglichen hinaus strapaziert. Auch die Umwelt, in der sie immer noch leben müssen, paßt zu dem, was sie durchgemacht haben. Surreales, wohin man blickt. Wie bürgerliche Höhlenbewohner kamen während der letzten sonnigen Wochenenden Scharen von anständig gekleideten Familien aus den dunklen, zertrümmerten Fassaden schöner Wohnhäuser zum Sonntagsspaziergang ans Licht. Die Frühlingswärme hat auch entsetzliche Gerüche aus den gähnenden Kellern geweckt. (Daß nicht alle der Viertelmillion Toten in Warschau ordnungsgemäß begraben worden sein können, weiß jeder.) Überall in der Stadt, hinter Ruinenmauern, in Höfen, verbergen sich Teilstücke von Wohnungen oder notdürftig geflickte Zimmer oder Küchen, in denen ganze Familien leben. Zu zweit oder zu dritt hausen gebildete Frauen mittleren Alters, deren ganze frühere Arbeit darin bestand, Kinder, die jetzt tot sind, aufzuziehen, in einem kärglichen Zimmer; sie haben sich damit abgefunden, ihr tägliches Brot im Büro zu verdienen und die größte aller Miseren, den Mangel an Privatsphäre, zu ertragen. Die einzige Abwechslung in der Monotonie der roten Backsteinruinen — Bausteine fehlten schon immer in Warschau — ist das weiße Band der neuen, einstöckigen Geschäfte mit Stuckverzierung am Rande des Geschäftsviertels. Im Zuge des gegenwärtig stattfindenden wilden Wiederaufbaus kann es passieren, daß eine renovierte Luxuswohnung sich zwischen den Stockwerken einer Mietskaserne zwängt. Eine einst reiche Adlige — von ihnen gibt es nicht wenige in Warschau — lebt in einer Wohnung, die ursprünglich aus nichts anderem bestand als einem Doppelbett für sie und ihren Mann in einem Schuppen, der an einer Ruine lehnte. Dann kamen Nischen für Wasser, Kochen, Schlafen und Gäste hinzu, ausgestattet mit den wiedergefundenen Resten des vornehmen Mobiliars. Baumaterialien sind knapp und teuer. In einer kürzlich wiederaufgebauten Wohnung für eine große Familie fehlen die Türen. Sie kosten zuviel. Doch schon das Gefühl, zwischen vier Wänden mit Fenstern zu leben, scheint erhebend genug zu sein.

In diesem materiellen Durcheinander finden die Menschen ihre Identität einzig und allein in ihren dramatischen Erfahrungen. In einem Haushalt mit fünf Kindern gehören zwei zu einer Frau, die andern sind die Töchter ihrer beiden Schwestern, die während des Aufstandes getötet wurden.

Eine junge Frau, die bedauert, daß sie mir die vorzügliche Bibliothek ihres Vaters nicht zeigen kann, erzählt, daß sie beide ausgebombt wurden. In einer Amtsstube tragen die zwei hübschen Stenografinnen die geätzten Nummern des Arbeitslagers auf ihrem Arm. Ein alter Mann weiß nur, daß seine Frau irgendwo unter den Ruinen des gemeinsamen Hauses liegt.

An der Sikorskiallee in der Stadtmitte bieten wiederaufgebaute Cafés übersüßes Eis an, eine Lieblingsspeise der Polen. Andererseits ist die Milch hier oft tuberkulös verseucht. In den guten Restaurants wird noch der im Lande reichlich vorhandene Rübenzucker nach alter polnischer Manier serviert — in einer quadratischen, alten Silberdose, die wie ein Schmuckkästchen aussieht. In Restaurants wie dem *Canaletto* gibt es Wodka in kleinen Karaffen, eine berühmte, mit Dill, roten Rüben, Rahm und Gurken zubereitete kalte Flußkrebssuppe, frischen Lachs, dreimal die Woche Fleisch, alles in triefender Butter, und wunderbaren Schokoladenkuchen. Ein Essen für drei Personen kostet etwa zweitausend Złoty oder zwanzig Dollar nach dem regulären Umtauschkurs. Ein Büroangestellter verdient im Monat sechstausend Złoty; der Direktor eines Kunstmuseums siebentausend. Ein verheiratetes Paar braucht zum bescheidenen Leben zwanzigtausend Złoty im Monat; die tägliche Fütterung eines *Dorozka*-Pferdes kostet eintausendfünfhundert Złoty. Die wenigen Polen, die sich das leisten können, essen zu ihrer klassischen Mahlzeit um drei Uhr immer noch genug, um eine ganze Woche damit auszukommen. Die regelrecht Armen sind, was sie immer waren: unterernährt. Und zwischen diesen Extremen schlagen sich Tausende von neuen Armen durch — wie, das weiß niemand genau. Leute, die niemals einen Laden besaßen, haben einen aufgemacht. Jeder, der kann, muß verdienen. Amateure ersetzen die erfahrenen Geschäftsleute, die ihr Leben lassen mußten. Das führt zur Wiederbelebung des Handels und zu allgemeiner Ineffizienz. Die Zerstörung hat neue Branchen hervorgerufen. So ist zum Beispiel das Polieren des in den Bränden des Krieges angelaufenen Tafelsilbers zu einem einträglichen Geschäft geworden.

Warschau, 22. Mai 1947

Doch das größte Geschäft hier ist natürlich der Wiederaufbau der Stadt. Humanisten finden die Regierungspläne zu doktrinär. Im neuen Warschau, das bis jetzt nur auf dem Papier existiert, wird alles seinen eigenen Platz haben: vorgesehen sind Zentren für die Arbeiter, für den Handel, die Fabriken, die Erholung, die Regierungsangestellten, ferner Grüngürtel, ein geschlossener Wohnbezirk für Leute in den Staatsbetrieben und ein anderer für den Rest der Bevölkerung. Jeder, der an irgendeiner genehmigten Wohnstraße ein Haus bauen will, wird gegenwärtig dazu ermuntert, selbst wenn es nur ein Stockwerk hat, vorausgesetzt, daß die Fundamente irgendwann einmal fünf weitere Stockwerke werden aushalten können. Das Limit liegt bei sechs Stockwerken. Nur wenige machen von diesem Angebot Gebrauch. Man befürchtet, daß die Regierung diesen wertvollen Grundbesitz bald enteignen wird. Daß in der politischen Zukunft Polens die Grundstückseigentümer besonderen Schutz genießen oder gar belohnt werden, nimmt niemand an.

Von den revolutionären Reformen, die die Lubliner kommunistische Regierung Ende 1944 ausgerufen hat, greift nur die erste noch in das Leben aller ein. Um die Inflation der im Krieg geschwächten Währung zu bekämpfen, rief Lublin das ganze Geld im Lande zurück, druckte neue Scheine, schrieb jedem Bürger für zwei eingereichte Złoty einen neuen gut, erlaubte ihm, genau fünfhundert Złoty mit nach Hause zu nehmen — zu dieser Zeit gerade genug, um eine Woche lang zu essen —, und fror das Guthaben ein. Jeder sollte auf gleicher Stufe stehen und ganz von vorn anfangen. Das Chaos herrschte. Fabriken und Geschäfte mußten schließen. Besser machten es die Hausfrauen: sie tauschten kleine Gemälde, Schuhe, Tische und Ringe gegen Lebensmittel ein. Erst durch die stillschweigende Entwicklung des Lubliner Schwarzmarktes, auf dem man in ausländischer Währung zahlte, kam wieder etwas Normalität auf, jedenfalls für eine Minderheit. Mit Zügen, Fahrrädern und Karren kamen die Polen in die Stadt, in der Tasche alle möglichen Sorten gehorteter Devisen. Die Lubliner Währungsreform hat zur Etablierung des Dollar- und Sterling-schwarzmarktes geführt, der natürlich von der gegenwärtigen, kommunistisch beherrschten Regierung erbittert bekämpft wird. Diese Regierung hat jeden, der nichts mehr zu verkaufen hat, zur Arbeit gezwungen; den Kapitalismus hat sie nicht abgeschafft. Die Polen werden ausdrücklich dazu ermuntert, mit ihrem neuen Geld Sparkonten zu eröffnen, denn für die Erholung des Landes ist die bürgerliche Stabilität von lebenswichtiger Bedeutung.

Man ist sehr überrascht, hinter dem polnischen Eisernen Vorhang praktisch auf keine Russen zu stoßen. Diese Tatsache haben die Attachés der amerikanischen, britischen und französischen Botschaften ihren hiesigen Besuchern und ihren Regierungen zu Hause bis zum Überdruß klarzumachen versucht. Man hält die Nachricht für unglaublich. Rußland regiert in Polen sozusagen *in absentia.* Zwar stehen russische Soldaten an der polnisch-deutschen Grenze, und zwischen Polen und Moskau unterhalten die Russen ihr eigenes Kommunikationssystem. Aber in der Hierarchie des polnischen Staates gibt es keine Russen, und auch in den Straßen Warschaus sind kaum welche zu sehen. Als frühere Eroberer sind sie genauso unpopulär wie die Deutschen; ja, man fürchtet sie sogar noch mehr, weil man ihnen neue Eroberungsabsichten unterstellt. In jedem Polen, selbst wenn er Kommunist ist, steckt ein Pole. Polen ist ein Musterbeispiel für die neue Außenpolitik des Politbüros. Auch wenn sie vielleicht täglich mit Moskau telefonieren müssen, wie der Junge, der seinem Vater Rechenschaft schuldig ist, so steht es den polnischen Kommunisten doch frei, ihren eigenen Typus des Kommunismus zu kreieren. Dabei müssen sie es sowohl den Polen als auch dem Kreml recht machen. Inoffiziell geben die polnischen Kommunisten zu, daß die kürzlichen Wahlen, durch die sie an die Regierung kamen, manipuliert waren. Ebenso inoffiziell geben ihre Kollegen, die Sozialisten, zu, daß ohne Manipulation der Wahlen die konservative Polnische Bauernpartei gewonnen hätte, dann wären womöglich die Russen erneut einmarschiert und hätten selbst die Macht übernommen. Die Bauernpartei gibt jetzt zu, daß schon vor dem Krieg, bei der Wahl Piłsudskis, zu Lasten der Linken gemogelt wurde. Die Tragödie der Polen ist es, daß sie sich immer von irgend jemandem befreien wollen, aber Angst davor haben, einander ebendiese Freiheit zu gewähren. Die polnischen Kommunisten regieren mit schwacher Hand, mit relativ wenig Kommunismus und mit noch weniger Kommunisten (die Partei ist eigentlich eine Minderheit in der Minderheit), von denen die allerwenigsten politisch geschult sind. Sie regieren mit unleugbarem Erfolg. Nach Meinung ausländischer Beobachter geht dieser Erfolg vor allem auf das Konto von Hilary Minc, einem früheren Angestellten im Statistischen Amt, der vor dem Krieg nach Moskau emigrierte und dort bis 1944 blieb (wo er wahrscheinlich in der Fünfjahresplanbehörde ausgebildet wurde), bis er in der Lubliner Mannschaft als Industrieminister wieder auftauchte, ein Posten, den er immer noch innehat. Durch die Aufteilung der Industrie in vierzehn Branchen, an deren Spitze je ein Vizeminister steht, hat er eine fest verknüpfte Struktur aufgebaut, die unter seiner Oberleitung erstaunlich gut funktioniert. Für Polen ist er der Schrittmacher.

Die große, finstere Errungenschaft der Kommunistischen Partei aber ist die Urząd Bezpieczeństwa — die hundertundsiebzigtausend Mann starke Sicherheitspolizei; alles Polen, die mit oder ohne Uniform für die Partei spionieren. In der Öffentlichkeit, besonders bei Ausländern, passen die Polen auf, was sie sagen. Eine Spezialität der Bezpieczeństwa — die Ausländer, die sie nicht belangen dürfen, nennen sie respektlos *Betsy Boys* — sind die ›Blockaden‹. Heute werden sie weniger praktiziert als noch vor einem Jahr. Die Blockade ist eine Methode, um herauszufinden, mit welchen Leuten sich eine verdächtige Person trifft. Jeder, der an ihrer Wohnung klingelt — das Milchmädchen, die alte Tante oder auch nur jemand, der sich in der Tür geirrt hat —, wird blitzschnell hineingezogen und vom weiteren Verkehr mit der Außenwelt abgeschnitten. Nach einigen Tagen ist die Wohnung mit Leuten vollgestopft, deren Familien in der Zwischenzeit fast verrückt vor Sorge werden. Nachdem er gehört hatte, daß sein Freund ›blockiert‹ wurde, setzte letztes Jahr ein witziger Kopf eine Vermietungsanzeige für die fragliche Wohnung in die Zeitung. Innerhalb einer Stunde stürmten fünfhundert wohnungssuchende Warschauer die Tür, und die Blockade war der Lächerlichkeit preisgegeben.

Die Polen fürchten, daß man ihnen bald eine neue Beschränkung auferlegt: das Verbot, die polnischsprachigen Sendungen der Londoner BBC zu hören. Die Radios aus der Vorkriegszeit, für die man gebraucht schon den stolzen Preis von fünfunddreißigtausend Złoty bezahlen muß, haben längst ausgedient, und die Regierung plant, nur noch ein einziges, russisches Modell — Spitzname: Friß, was ich dir gebe — zu produzieren, das nichts weiter ist als ein besserer Lautsprecher, der an ein Empfangsgerät in der Wohnung des Hausmeisters angeschlossen werden muß. Wenn der Hausmeister klug ist, dann wählt er für seine Mieter nur regierungshörige Sender, und zu denen gehört die BBC nicht.

Der tragische Aufstand von Warschau, der sechsunddreißig Tage währte und im August 1944 begann, brach spontan aus. Das Startsignal hatten die Briten und Amerikaner den Polen nur gegeben, weil diese, wie die Deutschen geargwöhnt hatten, sowieso nicht mehr zu bremsen waren. Die Revolte konnte nur dann Erfolg haben, wenn die anrückenden Russen, wie erwartet, am äußeren Rand der Stadt die Weichsel überquerten und den Deutschen einen schnellen Gnadenstoß versetzten. Durch eine überraschend aufgetauchte Panzerdivision momentan aufgehalten, blieben jedoch die Russen auf der anderen Seite des Flusses stehen und gingen in Wartestellung, währenddessen sich die Polen und Deutschen in Sichtweite der Roten Armee gegenseitig abschlachteten. Das wird Warschau den Russen niemals verzeihen. Unter der Wucht der Stukabomben und des Maschinengewehrfeuers blieb den Aufständischen als Verbindungsnetz nur die städtische Kanalisation. Etwa zwölf Stunden brauchte man, um, hüfttief im Abwasser, durch die mit kleinen elektrischen Lichtern ausgestatteten Kanäle im Zickzack drei Kilometer vom Marktplatz zum Stadtzentrum zu gelangen. Viele verloren die Besinnung und ertranken. Sie liegen heute noch dort. Während der ganzen sechsunddreißig Tage des Kampfes hatten die Polen nichts zu essen. Eine Frau erzählte mir, ein Metzger habe ihr damals eine Hundekeule angeboten. Aus Furcht, sie in ihrem Hunger zu kaufen und zu essen, sei sie weggerannt. Nach der Zerschlagung des Warschauer Aufstandes nahmen sich die Deutschen drei

Monate lang Zeit, die Stadt systematisch in Schutt und Asche zu verwandeln. Der Einmarsch der Russen im Januar 1945 stieß auf keine Gegenwehr.

Als der Generalgouverneur von Polen, Hans Frank, in Nürnberg vor Gericht stand, klagte er, daß sich die Warschauer gegen ihn erhoben hätten, und verwies auf den Vergeltungscharakter seiner harten Maßnahmen. In der Tat haben die Juden, die Krematorien vor Augen, im Frühjahr 1943 in der entschlossenen Anwendung des mosaischen Gesetzes — Auge um Auge — ihre letzte Zuflucht gesucht. Sie erhoben sich mit Gewehren, die sie von bestechlichen Nazis gekauft hatten, und töteten so viele Deutsche wie möglich. Frank ließ die Häuser der Juden anzünden, um sie lebendig zu verbrennen, oder er ließ sie in der Straße nackt ausziehen, um sie auf der Flucht zu erschießen. Er machte das Ghetto buchstäblich dem Erdboden gleich. Heute ist es nur noch eine Hügellandschaft aus roten Trümmersteinen.

JANET FLANNER — Warschau, 10. Juni 1947

Das Leben in Polen gleicht einem Friedhofsspaziergang, sagen die übriggeblieben polnischen Juden. Bevor die Deutschen kamen, gab es hier eine halbe Million Juden. Bei Kriegsende waren es weniger als fünfundsiebzigtausend. Seitdem sind zwei- bis dreihunderttausend repatriiert worden, doch sind auch ebenso viele ausgewandert, so daß die Zahl der heute in Polen lebenden Juden wahrscheinlich nicht mehr als hunderttausend beträgt. Schon seit fast zwei Jahren flüchten nun diese Juden aus ihrer Heimat. Die Route führt in der Regel über die südliche Grenzstadt Kladzko in die Tschechoslowakei, von wo aus sie versuchen, entweder ins Heilige Land oder, wenn das nicht gelingt, nach München in die amerikanische Zone zu kommen. Vor sieben Wochen hat das amerikanische Militärkommando in Europa den Zuzug für weitere *displaced persons* gesperrt. In der Weisung wurden die polnischen Juden nicht eigens erwähnt, doch waren sie, als einzige nationale Gruppe, die immer noch in großer Zahl in unsere DP-Lager strömte, die Hauptleidtragenden. Auch die polnischen Grenzen sind soeben für Juden ohne Papiere geschlossen worden, und wie es heißt, sollen die Grenzwächter Schießbefehl bekommen haben. Abgesehen von den Gewehren, bedeutet eine geschlossene Grenze nur, daß ein emigrierender Jude einen Paß braucht, um sie zu überschreiten — ein Papier nur für die Ausreise. An eine Rückkehr wird nicht gedacht. Die offene oder ›grüne Grenze‹ des letzten Jahres — Juden konnten auf dem unkontrollierten Land überall die Grenze illegal und ohne Pässe überqueren — wurde von der Regierung klugerweise geduldet. Sie war damals nicht in der Lage, ihre Juden zu schützen, so daß diese sich überall sicherer fühlten als in Polen. Die heute streng bewachte Grenze, über die pro Woche nur ein halbes Dutzend Juden kommen, und zwar alle legal, ist ein Indiz dafür, daß die Regierung stärker geworden ist. Anstatt ihre Zeit mit dem Warten auf Papiere zu vergeuden, hatten es die polnischen Juden bisher vorgezogen, die grüne Grenze als staatenlose Menschen schnell und ohne legale Identität zu überschreiten. Die meisten von ihnen — ob sie nun gegangen sind oder noch gehen wollen, legal oder illegal, zionistisch oder nicht — hoffen, irgendwann einmal Palästina zu erreichen. Viele würden in ein beliebiges Land ausreisen, wenn sie nur den Ort der Folter und des Mordes an ihren Familien hinter sich lassen könnten.

Es sind nicht nur Erinnerungen, vor denen die Juden flüchten. Der Antisemitismus ist mit den Deutschen nicht verschwunden. Erst vor ein paar Wochen standen bei einer antijüdischen Demonstration in Stettin einige jüdische Häuser in Flammen. Die deutsche Besetzung hat den polnischen Antisemitismus weitgehend neutralisiert. Weil so etwas als antideutsch und damit patriotisch galt, kam es sogar zu vereinzelten Sympathiebekundungen für die Juden. Durch die deutschen Exzesse — die mit todgeweihten Juden vollgepackten Viehwagen, die Gaskammern — verlor der Antisemitismus an Boden, vor allem bei der älteren Generation der Polen. Als die Deutschen abgezogen waren, wurde der Antisemitismus unter gewissen jüngeren Hitzköpfen wieder zur patriotischen Tugend. Ein kürzlich veröffentlichter Untersuchungsbericht über das Pogrom des vergangenen Sommers in Kielce, einem Ort südlich von Warschau, hat enthüllt, daß der christliche Junge, der die imaginären Opferrituale, die zu den Mordtaten führten, mit eigenen Augen gesehen haben will, zur fraglichen Zeit mit seiner Tante Kirschen pflücken war. In Panik flohen im ersten Monat nach dem Pogrom von Kielce zweiunddreißigtausend Juden in Richtung Grenze, zwängten sich in die Züge und legten sich sogar in Tiefladern übereinander. Auf der Fahrt wurden die Züge überfallen, und die Juden wurden von den reaktionären ›Nationalen Streitkräften‹, während des Aufstandes gegen die deutsche Besatzung als Waldpartisanen berüchtigt, heruntergezerrt und getötet. Man hat den gegenwärtigen Antisemitismus mit einigem Recht als ›sporadisch und unorganisiert‹ beschrieben, unbedeutend ist er jedoch nicht.

Nachdem die polnischen Juden, nur weil sie Juden waren, unter den Deutschen Unvorstellbares erlitten haben, können sie jetzt die Schikanen der Polen mit einer gewissen Gelassenheit betrachten. Nach Meinung vieler jüdischer Intellektueller geht der jahrhundertealte Antisemitismus der Polen auf den mittelalterlichen Charakter ihrer Kirche und den fanatischen Katholizismus des polnischen Volkes zurück, für den die ebenso mittelalterliche Kleidung der polnischen orthodoxen Juden mit Bart und Ringellöckchen samt ihrer konservativen religiösen Doktrin tragischerweise den idealen Reizgegner abgegeben haben muß. Polnische Katholiken nennen jedoch drei andere Gründe für das Wiederaufleben des Antisemitismus. 1) Mutige und mitfühlende Katholiken — und offensichtlich gab es deren viele —, die bei Kriegsanfang einen Juden bei sich versteckt hatten, sahen sich während der fünf Jahre des Terrors genötigt, mehrere seiner Onkel oder Cousins aufzunehmen, so daß der ehrenwerte christliche Impuls langsam versiegte. 2) In Städten, wo die Juden aus ihren Häusern vertrieben wurden und wo in deren frei gewordene Wohnungen habgierige Christen — und offensichtlich gab es deren ebenfalls viele — eingezogen waren, sind in einer Zeit akuter Wohnungsnot vereinzelt jüdische Eigentümer wiederaufgetaucht, so daß diese Christen fürchten, vor die Tür gesetzt zu werden, und dementsprechend feindlich eingestellt sind. 3) Für die Katholiken haben sich die Juden mit der verhaßten Kommunistischen Partei verschworen. In Wirklichkeit machen die Juden in der kommunistischen Regierung und Parteiführung nur eine kleine Minderheit aus. Und gegen alle Regel ist die Kommunistische Partei Polens in ihrer Ideologie streng katholisch, auch wenn sie natürlich nach dem Bruch des Konkordats antiklerikal eingestellt ist und mit dem Vatikan nichts zu tun haben will. Bei allem, was Lenin über die Religion als Opium gesagt haben mag, könnte doch seine Partei ohne die Heilige Familie im frommen Polen keinen einzigen Schritt vorankommen.

Natürlich hat die kommunistische Regierung besondere Maßnahmen ergriffen, um den entwurzelten Juden zu helfen. Tausende von ihnen wurden in den ›wiedergewonnenen Gebieten‹, die früher deutsch waren, angesiedelt, wo sie in der Landwirtschaft tätig werden sollen. Auch hat das Ministerium für Öffentliche Verwaltung ein Amt für die Repatriierung eingerichtet, um die Rückkehr der polnischen Juden aus Rußland und Deutschland zu beschleunigen. Aus Rußland wollen viele nach Polen zurückkehren, weil sie sich größere Chancen ausrechnen, von hier nach Palästina zu kommen — das einzige Land, wo sie nach ihrem Gefühl glücklich sein könnten, vorausgesetzt natürlich, man läßt sie herein. [. . .]

Vor dem Krieg hieß das Standardargument der polnischen Christenheit gegen das polnische Judentum, die Juden seien besonders gute Händler. Doch kommen die polnischen Christen jetzt, auf sich gestellt, auch nicht schlecht zurecht. Ausländische Beobachter sind erstaunt, wie gut das — legale wie illegale — Geschäft auch ohne die Juden läuft, trotz der Leistungsschwäche, die man in Polen für Eleganz hält, und der fehlenden Erfahrung unter den Tausenden von verarmten Adligen und Bürgerlichen, die sich jetzt im Handel versuchen. Nach einer kürzlichen amtlichen Statistik arbeiten dreiunddreißigtausend Juden in der Schwer- und Leichtindustrie, ein hoher Anteil in Anbetracht der Gesamtzahl der übriggebliebenen Juden. Für Leute, die sowieso auf dem Koffer sitzen und auf den Absprung warten, ist eine Arbeit in der Fabrik leichter aufzugeben und zu vergessen als ein schöner, neu aufgemachter Laden. Die alten jüdischen Geschäfte haben die Deutschen ausnahmslos zerstört. Neue gibt es nicht.

Bevor die Deutschen Warschau besetzten, hatte es nur ein freiwilliges Ghetto gegeben — einen Bezirk mit in der Regel sechsstöckigen Wohnhäusern in der Nähe der mittelalterlichen, goldverzierten und bemalten Häuschen am Alten Marktplatz, der zu drei Vierteln von Juden bewohnt war, die die Nähe zueinander suchten. Indem sie alle Nichtjuden aus dem Bezirk vertrieben und ihn mit einer Mauer umgaben, machten die Deutschen daraus ein Zwangsghetto. Hinter dieser Ghettomauer haben die Deutschen im Aufstandssommer 1943 sechzigtausend Warschauer Juden umgebracht. Zwei in die polnischen Pogrome verwickelte gefangene Nazis sind soeben in Warschau angekommen. Beide standen schon wegen anderer Verbrechen vor Gericht — der eine wurde zum Tode verurteilt, der andere zu lebenslänglicher Haft —, doch wird ihnen hier, in dem Lande, in dem sie ihr schlimmstes Verbrechen gegen die Menschheit begangen haben, noch einmal der Prozeß gemacht. Einer von ihnen, der aristokratische General Jürgen von Stroop von der SS, war Polizeichef von Warschau. Seine höchst bemerkenswerten Erinnerungen an die Stadt hat er in einem luxuriösen, handgebundenen Album aus rotem Leder unter dem goldverzierten Titel *Es gibt keinen jüdischen Wohnbezirk in Warschau mehr,* illustriert mit Fotos seiner erfolgreichen Tätigkeit — es lag dem Nürnberger Gericht vor —, festgehalten. Sein Reisebegleiter, ein eher proletarischer SS-Mann, ist Erich Mussfeldt, der Leiter des Krematoriums in Maidanek. Diese Aufgabe hatte er aufgrund seines bürgerlichen Berufes bekommen; in Berlin war er Bäcker gewesen. Bei seiner Ankunft in Polen hatte der General der ihn abführenden Wache nichts zu sagen. Mussfeldt jedoch erzählte ihr von der guten Behandlung im amerikanischen Gefängnis in Landsberg. Dort habe er täglich dreitausend Kalorien an Lebensmitteln bekommen, einschließlich Brot und Butter, außerdem zwanzig amerikanische Zigaretten, zweimal die Woche ein Päckchen amerikanischen Tabaks und jede zweite Woche eine Schachtel Kekse.

JANET FLANNER — Berlin, 12. Juli 1947

Das Stadtviertel Unter den Linden gleicht einem kilometerlangen Sarg, in dem zwei tote Deutschland liegen. Als der

Kaiser den ersten deutschen Eroberungskrieg gegen Europa verlor, starb sein Reich in dem nun ausgebrannten Schloß Unter den Linden. Als Hitler seinen Welteroberungskrieg verlor, starb sein Drittes Reich in der ebenfalls ausgebrannten Reichskanzlei an der Wilhelmstraße, am anderen Ende dieses langen Friedhofs. Hier liegt die symbolische Meile von Berlin, gegen die Millionen von russischen, britischen und amerikanischen Soldaten gekämpft haben. So weiträumig, zerstört und historisch sie auch ist, hat sie noch immer etwas von ihrer schrecklichen Erhabenheit, obwohl ihr nur noch der Name geblieben ist, denn von den alten Linden ist nichts übrig. Der Sinn dieser Verwüstung ist noch nicht verblaßt. Die Trümmer machen deutlich, was mit ihnen bezweckt war — ein Exempel der Demütigung und der Strafe für die jüngsten Verbrechen der Deutschen zu statuieren. Die meisten Deutschen sehen jedoch keine Strafe darin, sondern eher eine Art Martyrium.

Das neue Deutschland ist nur der Überrest des toten Hitlerdeutschland. Dreieinhalb Millionen Nazis standen und stehen allein in unserer amerikanischen Zone vor den Spruchkammern der Entnazifizierung. Aber man kann nicht ein ganzes Volk ins Gefängnis werfen. Die Masse der Deutschen denkt nach wie vor ›braun‹, wie sich die Deutschen selber ausdrücken. Die Ausnahme bildet eine verschwindend kleine Gruppe von Antifaschisten, die den Krieg in Deutschland überlebt haben oder aus dem Exil zurückgekehrt sind. Meistens bekleiden sie politische oder redaktionelle Posten, doch ist ihre Zahl so klein, daß sie eher Kritiker als Führer des heutigen Deutschland sind. Das neue Deutschland ist mit aller Welt zerfallen und sonderbar selbstzufrieden. Während sie sich in Klagen über Hunger, verlorene Wohnungen und andere Leiden ergehen, bringen die Deutschen für das Leid und die Verluste, die sie anderen zugefügt haben, kein sonderliches Interesse oder Mitgefühl auf, sondern erwarten im Gegenteil milde Gaben von den Ländern, die sie zerstören wollten, Gaben, die übrigens gewöhnlich eher nörgelnd als dankend aufgenommen werden. Natürlich wird keine hungrige Hausfrau zugeben, daß sie einen Krieg gewollt hat, der ihr nur Warteschlangen vor den Lebensmittelläden eingetragen hat. Die Nürnberger Prozesse haben die finsteren Pläne der Nazis ans Licht gebracht, doch der Durchschnittsdeutsche kann natürlich behaupten, daß er mit diesem Größenwahn nichts zu tun hatte. Die stehende Allerweltsformel in Berlin heißt: »Damals war Krieg, aber jetzt ist Frieden.« Diese rätselhafte Bemerkung bedeutet, frei übersetzt, daß sich die Leute für den Krieg, den sie als ferne Historie betrachten, nicht verantwortlich fühlen und daß sie die Schuld an den Nöten und Wirren des Friedens den Alliierten zuschieben. Der Name Hitler wird nicht mehr erwähnt. Dunkel heißt es nur: »Früher war es besser«, will sagen, unter Hitler. Nur wenige Deutsche scheinen sich noch an die Parole zu erinnern, die einige Hellsichtige zu Beginn der Überfälle von 1940 ausgaben: »Genießt den Krieg! Der Frieden wird fürchterlich!« So ist es.

Während der Nahrungsknappheit des Mai und Juni verloren die Berliner so viel an Gewicht, daß drei von ihnen auf Sitzen der Untergrundbahn Platz hatten, die für zwei Personen bestimmt waren. Das erste Anzeichen eines Hungerödems ist eine Schwellung ober- und unterhalb der Augen; dann treten Schwindelgefühle auf und Schwellungen an den Gelenken, besonders an den Knien. In Berlin sieht man alte Männer auf Bordsteinen oder in Ruinen sitzen, die sich an den Kopf fassen, bis der Schwindelanfall vorbei ist. Oder man sieht alte Frauen, deren spindeldürre Unterschenkel an den Knien wie Melonen aufgeschwollen sind. Nach Auskunft eines Berliner Arztes hängt das Hungerödem mit niedrigem Blutdruck zusammen, der das Herz und die anderen Organe mit zuwenig Energie versorgt. Der durchschnittliche Blutdruck eines ödematösen Berliners mittleren Alters liegt zwischen achtzig und neunzig. Die Behandlung besteht, abgesehen natürlich vom Essen, in der dosierten Verabreichung richtigen Kaffees — das Pfund sechshundert Mark auf dem Schwarzmarkt — und eines deutschen Medikaments namens Symptol, was beides den Blutdruck erhöht; ferner gibt es ein Medikament namens Strophantin für die Nieren. Derselbe Arzt berichtet, daß der Medikamentenfluß in Deutschland durch die Aufteilung in vier Zonen ins Stocken geraten ist. Berliner Ärzte haben für eine Änderung des Paragraphen 218 des deutschen Strafgesetzbuches plädiert, der Abtreibung unter Strafe stellt. Angesichts der von ihnen ausführlich beschriebenen trostlosen Situation von Frauen ›in ausgebombten Quartieren ohne Fensterscheiben oder angemessene Möbel, die kaum in der Lage sind, ihr Kind zu ernähren‹, möchten sie den Paragraphen vorübergehend aufgehoben wissen, um in den ersten drei Monaten der Schwangerschaft legale Abtreibungen zu ermöglichen.

Nach der gröbsten Arbeit war das erste, was die Amerikaner in ihrer Zone und ihrem Berliner Sektor versucht haben, diesen jungen, verrückten Nazis eine gute und aufrüttelnde Lektion in Sachen Demokratie und Geschichte zu erteilen. Über diesen Schnellkurs in Demokratie für die Hitlerjugend lachen die Deutschen noch heute. Nach Angaben unserer entmutigten Experten sind die Ergebnisse der erzieherischen Bemühungen unserer Militärregierung nach vierundzwanzig Monaten ziemlich dürftig. Ein großer Haken ist es, daß der Geschichtsunterricht in den meisten Berliner Schulen seit langem ausfällt. Das hat seinen Grund darin, daß jede Form von Geschichtsunterricht, in welchem Berliner Sektor auch immer, zunächst einmal von der Alliierten *Kommandantura* abgesegnet werden muß, und deren Meinungsverschiedenheiten über die Geschichte, die sie selber macht, gehören inzwischen auch schon zur Geschichte. Anscheinend haben folgende Ereignisse zum toten Punkt in der Frage des Geschichtsunterrichts geführt: 1) Letztes Jahr legten die Russen in einer Broschüre ihre offizielle Version vor, in der natürlich die materialistische Geschichtsauffassung betont wurde; 2) die Amerikaner lehnten den Entwurf ab und beeilten sich, eine eigene Broschüre zusammenzustellen, in der sie ihren liberaleren Geschichtsbegriff betonten und die sie schließlich im Mai den Russen übergaben; und 3) hatten die ungeduldigen Russen nach Auskunft deutscher Lehrer zu dieser Zeit schon mehrere Auflagen von ihrer ursprünglichen Broschüre gedruckt und dem Unterricht zugrunde gelegt. Zusätzlich haben die Franzosen eine flotte Geschichte der Befreiungsbewegungen des neunzehnten Jahrhunderts, illustriert mit Bildern von Delacroix und anderen, vorbereitet. Dieser Band wird allerdings von den drei anderen Alliierten als chauvinistisch angesehen. Die Briten haben eine gewichtige, zweibändige Weltgeschichte vorgelegt, deren erster Band mit der Entdeckung des Pendelprinzips in der Mitte des sechzehnten Jahrhunderts endet. Schließlich haben die Amerikaner einen von deutschen Lehrern erarbeiteten kurzen Abriß der weltgeschichtlichen Daten veröffentlicht, der 500 vor Christus in Griechenland beginnt und 1939 mit der Entdeckung der Atomspaltung durch zwei deutsche Wissenschaftler endet, die beide aus Nazideutschland geflüchtet sind.

Ob es die drei westlichen Mitglieder der Berliner *Kommandantura* wissen oder nicht, jedenfalls werden jetzt an der Berliner Universität im russischen Sektor fünf Geschichtsvorlesungen gehalten. Nach Aussagen eines dortigen Philosophieprofessors — er selber bietet eine gut besuchte Übung über ›Politische und soziale Probleme heute‹ an, alles aus dem Blickwinkel der materialistischen Geschichtsauffassung — soll die Geschichte der Verfassungen, beginnend mit der Französischen Revolution, ein besonders gern belegter Kursus sein. An der Fachschule für Tischler und Innenarchitekten, im Bezirk Friedrichshain des russischen Sektors gelegen, wird der gegenwärtige Geschichtsmaterialismus wenn nicht gelehrt, so doch praktiziert. Wegen der Bücherknappheit, der hohen Preise und der studentischen Armut besitzen nur wenige Studenten mehr als zwei der drei wichtigsten Lehrbücher. Auf dem Schwarzmarkt der Schule kostet jedes Buch hundertundfünfzig Mark, das halbe Monatsgehalt eines Angestellten. Die meisten Schüler sind junge Kriegsheimkehrer, handwerklich geschickte Burschen mit Maschinengewehrerfahrung, Pioniere, Techniker von der Fernmeldetruppe und so weiter. Die meisten müssen mindestens zwei Tage in der Woche den Unterricht schwänzen, um ihre Schwarzmarktverbindungen zu pflegen. Dadurch kommen sie an Schweizer Sonnenbrillen, amerikanische Salben und französischen Parfümersatz heran, die begehrtesten Artikel dieses Sommers, die ihnen den Lebensunterhalt ermöglichen. Von vielen studentischen Rußlandveteranen, die den Kommunismus aus nächster Nähe gesehen haben, kann man hören: »Ich habe den Kommunismus satt.« Andere, die nur zur Verwüstung Europas beigetragen haben und das ganze

Elend kennen, sagen: »Der Kommunismus ist jetzt die natürliche Hoffnung aller, die nichts mehr zu verlieren haben. Deshalb lehnen ihn die reichen Amerikaner ab.« Eine dritte Gruppe von Studenten hat die Nase voll von Politik und Parteien. Sie wollen nur »zum erstenmal in unserem Leben Individualisten sein.« Fast niemand von ihnen traut Deutschland die Chance zu, den ›Luxus einer Demokratie‹ zu entwickeln.

Die brennendste Frage ist natürlich, nach welcher Richtung — Ost oder West — sich Deutschland bewegen wird. Oder wird es zwei Deutschland geben — ein russisches mit Berlin und ein westliches mit Frankfurt als Hauptstadt? Diejenigen, die von einer Westorientierung ausgehen, sehen Deutschland in der Funktion eines neofaschistischen europäischen Flügels der zunehmend reaktionär werdenden Vereinigten Staaten — eine Art US-Fremdenlegion für den Fall, daß es Ärger mit den Russen gibt. Daß ganz Deutschland kommunistisch werden könnte, schließen sie aus, da immer noch Millionen von Deutschen Nazis genug sind, um in Moskau die Hölle und in Stalin den Teufel zu sehen. Die Argumente derjenigen, die von einer kommunistischen Orientierung Deutschlands ausgehen, lauten: Zum autoritären deutschen Geist paßt nur der päpstliche Positivismus der Kommunisten. Im Osten ist Rußland nun ganz nahe gerückt, und die Anziehungskraft, die davon auf Deutschland ausgeht, folgt dem Magnetismus der Nachbarn, während die Anziehungskraft des Westens, d.h. letzten Endes der USA, durch den Atlantischen Ozean geschwächt wird. Vor allem aber ist Rußland historisch im Aufsteigen begriffen, während die Demokratien den Gipfel ihrer Macht überschritten haben und zerfallen. Zweimal ist Deutschland in der jüngsten Vergangenheit an dem Versuch gescheitert, selbst eine Großmacht zu werden. In einem letzten Anlauf könnten die megalomanen Deutschen auf die kommunistische Karte setzen und nicht mehr gegen Rußland, sondern im Bündnis mit ihm den Status einer Großmacht anstreben, wenn ihnen diese Chance eingeräumt wird.

In diesen beiden Kalkülen erscheinen England und Frankreich nur noch als historische Restposten und nicht mehr als bestimmende Zukunftskräfte. Vielleicht ist die alte europäische Zivilisation, die sie zum großen Teil erschaffen und erhalten haben, tatsächlich durch die zwei deutschen Kriege zerstört worden. Das würde heißen, daß Europas Zukunft von den Nationen abhinge, die im strengen, klassischen Sinn am wenigsten zivilisiert sind, nämlich von den Vereinigten Staaten, von Rußland und von Deutschland (oder dem, was die beiden Supermächte aus Deutschland, dem Barbaren des Kontinents, machen).

Um zu überleben, verkaufen die meisten Berliner, Stück für Stück, was sie noch an unversehrten Wertgegenständen besitzen: Biedermeiermöbel etwa oder feines weißes Meißner Porzellan. Die Käufer verfügen noch über Reste ihres Vermögens und kaufen meistens Kunstgegenstände als Anlage. Zumindest sind die Preise in Mark, wenn nicht in Zigaretten, sehr hoch. Viele alte, schöne Stücke japanischer Elfenbeinkunst, die noch aus den besseren Tagen der Achse Berlin-Tokio stammen, werden von Deutschen an Deutsche verkauft. Unter den Werken moderner Kunst stammen die gefragtesten von den zwei bekanntesten antinazistischen Künstlerinnen: von Käthe Kollwitz, die während des Krieges starb und deren Bilder, wie *Die Gefangenen,* jetzt tausend Mark einbringen; und von Renée Sintenis, Europas begabtester Tiermalerin; sie ist eine immer noch schöne Frau und nach wie vor künstlerisch aktiv. Abgüsse ihrer acht Zentimeter hohen Vorkriegsbronze *Junger Affe* werden für etwa dreitausendfünfhundert Mark gehandelt, und ihre selteneren handgroßen Akte bringen fünftausendfünfhundert und mehr. Frau Sintenis' Atelier am Nollendorfplatz ist wiederholt bombardiert worden und schließlich ausgebrannt. Während des Brandes erlitt sie eine Verletzung, die die Amputation eines Fingers der rechten Hand nötig machte, doch kann sie weiter arbeiten. Ihre neueren Sachen, insbesondere ihre Pferde, sind Sammlerstücke.

Um viele neue Bücher zu produzieren, fehlt es in Deutschland weiß Gott an allen Voraussetzungen; doch wurden kürzlich auf einer Buchmesse in Charlottenburg siebenundneunzig neuerschienene Bücher von deutschen Autoren des antinazistischen Widerstandes gezeigt. Der wichtigste Titel ist fraglos *Der SS-Staat*, ein Buch über das System der Konzentrationslager von Eugen Kogon, der sieben Jahre in

Buchenwald war. Dieses außergewöhnliche, gut dokumentierte Buch ist mit der Nüchternheit eines Historikers verfaßt. Detailliert beschreibt es den Aufbau dieser schrecklichen SS-Lager: Organisation, Arbeitszuteilung, Postempfang, Uniformen, Ernährung, Finanzen, Strafen, Krematorien, Psychologie der SS. Das letzte Kapitel, *Das deutsche Volk und die Konzentrationslager* trägt den Untertitel *Das haben wir nicht gewußt.* Sie wollen es immer noch nicht gewußt haben. Dieses Buch kann sie aufklären. Zweifellos wird es das am wenigsten gekaufte Buch in Deutschland sein.

Manchmal scheint es, als wären die Deutschen die einzigen, die wirklich einen Krieg zwischen Rußland und den Vereinigten Staaten herbeiwünschen. Zum *Decoration Day* nahm unser Berliner Kommandant eine bescheidene Parade auf dem Tempelhofer Feld ab. Eine kleine Flugzeugstaffel flog vorbei, um dann über Berlins Dächer abzuziehen. Am Abend brodelten in der Stadt die Gerüchte: der Krieg sei endlich ausgebrochen — ob in der Antarktis oder bei den Dardanellen, wußte niemand zu sagen.

Der nächste Krieg nach der Atombombe, sagen die GIs, wird mit Speeren ausgefochten werden.

Alfred Döblin — Berlin, Juli 1947

Tageslicht. Wir sind in Berlin. Durch eine zerbröckelte Bahnhofshalle gelangt man ins Freie. Dieses hier war immer eine graue, armselige und unsichere Gegend. Und da stehen also die bekannten, alten finsteren Mietskasernen. Ich sehe sie wieder, am Bahnhofsplatz. Ja, das ist Berlin. Hinten die Seitenstraßen, in denen es die Lokale mit den roten Laternen gab. Dieselbe Faust, die ganze Fabriken von oben nach unten zerquetscht hat, hat auch diesen schmutzigen Bauwerken furchtbar mitgespielt. Den alten verrotteten Vetteln sind die Zähne eingeschlagen worden. Aber das steht noch herum, in der Mitte und im Innern zusammengesunken, ohne Eingeweide. Aber es steht Gerippe, hat noch die Gestalt von Häusern und gibt sich nicht auf. Lange Straßenreihen, ein jämmerlicher Zustand, tot und nicht tot.

Manches Haus trägt noch außen Bilder, Ankündigungen, Plakate — Erinnerungen an die Zeit, wo man noch lebte — eine Leiche, die noch eine bunte Schürze und ein Armband trägt. Wie ich mich vor dem Bahnhof umsehe, schallt eine gewaltige Stimme aus einem Lautsprecher, der hier irgendwo angebracht ist, an der Haltestelle der Elektrischen hier, wo sich viele arme Leute sammeln und auf die Elektrische warten, die sehr selten kommt. Was ruft diese Stimme? Ein billiger Conférencier trägt seine Späße vor, in trauriger Umgebung. Es soll die Leute erheitern. Und nachher singt jemand aus dem Lautsprecher Verdi. Ja, am Stettiner Bahnhof singt er laut Verdi, vor diesen Fensterhöhlen, in denen, wie es im Gedicht heißt, der Schrecken und das Grauen wohnen. Der Gesang ist grauenhaft. Wir machen, daß wir weiterkommen.

Der weite Platz vor dem ehemaligen Vorortbahnhof ist leer. Er ist von halbverfallenen Häusern umgeben. Wir nähern uns der Chausseestraße. Drüben auf der andern Seite ein merkwürdiger Anblick! In einem leidlich intakten Haus ein elegantes Restaurant mit Kronleuchtern und hellen Gardinen, draußen russische Zeichen. Es wird für Offiziere sein. Und dies ist die Chausseestraße, die breite Straße, die sich nach Süden über die Weidendammer Brücke in der Friedrichstraße fortsetzt. Wir müssen weiter zu Fuß gehen, es ist noch immer keine Elektrische gekommen, um uns zum Lehrter Bahnhof zu bringen. Oh, dies ist ein tausendmal von mir begangener Weg, zur Charité und zu den Naturwissenschaftlichen Instituten. Wir gehen an dem U-Bahn-Schacht Invalidenstraße vorbei, über den Damm. Man muß vorsichtig gehen, der Asphalt hat gebrannt und ist löchrig. Das Naturwissenschaftliche Museum, das archäologische, beherbergte einmal auch Tierreste aus Vorzeiten; es hat sich nun selber in solch Gebilde verwandelt. Verkohlt, zusammengebrochen die Institute. Hier ist man ein- und ausgegangen, vor Jahrzehnten; gerade die Fassaden stehen da, die Treppen führen noch hinauf, ja, ein Flügel scheint noch erhalten, im Untergeschoß. Über den Rest ist die Zeit weggegangen. Hier herrscht jetzt am frühen Nachmittag ein unheimliches Schweigen. Man stelle sich vor, in einer Riesenstadt wie Berlin, eine breite Straße ohne Wagen, mit wenigen Menschen und kein Laut. Links drüben der Luisenplatz, früher eine Grünfläche; auf den Bänken saßen Menschen, da spielten Kinder. Jetzt blickt man die leere Luisenstraße hinunter, wo es früher von Studenten und Wagen wimmelte. Einzelne russische Soldaten begegnen uns. Sie haben ernste, ruhige Gesichter und blicken an uns vorbei.

Wie wir uns dem Lehrter Bahnhof nähern, strömen uns Haufen von Menschen entgegen. Es ist ebensolch Elendszug, wie wir ihm schon unterwegs begegneten. Alles schleppt und ist beladen mit Taschen und Säcken. Hier sehen viele lumpig aus, einige geradezu wie Höhlenbewohner. [. . .]

Später der Kurfürstendamm. Er war eine breite Straße, mit Bäumen bepflanzt, ein Boulevard, der sich bis nach Halensee hinzog, mit Prunk- und Protzhäusern, mit Kinos und Bars. Wer bewegt sich jetzt hier? Der Reichtum ist verjagt. In den Wracks der Häuser Läden, Parfümerien, Blumengeschäfte. Ein Laden nennt sich Raumkunst, man sieht in den Schaufenstern sorgfältig und geschmackvoll angeordnet Schachteln, Lampenschirme, auch Armbänder. Ab und zu stößt man auf eine Bar. Wir gehen am Café Wien vorbei, das gibt es noch. Man sitzt draußen im Freien. Es sitzen Leute an Tischen und spielen friedliches Leben. Und warum nicht? Es ist schönes Wetter, und das konnten die Bombardements nicht beseitigen. Elegant sehen die Gäste nicht aus, und was sie trinken soll kein Kaffee sein, und was sie Schorle nennen, wird nicht viel mehr als gefärbtes Selterwasser sein. Manche Passanten, denen wir begegnen, scheinen aus der früheren Epoche zu stammen und gespenstern hier herum.

Das Trottoir ist immer wieder aufgerissen, der Luftdruck der Bomben hat die Platten verschoben. Man sieht hinten einen Turm mit einer rundlichen schwarzen Spitze. Diese Ruine ist die Kaiser-Wilhelm-Gedächtniskirche, stark verkohlt, ein durch und durch gebohrtes Wrack. Das Romanische Café ist offen, man kann hineingehen, wenn man Lust hat; es steht enorm weit offen. Man kann von der Straße in die Hinterräume blicken, in den ersten Stock. Drüben gab es ein Kino. Ich finde den Platz nicht mehr; es brachte einmal die Premiere eines Films nach meinem *Alexanderplatz*. Auch der dicke Schauspieler, der damals die Hauptrolle spielte, existiert nicht mehr, im Osten gestorben. Nur ich bin noch da — und konstatiere alles.

MAX FRISCH Berlin, November 1947

Einfahrt im Morgengrauen. Die Havelseen, die aufgehende Sonne hinter den Kieferstämmen, Wolken, die Brücken knien im Wasser, und die Sonne spiegelt wie Messing darin. Die Dächer sind naß. Zwischen den Stämmen eine wirre Gruppe von zerschossenen Scheinwerfern. Dann die ersten roten Fahnen, grell wie frisches Blut vor dem bleiernen Himmel. Rot als die Farbe der Alarme; man denkt an Schießfahnen und so.

Lichterfelde.

Der amerikanische Offizier, den ich in der Bahn zum erstenmal getroffen habe, bittet uns zum Frühstück, das damit endet, daß wir überhaupt seine Gäste bleiben; damit ist die Zimmersorge schon gelöst.

Vormittag am Alexanderplatz. Die jugendlichen Gangster und Dirnen. Es wird viel verhandelt; Dreigroschenoper ohne Songs. Hinter allem wittert man Geheimsprache. Das Unheimliche ist nicht, daß dich jemand überfallen könnte, wenigstens nicht bei Tag; sondern die Gewißheit, daß unsereiner, plötzlich in dieses Leben ausgesetzt, in drei Tagen untergehen würde. Auch dieses Leben, man spürt es genau, hat seine Gesetze; sie kennenzulernen braucht Jahre. Ein Wagen mit Polizisten; plötzlich stiebt alles auseinander, andere bleiben stehen und grinsen, ich schaue zu und habe keine Ahnung, was gespielt wird. Vier Burschen, drei Mädchen werden verladen; sie hocken sich zu den andern, die schon anderswo geschnappt worden sind, gleichgültig, undurchsichtig. Die Polizei hat Helm und Maschinenpistole, also die Macht, aber keine Ahnung, hat man das Gefühl. Auch sie nicht! Das Leben in der Tiefe entwickelt ganz andere Formen; ich muß an die Krebse denken, die gefangenen, damals in Portofino . . .

Später zum Brandenburger Tor.

Gelegentlich stolpert man über die Geleise einer Rollbahn; ich wische die Hosen, horche in die Dämmerung. Stille wie in den Bergen. Nur ohne das Rauschen eines Gletscherbaches. In der Zeitung gibt es eine Spalte für tägliche Überfälle; es kommt vor, daß man eine kleiderlose Leiche findet, und die Mörder stammen regelmäßig aus dem andern Lager. Ganze Quartiere ohne ein einziges Licht. Nicht abzuschätzen ist die Menge von Schutt; doch die Frage, was jemals mit dieser Menge geschehen soll, gewöhnt man sich einfach ab. Ein Hügelland von Backstein, darunter die Verschütteten, darüber die glimmernden Sterne; das Letzte, was sich da rührt, sind die Ratten.

Abends in die *Iphigenie*. [. . .]

Das Wetter ist wieder herrlich, Novemberhimmel, die hohe und fast silberne Bläue; es ist schon wahr, daß diese Stadt eine unvergleichliche Luft hat, man ist wacher als anderswo. Sogar nach beinahe schlaflosen Nächten. Es brennen die Sohlen, da ich den ganzen Tag unterwegs bin, aber der Kopf ist wie eine Fackel im Wind. Mittagsrast im Tiergarten. Eine baumlose Steppe mit den bekannten Kurfürsten, umgeben von Schrebergärten. Einzelne Figuren sind armlos, andere mit versplittertem Gesicht. Einer ist offenbar vom Luftdruck gedreht worden und schreitet nun herrisch daneben. Anderswo ist es nur noch ein Sockel mit zwei steinernen Füßen, eine Inschrift; der Rest liegt im wuchernden Unkraut. Außer einem Hund, der mein Picknick riecht, bin ich allein. Im Hintergrund ragt das Denkmal der Roten Armee, das in der Nacht beleuchtet ist.

Viel Gesichter!

Viel Geschichten!

Ich komme nicht zum Aufschreiben, obschon mir fast alles nennenswert scheint; tagelang keine einzige Zeile; ein Urwald von Schicksalen, eine Flut von Eindrücken, alles durcheinander. Widersprüche, es gibt keine Deutung, nur Geschichten, Anblicke, Einzelnes —. [. . .]

Kurfürstendamm.

Kurt kauft eine kleine Skizze von Liebermann. Ferner gäbe es: drei Täßlein aus Meißner Porzellan, ein alter Stich, darstellend die Garnisonskirche zu Potsdam, ein Aschenbecher aus Messing, Brieföffner, Ohrringe und was man sonst nicht braucht. Alles unerschwinglich, wenn man mit Löhnen rechnet, aber billig, wenn man mit Zigaretten rechnet. Ein kleiner Buddha, ein schöner, für fünfhundert Zigaretten. Hundert Schritte weiter stehen die sogenannten Trümmerweiber, die sich mit Schaufel und Eimer gegen das Unabsehbare verbrauchen. Es wirkt nicht wie Arbeit, sondern wie Strafkolonie. Vierzig Mark in der Woche, das sind vier Zigaretten. Natürlich sind es nicht die Leute, die diese Ruinen verschuldet haben. Die sitzen in geheizten Gefängnissen, genährt, gesunder als alle andern, oder in ihrem Landhaus ... [...]

Letzter Abend.

Unterwegs in eine Pinte mit Musik und Wasserbier, Kellner spielen ihre Rolle mit verkleckten Westen. Ich habe Hunger. Heißgetränk mit Rumgeschmack. Das Lokal erinnert an Wartesäle; nicht allein wegen der Rucksäcke. Alle wie von einem schlechten Zeichner, der keine Sitzenden zeichnen kann. Selbst wenn sie anlehnen, sind sie nicht da. Rast der Lemuren. Von der Decke herunter, die von marmornen Säulen getragen wird, hangen die nackten Glühbirnen. Reste von weißem Stuck, darunter das übliche Schilfrohr. Auch hier riecht es nach Abort. Dazu der etwas groteske Frack eines Klavierspielers, dem die Schwindsucht bereits auf den Handgelenken sitzt —

Abfahrt von Lichterfelde.

Ein amerikanischer Major weigert sich, im gleichen Abteil zu schlafen mit einem Neger, der ebenfalls die amerikanische Uniform trägt. Der deutsche Schaffner, ein Schwabe, soll dafür sorgen, daß der schwarze Sieger anderswo verstaut wird. Der Schaffner nickt, wie wenn man sagt: Verstehe, verstehe, darüber müssen wir nicht reden! dann pirscht er durch den Korridor, nicht ohne ein schadenfrohes Grinsen, das er uns nicht verheimlicht, es richtet sich nicht gegen den Neger. Nur so; Rassenfrage, Umerziehung. Der Neger, ein junger Sergeant, steckt sich unterdessen eine Zigarette an, um etwas zu begründen, warum er draußen im Korridor steht. Er starrt durch die verregnete Scheibe, obschon es draußen Nacht ist, nichts als Nacht. Als der schwäbelnde Schaffner zurückkommt und ihm bedeutet, wo er schlafen dürfe, nickt er, ohne den Schaffner, der die Nummer wiederholt, anzusehen. Er bleibt stehen, raucht weiter, blickt in die schwarze Scheibe ...

(Die Weltgeschichte ist noch nicht zu Ende.)

Langer Halt in der Nacht, Bahnhof ohne Dach, nirgends ein Schild, aber viel Volk auf Bündeln und Schachteln, es regnet in Strömen. Zonengrenze? In einer Zeitung lese ich, daß Wolfgang Borchert, die Hoffnung unter den jungen deutschen Dichtern, in Basel gestorben ist.

MAX FRISCH — Wien, Januar 1948

Kaffeehaus.

Amerikanische Soldaten treffen ihre Mädel. Täglich zwischen sieben und acht. Sie kommen herein, lassen die Mädchen stehen, indem sie untereinander plaudern, die Hände in des Hosentaschen, die Mützen in der Stirn. Die Mädchen wissen nicht recht, ob sie sich setzen sollen oder wie; sie wagen nicht, etwas zu bestellen. Alles andere als Kokotten von Welt. Arme kleine Bummerl, die man sich als Näherinnen denken kann, als Zimmermädchen, denen der Lohn nicht reicht wie den meisten. (Die Bahnarbeiter, lese ich eben, können ihre Lebensmittelkarte nicht einlösen.) Meistens sind sie dick, diese Mädchen, bleich und etwas schwammig, nur sehr oberflächlich gepflegt; wenn man sie und die Jungens betrachtet, die rittlings auf den Sesseln hocken, kauend, unhöflich über jeden Vergleich hinaus, weiß man wirklich nicht, wen man mehr bedauert. Im marmornen Hintergrund, wo sich die Öde in hohen Spiegeln vervielfacht, steht ein alter Kellner, der noch Schnitzler bedient haben könnte, mindestens Karl Kraus, wartend mit mehrfach gewundener Serviette. Einer ist natürlich der Spaßmacher, die andern lachen, und die Bummerl stehen noch immer wie Maultiere, wenn der Bauer in die Wirtschaft geht, um einen zu kippen. Ihr offenes Geheimnis, scheint es, hat etwas Trennendes; sie unterhalten sich kaum miteinander, versuchen, einander nicht zu sehen. Das alles hat etwas sehr Armes. Später bekommen sie zu essen; der Kellner, der weißhaarige, wahrt die Formen, benimmt sich wie auf der Bühne: als ob. Die Burschen, die ihre Beine von sich spreizen, in das rote Polster lehnend, das etwas zerschlissene, sie haben schon in der Messe gegessen; sie rauchen nur noch, wortlos, während die kleinen Mädchen sich stärken. Ich finde einen einzigen, der schäkert, nicht besonders nett, nicht reich an Einfällen, immerhin mit Anzeichen eines Verliebten; er erscheint wie ein Gott unter einer Herde von Vieh ... Scheußliche, aber zwanghafte Vorstellung von den Paaren, wenn sie später allein sind; im übrigen froh, nicht sehen zu müssen, wie unsere Soldaten sich unter gleichen Umständen benehmen würden: in Uniform und in der Fremde, wo niemand den einzelnen kennt.

Nachher zu Mozart.

Uniformen auch hier, Franzosen mit steiler Mütze, ein Brite, der das Gedränge überragt, Damen mit langen Kleidern und Pelz, Amerikaner, Wiener, Fremde, Schieber, Russen mit Stiefeln und breitem Gesicht —

Zauberflöte.

JOHN GUNTHER — Belgrad, Sommer 1948

Schroffheit und Vitalität — das ist der erste Eindruck. Auf den Bürgersteigen drängeln und eilen die Leute; Passanten stoßen sich, stolpern. Jemand meinte das Gedränge auf den Hauptstraßen erklären zu können: Viele Leute fühlten sich draußen freier und sicherer als drinnen. Im Verhalten der Leute konnte ich jedoch kaum Anzeichen von Nervosität oder Furcht erkennen. Um den öffentlichen Nahverkehr zu entlasten, hat die Regierung die Bürostunden auf 7 bis 14 Uhr verlegt, so daß die Hauptverkehrszeiten auf den frühen Morgen und den frühen Nachmittag fallen. Auf diese Weise braucht der Angestellte nur zweimal zwischen zu Hause und Büro hin- und herzufahren statt viermal, wie es in dieser Gegend Europas, wo man das Mittagessen gern daheim verzehrt, üblich war. Die meisten Angestellten und Regierungsfunktionäre nehmen am späten Morgen im Büro ein zweites Frühstück ein. Nach 14 oder 15 Uhr haben sie größtenteils frei. Am Abend dann kommt es zu einem neuen Massenandrang in den Straßen. Nach dem Essen und einer Siesta machen die Leute einen kleinen Bummel, besuchen die Cafés oder stehen einfach nur an den Straßenecken herum. Nachdem ich mich eine Stunde draußen in den Straßen herumgetrieben habe, glaube ich behaupten zu können, daß Belgrad die einzige Stadt der Welt ist, in der jeder Mensch mit einer Aktentasche herumläuft. Vielleicht bin ich aber auch nur in einem Viertel gewesen, wo die meisten Männer und Frauen den Eindruck machen, als wären sie Ingenieure, Professoren oder Regierungsangestellte. Der Balkan war schon immer für seine enorme Bürokratie berühmt.

Die Bürgersteige sind verstopft; im auffallenden Kontrast dazu sind die — sauberen und gepflegten — Straßen fast leer. Einmal stand ich morgens an der Kreuzung zweier Hauptstraßen: in jede konnte ich fast einen Kilometer hineinsehen, ohne daß sich ein Auto gezeigt hätte. Tatsächlich sind Autos in Jugoslawien sehr rar. Einen Privatwagen besitzt praktisch niemand, ausgenommen hohe Regierungsbeamte und Mitglieder des diplomatischen Korps. Doch an dem halben Dutzend großer Kreuzungen stehen Verkehrspolizisten in schmucker Uniform. Die paar Autos, die es gibt, haben ihre eigenen Verkehrsregeln aufgestellt. Einmal Hupen vor der Kreuzung bedeutet: geradeaus, zweimal: links und dreimal: rechts abbiegen. Der Krach stört niemanden, dazu gibt es einfach zuwenig Autos.

Sogar Fahrräder sieht man selten. Zum einen sind sie ein teurer Spaß; zum anderen sind die Straßen, selbst im Zentrum, so miserabel, daß sich das Radfahren nicht lohnt. Da ich gerade aus Italien kam, wo es fast so viele Räder und Mopeds gibt wie Kinder, sind mir die fehlenden Radfahrer besonders aufgefallen. Noch ein anderer Unterschied zu Italien: niemals sah ich jemanden in Belgrad einen Zigarettenstummel von der Straße aufheben (was in Italien dauernd passiert), und nie ließ sich in Jugoslawien ein Bettler blicken.

Einige Straßen sind umgetauft worden. Natürlich gibt es eine Marschall-Tito-Straße, auch einen Marschall-Tito-Boulevard; die Gladstone-Straße heißt jetzt Puschkin-Straße und so weiter. Doch mindestens drei Straßen sind übriggeblieben, die nach Amerikanern und Briten benannt sind: Franklin D. Roosevelt, George Washington und Charlie Chaplin.

Überall bilden sich Schlangen. Vor den öffentlichen Telefonzellen warten stets zwei oder drei Leute. Einmal ging ich ins *Putnik,* das offizielle Reisebüro, um einen Scheck einzulösen. Ich erschrak: vor jedem Schalter standen fünfzig Leute. Es fehlt im heutigen Jugoslawien, wie ich noch von meiner eigenen Einreise bezeugen kann, überall an Reisekapazität.

Wir sahen Bauern, die von den Hügeln kamen, eingehüllt in Lumpen und Flicken; Bergbewohner mit ihren nach oben gebogenen Schuhen, die wie kleine Kanus aussehen; alte barfüßige Frauen — alle so arm, daß einem das Herz weh tat. [. . .]

Ziemlich früh am Abend werden die Straßen ganz still. Der Blick aus dem Fenster unseres Hotels um Mitternacht war unheimlich. Unten säuberte ein Trupp von Arbeitern die Straße. Selbst bei einem Wolkenbruch werden die Straßen jede Nacht gekehrt. Auch brennen die hellen Straßenlampen (jedenfalls in dieser Gegend der Stadt) die ganze Nacht. Die nasse, geschrubbte, menschenleere Fahrbahn gleißt in der Dunkelheit.

Das Hotel war ziemlich sauber und bequem. In unserer Hotelerfahrung aus fünfzehn oder zwanzig europäischen Städten war es das einzige (ausgenommen das *Claridge* in London), in dessen Bad wir ein Stück Seife vorfanden. Es gab sogar Toilettenpapier — festonierte Deckchen aus einem eigenartigen strapazierfähigen Papier. Das Bad hatte eine rosa geflieste Duschnische. Der Tisch bot Platz genug für alle meine Manuskripte; das Mobiliar war österreichisch und modern, aus blond glänzendem Holz. Doch entdeckten wir, daß dieses Hotel kürzlich mehrere Delegationen der soeben beendeten Donau-Konferenz beherbergt hatte. Da die Jugoslawen hinter dem westlichen Standard nicht zurückstehen wollten, hatten sie das Hotel von oben bis unten gereinigt. Vielleicht haben wir ein Stück Seife benutzt, das Madame Ana Pauker dort zurückgelassen hat. Ich komme darauf zurück, weil es wahrscheinlich in ganz Belgrad keine Seife zu kaufen gab.

Vor dem relativen Luxus des Hotels hob sich die Armut um uns herum noch deutlicher ab. Eines Nachmittags kam ich unerwartet in unser Zimmer zurück. Da lag neben Schrubber und Schmutzkübel eine feuchte Schwarzbrotrinde, die vom Frühstück übriggeblieben war und die die Putzfrau behutsam beiseite gelegt hatte, um sie später mit nach Hause zu nehmen.

Die Telefonistin kam uns wie ein Sprachgenie vor. Sie transkribierte schwierige ausländische Namen wie Gunther weit besser als die Vermittlung in Rom oder Venedig. Vom Personal sprach jeder mindestens eine westliche Sprache. Wir fühlten uns gut aufgehoben, und es herrschte eine behagliche und sorglose Atmosphäre. Als wir aber beim Mittagessen einen Freund trafen, sagte dieser beiläufig: »Ach, wußtet ihr, daß zwei der Angestellten in deinem Hotel heute morgen verhaftet worden sind? Eine davon war das Telefonmädchen, das so gut englisch sprach. Woher ich das weiß? Lieber Freund, hier haben die Wände Ohren. Warum sie verhaftet wurden? Weiß Gott, vielleicht mochte jemand ihre Haarfarbe nicht!« [. . .]

Einige Tage später nahm uns ein amerikanischer Freund mit nach Avala, zu einem Restaurant in den nahegelegenen Hügeln, das als eine Art Schwarzmarkt in staatlicher Regie für ausländische Diplomaten und ähnliche Gäste betrieben wurde. Ich rieb mir die Augen, ich schluckte. Das Lokal erinnerte mich an Moskau, wo die Russen seinerzeit ein paar Cafés und Restaurants eingerichtet hatten, um den Touristen Devisen abzuknöpfen. In der gut bestückten Bar sah ich Flaschen mit Scotch Whiskey; auf der Terrasse standen Tische mit weißen Decken und glänzendem Silber; die Kellner waren flink und zuvorkommend; es gab vermutlich vom Schwarzen Meer eingeflogenen Kaviar, und es gab Kaffee — richtigen Kaffee; die Rechnung für fünf Personen betrug etwa 60 Dollar.

Am knappsten ist in Belgrad das Fleisch. Stets beeilten wir uns, ins Restaurant zu kommen, bevor die ersten Gäste das bißchen Fleisch, das es dann und wann gab, aufgegessen hatten. Ich schwärme für ein serbisches Fleischgericht namens *ćevapčići;* erfolglos suchte ich mehrere Lokale auf, die ich noch aus der Vorkriegszeit kannte. Als ich gegenüber serbischen Freunden diesen schweren Verlust beklagte, schüttelten sie traurig den Kopf: Die guten *ćevapčići* gebe es leider nicht mehr.

Bei einem Abendessen erzählte unsere Gastgeberin, sie sei um 5 Uhr morgens aufgestanden, um die Geschäfte nach Fleisch für den Abend abzusuchen. Dabei ist Jugoslawien ein bäuerliches Land, dem es normalerweise nicht an Vieh mangelt. Mehr noch, wie alle Slawen sind die Serben große Fleischesser. Daraus folgt: 1) Die Bauern halten ihre Produkte zurück; 2) die Regierung beschlagnahmt das Fleisch für den Export.

Sehr früh am Morgen nach unserer Ankunft wurden wir von einem fürchterlichen Lärm auf der Straße aufgeweckt. Unter unserem Fenster marschierten Bataillone von jungen Menschen vorbei. Diese Paraden begegneten uns später öfters. Es sind die Trupps vom Freiwilligen Arbeitsdienst, die mehrere Stunden in der Woche opfern, meistens am Sonntag oder an den Nachmittagen, um die Bauprojekte der Regierung voranzubringen. Beim Marschieren singen sie ohne Musikinstrumente, ohne Kapelle. Ich betrachtete ihre Gesichter, die aufgeweckt, fast verzückt, jedoch durch Entbehrung verhärtet waren. Ihre Kleidung war abgerissen. Der Führer jeder Gruppe hält eine große Fahne hoch und trägt ein blaues Hemd; seine Untergebenen tragen das, was sie besitzen. So etwas Zerlumptes und jämmerlich Zerzaustes habe ich noch nie gesehen. Die meisten Marschierer mochten zwischen zehn und zwanzig Jahre alt oder in den frühen Zwanzigern sein; die Mädchen mit ihrem entweder gestutzten oder dicht geflochtenen Haar trugen meistens Hosen. Sie hatten denselben Schwung und dieselbe Energie wie die Männer. Tatsächlich waren alle mit Eifer bei der Sache. Und warum auch nicht? Schließlich waren sie die junge Elite der Kommunisten.

Wie freiwillig ist diese ›freiwillige‹ Arbeit? Wie ich hörte, werden Verweigerer zwar nicht direkt bestraft, aber nur wenige — auch unter den Nicht-Kommunisten — können es sich leisten, dem sozialen Druck (von Amt, Schule, Gewerkschaft usw.) zur Teilnahme zu widerstehen. Tatsächlich sind es nicht nur junge Leute, die freiwillige Arbeit machen. Keine Altersgruppe ist ausgenommen. Später sahen wir

Männer mittleren Alters und alte Frauen mit Hacke und Schaufel bei harter Arbeit. Ein Projekt heißt ›Neu-Belgrad‹, die neue Bundeshauptstadt am sumpfigen Ufer der Donau (wir konnten die Fundamente besichtigen); ein anderes ist die ›Straße der Bruderschaft und der Einheit‹, die Belgrad mit Zagreb, der Hauptstadt Kroatiens, verbinden soll. Man möchte es nicht glauben, aber bisher existiert noch keine solche Verbindung; das ist geradeso, als gäbe es keine Straße zwischen Chicago und New York. Dazu kommt, daß die neue Autobahn mit bloßen Händen gebaut werden soll, ohne Maschinen! Fast alle jugoslawischen Projekte tragen politisch vorbelastete Namen; eine neue Brücke am Bogojevo heißt zum Beispiel ›Brücke der Brüderlichkeit und der Einheit‹. In der Semantik sind die Kommunisten unermüdlich. So heißt der Krieg nie ›Zweiter Weltkrieg‹, sondern ›Nationaler Befreiungskampf‹.

Ein weiteres Licht auf die ›freiwillige Arbeit‹ wirft eine andere Geschichte. Ein westlicher Diplomat — ein Botschafter — fand eines Tages in seinem Briefkasten eine gewöhnliche Karte, die sich verirrt hatte (das kann sogar den eifrigsten Bürokratien passieren); auf dieser Karte wurde jemand gemahnt, sich zum ›freiwilligen‹ Arbeitseinsatz zu melden.

Sehr interessant waren die Geschäfte — und die Preise. Auch da fiel uns die Moskauer Atmosphäre auf. Viel Wert wird auf moderne Technik und praktisches Handwerk gelegt. Läden, die von ihrer Lage her Bonwit Teller's oder Fortnum und Mason entsprechen, zeigen in ihren Schaufenstern Installationsteile, Messingrohre, elektrische Kabel, medizinische Anästhesiegeräte und sortierte Schrauben und Muttern.

Einige alte Geschäfte haben überlebt; eines zeigte das übliche Quodlibet von alten Violinen, kleinen Perserteppichen, Harmonikas und Porzellan. Aber den Ehrenplatz nahmen eine gebrauchte Brille und ein Rechenschieber ein. Dasselbe Bild hätte sich vor zehn Jahren auch in Moskau geboten.

Konsumgüter sind knapp, minderwertig und teuer. Die Lebensmittelläden praktisch leer; wir konnten keinen Wein auftreiben, und selbst das nationale Getränk, der *Slibowitz*, war schwer zu bekommen. Niemals habe ich etwas Traurigeres gesehen als die hungrigen Kinder, die sich an der Fensterscheibe eines Süßwarengeschäftes, dessen Regale bis auf ein paar abscheuliche Lutscher leergefegt waren, die Nase platt drückten. Einen Dynamo kann man kaufen, ein paar Schuhe kaum.

JOHN GUNTHER — Athen, Sommer 1948

Über Griechenland kann man nicht leichten Herzens schreiben. Was sich hier abspielt, ist tragisch und schmerzlich. Was sich in Griechenland abspielt, ist, auch wenn die Kämpfe vereinzelt und die Verluste relativ leicht sind, ein richtiger Krieg, ja schlimmer noch: es herrscht Bürgerkrieg, der verheerendste aller Kriege. Mehr noch: es handelt sich nicht um einen rein griechischen, sondern auch um einen amerikanischen Krieg. Die Amerikaner sind es, die ihn möglich machen. Athen ist eine angloamerikanische (mehr noch amerikanische) Festung; ohne konkrete militärische Hilfe aus den Vereinigten Staaten könnten weder die griechische Armee noch die Regierung auch nur zehn Tage lang überleben. Kaum ein Amerikaner macht sich eine Vorstellung vom Ausmaß des amerikanischen Engagements in Griechenland, von den unermeßlichen amerikanischen Beihilfen und von dem unerbittlichen und vielleicht unlösbaren Dilemma, in das wir — die Vereinigten Staaten — uns verstrickt haben.

Vielleicht schockiert es den Leser, wenn er erfährt, daß Griechenland zur Zeit eine amerikanische Marionette ist, so wie etwa Bulgarien eine russische. Ich enthalte mich hier jeden Werturteils. Als Reporter weise ich nur auf die unbequeme Tatsache hin. Man könnte sogar noch weiter gehen. Denn die amerikanische Unterstützung für Griechenland reicht, um es in aller Deutlichkeit zu sagen, wesentlich weiter als die Unterstützung irgendeines russischen Satelliten durch Moskau. Einmal ist es das amerikanische Geld, das Griechenland am Leben erhält. Es ist der amerikanische Steuerzahler, der Monat für Monat Millionen in dieses Land pumpt, was man zum Beispiel vom russischen Steuerzahler in bezug auf Polen nicht sagen kann. Es sind ferner die amerikanischen

Offiziere vor Ort, die in der griechischen Armee das eigentliche Sagen haben. Und schließlich liegt die letzte politische Entscheidung mindestens ebenso, wenn nicht noch mehr, beim amerikanischen Kongreß in Washington wie beim griechischen Parlament in Athen.

In manchen untergeordneten Bereichen geht das amerikanische Eingreifen in Griechenland zwar nicht über das der Russen in ihrem Herrschaftsbereich hinaus, aber es kommt ihm gleich. Wie die Russen in ihrer Sphäre spielen wir zum Beispiel in der griechischen Wirtschaftspolitik eine entscheidende Rolle. Wichtiger noch: unser Einfluß ist (wie der der Russen) so groß, daß ohne unsere Zustimmung wohl kein griechisches Kabinett im Amt bleiben könnte. Es tun sich hier aber noch ganz andere Abgründe auf. Wie wir wissen, werden politische Gefangene in den russisch beherrschten Gebieten verhaftet, eingesperrt und erschossen. Meistens stehen diese Leute rechts. Aber auch in Griechenland werden politische Gefangene verhaftet, eingesperrt und erschossen, nur daß sie Linke sind. In der Tschechoslowakei und so weiter sind die bürgerlichen Freiheiten liquidiert. In Griechenland sind sie noch nicht ganz verschwunden, doch haben sie sehr gelitten.

Natürlich gibt es auch Unterschiede. Griechenland ist keine Diktatur wie die russischen Satelliten. Und die amerikanischen Maßnahmen in Griechenland, die defensiv, improvisiert, den Erfordernissen des Augenblicks entsprungen sind, haben ganz andere Beweggründe als die der Russen. Die Rolle der Besatzer wurde uns objektiv aufgenötigt. Schließlich hat die ungeheure Mehrheit des griechischen Volkes unsere Intervention herzlich begrüßt; im Fall der sowjetischen in Ungarn oder Rumänien war das sicherlich anders.

Jedenfalls ist Griechenland ein Land, in dem der kalte Krieg heiß geworden ist. Auf der einen Seite stehen die kommunistischen Guerrilleros, die sich als Kämpfer für die ›Provisorische Griechische Demokratische Regierung‹ maskiert haben; auf der anderen die Regierung in Athen, die von den Vereinigten Staaten unterstützt wird. Doch nirgendwo wird der Guerrilla annähernd so viel Hilfe von der UdSSR zuteil, wie sie die griechische Regierung von uns erfährt.

Nun wütet der Krieg schon seit mehr als zwei Jahren, und ein Frieden ist nicht in Sicht. Immer wieder sah es so aus, als hätte die Regierung einen entscheidenden Sieg errungen; doch kamen die Aufständischen immer wieder aus ihren Verstecken, und heute sind sie kaum schwächer als zuvor. Man darf nicht vergessen, daß General ›Markos‹ Vafiades, der Anführer der Guerrilla, anfangs nur über etwa achttausend Leute verfügte; heute schätzt man seine Anhänger auf über zwanzigtausend, und dies trotz ihrer erheblichen Verluste. [...]

Wie überall in Griechenland herrscht auch in Athen Kriegsrecht; in den Sperrstunden darf sich niemand auf der Straße aufhalten. Kurioserweise ist auch das Tanzen verboten: dieses Vergnügen sei dem Kriegszustand nicht angemessen. In den Nachtklubs spielen noch einige Tanzorchester, doch die Tanzböden sind leer. Ein anderes Kuriosum ist, daß das Radio im Sommer zwischen 15 und 17.30 Uhr Sendepause hat. Das hängt jedoch nicht mit dem Krieg zusammen, sondern mit der Tradition der Siesta. Während der glühenden, stechenden Nachmittagshitze schlafen praktisch alle vernünftigen Griechen.

Der Krieg und sein unvermeidlicher Begleiter, die Inflation, treiben die Wirtschaft an. Deswegen sieht es in Griechenland trotz Krieg und elementarer Armut gar nicht so düster aus. Bei aller Not bewahren sich doch die Griechen ihre fast sublime Lebensfreude. Jede Nacht sitzen Tausende von ihnen auf dem Verfassungsplatz. Wie eine Brandung schlägt einem der Lärm der Gespräche, zusammen mit dem Geräusch der Autos, der aufheulenden Lastwagen und der quietschenden Taxis entgegen. Mit den vielen Tischen vor den verschiedensten Cafés muß dieser Platz die größte Kaffeeterrasse der Welt sein. Jeder dieser Tausende von nippenden und diskutierenden Griechen fühlt sich als Individualist und als Politiker.

Der Krieg ist hart, doch das Witzereißen läßt sich niemand nehmen. Im *Grande Bretagne* heißt eine Bar die ›Monarchofaschisten-Bar‹; das ist Markos' Schmähwort für die griechische Regierung. Einige Griechen meinen augenzwinkernd, eigentlich müßte sie die ›korrupte Monarchofaschisten-Bar‹ heißen, mit der Betonung auf ›korrupt‹.

Unvergeßlich bleibt mir ein Erlebnis beim Mittagessen im Hause von Herrn Tsaldaris, dem stellvertretenden Premierminister. Mit einer Mischung von Stolz, Amüsement und objektiver Irritation zeigte uns Frau Tsaldaris, die Gastgeberin, ein riesiges blaues Plakat, das sie aus einem Schrank gezogen hatte. Auf etwa ein mal zwei Metern war ihr Mann als Henker, Freiheitsmörder und Menschenschlächter dargestellt. Das Plakat war von französischen Kommunisten für eine Massenveranstaltung entworfen worden. Zeitweilig hing es im Hause des Ministers an der Wand.

Ein Thema, über das alle, auch und besonders die Amerikaner, reden, ist die Drachme. Die Währung ist jetzt stabil, doch der Umtauschkurs liegt extrem hoch: zehntausend pro Dollar. Der Schwarzmarktkurs liegt bei etwa 13 800. Das heißt, daß man das nötige Taschengeld im Koffer transportieren müßte. Als wir Athen verließen, machte unsere Rechnung mehrere Millionen Drachmen aus. Bis ich die Summe zusammengezählt und Schein für Schein an der Theke bezahlt hatte, war eine gute halbe Stunde vergangen. Man spricht auch über die berühmten Gold-Sovereigns, die in der Volkswirtschaft eine große Rolle spielen. Zur Unterstützung des Widerstands haben britische Fallschirmspringer im Krieg 1 735 000 Sovereigns nach Griechenland gebracht; im Gegenzug haben dann die Deutschen noch einmal 1 200 000 verteilt. Nachdem die Griechen schon mindestens eine verheerende Inflation erlebt hatten und eine weitere befürchteten, wollten sie nach dem Kriege ihre Papierdrachmen gegen Gold-Sovereigns eintauschen, und noch heute wird der Wert der Drachme hauptsächlich daran gemessen, wieviel Gold man dafür in der nächsten Wechselstube kaufen kann. Das Resultat ist übrigens phantastisch: der Sovereign ist heute in Athen mehr wert als sein wirklicher Goldgehalt. Für die Finanzwelt ungewohnt war auch ein plötzlicher Streik der Nationalbank. Mehrere Tage lang konnte niemand Geld abheben.

Alles ist sehr knapp in Griechenland, aber in einigen Bereichen gibt es Geld in Hülle und Fülle; zum Beispiel zahlte eine athenische Zeitung allein für die griechischen Abdruckrechte von Churchills Memoiren die Rekordsumme von 50 000 Dollar. Man vergleiche damit die Löhne und Gehälter: das durchschnittliche Angestelltengehalt beträgt 11 000 Drachmen pro Tag, das ist etwa ein Dollar. Ein Textilarbeiter bekommt vielleicht 60 Cents am Tag. Was Lebensmittel und Konsumgüter betrifft, ist Griechenland extrem teuer, und die Preise steigen weiter. Hier können die Leute einfach nicht mehr mithalten. Diese Erfahrung ist es, die mehr als alle Propaganda der Aufständischen geeignet ist, die Leute in die Arme der Kommunisten zu treiben. Straßenbau und -reparatur liegen ebenfalls im argen. Wer vom Flughafen hereinkommt, fährt auf einer glatten Hauptstraße dahin, aber schon die nächstbeste Seitenstraße ist eine Rinne voll Schmutz und Schutt, eine ausgetrocknete Kloake. Vergessen wir nicht, hier herrscht Krieg! [. . .]

Nicht um der Griechen willen sind wir, die Vereinigten Staaten, in Griechenland, sondern um unsere eigenen Interessen zu wahren. Griechenland ist zu dem geworden, was man, mit einem treffenden Ausdruck, einen Klientenstaat nennt: es hat seine Souveränität nicht eigentlich verloren, doch ist eine Situation leicht absehbar, in der dieses kleine Land eine Art Haiti oder Nicaragua unter absoluter amerikanischer Kontrolle werden könnte. Wäre das gut für Griechenland oder gar für die Vereinigten Staaten? Was würde andererseits aus Griechenland werden, wenn die Vereinigten Staaten plötzlich in eine tiefe Depression gerieten oder wenn ein Wechsel in der Außenpolitik eine drastische Kürzung unserer Griechenlandgelder erzwänge? Dieses Land ist uns auf Gnade und Ungnade ausgeliefert. Gleichzeitig könnte es uns noch schwer zu schaffen machen.

Ich fragte einen verantwortlichen griechischen Politiker, wie er sich die Lösung der Probleme vorstelle, und er antwortete mit einem einzigen Wort: »Krieg«. Tatsächlich haben viele konservative Griechen das Gefühl, daß nur noch ein offener Krieg zwischen den Vereinigten Staaten und der Sowjetunion sie retten könnte; so schrecklich es klingt, er käme ihnen gelegen, und sie machen kein Hehl daraus. Ich fragte meinen Freund: »Aber glauben Sie denn, daß es einen Krieg geben wird?« Er antwortete: »In Europa herrscht Anarchie. Einhundert Millionen Menschen sind versklavt. Es *muß* zu einem Krieg kommen, oder wir werden alles verlieren.« Andere Griechen jedoch meinen im Gegenteil, daß ein weiterer Krieg mit Sicherheit das Ende von Griechenland bedeuten würde.

JOHN GUNTHER — Budapest, Sommer 1948

Budapest ist ganz anders als Belgrad. Während Belgrad vom Krieg physisch kaum berührt wurde, zeigt Budapest noch massive Spuren der Verwüstung; auch macht es einen weniger kommunistischen Eindruck. Die Leute auf der Straße sind besser gekleidet, und die Frauen, die über den New Look genauestens Bescheid wissen, sind beinahe so chic wie in Paris oder New York. Meine Frau kam sich geradezu schäbig vor im Vergleich zu den überaus hübschen jungen ungarischen Frauen. Die Cafés sind belebt, und im Schatten ausgebrannter Ruinen ist fast jedermann zu Scherzen aufgelegt. In den Geschäften sind Waren von bester Qualität zu haben. Obwohl für unsere Begriffe alles überteuert war, sahen wir kaum Anzeichen von Not und Mangel, auch wenn es sie zweifellos gibt. Es fehlen die vielen roten Fahnen, die Bilder von Stalin und Lenin, die Marschkolonnen der kommunistischen Jugend. ›Freiwillige‹ Arbeit ist unbekannt. Die guten Restaurants unterhalten nach wie vor ihre Zigeunerorchester, und mit gewissen Einschränkungen ist das Nachtleben fast so malerisch wie vor dem Krieg.

Eine Theorie zur Erklärung des relativen Wohlergehens Ungarns im allgemeinen und Budapests im besonderen unter einem kommunistischen Regime besagt, daß die Russen aus dem Land eine Art Demonstrationsmodell oder Paradestück machen wollen, um dem Westen zu beweisen, daß das Leben hinter dem Vorhang so schlecht nicht ist und daß der Kommunismus seine Versprechungen tatsächlich erfüllt und einen besseren Lebensstandard bieten kann. Diese Erklärung wäre überzeugender, wenn es hier mehr Ausländer gäbe, denen man diese Errungenschaften vorführen könnte. Aber Touristen sind noch sehr selten in Ungarn. Die wahren Gründe sind wahrscheinlich nicht in der Liberalität der Behörden zu suchen, sondern liegen im Nationalcharakter (es sei daran erinnert, daß Ungarn der einzige bedeutende nichtslawische Staat im kommunistischen Europa ist) und in der Tatsache, daß das Land von seinem natürlichen Reichtum einen besseren Gebrauch gemacht hat als seine weniger begünstigten Nachbarn.

Im Vergleich zu Jugoslawien könnte man auch auf einen negativen Faktor verweisen. Wie wir wissen, können die Jugoslawen, selbst wenn es ihnen sehr schlecht geht, noch viel vertragen. Ob die leichtlebigen und verfeinerten Ungarn über annähernd soviel Lebenskraft verfügen, weiß ich nicht — obwohl das Dutzend ungarischer Führer an der Spitze sicherlich ziemlich zäh und stark ist.

Gleich früh am Morgen nach unserer Ankunft gingen wir auf einen Bummel. Wir hatten niemandem unser Kommen angesagt, so daß wir uns auf einen völlig freien Tag freuten. Nach zwanzig Minuten trafen wir durch reinen Zufall zwei Ungarn, die ich vor dem Krieg gut gekannt und seit 1939 nicht wiedergesehen hatte. Auf diese Weise wurden wir unwillkürlich in diese ganz neue Welt hineingezogen.

Die Preise waren atemberaubend. Pflichtgetreu tauschten wir etwas Geld zum offiziellen Kurs von 11,6 Forint pro Dollar um. Damit kam unser Hotelzimmer auf 16 Dollar pro Tag; das Frühstück, das in der Hauptsache aus heißem Wasser und Brötchen bestand, kostete für zwei Personen beinahe 4 Dollar. Unser Hotel, das auf die Donau hinausschaute, hatte die Bombardements überlebt. Das gepflegte und korrekte Benehmen des Portiers stammte noch aus der Schweizer Schule; »Küß die Hand«, murmelte der alte Mann im Fahrstuhl und verbeugte sich, jedesmal wenn wir hinauf- oder hinabfuhren. Die amerikanische Bar war belebt und von Mädchen bevölkert. Die Handtücher waren nicht nur so groß wie Bettücher, sie *waren* Bettücher. Der fünfzigjährige Hotelboy trug eine grüne Friesschürze und sprach alle Sprachen — kurz: wir hatten das Gefühl, nach Europa zurückgekehrt zu sein.

Am meisten schockiert waren wir vom Ausmaß der Zerstörung. Später sollten wir in Berlin, Frankfurt und vor allem Warschau noch schlimmere Zerstörungen kennenlernen, doch bekamen wir hier schon einen kleinen Vorgeschmack. An der großen Promenade war jedes zweite Gebäude eine Ruine. Wir gingen an den Trümmern zweier berühmter Hotels vorbei, die ausgebrannt waren: dem *Dunapalota* (Ritz) und dem *Hungaria*. Auf der Straße liegen verbrannte Sprungfedermatratzen, verkohlte Möbelstücke und Haufen zerschlagenen Geschirrs und anderen Hausrats herum. Daß dieser Schutt nach drei Jahren noch immer herumlag, fanden wir etwas befremdlich; doch dann erfuhren wir, daß beide Hotels abgerissen wurden, um Platz für neue Bauten zu schaffen, und daß der alte Plunder gerade fortgeräumt wurde. Unser eigenes Hotel bebte und zitterte Tag und Nacht; auf beiden Seiten wurden zwei halbzerstörte Gebäude abgerissen. Ein Steinhagel ging auf die Straße nieder — der Verkehr war zeitweilig unterbrochen —, und das in Staubwolken gehüllte Gelände hallte von Explosionen wider. Dann blickten wir über den Fluß auf die Reste der ehrwürdigen Brücken. Einst überspannten sieben von ihnen die Donau, darunter die wunderbar graziöse Széchényi-Hängebrücke nahe dem *Dunapalota*. Einige werden nun wiederaufgebaut und sind bereits mehr oder weniger in Betrieb. Bei der einen läuft der Verkehr über eine Pontonbrücke; sie muß bei schlechtem Wetter geschlossen werden. Weiter oben auf der Pester Seite besuchten wir das historische Parlament; sein Inneres bot ein Bild der Verwüstung. Wir blickten nach Buda hinüber, auf die Altstadt, deren Königspalast auf dem Burgberg nur noch ein Gerippe ist. Das Eisengerüst der Kuppel steht noch, aber im Innern dieser herrschaftlichen alten Zitadelle ist alles verwüstet. Zerstört sind auch die meisten der früheren Ministerien in dieser Gegend. Sah man hinunter in Richtung St. Gellért, so bot sich einer der schönsten Anblicke Europas: jetzt ist die Aussicht durch eine riesige Befreiungsstatue zu Ehren der Russen auf der Kuppe des schrägen Hügels entstellt. Kleinere russische Denkmäler gibt es auf vielen Plätzen, eines davon direkt vor der amerikanischen Gesandtschaft.

Als wir von dem brutalen Eindruck sprachen, den diese Zerstörungen auf uns machten, meinten die Ungarn trocken, wir hätten die Stadt erst vor ein oder zwei Jahren sehen sollen. Tatsächlich haben sie Wunder vollbracht. 1945 war Budapest eine einzige Steinwüste. Ein Teil der Schäden stammte von amerikanischen Bomben; ein größerer von den Kämpfen, in denen die Russen die Deutschen buchstäblich Zentimeter um Zentimeter aus der Stadt hinausgedrängt hatten. Die von den Ungarn so genannte ›Belagerung‹ dauerte vom 23. Dezember 1944 bis zum 12. Februar 1945. Auf der Buda-Seite gibt es kaum ein Gebäude, das nicht deutlich davon gezeichnet wäre. Die Schäden sind schlimmer als in Pest, weil die Nazis hier um jede Straße, um jedes Haus gekämpft haben. Hier einige Gesamtzahlen: Von den 39 643 Gebäuden der Stadt wurden insgesamt 47,1 Prozent beschädigt, darunter 23,1 Prozent schwer und 3,8 Prozent total. Allein während der Belagerung gingen über 4,5 Millionen Quadratmeter Fensterglasscheiben zu Bruch; damit könnte man einen achthundert Meter breiten Glasteppich quer durch die Vereinigten Staaten legen. Im Zoo überlebten von dreitausend Tieren genau vierzehn. [. . .]

Wir gingen am *Hangli Kioszk* vorbei, einem Café, berühmt als Treffpunkt der Journalisten, und setzten uns auf dem Platz, der jetzt nach Molotow benannt ist, in die milde Sonne. Um uns herum gähnte die Leere halbzerstörter Gebäude. Doch elegant gekleidete Gäste raschelten mit ihren Zeitungen an den gewohnten Bambushaltern. Es war, als ließe man es sich mitten auf einem Friedhof schmecken. Wir bestellten einen Kaffee. Man nimmt ihn einfach oder doppelt; der doppelte macht kaum einen Eßlöffel voll in einer kleinen Tasse aus. Preis: 1 Dollar. Unter dem Schild MOLOTOW-PLATZ ist ein kleines Plakat angebracht, auf dem artig erklärt wird, wer Molotow ist; sogar sein Geburtsdatum, seine verschiedenen Titel und Auszeichnungen werden angegeben. Es ist ein seltsames Gefühl, zu wissen, daß dieser Platz noch vor fünf Jahren Hitler-Platz geheißen hat. Nicht weit davon entfernt liegt ein anderer Platz, der nach wie vor Franklin-D.-Roosevelt-Platz heißt. Wir fragten uns, wie lange es wohl dabei bleiben wird. [. . .]

Eines Nachmittags besuchten wir eine Fabrik, die Manfred-Weiss-Werke auf Csepel, einer Donauinsel. Früher gehörten sie teilweise der Horthy-Familie; während des Krieges und der Besetzung durch die Nazis hießen sie Hermann-Göring-Werke. In diesem sehr großen Betrieb mit 23 000 Arbeitern werden Schwermaschinen, Bohrgeräte und Pressen, Baustahl, Fahrräder, Nähmaschinen, Landwirtschaftsgeräte und Porzellanerzeugnisse hergestellt. Unsere Führerin hatte einst im Boeing-Werk in Washington gearbeitet. Die Fabrik ist vollständig nationalisiert und steht unter der Leitung eines vom Minister für Schwerindustrie eingesetzten Managers. Der Durchschnittslohn soll für ungelernte Arbeit bei 700 Forints im Monat (60 Dollar) und für gelernte bei 800 liegen. Angewandt wird auch ein modifiziertes Stachanow-System, das die Stückzahl prämiert. Wird ein Arbeiter krank, bekommt er die ersten sechs Wochen volle Lohnfortzahlung; dann ein Jahr lang 65 Prozent des Lohnes. Gearbeitet wird achtundvierzig Stunden in der Woche; es gibt fünfundzwanzig Tage bezahlten Urlaub und acht Feiertage, von denen sieben kirchlich sind. Die Arbeiter bekommen freie Milch und bezahlen nur einen nominellen Preis für das Kantinenessen. Kleider und ähnliches bekommen sie zu erheblich reduzierten Preisen. Nach russischem Vorbild hat der Betrieb ein Theater, freie Schulen, einen Kindergarten, eine Klinik für schwangere Frauen, eine Anstalt für Erwachsenenbildung, mehrere Klubs und ›Kulturecken‹, einen großen Spielplatz und ein Sportfeld. Wir sahen zwei Fußballmannschaften und einige Tennisspiele. Wie stets, wenn wir eine neue Stadt hinter dem Vorhang besuchten, waren wir vor allem auf die Frage bedacht: ›Tut dieses Regime wirklich etwas für das Volk?‹ Nach der Besichtigung dieser Fabrik müssen wir diese Frage mit einem klaren Ja beantworten.

Dafür werden jedoch, wie in Jugoslawien, andere menschliche Werte geopfert. Es gibt hier verrückte Situationen. Der Butler in einer der westlichen Gesandtschaften zum Beispiel ist ein Baron, ein früherer Großgrundbesitzer, dessen Güter aufgeteilt worden sind — eine Situation, die für einen Gag in einer Komödie gut wäre, jedoch als Tatsache des wirklichen Lebens weniger lustig ist. *De facto* findet hier ein mehr oder weniger unsichtbarer sozialer Auflösungsprozeß statt. Die Kommunisten sind hart. Ein Kommunist, der heute in Budapest eine Machtposition innehat, weiß, was sie ihn gekostet hat. Nun sollen andere, verwöhntere Leute zur Kasse gebeten werden. Es wird hier kaum jemand verhaftet, an die Wand gestellt und erschossen. Aber es kann passieren, daß jemand, der zwanzig Jahre lang einer Bank als Angestellter treu gedient hat, sich plötzlich auf die Straße gesetzt sieht — mit einer Pension, die vielleicht nur

1800 Forint im Jahr ausmacht, das sind 150 Dollar. Für solche Leute ist es so gut wie unmöglich, eine andere Arbeit zu finden.

Eines Tages drückte uns der Portier einen handgeschriebenen Zettel in die Hand:

Lieber Herr Gunther,
erinnern Sie sich an mich? Ich bin hier und könnte Ihnen einige Tips zu der Sache geben, über die Sie berichten sollen, wichtige Tips — da ich selber wollte schreiben ein Buch über die Ereignisse — und menschliche auch, da ich selber ein Opfer dieser Ereignisse bin. Aber haben Sie keine Angst, daß ich mich wende in meinem gegenwärtigen Zustand als Bettler an Sie ... Eine Arbeit im Dienste der interessierten Öffentlichkeit: der englischsprechenden Nationen. Ich erwarte Sie also und wäre wirklich enttäuscht, jemanden, den ich als Freund erachte, nicht begrüßen zu können.

Ich hatte diesen Mann — nennen wir ihn Dr. Y — in den dreißiger Jahren gut gekannt. Daß er zu dieser Zeit starke Sympathien für die Nazis gehegt haben soll, machte den menschlichen Appell dieses Briefes nicht hinfällig. Wir baten ihn heraufzukommen. Seine Erscheinung erschütterte mich. Ich hatte Dr. Y als ansehnlichen und kräftigen jungen Mann mit militärischen Allüren in Erinnerung: doch die Person, die in unser Zimmer wankte, war ein zitterndes Wrack. Ich hätte ihn nicht wiedererkannt. Er erzählte uns seine Geschichte. Während der deutschen Besatzung hatte er offensichtlich eine gute Stelle innegehabt. Nun gehört er natürlich zum Kehricht einer weggefegten Welt. Vier Monate lang saß er im Gefängnis; bis auf vage Beschuldigungen lag nichts gegen ihn vor. In vielen Ländern — zum Beispiel in Deutschland — hätte seine politische Vergangenheit natürlich schlimmere Folgen gehabt. Im Gefängnis wurde er ordentlich behandelt und dann, weil kein staatliches Verfolgungsinteresse bestand, freigelassen. Aber seit seiner Haft konnte er keine Arbeit finden. Da er verdächtig ist, will ihn niemand einstellen. Über das Regime, das ihn auf Dauer verhungern lassen will, hatte Dr. Y eine ausgewogene Meinung. Es gebe keinen ›heißen‹ Terror, keine gewaltsamen Ausschreitungen, statt dessen aber ein erbarmungsloses System der Einschüchterung und Diskriminierung, das es den Oppositionellen unmöglich mache, sich über Wasser zu halten.

Denselben Eindruck vermittelten uns mehrere Ungarn, mit denen wir sprachen. Unpolitische Leute können sich frei bewegen. Daß mitternachts die Gestapo an die Tür pocht — das gehört der Vergangenheit an. Ein Akademiker erzählte mir: »Mit eigenen Augen habe ich gesehen, wie Frauen und Kinder, die in Panik durch die Straßen rannten, von den Deutschen abgeschossen wurden und wie ihre Leichen wie die von Hunden aufgeladen und in den Fluß gekippt wurden!« Damit sei das, was heute passiere, sagte er, nicht im entferntesten zu vergleichen. Doch bewegen sich die Nicht-Kommunisten jeden Tag ein wenig vorsichtiger; jeden Tag fühlen sie den Schatten einer möglichen Liquidierung näher heranrücken.

JOHN GUNTHER — Prag, Sommer 1948

Auf unserem ersten Spaziergang um den Wenzelsplatz herum betraten wir das Café eines bekannten Hotels und bestellten Kaffee. Kein Kaffee da. Um uns herum tranken die Leute einen abscheulich aussehenden Himbeersaft. Doch man sah uns die Ausländer an, und nach einer Weile stahl sich der Kellner an unseren Tisch und schob uns zwei fingerhutgroße Täßchen Kaffee hin. Auf der Untertasse lagen sorgsam geteilte winzige Sacharintabletten. Pro Portion 78 Kronen, was beim offiziellen Kurs 1,56 Dollar bedeutete.

Die Lebensmittelläden waren leergefegt. Wir betraten zwei oder drei: sie waren noch leerer und trostloser als in Belgrad. In einem Geschäft gab es außer ein paar lächerlich teuren Süßwaren praktisch nichts Eßbares. Hungrig standen die Leute davor und drehten ihre Kupons zwischen den Fingern. Außer England ist die Tschechoslowakei das einzige Land, das wir kennen, in dem die Rationierung streng durchgeführt wird. Sogar in den Restaurants werden Marken verlangt. Daß das berühmte Pilsner Bier wegen des Mangels an Hopfen und Malz etwas sonderbar schmeckt, ist nicht so gravierend. Obwohl wir uns mittlerweile an die hohen Preise hinter dem Eisernen Vorhang gewöhnt hatten, waren wir in Prag doch schockiert. Ein amerikanischer Freund lud uns in ein Schwarzmarktrestaurant ein und legte am Ende etwa 60

Dollar auf den Tisch. Als ich in einem der großen Hotels für zwei Kollegen eine Runde Martini ausgab, mußte ich 16 Dollar dafür blechen.

Als Erklärung für die Lebensmittelknappheit geben die Kommunisten die schlechte Ernte an, und tatsächlich kann dies zum Teil als Entschuldigung gelten. Schon immer war die Tschechoslowakei auf Lebensmittelimporte angewiesen, doch betrugen sie normalerweise nur etwa 70000 Tonnen im Jahr. Dieses Jahr mußten zwischen 700000 und 800000 Tonnen Weizen importiert werden, das meiste davon aus Rußland. Die Nettokosten des Staates lagen bei etwa 15 Milliarden Kronen oder 300 Millionen Dollar. Die Folge ist ein drastischer Devisenmangel. Ich fragte mehrere Marxisten, wie sie eine schlechte Ernte mit den Begriffen der kommunistischen Dialektik erklären würden. War Gott dazwischengetreten? Wieweit eigentlich hängt die materialistische Geschichtsauffassung vom Wetter ab? Ich bekam die verschiedensten Antworten.

Die Zeitung *Prace* vollführte ein wirkliches Kunststück an Sprachakrobatik, als sie nachdenklich auf die bessere Ernährungslage in Polen verwies. Daß es in Polen genug zu essen gibt, während die Tschechoslowakei hungert, habe nämlich seinen Grund darin, daß im Unterschied zu Polen die Tschechoslowakei an einem ›Kaufkraftüberhang‹ (!) leide, der durch die Erntekatastrophe des vergangenen Jahres verursacht worden sei. Mit anderen Worten, man folgert, der eigentliche Skandal liege nicht im Nahrungsmangel, sondern im Geldüberfluß der Bevölkerung, die sich Sachen leisten kann, die es gar nicht gibt!

Aufmerksam betrachteten wir die Menschen auf den Hauptstraßen wie Na příkopě und Václavské náměstí. Namen wie Hooverstraße haben sich übrigens noch erhalten; so auch der Wilsonbahnhof. Die Bürger laufen schäbig gekleidet und mit hochgezogenen Schultern herum, als säßen ihnen der Schock und das Elend noch im Nacken. Trotz seiner städtebaulichen Schönheit hat Prag nichts vom Schwung Belgrads oder dem Reiz Budapests; die Atmosphäre ist düster, grau, ärmlich, häßlich, geistlos. In einigen Schaufenstern sieht man Bilder von Tomáš Masaryk, keine von Jan und nur einige von Beneš. Es gibt kein rotes Fahnenmeer, keine

Phalanx russischer Plakate, und auch die Fotografien von Lenin und Stalin fallen nicht auf. [. . .]

Wir sahen uns in den Kiosken um und besuchten mehrere Buchläden. Verkauft werden die Moskauer Zeitungen, jedoch, soweit ich sehen konnte, keine anderen ausländischen Tageszeitungen. Allerdings gab es einige englische Zeitschriften (darunter ausgerechnet den *Tatler*), aber keine amerikanischen, ausgenommen kurioserweise ein paar alte Nummern von *Time*. Einige Hefte stammten aus dem Jahr 1946. *Time* und *Life* sind heute verboten. Der allgemeine Mangel an Lesestoff wird, und das mag auch der Wahrheit entsprechen, mit Devisenmangel entschuldigt. Einige große Geschäfte verkaufen nur gegen Dollar; wir sahen ein Tischtuch, das mit 140 Dollar ausgezeichnet war. Erwähnt sei noch, daß die Taxis sehr spärlich sind. Ein Fahrer nahm kein Trinkgeld an, griff aber bei amerikanischen Zigaretten begierig zu. [. . .]

Alle tschechischen Schriftsteller von Rang sind — soweit sie öffentlich beachtet werden wollen — in einem Verband organisiert, der heute 1700 Mitglieder hat. Fast alle Literaturkritiker sind Marxisten, die meisten von ihnen jüngere Menschen, die noch nicht lange in der Partei sind. Telegramme aus dem Ausland kommen mit Verspätung an, aber es gibt keine Zensur, auch nicht bei den Telefongesprächen der ausländischen Korrespondenten, von denen es nach Angaben des regierungsamtlichen Pressebüros etwa 140 gibt. Die offizielle russische Agentur TASS ist mit einem kleinen Büro vertreten; sonderbarerweise unterhalten weder *Iswestija* noch *Prawda* eigene Korrespondenten. Überhaupt keine Freiheit mehr gibt es für die Presse und im Radio. Hier übertrifft die Tschechoslowakei in der Tat die anderen Marionettenstaaten. In dem Dekret, das im Oktober 1948 ›zum Schutze der Demokratischen Volksrepublik‹ erlassen wurde, rangiert sogar ›falsches Denken‹ als Straftatbestand.

Es gibt keinen ›heißen‹ Terror. Neulich prahlte der Innenminister, die tschechischen Gefängnisse seien die ›leersten der Welt‹. Es gibt keine Konzentrationslager nach deutscher Art, auch keine Bataillone von Zwangsarbeitern. Doch der ökonomische Druck, der ›kalte‹ Terror, ist gnadenlos und langfristig genauso wirksam. Wer als Oppositioneller bekannt ist, verliert früher oder später seine Arbeitsstelle oder, ebensoschlimm, seine Wohnung und seine Lebensmittelkarte. Das ist tödlich: schließlich muß man essen. Eines Tages lernten wir eine junge, sehr hübsche Tschechin kennen. Sie kam gerade von einem mehrstündigen Polizeiverhör. Dort hatte man sie höflich, aber eindringlich ausgefragt, weil einer ihrer Freunde, ein Ausländer, wegen Spionage verhaftet worden war. Spionage und gegnerische Wühlarbeit hat es zweifellos in großem Maße gegeben.

In religiösen Dingen ist die Situation sehr zwiespältig. Natürlich ist die Regierung antireligiös eingestellt, doch sind die Kirchen, auch die katholischen, bis zum letzten Platz besetzt. Nach einem kürzlichen Besuch der Tschechoslowakei erklärte der Geistliche Dr. John S. Bonnell, einer der bekanntesten Pfarrer von New York: »Bis jetzt gibt es keinerlei Einmischung in die rein religiösen Angelegenheiten. Weder dem katholischen noch dem protestantischen Gottesdienst in den Kirchen wird gegenwärtig ein Stein in den Weg gelegt.«

Wieviel Gewicht die Opposition hat, ist sehr schwer abzuschätzen; das Zentrum der Unzufriedenheit ist die katholische Slowakei. Wer die Tschechen und Slowaken unnötigerweise dazu auffordert, sich gegen den herrschenden Zwang ›aufzulehnen‹, weiß nicht, was er sagt. Gegen die absolute Polizeigewalt eines revolutionären Regimes — und daß wir es mit einem solchen zu tun haben, sollte man nicht vergessen — zu revoltieren ist nicht leicht. Dazu kommt, daß die Tschechen sechs Jahre lang den Nazis ohne Gnade ausgeliefert waren. Die daraus folgende Furcht, Apathie und Resignation bestimmen das persönliche und politische Verhalten. Beneš ist ihre letzte Hoffnung gewesen. Ein weiterer Faktor ist der Elan, den die Kommunisten an den Tag legen. Nach dem Begräbnis des Staatspräsidenten Beneš hörte ich einen jungen Parteifanatiker freudig ausrufen: »Nun kann das neue Leben unserer Volksrepublik *wirklich* beginnen!«

Die westliche Haltung zu alledem dürfte sich in der Bemerkung einer Amerikanerin ausdrücken, die ich in Prag kennenlernte. Sie sagte: »Ich würde gerne in ein Land gehen, wo die Leute keine rostfreien Stahlzähne haben.«

Zuerst zwei nackte und schockierende Zahlen. Vierundachtzig Prozent aller Gebäude dieser Riesenstadt wurden während des Krieges unbewohnbar gemacht. Wohlgemerkt: nicht nur ›beschädigt‹. Sondern ›unbewohnbar‹. Am Ende des Krieges hatte Warschau, das 1939 1300000 Einwohner zählte, etwa 700000 Tote zu beklagen. Man macht sich vielleicht einen Begriff von dieser Zahl, wenn man bedenkt, daß die Gesamtzahl der im Zweiten Weltkrieg getöteten Engländer und Amerikaner ungefähr 555000 beträgt. Allein die Stadt Warschau verlor 700000 Menschen; dagegen verloren die ganzen Vereinigten Staaten etwa 310000. In dieser Welt ist, vielleicht mit Ausnahme von Stalingrad, Warschau die Großstadt, die am schlimmsten verwüstet wurde.

Bitter drückte es ein Pole so aus: »Ihr im Westen mögt den höchsten Lebensstandard der Welt haben. Wir Polen haben den höchsten Todesstandard.«

Wichtiger jedoch als die schreckliche Zerstörung, die wir in Warschau gesehen haben, scheint mir etwas anderes: der bemerkenswerte Erfolg der Polen beim Wiederaufbau ihrer Stadt, die Energie und der Schwung ihres Engagements, das elektrisierende und sprudelnde Leben der Bürger. Warschau ist eine Ruine, aber zugleich ist es die lebendigste Hauptstadt Europas.

Nehmen wir Berlin zum Vergleich. Berlin ist etwa so lebendig wie ein Wachsklumpen. Über den Straßenbahnschienen auf dem Kurfürstendamm wächst Gras. Gebeugt und mit hängenden Schultern schleichen die Leute herum; über der Stadt hängt eine fast erstickende Trostlosigkeit; die Lebensmittelläden sind leergefegt; bis auf das rhythmische Beben der Transportflugzeuge in der Luft kann man in der Stadt fast keinen Laut hören. Dieselbe Art von Abgestorbenheit trafen wir auch in Frankfurt und Wien an.

Aber Warschau lebt und pulsiert. Überall wird gehämmert. Staubwolken hüllen den Vorübergehenden ein; Häuser gehen zu Boden und erstehen wieder. Die Straßen sind bevölkert, Hotels und Restaurants überfüllt. Die Leute sind arm, das läßt sich nicht leugnen; aber sie erheben sich mit eigener Kraft aus den Ruinen. Und darin liegt ihre enorme moralische Stärke.

›Polen ist viermal zerstört worden. Dann laßt es uns eben wieder und noch besser aufbauen! Und zwar für immer!‹ Mit diesen Worten könnte man den Geist der Warschauer zusammenfassen. Dieses Volk ist nicht verschüchtert wie die Tschechen. Inmitten der Tragödie behält es seinen Mut, ist lebendig, zäh und geht seinen Weg — wenn die Geschichte es ihm erlaubt.

Natürlich gibt es viel Unzufriedenheit und Opposition. Nur ein Narr könnte das verharmlosen. Umgekehrt gibt es sehr wenige Zeichen manifester Unterdrückung. Ich sprach mit einem Amerikaner, der das Regime erbittert haßte. Er sagte: »Hier gibt es keine Polizeiwillkür. Die Regierung ist abscheulich, aber es gibt keine Konzentrationslager und keinen Terror. Unter den Nachbarländern der Sowjetunion ist Polen das freieste. Man kann sich hier bewegen, wie man will.«

Wir trafen einen Polen, den ich seit zwanzig Jahren sehr gut kenne und der seit 1919 im — offiziellen und inoffiziellen — Dienst der polnischen Regierungen gestanden hat. »Ich gebe Ihnen mein Wort«, sagte er, »daß dieses Regime weniger repressiv ist als das Piłsudskis oder der Obersten.« Was die Zukunft bringt, weiß natürlich niemand. Die Zügel könnten bald angezogen werden. [. . .]

Wir machten einen Spaziergang. Die Straßen waren sehr dunkel. Wir bewegten uns auf den leeren großen Platz neben dem *Europejski* zu und fanden uns plötzlich in einer schwach erleuchteten offenen Halle mit Säulengang. Ich hatte ihren Zweck vergessen. Da erschien eine Soldatenpatrouille und vollführte in unendlicher Langsamkeit und ausgesprochener Würde die Zeremonie der Wachablösung. Als die Patrouille verschwunden war, kam ein junger einfacher Soldat mit raschen Schritten auf uns zu. Während er uns im grauen Dämmerlicht fixierte, sagte er in gebrochenem Deutsch: »Sie sind Ausländer. Sprechen Sie Deutsch?« Ich dachte, wir würden wegen irgendeiner Übertretung verhaftet werden. Der junge Soldat fuhr fort: »Wissen Sie, was dieses Gebäude ist? Es ist das Grabmal des Unbekannten Soldaten. In der

Regel nehmen die Besucher den Hut ab, wenn sie es betreten.« Ich tat es.

Dann standen wir noch zwanzig Minuten in der stillen Dunkelheit und unterhielten uns. Der junge unrasierte Soldat sprach auch ein paar Worte englisch. Als Junge war er von den Nazis in ein Konzentrationslager deportiert worden. Wie durch ein Wunder hatte er überlebt. Er war ganz nüchtern und sachlich. Er wußte genau, was Polen und was er selbst erlitten hatte. Dagegen war er ganz unwissend, was die Außenwelt betraf. Er war noch nie einem Amerikaner begegnet. So wollte er wissen, ob auch New York, ebenso wie Warschau, *kaput*gemacht worden sei. Nachdem wir über vieles gesprochen hatten und ich einen ziemlichen Einblick in polnische Dinge aus der Sicht eines sehr jungen einfachen Soldaten gewonnen hatte, wurde die Stille durch den Lärm eines Autos unterbrochen. Am anderen Ende des riesigen Platzes flammten Scheinwerfer auf. Sofort schlug der junge Soldat seine Hacken zusammen, grüßte und nahm Abschied mit einem raschen *»Good night«*. Dann lief er weg. Zweifellos war eine Patrouille im Anmarsch, und er wollte nicht im Gespräch mit Ausländern gesehen werden oder ein Dienstvergehen riskieren.

Am nächsten Tage begannen wir, uns ernsthaft in der Stadt umzusehen. Ich war entsetzt. Ich habe so etwas noch nie gesehen. Ich war überwältigt. Vor dem Kriege kannte ich Warschau ziemlich gut. Aber die Zerstörung war so groß, daß ich nicht einmal mehr die einfachsten Orientierungspunkte fand. Das schöne alte Brühlsche Palais, das das Außenministerium beherbergte, war vollständig verschwunden. Das Königsschloß, die St. Johanneskathedrale, der anmutige Gebäudekomplex in der Nähe des Nationaltheaters, Restaurants wie das *Fugger*, die hübsche alte runde Alexanderkathedrale, das Poniatowskidenkmal — das alles ist dem Erdboden gleichgemacht. Kilometerweit ähnelt die Stadt einer Szene von H. G. Wells oder einer Mondlandschaft.

Wenn man in Berlin am Brandenburger Tor steht, kann man wenigstens noch den Umriß der Gebäude erkennen, die dort einst standen. Man kann sagen, das da drüben sind die Reste des Hotels Adlon, dort steht das Gerippe eines Hauses, in dem ich einmal speiste, das ist von der französischen Botschaft übrig usw. Aber in Warschau ist es über weite Strekken unmöglich, irgendwelche Gebäude zu identifizieren oder die alten Straßenkreuzungen auszumachen; die Verwüstung ist total. Das Bild, das sich fast überall bietet, ähnelt einem Durcheinander von ungeheuren ausgebrochenen Zähnen. [...]

Wie ist das alles gekommen? Man muß drei verschiedene Wellen der vorsätzlichen Zerstörung durch die Deutschen unterscheiden. Zum ersten die Belagerung Warschaus im September 1939, bei der die Nazis die Stadt so lange bombardiert und beschossen haben, bis sie sich ergeben mußte. Aus dieser Zeit stammen etwa 10 Prozent der gesamten Schäden. Auf die Belagerung folgte die erste Plünderung: eine sorgfältig ausgewählte Gruppe von deutschen Professoren und anderen Experten durchstöberte die Ruinen der herrlichen Bauwerke des siebzehnten und achtzehnten Jahrhunderts und gab präzise Anweisungen, was geraubt und was zerstört werden sollte.

Dann kam als zweites die Zerstörung nach dem Ghettoaufstand, die vielleicht weitere 15 Prozent des Gesamtschadens ausmachte. Nach vier Jahren beispielloser Leiden hatten sich die Juden des Warschauer Ghettos erhoben. Bis dahin waren fast 400000 aus ihren Wohnungen geholt und in die Konzentrationslager deportiert worden. Die überlebenden Warschauer Juden, etwa 50000 an der Zahl, beschlossen, lieber im Kampf zu sterben als widerspruchslos unterzugehen. In heftigen Kämpfen, die vom 19. April bis 16. Mai 1943 dauerten, brachen die Deutschen ihren heroischen, aber vergeblichen Widerstand, töteten die übriggebliebenen Juden und sprengten den ganzen Bezirk, der im Stadtzentrum liegt, in die Luft. Sie ruhten nicht, bis alles, wie in Lidice oder Karthago, dem Erdboden gleichgemacht war.

Schließlich der Warschauer Aufstand von 1944. Dreiundsechzig heroische Tage lang kämpften Untergrund und Bevölkerung, bis die Aufständischen schließlich von starken Divisionen der deutschen Truppen zerschlagen wurden. Auf die kontroversen politischen Aspekte dieser katastrophalen Erhebung will ich später eingehen. Danach ging die Wehrmacht dazu über, mit der Stadt Warschau endgültig Schluß zu machen. Gegenüber Hitler prahlte der Nazikommandant, niemals wieder würde ein Pole in Warschau wohnen. Die überlebende Bevölkerung wurde in Konzentrationslager verschleppt, wo Tausende in den Gaskammern starben. Was in der Stadt noch irgendeinen Wert hatte, nahmen die Deutschen mit und sprengten den Rest, Straße um Straße, in die Luft. Auch Häuser, in denen sich noch viele Menschen befanden, wurden angezündet. Um den Flammen zu entgehen, sprangen die Opfer aus dem Fenster in den Tod. Das dauerte vom 15. Oktober bis Weihnachten 1944. Dann ließen die plündernden Nazis erschöpft von ihrem Zerstörungswerk ab. Von Warschau war praktisch nichts mehr übrig.

Von unseren polnischen Freunden erfuhren wir ein paar Zahlen. Von den 1300000 Stadteinwohnern wurden, wie ich schon sagte, etwa 700000 getötet. Mutwillig zerstört wurden alle Archive, alle Dokumentensammlungen und Bücher und Kunstwerke, die nicht schon gestohlen waren. Die Öffentliche Bibliothek wurde niedergebrannt, das Nationalmuseum gesprengt und alle bedeutenden historischen Denkmäler demoliert. Fünfundzwanzig weitere Museen wurden (natürlich lange nach Beendigung der Kämpfe) systematisch und vorsätzlich vernichtet, ebenso 24 Büchereien, 59 Kirchen, 146 Krankenhäuser, 335 Schulen und 20 Theater. Auch unter der Erde verwüsteten die Deutschen alles, was irgendwie von Nutzen war — Kanalisation, Gasleitungen, Telefon- und elektrische Kabel sowie Wasserleitungen.

Dieser geballte Ansturm reiner, sinnloser Zerstörungswut hat Warschau in ein Pompeji verwandelt. Ein Pole meinte ernsthaft: »Vielleicht haben einige Katzen überlebt, aber bestimmt kein Hund.« Nach der Befreiung im Frühjahr 1945 faßte die polnische Regierung den kühnen Entschluß zum Wiederaufbau. Es war ein herkulischer Schritt. Rauh und empfindsam zugleich, wie sie nun einmal sind, lachen die Polen heute darüber und wollen ihren ›Romantizismus‹ dafür verantwortlich machen. Sogar ein so einflußreicher Minister wie Hilary Minc hielt den Wiederaufbau für unmöglich; er schlug vor, mit dem Bau einer neuen Hauptstadt in der Nähe von Łódź zu beginnen. Er wurde überstimmt. Natürlich war der Entschluß, Warschau wiederaufzubauen und es um jeden

Preis als Hauptstadt zu erhalten, klug — und keineswegs romantisch —; denn auf diese Weise wurden die patriotischen Energien gebündelt, und das neue Regime erwarb sich das nötige Vertrauen. Der Wiederaufbau fand in drei Phasen statt. Zunächst mußte erst einmal aufgeräumt werden. Es gab keine Transportmittel in der Stadt, kein Gas, keinen Strom, keine sanitären Anlagen, und in den Trümmern lagen nicht weniger als 40 000 Tote, die beerdigt werden mußten. Daß die Straßenbahnen ab Dezember 1945 wieder fuhren und die Bevölkerung einen Stand von 50 000 erreichte, macht dem polnischen Arbeitseifer große Ehre. (Innerhalb von sechs Monaten schnellte die Bevölkerung auf 375 000 empor; heute liegt sie bei 600 000. Bis zum Stand von 1939 — nämlich 1 300 000 — wird jedoch noch viel Zeit vergehen.) Als nächstes folgte die Wiederaufnahme der öffentlichen Dienste und der Bau einer neuen Brücke über die Weichsel. Die zweite große Phase bestand im Wiederaufbau jener Gebäude, bei denen sich das noch lohnte. Was irreparabel beschädigt war, wurde abgerissen. Zahlen aus diesem Bereich legen Zeugnis ab von der Willenskraft und der Energie der Polen. So sind zum Beispiel bis jetzt etwa drei Millionen Kubikmeter umbauten Raumes repariert und bewohnbar gemacht worden, einschließlich 40 Prozent aller teilbeschädigten Regierungsgebäude, 25 Prozent der Wohnungen, 15 Prozent der Schulen und 11 Prozent der Krankenhäuser. Die dritte Wiederaufbauphase schließlich, die sich mit der zweiten überschneidet und im Moment im Gange ist, besteht darin, streng nach Plan völlig neue Stadtviertel zu errichten.

Jeder Pole, den ich sprach, war von fast überschwenglicher Hoffnung beseelt. »Sehen Sie hier?« Ein Minister des Kabinetts zeigte auf etwas, was wie ein zertrümmerter Gully aussah. »In zwanzig Jahren werden das unsere Champs-Élysées sein.«

Die schlimmste Gegend ist nach wie vor das Ghetto: ein Schutthaufen im wörtlichen Sinne, nicht mehr und nicht weniger. Es sieht aus wie ein einziger riesiger, leerer, steiniger Platz. Langsam arbeiteten wir uns durch, überquerten ganze Hügel von Geröll. Wo einst der belebteste Stadtbezirk war, wächst der Löwenzahn. Wo einst die größte Synagoge Europas stand, wuchert staubiges Gebüsch. Das

Gras wächst, aber Menschen wohnen hier nicht mehr. Daß die Deutschen von den 3500000 polnischen Juden, die vor dem Krieg in diesem Land gelebt haben, mehr als drei Millionen ermordet haben, sollten wir nie vergessen. Die Gesamtzahl der heute in Polen lebenden Juden liegt nur noch zwischen 70000 und 80000.

In anderen Teilen der Stadt — nicht im Ghetto, auf dessen Wiederherstellung man nicht mehr hoffen kann — haben wir den Wiederaufbauarbeiten zugesehen. Besonders beeindruckend ist dies in der Altstadt, die beinahe genauso zerstört ist wie das Ghetto. Vom Hotel Angelski, in dem Napoleon wohnte, ist nur noch ein Stück Steinwüste geblieben. Die alten Bausteine werden beim Wiederaufbau verwendet, was einen verrückten Flickeneffekt ergibt. Hunderte von Häusern sind nur zur Hälfte wiederaufgebaut. Sobald nur ein einziger Raum bewohnbar ist, ziehen die Leute ein. Nichts hat mich mehr beeindruckt als die Notunterkünfte. Einige wenige Balken, auf einen Haufen zertrümmerter Steine oder Ziegel gestützt, gewähren hoch über bröckelnden Ruinen wie eine Art Hochsitz oder Nest einer Familie ein Unterkommen. Ein kleines Haus mag zur einen Seite hin vielleicht in Staub zerfallen, auf der anderen aber hängen Gardinen in den Fenstern.

Ein großer Teil dieses wilden Wiederaufbaus geschieht durch freiwillige Arbeit und wird mit der bloßen Hand bewältigt. Sogar Kabinettsminister gehen hinaus und arbeiten am Sonntag. In ganz Warschau gibt es nicht mehr als zwei oder drei Betonmischmaschinen und drei oder vier elektrische Aufzüge; die Stadt verfügt über keinen einzigen Bulldozer! Da klettert eine Mannschaft eine Mauer hoch, schlägt einen am Ende eines Seiles befestigten Eisenhaken in den höchstliegenden Backstein, klettert wieder herunter und zieht. Presto! — Die Mauer stürzt ein. Und dann werden die zerbeulten Backsteine für den Neuaufbau wiederverwendet. Für einen richtigen Mauerbau bleibt keine Zeit.

Nach der wahrscheinlich verheerendsten Zerstörung, die je von menschlicher Hand angerichtet wurde, verwandelt sich diese ausgebrannte Stadt in eine neue, von Leben brodelnde und wirbelnde Metropole. Backstein für Backstein, Minute für Minute, Hand für Hand. Durch die gesammelte schöpferische Energie und Phantasie eines ungeheuer begabten und eifrigen Volkes ersteht Warschau zu neuem Leben.

MAX FRISCH — Warschau, 29. August 1948

Morgen an der Weichsel, Sonntag, aber an den beiden großen Brücken wird dennoch gearbeitet, weithin hört man das Hallen der Niethämmer, die dumpfen Schläge der Rammen. Ein herrlicher Anblick: der grünliche Fluß, breit und gelassen zwischen Ufern aus roher Erde, dazu das Menning am neuen Eisenwerk, dahinter und darüber die Bläue eines herbstlichen Himmels — die Stadt, die ich nun auf dem andern Ufer sehe, ist eine Silhouette der irren Zerstörung, schlimmer als alles, was ich bisher kenne; nur ein Drittel davon stammt aus dem ersten Luftkrieg, der hier vor ziemlich genau neun Jahren entfesselt worden ist, und aus der Eroberung; erst nach dem Zusammenbruch des polnischen Aufstandes, einer Tragödie voll Mut und Unheil, ist die gänzliche Zerstörung erfolgt, Straße um Straße, planmäßig. Man begreift, daß die Polen sich gefragt haben, ob sie Warschau noch einmal beziehen sollten; sie haben es getan — nicht zuletzt gerade darum, weil mit Bewußtsein versucht worden ist, Warschau für immer auszutilgen.

MAX FRISCH — Warschau, 30. August 1948

Allein in der Stadt. —

Der Eindruck trostloser Vernichtung, der die ersten beiden Tage bestimmt hat, verwandelt sich mehr und mehr. Bei einem vorzüglichen Kaffee, den ich eben trinke, habe ich das Gefühl, daß man hier durchaus leben und arbeiten könnte. Die Menschen kommen mir nicht mehr, wie beim ersten Schock, als Verdammte vor, im Gegenteil, ihre Gesichter sind fröhlich und wach, viel fröhlicher als in meiner Vaterstadt. Die früheren Hauptstraßen wirken lebendig und bunt, obschon die Häuser, die eigentlich die Straße bilden sollten, nicht vorhanden sind, überhaupt nicht oder als Ruinen höchsten Grades; aber was über unserer Augenhöhe ist, scheint für den Eindruck weniger bestimmend, man sieht die Schaufenster, das Gewimmel der Fußgänger, die Straßenbahn, die meistens älteren Wagen, die Stände mit Früchten und Blumen. Vor allem aber: auf Schritt und Tritt sieht man, daß begonnen wird, eine Riesenarbeit ist schon vollbracht, Flächen ohne Schutt, die Luft ist voll Lärm der Arbeit und voll Staub, aber auch voll Zukunft, sobald das Vergangene einmal als vergangen begriffen ist.

Warschau hatte Einwohner: eine Million und dreihunderttausend. Heute leben hier sechshunderttausend; also weniger als die Hälfte. Die Wohnnot ist die bitterste.

Abendessen mit einem jüngeren Polen, dessen Adresse wir hatten, und mit seiner Schwester. Dazu tanzen. Das Lokal ist unterirdisch. Ein jüngerer Mann, etwas betrunken, erkennt uns als Ausländer, kommt herüber. Ich verstehe natürlich kein Wort; er wütet und schimpft, doch nicht gegen uns. Gebärde des Schießens, Gebärde des Aufhängens. Seine Freunde packen ihn mit Gewalt, bringen ihn hinaus, damit er nicht weiterredet, wenn die Musik aufhört —

»Was hat er denn gesagt?«

»Pas maintenant«, sagt unser Pole.

»Please!« sagt die Schwester: »Come —.«

Nämlich zum Tanzen; durch den kleinen Zwischenfall genötigt, siehe da, geht es tadellos, und wir tanzen noch stundenlang.

MAX FRISCH Warschau, 31. August 1948

Rast in der Altstadt: — als wärest du der einzige Mensch, der letzte. In den Gassen grünt das Gras, der Holunder wächst schon aus den leeren Fenstern heraus, und wenn ich auf die Schutthügel stapfe, um mich umzusehen, flattern die Tauben empor. Was ich hier suche? Man kennt das nun. Das Unkraut auf den Gewölben, der Schutt, das Moos auf den Treppen, die Tümpel, die Verwitterung, die Verbröckelung, die Verrostung, die Fassaden wie leere Larven, das alles ist ja nicht anders als in Berlin, in München, in Frankfurt, in Hamburg. Aber diese Stadt ist die erste gewesen. Hier sind die entscheidenden Bomben gefallen: die ersten, heute vor neun Jahren. Einmal geht eine Nonne mit weißer Haube, zwei Kinder an der Hand, man weiß nicht woher und wohin. Grabesstille. Taubenstille. Überall das auskunftlose Schweigen wie vor einer Ausgrabung. Die Historie als Bewußtsein der Lebenden. Hier ist der polnische Aufstand, der unselige, in Blut und Asche erstickt, hier wird gekämpft, bis es sinnlos ist, die letzten Kämpfer entziehen sich durch die Kanalisation, die Verwundeten läßt man zurück, die Verwundeten wurden erschossen. Und nun steht man so da, die Hände in den Hosentaschen, man hat die Wahl wie überall: ein Zeuge der Verstummten zu sein oder zu verstummen. Einmal ein Pfiff, Gepaff einer kleinen Lokomotive; aus einer dornröschenhaften Straße kommt ein Zug mit girrenden Rollwagen, alle mit Schutt beladen, und entschwindet in eine andere dornröschenhafte Gasse. Langsam kommen die Tauben zurück.

JANET FLANNER Königstein, 8. September 1948

Königstein ist ein typischer, ordentlicher, malerischer kleiner deutscher Kurort von dreitausend Einwohnern in Hessen-Nassau, nicht eingerechnet die auf Besuch weilenden Kurgäste. Hochbrüstige alte Fachwerkhäuser schmücken die Hauptstraße von Königstein. Außerhalb des Dorfes stehen hoch oben auf den Felsen die üblichen Schloßruinen. Das Königsteiner Wasser ist besonders gut für Herzleidende. Der vornehmste Herzpatient ist hier zur Zeit der ältere Fritz Thyssen, früher einer der größten Industriellen Deutschlands, der jetzt im schönsten Sanatorium an der Hauptstraße wohnt und vor der Spruchkammer des Dorfes steht, weil man ihm vorwirft, er sei ein wichtiger Nazi gewesen.

Die Spruchkammer residiert im früheren Speisesaal des Parkhotels Bender, das ebenfalls an der Hauptstraße liegt. Die Tapete des Speisesaals — verblaßte Blumen in optimistischem Rosa — stammt noch aus der Vorkriegszeit. Das Gericht hat sich der Sitzordnung des Speisesaals angepaßt: die Hauptpersonen, neun Männer, sitzen an Eßtischen. Der

Vorsitzende, der als Richter fungiert, ist Hans Albrecht, ein Mann von kalter Intelligenz und heftigem Temperament. Früh ein entschlossener Anti-Nazi, ist er heute Mitglied der CDU; er ist Ingenieur. (Daß es hier an Berufsrichtern mangelt, hat seinen Grund in der geringen Anzahl derer, die der Aushöhlung der Justiz durch die Nazis widerstanden.) Ebenfalls im Saal sitzen vier Mitbürger, jeder Mitglied einer der vier führenden regionalen Parteien, die über die politische Gerechtigkeit wachen sollen. Zu ihrer Linken sitzt der Ankläger, Gunther Knust, der in bezug auf den Gefangenen mehr und mehr die Rolle des Trösters statt des Staatsanwaltes spielt. Zu ihrer Rechten sitzt der Verteidiger, Dr. H. Elschied, ein geschickter, eingebildeter, rundbäuchiger junger Riese, der Mitglied des Deutschen Wirtschaftsrates ist. Sein schweigsamer Assistent ist Ferdinand La Fontaine, der so gut aussieht, wie sein Name klingt, und der den Tick hat, manchmal etwas abwesend zu grimassieren, wie jemand, der unter einem Schützengrabenschock leidet. Dem Richter gegenüber, in einem alten, eleganten braunen Anzug, sitzt Thyssen. Sein gebeugter Rücken ist einer Zuschauergruppe im hinteren Teil des Raumes zugewandt. Vor kurzem hat er einen Herzinfarkt erlitten. Zittrig schüttelt er den Kopf, als wolle er alles ableugnen, was gegen ihn vorgebracht wird. Getragen von dem beinah heiteren Fatalismus eines höflichen, zugrunde gerichteten alten Mannes, klingt seine Stimme hohl, aber gleichmäßig. Aufgrund der Schmach vieler fehlender Zähne ist seine Aussprache undeutlich. Hinter ihm im Speisesaal schwillt das Publikum abwechselnd an und ab; jeden Morgen — es gibt keine Nachmittagssitzungen — nehmen die Leute von Königstein hier Platz. Auf dem Weg zum Einkaufen treten Hausfrauen auf Zehenspitzen ein und verlassen ebenso lautlos den Raum.

Auf der Eröffnungssitzung am 16. August wurde die dreihundert Seiten starke Anklageschrift verlesen. Unter anderem beschuldigte sie Thyssen, für Hitlers Putsch in München 1923 Geld gegeben und später seiner Partei eine Million Mark zugeschossen zu haben. Als Beweisstück wurde das Buch *Ich bezahlte Hitler* vorgelegt, das er in Zusammenarbeit mit einem französischen Verleger schrieb. Es war während des Krieges gedruckt worden und als politische Rechtfertigung gedacht. Zu seinem Glück beschloß schließlich das Gericht, das Buch, dessen Titel allein schon belastend genug war, nicht als Beweismaterial zuzulassen. Thyssen hatte es für fehlerhaft und nichtautorisiert erklärt und gesagt, daß er nur die ersten paar Seiten des Manuskripts gesehen und korrigiert habe. Daß es überhaupt veröffentlicht worden war, erfuhr er erst als Gefangener des Konzentrationslagers Oranienburg, als ihm ein wütender Gestapomann das Buch unter die Nase hielt; damals dachte er, das verfluchte Buch würde sein Ende bedeuten. Zur allgemeinen Überraschung begann der Richter am neunten Prozeßtag laut und in ziemlich gutem Englisch aus der Zeitschrift *Life* vorzulesen, in der 1940 einige Protestbriefe Thyssens an Göring und Hitler abgedruckt worden waren. Diese erklärte der Gefangene für authentisch.

Thyssens Behauptungen während des ganzen Prozesses klangen ehrlich und waren so klar wie Wasser. 1922 sei er zum Anhänger des alten Ludendorff und seiner Freikorps geworden, die sich der französischen Ruhrbesetzung widersetzten. (Es war Napoleons Artillerie, die das mittelalterliche Schloß vor den Toren Königsteins zerstört hat. Noch 1925 diente das Parkhotel Bender als Quartier für die französische Besatzungsarmee. Das ganze Rheinland, zu dem Hessen-Nassau gehört, haßt die Franzosen aus ganzem Herzen.) 1923, als Ludendorff Hitler unterstützte, half Thyssen Ludendorff mit Geld, von dem ein Teil, wie er wußte, der neuen Nationalsozialistischen Partei zufloß. »Ich gebe zu, daß ich damals ein Jahr lang für die Nazis war und daß ich auch später, 1932/33, für sie eingetreten bin«, sagte Thyssen. »Aber nachdem Hitler seine mir gegebenen Versprechungen gebrochen hatte, glaubte ich ihm nicht mehr.« Thyssen hatte gedacht, Hitler würde vier von ihm ganz persönlich erhobene Forderungen erfüllen und ein Konkordat mit dem Vatikan (er war inbrünstiger Katholik), einen Vertrag mit Polen, einen weiteren mit England schließen und die Restauration der Hohenzollern fördern. Die naive Albernheit dieser letzten Idee trug er mit aufrichtiger Miene vor. »Aber nach der Machtübernahme habe ich der Hitler-Partei keine einzige Million, ja nicht einmal eine Mark gegeben«, sagte er. »Es gab da einen gewissen Schwartz, das war der Kassierer der Partei.

Fragen Sie ihn. Vielleicht lebt er noch irgendwo oder sitzt im Gefängnis.«

Zur Beweisaufnahme hört die Spruchkammer unendlich viele Zeugen an, die kilometerweit angereist sind, um so gut wie gar nichts zu sagen. Ein schlechter Zeuge für Thyssen war der Ex-Bürgermeister von Hamborn, wo die Familie seit 1871 ihre großen Hütten- und Stahlwerke betrieb. 1932 war der Ex-Bürgermeister dabeigewesen, als Thyssen in Kölns ›exklusivstem Klub‹ Hitler als Referenten vorstellte. »Das war das letztemal, daß ich mit Hitler sprach«, sinnierte Thyssen. »Das letztemal gesehen habe ich ihn von weitem bei den Olympischen Spielen in Berlin. Neben ihm saß als Ehrengast die Frau des britischen Botschafters.« Diese Bemerkung klang sarkastisch, als wollte er sagen: Das ist der Lauf der Welt!

Eine Zeugin, die schon fast zu gut für ihn aussagte, war das frühere Hausmädchen seiner Frau. Sie trug einen furchterregenden blauen Tirolerhut, und ihre Aussagen machten einen präparierten Eindruck. Der Richter, ein heftiger Anti-Nazi, schrie sie zweimal an. Sie sagte, in seinen vier Wänden habe der Herr immer über Hitler geschimpft. Zwei Tage vor der Kriegserklärung war die Familie in Bad Gastein in Österreich. Hier habe der Herr von Göring ein Telegramm mit der Aufforderung erhalten, nach Berlin zu kommen, um im Reichstag für den Krieg zu stimmen. Was immer er damals von den Nazis gehalten haben mag, Thyssen war jedenfalls nach wie vor altgedienter Abgeordneter der Nazis und des Stahlhelms aus den früheren Zeiten des Reichstages. Das Hausmädchen schickte ein Telegramm Thyssens an Göring ab, in dem er sich gegen den Krieg aussprach, besonders wenn Deutschland mit Rußland unter einer Decke steckte, was die Abhängigkeit Deutschlands von Rohstofflieferungen der Russen zur Folge haben würde. Nach Angaben des Hausmädchens schlug er auch den Rat seines Schwiegersohnes aus, des Grafen Zichy, der heute in Argentinien lebt. Zichy hatte ihm vorgeschlagen, sofort in die Schweiz zu fliehen (was er dann doch am Tag darauf getan hat). »Der Herr war immer so starrsinnig wie ein Ziegenbock«, bezeugte das Mädchen, um dann in einer respektvollen Seitenwendung zu Thyssen hinzuzufügen: »Wenn ich das so sagen darf, Herr Thyssen!« Der Gerichtssaal kicherte. Das Hausmädchen kehrte nach Deutschland zurück und gab für ihn in Heidelberg ein weiteres Telegramm auf, diesmal an Hitler selbst. Darin stand, daß Thyssen der Welt sagen würde, was Hitler dem deutschen Volk angetan habe. Schließlich wurde sie von der alarmierten Gestapo verhaftet.

Das amüsanteste Zeugnis kam von Thyssen selber. Der Richter hatte ihn gefragt, ob er jemals gegen die Behandlung der Katholiken und Juden durch die Nazis protestiert hätte. »Doch, doch«, sagte er. »Einmal lud mich Göring zu einer Hirschjagd in seiner ostpreußischen Jagdhütte ein, und ...« Irritiert unterbrach ihn der Richter und fragte, was Hirsche mit religiöser Verfolgung zu tun hätten. Nun, es war wohl so, daß Göring die Frechheit gehabt hatte, ihn nur von einem Förster begleitet auf die Hirschjagd zu schicken. Als die beiden im Wald waren, kam ein Hirsch, »wie auf Görings Befehl«, vor ihnen auf einem Pfad vorbei. Thyssen schoß und fehlte. Der Förster schlug auf eine Biskuitdose und lockte dadurch einen zweiten zahmen Hirsch herbei. Wieder schoß Thyssen daneben. Den dritten Hirsch schoß der Förster selber, mit der Entschuldigung, daß der Marschall immer einen Wutanfall bekäme, wenn die Gäste mit leeren Händen zurückkehrten. Zum Essen war dann Göring doch gnädigerweise erschienen, und Thyssen brachte seine Einwände gegen die Verfolgung der Katholiken und Juden vor. Am nächsten Morgen erschien Göring nicht zum Frühstück — »und dürftig war es außerdem.« — »War das alles?« fragte der Richter, dem zum Lachen zumute war. »Das genügte mir«, antwortete Thyssen ruhig. Der Vorfall mit dem Frühstück war ihm Beweis genug, daß er durch seinen Protest am Vortag in Ungnade gefallen war. Die Worte ›Gnade‹ und ›Ungnade‹ hört man vor den Spruchkammern immer wieder. So peinlich die Ungnade einigen Leuten damals gewesen sein muß, so nützlich ist sie ihnen heute.

Der stattlichste Zeuge Thyssens — sie hatten sich im Nürnberger Gefängnis kennengelernt — war Fritz Wiedemann, ein hochgewachsener, fesselnder, ehrgeiziger Freibeuter, der im Ersten Weltkrieg in der Sechzehnten Bayerischen Infanteriereserve Hitlers Hauptmann gewesen war und der 1934 zum Generaloberst aufgestiegen und Hitlers Adjutant geworden war. Seine Aussage war kurz: Eines Abends im Jahre 1935, beim gemeinsamen Essen mit seinem Führer, kam Göring herein, um sich über Thyssens erneute Meckereien zu beschweren.

Über sich selbst sagte Wiedemann, daß auch er 1939 in Ungnade fiel und als Konsul nach San Francisco abgeschoben wurde. »Und das bedeutete wirklich Exil«, murmelte er mit einem Schielen auf die antiamerikanischen Gefühle der Deutschen. Daß die Regierung der USA ihn später wegen Spionage auswies, erwähnte er nicht. Immer tiefer in Ungnade, wurde er dann zum Generalkonsul in Tientsin befördert. In einem späteren privaten Gespräch mit mir hat Wiedemann Hitler im Ersten Weltkrieg als einen »ruhigen, bescheidenen, tapferen und verläßlichen« Mann beschrieben — als einen seiner drei besten Gefreiten. Einer der beiden anderen ist inzwischen verstorben, der dritte lebt als Maurer in Wasserburg. 1919 sah Wiedemann an der Wand des Zirkus Krone in München ein Plakat, das für den Abend eine Rede Adolf Hitlers ankündete. »Das kann doch nicht unser kleiner Adolf sein«, sagte er zu seinem Regimentskameraden. »Doch, doch«, antwortete der. »Er hat sich sehr verändert. Du solltest ihn anhören.«

Im privaten Gespräch zeigt Thyssen, der hervorragend englisch spricht, ein bemerkenswertes Gedächtnis, die verschlissenen Manieren eines charmanten Plauderers und zugleich die konfuse Philosophie eines alten katholischen Millionärs, der sich oft hilflos jüngeren, stärkeren Figuren ausgeliefert sah. Er hat in einer Irrenanstalt und vier Konzentrationslagern gesessen. Als Frankreich fiel, war er in Cannes, und die Franzosen versprachen ihm Schutz. Aber 1941 tauschte ihn Vichy gegen zwei französische Generäle aus. In Potsdam wurde er in eine Anstalt gesteckt, wo er zwei Jahre in Einzelhaft zubrachte. Es folgten zwei Jahre in Oranienburg und zwei Monate in Buchenwald, wo er Léon Blum traf — »ein reizvoller Mann, obwohl vielleicht etwas zu idealistisch. Bitte übermitteln Sie ihm meine Grüße« —, und zwei Wochen in Dachau. Einen Tag, bevor er auf Himmlers Befehl erschossen werden sollte, wurde er in einem Tiroler Konzentrationslager von den Amerikanern verhaftet. Seiner Meinung nach sind die Deutschen unfähig zur Demokratie. Sie bräuchten eher eine konstitutionelle Monarchie nach britischem Muster, vielleicht mit dem Wittelsbacher Ruprecht von Bayern an der Spitze. Als er und Hitler noch miteinander sprachen, fragte er ihn einmal, wie er es schaffe, die Masse zu hypnotisieren. Er antwortete: »Wenn ich eine Rede anfange, muß ich mich die ersten zehn Minuten sehr konzentrieren. Von da an kann ich jeden Unsinn erzählen, ohne daß es was ausmacht«, und er verfiel in sein bellendes Lachen.

Der Prozeß geht seinem Ende zu, das Urteil wird wahrscheinlich nächste Woche gesprochen, und es zeichnet sich ab, daß das Gericht wenigstens Thyssens persönliches Vermögen, das auf dreihundert Millionen Mark geschätzt wird, beschlagnahmen und die Stahlwerke der Familie sozialisieren will. Abgesehen davon nimmt man an, daß er freikommen wird.

Nach den vormittäglichen Gerichtssitzungen wird Thyssen im Hotelkorridor von einer grotesken Runde treu wartender adliger Witwen in Empfang genommen. Sie tragen aristokratische, vor dem Krieg geschneiderte Kostüme nach Art von Reitjacken und goldene Lorgnons, durch sie über jeden hinwegsehen. Eine dieser Damen trägt exquisite austernfarbene hohe Glacéschnürschuhe, die beim letzten Kaiser in Mode waren. In den Schulferien mischen sich unter die Zuschauer im gerichtlichen Speisesaal immer ein Dutzend oder mehr ernste, nacktbeinige, hochgeschossene Jugendliche aus dem Königsteiner Gymnasium. Diese Jungens nehmen an dem Prozeß großen Anteil. Wie sie sagen, möchten sie der Vergangenheit auf die Spur kommen und begreifen, was das für Leute waren, die für die Geschichte ihres Landes verantwortlich sind.

Stig Dagermann, *Tysk Höst*. Stockholm: Norstedt & Söners 1947. Deutsche Übersetzung: *Deutscher Herbst. Reiseschilderung*. Aus dem Schwedischen von Jörg Scherzer. Frankfurt am Main: Suhrkamp 1987. © Suhrkamp Verlag Frankfurt am Main 1987.

Alfred Döblin, *Schicksalsreise. Bericht und Bekenntnis*. © Patmos Verlag GmbH & Co. KG/Walter Verlag, Düsseldorf/ Zürich.

Janet Flanner, *Paris Journal 1944-1965*. New York: Atheneum 1965. Deutsche Übersetzung: *Pariser Tagebuch 1945 bis 1965*. Aus dem Amerikanischen von Gerhard Vorkamp. Hamburg und Düsseldorf: Claassen 1967. © 1967 by Claassen Verlag GmbH, Hamburg und Düsseldorf.

Janet Flanner, *Janet Flanner's World. Uncollected Writings 1932–1975*. Edited by Irving Drutman. New York: Harcourt, Brace Jovanovich 1979. First published in *The New Yorker Magazine*. Aus dem Amerikanischen von Rüdiger Hentschel. © für diese Übersetzung: Eichborn AG, Frankfurt am Main, 1990. Die deutschen Rechte liegen bei © Antje Kunstmann Verlag, München 1992: Janet Flanner, Paris, Germany. Reportagen aus Europa 1931–1950. Aus dem Englischen von Angelika Felenda.

Max Frisch, *Tagebuch 1946–1949*. Frankfurt am Main: Suhrkamp 1950. © Suhrkamp Verlag Frankfurt am Main 1950.

Martha Gellhorn, *The Face of War*. London: Rupert Hart-Davis 1959. Revidierte Neuausgabe: New York: Atlantic Monthly Press 1988. Deutsche Übersetzung aus: *Das Gesicht des Krieges. Reportagen 1937–1987*. Aus dem Amerikanischen von Hans-Ulrich Möhring. München und Hamburg: Albrecht Knaus 1989. © Alle Rechte an der deutschsprachigen Ausgabe bei Albrecht Knaus Verlag GmbH, München 1989, einem Unternehmen der Verlagsgruppe Random House GmbH. Die Reportage *Paris Revisited* wurde nach der Erstausgabe von Rüdiger Hentschel übersetzt. © für die Übersetzung: Eichborn AG, Frankfurt am Main, 1990.

Für die Originalrechte: By kind permission of Dr. Alexander Matthews, copyright holder of the Martha Gellhorn estate.

John Gunther, excerpts from *Behind the Curtain.* New York: Harper & Brothers 1949. © 1943 by John Gunther. Reprinted by arrangement with Harper Collins Publishers, Inc. Aus dem Amerikanischen von Rüdiger Hentschel. © für die Übersetzung: Eichborn AG, Frankfurt am Main, 1990.

Norman Lewis, *Naples '44.* New York: Pantheon Books 1978. © 1978 by Norman Lewis. Aus dem Amerikanischen von Rüdiger Hentschel. © für die Übersetzung: Eichborn AG, Frankfurt am Main, 1990.

A. J. Liebling, *Liebling Abroad.* New York: Playboy Press 1981. © 1981 by PEI Books, Inc. Aus dem Amerikanischen von Rüdiger Hentschel. © für die Übersetzung: Eichborn AG, Frankfurt am Main, 1990.

Robert Thompson Pell, *Reise nach Frankfurt.* In: *Zwischen Befreiung und Besatzung. Analysen des US-Geheimdienstes über Positionen und Strukturen deutscher Politik 1945.* Herausgegeben von Ulrich Borsdorf und Lutz Niethammer. Aus dem Amerikanischen von Franz Brüggemeier. Wuppertal: Peter Hammer 1976. © Peter Hammer Verlag GmbH, Wuppertal 1976.

Edmund Wilson, excerpts from *Europe Without Baedeker. Sketches Among the Ruins of Italy, Greece and England, together with Notes from a European Diary: 1963–1964.* New York: Farrar, Straus and Giroux 1966. © 1947, 1966 by Edmund Wilson. Reprinted by permission of Farrar, Straus and Giroux, Inc. Aus dem Amerikanischen von Rüdiger Hentschel. © für die Übersetzung: Eichborn AG, Frankfurt am Main, 1990.

Sie sind am Ende der Lektüre einer ERFOLGSAUSGABE der ANDEREN BIBLIOTHEK angelangt. Diese ERFOLGSAUSGABE wurde auf modernen Produktionsanlagen hergestellt und unterscheidet sich deutlich vom Erstdruck.

Was ist die ANDERE BIBLIOTHEK?

Die ANDERE BIBLIOTHEK ist, wie die Frankfurter Allgemeine Zeitung schrieb, »eine Buchreihe, die ihresgleichen sucht«. In ihr erscheinen seit Anfang 1985 »ebenso gute wie schöne Bücher«, Monat für Monat ein Band; ausgewählt und herausgegeben von Hans Magnus Enzensberger unter dem Motto: »Wir drucken nur Bücher, die wir selber lesen möchten.«

In der ANDEREN BIBLIOTHEK wurden bedeutende literarische Entdeckungen wie der Roman »Die letzte Welt« von Christoph Ransmayr oder die Erzählungen »Fromme Lügen« von Irene Dische vorgestellt. Isaak Babels berühmte Erzählungen sind in der ANDEREN BIBLIOTHEK ebenso zu finden wie die frivolen »Blitzlichter« der Brüder Goncourt (in der brillanten Übersetzung von Anita Albus) oder Seumes »Spaziergang nach Syrakus im Jahre 1802«.

Die ANDERE BIBLIOTHEK ist längst auch zum Liebhaberobjekt für Sammler, Bibliophile und leidenschaftliche Leser geworden. Sie wird von Franz Greno kunstvoll ausgestattet und in der handwerklichen Tradition Gutenbergs nach den Regeln der ›Schwarzen Kunst‹ in der Nördlinger Buchdruck-Werkstatt gedruckt. Jeder Band bietet individuelle Typographie. Es wird eigens für die ANDERE BIBLIOTHEK entwickeltes holz- und säurefreies Papier der Papierfabrik Niefern verwendet.

Jeder Band der ANDEREN BIBLIOTHEK wird im Buchdruckverfahren vom Original-Monotype-Bleisatz auf der Condor-Schnellpresse gedruckt; wenn die Erstauflage fertiggestellt ist, wird der Bleisatz eingeschmolzen.

Die limitierte Buchdruck-Ausgabe der ANDEREN BIBLIOTHEK ist in zwei Varianten erhältlich:

1. Normalausgabe

Hiervon werden in der Regel zwischen acht- und zwölftausend Exemplare aufgelegt.

Ausstattung: Solider, schöner Einband mit eigens gefertigten Überzugspapieren, bewährter Fadenheftung, Lesebändchen, Rückenschild mit goldener, geprägter Schrift. Die Buchbindearbeiten besorgt G. Lachenmaier in Reutlingen.

Jeder Band der Normalausgabe kostet 36 DM.

2. Leder-Vorzugsausgabe

Die Leder-Vorzugsausgabe ist numeriert und auf 999 Exemplare limitiert.

Ausstattung: Flexibler Einband aus lindgrünem, rein pflanzlich gegerbtem, ostindischem Ziegenleder – von Hand ausgeführt bei G. Lachenmaier in Reutlingen. Fadenheftung, Lesebändchen, Rückenschild mit goldener, geprägter Schrift. Im Kolophon numeriert.

Jeder Band der Leder-Vorzugsausgabe kostet 128 DM (im Abonnement 98 DM).